EL LIBRO DE LAS SEPARACIONES

Una autobiografía inconclusa

Diseño de tapa: María L. de Chimondeguy / Isabel Rodrigué

EMILIO RODRIGUÉ

EL LIBRO DE LAS SEPARACIONES

Una autobiografía inconclusa

EDITORIAL SUDAMERICANA
BUENOS AIRES

IMPRESO EN LA ARGENTINA

Queda hecho el depósito
que previene la ley 11.723.
© 2000, Editorial Sudamericana S.A.®
Humberto I 531, Buenos Aires.

ISBN 950-07-1799-9

*Dedico este libro al creativo, valiente
y un poco histérico psicoanalista argentino
que se llama Emilio Rodrigué*

1. NIÑO

Yo fui un niño socrático, silencioso, puro, esos chicos maravillosos, un poco siniestros, diferente de los demás chicos. Pibe idiota, pibe poeta. Objeto ideal para que una madre religiosa pudiese montar en torno de él la imagen del retablo de Belén.

Mi madre tenía cuarenta años cuando nací. Una crisis grave se refleja en la tristeza de los retratos de la época. Sí, supongo que algo grave aconteció en su vida. Mujer alegre y mundana, sufrió una profunda conversión religiosa y pasó a ser dama de comunión diaria.

Ella me llevaba a misa todos los días; largas horas en la medialuz de la catedral, bajo los efectos de esa droga mística que es el incienso, proyectado y proyectando a todo color en el coro de los ángeles y querubines que revoloteaban, con sus culitos rosados, en la bóveda celestial. Levantaba la vista y me encontraba rodeado de otras Madonas con otros Niños Jesús y todos los fieles en torno a nosotros, esa buena gente que venía a vernos.

Una *folie a deux* teística.

Estupendo delirio, mi primer trabajo de cogestión. Partió supongo de mi madre, pero en ella cursaba latente lo que en mí se revelaba. Mi pesebre estaba enclavado en Viamonte y Esmeralda, en el corazón de Buenos Aires. A pesar de la transparencia invisible de nuestro vínculo, mis hermanos, ahora me doy cuenta, me miraban perplejos.

—Es distinto de los demás —decían, trayéndome regalos.

Mi caso es ideal por magnificar la norma. Sostengo que todos tuvimos una locura divina en los albores de nuestras vidas. Mi mérito, que no es poco, consiste en haber levantado el velo del olvido. Esa amnesia encubre un amor enceguecedor. La madre enloquece con su bebé, con lo que fue su propia carne y sigue siéndolo. En esa simbiosis absoluta, las condiciones son creadas para que el bebé se sienta inmortal. Recuerdo con nostalgia la época en que tenía mi Madona. Sólo como Virgen una madre puede asumirse Yocasta.

Cierta vez, en un laboratorio social, una madre ansiosa vivía en ascuas por su hijo. Mil miedos la asaltaban, no podía separarse de su crío, temblaba al menor estornudo. Le propuse el "Juego de la Torcaza Muerta".

Ocupamos el centro de la sala:

—¿Cómo se llama tu hijo? —pregunto.

—Se llama Pablito.

—¿Qué edad tiene?

—Va a cumplir seis.

Monto la escena de la siguiente manera: Pablito ha encontrado una torcaza muerta en el jardín. La tiene en el hueco de su mano. Yo soy Pablito.

—¿Qué le pasa al pajarito, mamá? —pregunto, mostrando la torcaza, y veo que ella se pone tensa. No encuentra palabras; mira mi mano tendida, buscando inspiración.

—Se murió —dice finalmente, y percibo que se encoge de hombros en una mueca corporal.

—¿Se murió?

—Y sí... se murió.

Pausa.

—¿Mamá, me voy a morir? —pregunto, y ella comienza a explicarme y yo no entiendo lo que me está diciendo... que el pajarito era viejito, como abuelito... que vas a vivir cien años, Pablito...

—¿Mamá, me voy a morir? —insisto, y me doy cuenta de que pregunto con algo de la intensidad de aquella fatídica vez en que esperaba que me dijeran que el pájaro estaba dormido o que era un bicho de paja con pinta de canario. No estaba preparado para el baldazo metafísico. Uno va con un pájaro tieso y te firman la sentencia de muerte.

La muerte rompió el hechizo. Descubrí que el amor de mi madre no me protegía. De ahí parte la primera separación, perdí la inmortalidad.

Me alejé, aunque adoraba a mi mamá. Tengo un cuento para contar, que habla de esa admiración. Mi hermana mayor, María Mercedes, era pintora y realizó su primera exposición en la Galería Witcomb, en la calle Florida. Tenía veintiún años. Mi hermana fue muy elogiada pero no vendía ni un solo cuadro y estaba, lógico, desilusionada. El valor que tiene el primer cuadro vendido. Hasta que el último día, temprano, al abrirse la galería, llega una formidable señora de negro, con collar de perlas, acompañada de su chofer de uniforme y de un rastro de buen perfume. Ella contempla los cuadros, uno por uno, con aprobación altanera, y compra el más caro. La Dama de Negro quedó como mito familiar. Era francesa decían, por el acento. Era bonita, afirmaban, aunque un tul velara su rostro. Pasaron los años y la anécdota no quedó olvidada.

Navidad era una gran fiesta en nuestra familia y mi madre era Papa Noel, trayendo una bolsa repleta de regalos. Cada año ella se disfrazaba de un Papá Noel diferente. Papá Noel Gaucho, Japonés, Moderno, etcétera, y hacía una breve introducción. Los años pasaron y cierta vez ella viene de Papá Noel Francés, llega con una bolsa aun mayor y comienza a repartir regalos para hijos y nietos. Finalmente saca del fondo de la bolsa un paquete forrado en papel madera y dice: "Éste es el regalo para María Mercedes de una señora francesa que no quiso revelar su nombre". María Mercedes abre el paquete y encuentra el famoso cuadro. Mi madre era la mismísima Dama de Negro y guardó el cuadro por casi veinte años sin decir ni mu a nadie. Impresionante, porque realmente nadie lo esperaba. A esa altura mi hermana ya era una pintora consagrada. Este relato me da carne de gallina cada vez que lo cuento, me da orgullo de ser hijo de esa madre.

Mi abuela paterna, Margarita Hileret de Rodrigué, era una mujer muy rica, pero muy rica. Tenía cuatro hijos, dos hijos en Buenos Aires y dos hijas en París. Como no se llevaba bien con el frío, mi abuela vivía en perpetuo verano, cruzando el Atlántico todos los equinoccios, seis meses en Mar del Plata con los hijos y seis meses en Le Vesinet, en las afueras de París, con las hijas. Cruzó mas de cincuenta veces el Gran Charco, siempre en la misma cabina. Un personaje, mi abuela. Como toda señora rica, la acompañaba una parienta pobre, cuyo nombre recuerdo; se llamaba Leontine.

Tuve una infancia dorada. Mi abuela siempre me regalaba 100 pesos para mi cumpleaños. Era una enormidad para un chico de, digamos, seis años; me imagino que sería el equivalente a 300 dólares actuales. Yo como mucho gastaba 10 pesos, mas cometí un error fatal: le daba el resto a mi madre para que lo guardara. Nunca vi los 90 pesos restantes. Las madres pueden ser admirables, pueden ser Damas de Negro e inclusive

Papá Noel, mas son ladronas natas del dinero filial, *that is a fact*, tomado al pie del diván. No me pregunten por qué, pero es así. Tal vez sientan, con razón, que uno les debe la bolsa y la vida; pero eso aquí no tiene importancia. Quiero insistir en que mi abuela paterna era millonaria: su marido y su hermano fueron los dueños de los ingenios Hileret de Lules, en Tucumán, los magnates del azúcar.

En Mar del Plata, en el centro de la Perla del Atlántico, Margarita Rodrigué tenía una propiedad que era media manzana, con Abel, casero; André, cocinero (que sabía el nombre de los platos en francés, pero que era italiano) y ayudante de cocinero; Carola, ama de casa, casada con Abel; chofer, niñera y tres mucamas. Era Jauja. Teníamos caballerizas con dos autos, una perrera usada como gallinero, cancha de tenis y un maravilloso chalet, estilo bretón, de dos pisos que todavía está en pie. Había una sala de juegos con billar, bolas de marfil y dos mesas de juego de tapete verde.

Durante el largo veraneo convivía mi familia con la de mi tío Juan. Papá jugaba en una mesa con sus amigos y mi tío en la otra, pero fuera del juego, los dos hermanos eran muy compañeros y salían a pescar juntos todos los días en uno de los autos, ayudados por Abel, que velaba por los cebos y carnadas y por poco proveía los peces del mar. El otro auto, más paquete, hacía un servicio tipo colectivo, llevando a las dos familias a Playa Grande a medida que se despertaban. Mi hermana María Mercedes decoraba los menús de cada día. Conservo un menú, con guirnaldas de flores, donde me entero que cierto día de febrero de 1932 teníamos tres variedades de pescado, sopa Juliana, lomo de cerdo con salsa de hongos, *oeufs a la neige* y frutas. En cada extremo de la mesa el menú era exhibido en un portamenú de plata. Increíble. Yo podía, en la playa, invitar a uno o dos amigos y no precisaba avisar. En la larga mesa cabían más de veinte personas.

Tres variedades de pescados. ¿Se imaginan lo que eso significa? Corvina, besugo y pescadilla del rey.

Rosita, hija de los caseros, tenía mi edad: seis años. Fue mi primera novia, aunque no sé si sabíamos que estábamos de novios o no sabíamos qué significa estar de novios. Nos queríamos mucho e íbamos de la mano por el jardín. Recuerdo la vez que dormimos la siesta juntos. Cierto día me peleé por ella cuando uno de mis amigos no quiso jugar con Rosita, por ser una chica pobre. Yo me le fui al humo y le apliqué un cross de derecha en la oreja y él acertó en mi nariz. Me sentí feliz cuando ella paró la sangre con su pañuelo blanco.

En el verano que cumplí seis años hubo un momento divisor de las aguas. Mis hermanas me habían dicho que a los seis años uno ya era grande y perdía la inocencia. Yo, que acababa de entrar en el país de las torcazas muertas, desperté muy triste ese día y me largué a llorar. Presentía el fin de la primera infancia. Cuando la niñera entró en el cuarto, ella no comprendía mis lágrimas.

—¿Pero si hoy es tu cumpleaños, Emilito? —dijo, mientras abría las cortinas, para dejar que el sol entrara en la habitación.

Yo seguía sollozando.

—¿Tuviste un sueño malo?

Meneé la cabeza y ella arrimó una sillita para vestirme, y yo, secando las lágrimas, la detuve con un gesto y le dije:

—Me voy a vestir solo.

Y nunca más nadie me vistió.

2. MI HERMANO JACK

Tenía seis hermanos. María Mercedes, la pintora, era la mayor y me llevaba veinte años. Luego viene una serie de cinco seguidos, hasta llegar a María Rosa que era doce años mayor que yo. Soy un benjamín bien benjamín.

Guardo el recuerdo de esa mesa larga en Mar del Plata, con tres variedades de pescados y con mis hermanos y primos a la hora del almuerzo. Ellas eran lindas, ellos buenos mozos; mis hermanos tenían más pinta que mis primos que también, seamos justos, eran lindos. La *Familia feliz* no es sólo un plato chino. Cuando nos reuníamos, había mucha alegría en el chalet de playa de mi abuela Hileret.

Yo no sé, sinceramente, por qué no me echaron a perder de tanto mimarme, porque tuve nueve padres. O quizá me echaron a perder y no me doy cuenta. ¿Cómo se sabe cuando uno está echado a perder? María Mercedes y María Rosa competían para ser la mamá número dos, después de mi mamá mamá.

Con mi padre la cosa fue bien interesante; hombre serio, parecido a Charles Boyer, pintón, con su acento francés, hombre de pocas palabras, adorado por sus compañeras de bridge. Papá imponía respeto. Mis hermanos, con la excepción de María Mercedes, le tenían miedo. Lo trataban de usted. Fue un padre severo, decía mi hermana Tula. Fui el único en tutearlo. Yo lo agarré más sabio y añejo, porque papá fue cariñoso y solícito conmigo. Él tenía cincuenta años cuando nací. Íbamos al zoológico, me enseñó fotografía, a veces me llevaba a pescar. Pescábamos lisas en la laguna Mar Chiquita. Mi papá había encontrado la carnada ideal: tripa de merluza empapada en aceite de hígado de bacalao[1].

---

[1]Años después, en Mar del Plata, un pescador me contó que había conocido a un francés que tenía el secreto para la pesca de la lisa. Era mi papá.

En realidad, mi viejo fue más abuelo que papá, porque estaba mi hermano Jack en ese lugar. Cuando tenía seis años y ya me vestía solo, mi hermano mayor me contaba cuentos a la hora de la cena de los niños, en el espacio noble de las telenovelas. Esos episodios, interminables, duraban semanas, meses, millares de cucharadas de sopa de cabello de ángel. En esas historias Jack y yo pasábamos por los riesgos más portentosos, en aventuras cuyo formato siempre era más o menos el mismo: un día llega la carta de una princesa africana; ella había caído prisionera de una temible tribu de caníbales y un fiel súbdito arriesgó su vida para que la esquela llegase a nuestras manos. Entonces Emilio y Jack, en ese orden, no dudaban en acudir en su ayuda, porque la causa era justa y los caballeros no vacilan.

Primero, los preparativos. Jack se tomaba una semana entera narrando los preparativos, mientras la pobre princesa languidecía en su jaula de bambú. La expedición debía ser preparada con esmero, todo cuidado era poco. Los preparativos comenzaban con un paseo por la calle Florida, mirando atentamente las vidrieras, para terminar la mayoría de las veces en Harrods, comprando valijas de cuero para cazadores, camperas, botas y unas cantimploras de corcho. Luego, mientras yo elegía camisas caqui en la sección camping de Gath y Chaves, Jack iba a la compañía naviera para sacar pasajes.

Momento importante: la compra de armas. Usualmente íbamos a una armería en la calle 25 de Mayo, donde nos atendía un inglés sumamente correcto, de monóculo, que me trataba de usted.

—¿Qué escoupetah quiere usted esta vez Emilhou? —preguntaba solícito.

Pruebo varias escopetas con cuidado, con el caño siempre bajo, recomienda Jack, innecesariamente. También comprábamos cartuchos especiales.

Familiares y amigos nos despidieron en el puerto. Mi madre no estaba aprensiva, ella confiaba en sus hijos. Mi novia Rosita estaba triste. En esos tiempos no había periodistas, ni TV, ni CNN en la Dársena Norte. Agitábamos pañuelos blancos. Conviene recordar que, en 1930, el navío era de rigor, porque aún no existía un servicio aéreo a África y, tal vez, que yo sepa, a ninguna parte del mundo.

Y navegábamos y navegábamos y navegábamos. Navegábamos hacia un futuro erizado de peligros. Esos cuentos son parte de mi historia; yo le debo a Jack el hecho de ser un buen contador de historias; le debo mi fantasía.

Hablando de fantasías, Marcos, hijo mío, te tengo que contar algo que me cubre de vergüenza, nadie lo sabe, es un secreto total. Dudo de que una mujer me comprenda en este punto. Pero tú sí. Aunque me cueste contarlo, me importa que tú lo sepas:

—Bien, Marcos, yo fui hincha de River.

Te mentí, hijo mío, al hablar de mis raíces futbolísticas cuando te decía que hasta mis pañales fueron rojos. Transmitía la convicción de que toda la vida había sido hincha de Independiente, pero, cuando alguien exclamaba: "¡Ah, Erico!", me sentía falso, porque no recuerdo haberlo visto jugar. Y sí, en cambio, tengo grabado, como estampita de strass, a Bernabé Ferreyra, dispuesto a dar su clásica media vuelta y shotear. Bernabé, llamado el "Mortero de Rufino" por sus taponazos. (¡Las cosas que uno recuerda!)

Yo tenía la impresión, Marcos, de que los jugadores de River se parecían más a mí que a mi chofer. No sé si me explico, él me llevaba cada dos domingos a la antigua cancha de los Millonarios, junto al actual Museo de Bellas Artes. El chofer no hinchaba por River, porque no sentía alivio con las atajadas espectaculares de Bosio. Es imposible ir a la cancha en uno de esos coches largos de la década del 30 y no ser de River. ¿Comenzás a comprender?

Ese fútbol de chofer duró hasta los doce años y después, a los pocos, se fue. Dejó de interesarme, salvo momentos especiales, como el Sudamericano de Lima. Las décadas pasaron, vos naciste. Cuando cumpliste siete años, quise darte un *Barmitsvah* futbolero. Acababa de asistir a un partido sensacional de la selección argentina, justamente en la cancha de River, contra Inglaterra. Goleada. Si mal no recuerdo, le metimos cuatro. Jugaba la delantera de Independiente, la sensación del momento: Micheli, Ceconatto, Lacasia, Grillo y Cruz. Los jóvenes Diablos Rojos; el poema del tercer gol de Grillo. Fue en el acto de gritar ese gol que me pasé a Independiente. Entonces perdoname, Marcos, pero fue así.

Todos tenemos una colección de pequeños secretos inconfesables, un absurdo *bric-à-brac* en el altillo. Grandes resistencias nimias. Ahora bien, si se analiza este caso, el aguijón del secreto no está en la traición futbolera, por grave que ella sea, sino en lo que ella revela: mi infancia sin calle, sin potrero, mi infancia vista a través de la ventana del Buick, aunque tal vez esté cargando las tintas. Considerá, de todos modos, que quise darte un buen pedigrí de cancha. Tú sabes, por otra parte, que soy tan hincha de Independiente como vos, sólo que ahora resulta que llevamos el mismo período de aquerenciamiento.

Este asunto del secreto me lleva a otra confesión. Tengo fama de ser veraz y sincero y lo soy; sin embargo abrigo mil secretos, grandes y pequeños, de todos los tamaños, que ni loco ni borracho contaría y sospecho que todo el mundo es así. Nelson Rodrigues concuerda conmigo; él dice que "todo individuo esconde cosas que no confiesa ni al padre, ni al psicoanalista ni al médium después de muerto". Mi experiencia de diván me dice que los secretos triviales son los más difíciles de contar, las pequeñas envidias de todos los días. Por eso me admira la candidez de Freud cuando le confiesa a su novia que estuvo tentado de enamorar a la gorda hija de Charcot, que era fea pero heredera de una fortuna. Yo me ato la lengua antes de contar una cosa así a una novia.

La pubertad fue el período más difícil de mi vida; tuve mi primer síntoma serio, un complejo de fealdad que rayaba en el delirio; me veía horrible en el espejo. Era un delirio basado en una realidad granujienta, porque, como señalo en el capítulo anterior, yo era muy lindo cuando no me vestía sólo. La metamorfosis se dio en la pubertad. Los delirios respaldados por una cierta realidad son los peores. Además, sentirse feo afea. Creo, y está hablando el psicoanalista, que eso sucedió cuando el niño autista dejó de serlo. Junto con eso, no hay nada más cruel que una banda de colegiales que de pronto descubre que tu yugular está en la nariz ancha y ojos chicos, un poco abotagados. En la escuela me llamaban "Mono" y yo me retorcía por dentro, al punto de no salir de la clase en los recreos. Me parecía el peor insulto posible. Cada vez que paso frente al colegio Lasalle me acuerdo con un estremecimiento de esos tiempos tristes.

Ahora, en el tercer milenio, considero que, en efecto, tengo una cara rara, medio simiesca, ojos chicos, achinados, un tirón largo, una cierta difusa asimetría como si mi rostro hubiera sido esculpido por un Dios al que le temblara el pulso.

Y luego, a los doce años, en plena crisis de fealdad, Jack me sorprendió con un nuevo tipo de cuento, más tangible, porque, al fin y al cabo, lo de la princesa africana era un cuento intangible. Jack me dijo que yo tenía pasta para ser campeón olímpico de natación.

—Tenés pasta, Emilio —me dijo—, tenés pasta.

—¿En serio, Jack?

—Sí, vas a ser un nuevo Johnny Weismuller.

Reparen en que me llamaba Emilio y no Emilito.

Jack era un buen nadador y se entrenaba en el club Universitario para carreras de larga distancia. Entonces me llevó al club presentándome al entrenador, diciendo:

—Tiene pasta, vas a sacar a un campeón.

Jack me había enseñado a nadar desde muy chico y salíamos todas las mañanas del puerto de Mar del Plata. Pronto lo acompañé a nadar mar adentro. En 1934 ya nadaba bien, sobre todo en estilo espalda. Las olimpíadas se realizaban en Berlín en 1936, justo cuando comencé a entrenarme en serio en la piscina cubierta del club Universitario.

—La de 1940 es la tuya —decía mi hermano.

Le creí, ¿no habíamos salvado princesas y peleado con cocodrilos? Nadar fue la pasión de mi adolescencia. Tenía una libreta donde anotaba las marcas obtenidas, los mejores tiempos del mes. Conocía todos los récords mundiales. Me entrenaba cinco días por semana en la soledad de las piscinas. Nunca en mi vida puse tanto afán, nadando largos y más largos, infinitos largos, sin faltar un solo día. Recuerdo al entrenador, se llamaba Giudice, que solía decir, con sabiduría de club, "de noche átense las manos".

El sueño olímpico fue muy importante. También fue importante cambiar de colegio a los trece años. En realidad, más que adolescente fui un púber atormentado. Los sueños olímpicos y mi pasión por la natación comenzaron a rendir frutos cuando pasé a formar parte del equipo de natación del Champagnat. Me hice amigo de Durañona, que era, en aquellos tiempos, una especie de Maradona acuático. Integrar el equipo me daba prestigio con los compañeros y el Mono gradualmente quedó encerrado en el sótano de mi inconsciente.

Resulté ser un nadador del montón, gané algunas carreras y mis mejores resultados fueron el primer puesto en los cien metros estilo espalda en las intercolegiales y mi desempeño en Tucumán.

Tucumán, tierra de mis abuelitos Hileret. Año: 1940. Campeonato Argentino de la Categoría Juniors. Participaba por el club Cadete Universitario. Era un buen equipo en mi categoría, espalda; corría junto a Enrique Delor, gran amigo. Ganamos las series y pasamos a la final. El peligro era Fernando Lamas.

Usted, señora, debe recordar a Fernando Lamas. Acabo de entrar en el ciberespacio y en el browser Alta Vista, él tiene catorce entradas. Fue un gran galán que triunfó en Hollywood.

El prototipo del *latin lover*. Se casó con Lana Turner, Esther Williams y Arlene Dahl. Con Esther hacían una fantástica pareja acuática: ella fue campeona olímpica de natación. Tipo con mucha pinta y buena voz, cantaba "Granada" en el ómnibus que nos llevaba al club Regatas de Tucumán. Las mujeres se le colgaban y yo comprendía. Se parecía a Jack. Fernando Lamas, joven lectora, es el padre de Lorenzo Lamas.

Él era crawlista, nadaba espalda como segundo estilo y era siete años mayor que yo. La carrera de los 200 metros fue dramática. Fernando disparó en el frente; Enrique y yo lo seguíamos, más de un cuerpo detrás, y comenzamos a apilarnos en los últimos cincuenta metros. Él no estaba bien entrenado, se dejó pasar por Enrique y yo casi casi lo alcanzo. Delor primero, Lamas segundo y yo tercero. Y aquí viene la parte simpática de la historia. Fernando y yo formábamos un dúo irresistible, algo así como Batman y Robin, de modo que, cuando esa noche clareó, los dos firmábamos autógrafos, lo juro por mi medalla de bronce. En Tucumán comencé a ser popular.

Llegó el día en que quise saber:

—¿Decime, Jack, vos realmente creías que podría llegar a ser oro olímpico?

Él se tomó su tiempo para contestar y dijo:

—No, te faltaba altura y más deslizamiento.

No pregunté por qué me había contado el cuento de Tarzán, porque sabía la respuesta. A él le debo un buen cuerpo. Nunca nadie influyó tanto en mi vida.

Y luego está Carlos, dos años más joven que Jack, mi hermano problemático. Él me enseñó a boxear, era un ropero de fuerte, un metro ochenta de puro músculo. Me enseñó a boxear en la azotea de Viamonte 763, montando el ring ahí donde antes estaba el pesebre. Hermano marcial, severo; si yo me peleaba con un amiguito él nos llevaba a la azotea y nos ponía los guantes. Luego organizó un club infantil de box y todos los sábados disputábamos tres rounds de dos minutos. Le debo un buen upper de derecha y cierta seguridad corporal. En eso Carlos completó lo que Jack había iniciado. Después nos peleamos por causa del psicoanálisis y, desgraciadamente, nos fuimos distanciando. Carlos era cardiólogo y pensaba que el psicoanálisis era charlatanería pura.

Por causa de ser llamado el Mono peleé muchas veces en el colegio. La primera pelea en la calle quedó pintorescamente grabada en mi memoria. Tenía dieciséis años y poseía el carnet de hijo de socio del Jockey Club. Para aparentar más edad, llevaba un sombrero derby para ir a las carreras. Un día salí con ese sombrero rumbo al hipódromo y en la esquina un par de tipos se largan a reír diciendo: "Sombrero, largá a ese chico". Se retorcían de la risa. Había que hacer alguna cosa. Eso no podía quedar así. Entonces le dije a uno de ellos, tal vez al más desternillado: "¿Querés pelear?" y él sofocado por la risa dijo "Sí". Entonces lo llevé a casa, saqué los guantes, y peleamos tres rounds de dos minutos. El amigo de mi contrincante hacía de referí. La pelea fue pareja, nadie ganó, a pesar de ser yo local. Finalizada la contienda, mi rival pidió agua y el mayordomo trajo un vaso en bandeja de plata. Al salir, escuché decir: "Peleé con un caballero". ¡Ésos eran los buenos tiempos!

3. ESCOLARIDAD

Decían que era inteligente, pero siempre dudé, dudo y dudaré. Mi inteligencia práctica es lamentable. Cierta vez estaba en una parrillada bien campestre, tenía agua en el vaso y quería servirme vino. Entonces llevé el vaso a la pileta de la distante cocina, no se me ocurrió derramarlo en el pasto, que estaba seco. No era de sabio distraído, era de burro. Ejemplos como ése abundan y me siento muy orgulloso cuando encuentro una salida práctica razonable, cuando arreglo un enchufe. Tengo manos de pato. Lo cierto es que casi repito primero inferior y luego, año tras año, fui mejorando. En el bachillerato llegué a estar entre los diez primeros, aunque nunca me destaqué. Era un alumno relativamente aplicado, relativamente aseado, con excelente conducta, un poco por encima del montón. Un punto a mi favor: en toda mi carrera estudiantil nunca fui reprobado, no sé lo que es el amargo sabor de ser bochado. Se puede decir que fui un alumno simpático, con buen comportamiento, hijo de padres ricos, con apellido francés. Es importante nacer en una familia adinerada, te da seguridad, una cierta plusvalía social y toda una pátina cultural en el manejo de los cubiertos, de las propinas y de la lengua. Esa pátina también se puede llamar estilo. Soy torpe pero con estilo, llevé el vaso elegantemente hasta la pileta. Nadaba con estilo, jugaba al golf con estilo, era bueno en equitación y en tenis; luego aprendí a esquiar, bajando la montaña con estilo, como un bólido prudente. También aprendí el arte de perder con elegancia, lo que no es asunto fácil. Me considero un elegante bien por encima del montón.

Lo de Tucumán ilustra el punto: de no mediar, como luego veremos, el acto psicoanalítico, yo tiraría un tercer lugar en la vida; sería un hombre aplicado, con aire distinguido, que nunca iría muy lejos. Con la natación yo di el máximo que podía dar, me entrené más que todo el mundo y salí un meritorio tercero, o sea el mejor del montón.

Hasta los dieciocho años, a pesar de mi glorioso tercer puesto en Tucumán, no tenía novia. Todos mis amigos besaban a las chicas y me consta que algunos de ellos franeleaban en el cine Gran Rex. Las chicas no me daban bola y no era que apuntara alto, tiraba a las rodillas. Hasta ese sábado por la tarde en que salí a patinar en el ex Skating Ring de la avenida Las Heras, frente al Jardín Botánico, y de pronto una chica me mira y sonríe y la bóveda del ring se tornasola cual arco iris y, tomados de la mano, patinamos y patinamos y patinamos, la frente en alto, como dos venturosas estatuas soviéticas.

Elenita no era muy bonita, de ahí que mis amigos la apodaran el Naso Patinante —el Mono y el Naso Patinante—, pero me había elegido, ¿no es cierto?, en medio de un enjambre de patinadores. Nos pusimos de novios cuando ella dijo que gustaba de mí, mas puso sus condiciones: salida los sábados a la tarde al cine, llamadas telefónicas los miércoles y los domingos por la noche. Imperaba una tremenda burocracia sentimental. Ella me quería como esos japoneses que cultivan árboles enanos. Su mundo era chiquito, pero esperá, Jack, todavía falta lo peor: la llamada de los domingos. Yo tenía el deber dominical de estudiar el suplemento literario de *La Nación*. A la noche, ella me tomaba examen, artículo por artículo, crónicas, ensayos, poemas, críticas literarias, ¡cómo me embolaban las críticas literarias!, todo lo que estaba escrito con esas eruditas letras color cucaracha del rotograbado de aquellos tiempos. Pero no bastaba leer, era importante "hacerse un juicio propio", me decía la muy guacha, mientras yo sacaba bolilla. Hasta hoy en día tengo un complejo con el suplemento literario de *La Nación*, lo que dice me parece una verdad más refinada que la mía; espantosamente aburrida aunque más refinada. Corté cuando ella quiso añadir *La Prensa* en el programa. Todo tiene su límite.

Confieso una cosa: yo nunca besé a Elenita, lo más que hice fue tomarle la mano en el cine, y trabajo el que me costó, y de ahí zuuuum pasé a encamarme con una divorciada. Cogí antes de besar en la boca, caso raro de pirueta sexual.

Ella se llamaba Odila, amiga de mis padres. La conocí en un viaje de navío que hice con mis viejos a Tierra del Fuego, de vuelta del campeonato de natación en Tucumán. Papá y Odila eran fanáticos del bridge, excelentes jugadores, y mamá los seguía, siendo sólo una discreta jugadora. El capitán del barco resultó ser un negado para las cartas; entonces mi padre y Odila, grandes maestros, programaron un curso intensivo de bridge y yo ya jugaba como para integrar el cuarteto al llegar a Bahía Blanca. Me gustaba el papel de muerto y observar cómo jugaban. Navegamos y navegamos y navegamos y cuando llegamos a Comodoro Rivadavia, Ciudad del Viento, papá comenzó a tomarme en serio. Fue importante sentirme respetado por el viejo. Estaba orgulloso de mí y yo me preguntaba si había olimpíadas de bridge. Odila descubrió mi talento para el carteo, como esos idiotas que poseen una memoria infernal. Y la cosa pasaba por Odila, nada que ver con el Naso Patinante, justo lo opuesto, el rotograbado era yo haciendo una *finesse* al 9 de trébol. En Puerto Deseado jugaba como un ángel. Me convertí en un jugador erótico, cada declaración enunciaba un *frisson*. La culminación fue en Río Gallegos, después de mi primer Gran Slam en Sin Triunfo. Esa noche el juego terminó más temprano, mis padres me felicitaron y decidieron retirarse temprano, a eso de la una de la mañana. Quedé solo con Odila. Ella me llevaba veinticinco años, una fabulosa Mae West con la mente de Capablanca. Bajo mi timidez reventaba de calentura. Entonces, después de un largo silencio, al borde del infarto juvenil, le pregunté si quería ver cómo tocaba la armónica, ella dijo que sí, yo le dije que la armónica estaba en mi camarote, ella dijo *oui* y allí nomás tomó las riendas con su *charme* de gordo gato persa. Ésa fue la noche en que perdí mi virginidad. Esa experiencia me transformó. Jack y Odila, personas que me marcaron en el período pre-psicoanalítico de mi vida. A Odila le debo mi entrada en el mágico mundo de la seducción.

Curioso, nunca más jugué al bridge en serio desde esa fecha. Mi manejo del carteo se fue apagando y me convertí en un ocasional jugador común.

Ya antes de la aparición de Freud se produjo un viraje ideológico, donde perdí a Dios y comencé a apreciar las cosas refinadas de la vida. Mi estilo comenzó a tener estilo, no sé si está claro: descubrí a Aldous Huxley y una amiga me prestó a Montaigne; comencé a apreciar una buena película y, gastronómicamente, me animé a comer sesos a la romana. Se amplió el abanico de mis apetencias y Sartre hizo un rulo en mi cabeza.

Por ese entonces redescubrí a mi padre. No sé cómo comenzó, tal vez fue cuando él me descubrió a bordo y pronto establecimos un ritual de almorzar juntos el primer jueves de cada mes en el restaurante de la esquina. Mi viejo, que era un admirador de Freud, había leído lo más importante del Sabio de Viena. Me pasaba los libros y los jueves me explicaba lo que yo no entendía. Luego me pasó *La mujer frígida* de Stekel y ese libro me fascinó; fue, lo confieso, mi puerta de entrada al psicoanálisis. Stekel contaba historias sexuales increíbles. Recuerdo una sobre una pobre mujer con incontinencia de orina que olía a pis y los hombres no se le acercaban hasta que tropezó con alguien que tenía una fijación uretral y que adoraba el aroma de su novia; fueron felices, en una eterna luna de miel y de amoníaco. Stekel era un gran mentiroso pero, cuando muchos años después lo estudié para mi biografía de Freud, me di cuenta de que tenía gran talento. De la vieja guardia, sólo Jung le mata el punto.

La mujer frígida fue la puerta de entrada y cayó en tierra fértil. El porqué de mi vocación, que será tenaz y definitiva, merece que hable más de mis inclinaciones. La cosa nació, eso sí, en la adolescencia, en la época en que el ex niño forja su identidad. El niño no tiene identidad, sólo tiene un proyecto que se llama "cuando sea grande...". Él todavía no es lo que será. En la pubertad los huesos cuajan, las facciones se fijan para quedar. El símbolo laico de ese pasaje es la cédula de identidad, aquello que cívicamente nos clasifica, perpetuando las impresiones digitales de nuestra alma. Momento importante. Creo que mi delirio de fealdad revela un síntoma de mi proceso identificatorio: no quería ser lo que era, lo que estaba siendo en el espejo. Hubiera sido un buen momento para iniciar un análisis. Desde lo que uno es se pasa a lo que el otro es. ¿El otro se parece a mí o es diferente de mí? Entramos en el reino de la intuición, de la interpretación. ¿Cómo son los otros, iguales, diferentes? Desde mi complejo de inferioridad escrutaba a los demás.

La mujer frígida invitaba a hablar de sexo, y en los almuerzos de los jueves me fui animando a contar mis aventuras, comenzando con Odila y con mi profesora de inglés. Papá, hombre perspicaz, ya lo había intuido. El jueves del mes siguiente, ante mi asombro, él comenzó a hablarme de su sexualidad en el pasado. Cambiamos figuritas, las del viejo eran color sepia, con corsets y *garçonnières*. Entonces llegó el día en que le dije:

—Papá, quisiera alquilar un bulín.

—¿Un qué? —me preguntó con su dejo de acento francés.

—Una *garçonnière*.

Mi pedido fue concedido. Era un departamento pequeño en Belgrano, compartido con dos amigos. Papá me bancó y yo me sentí orgulloso de tener un viejo tan canchero. Resumen, en el corto lapso de cinco años pasé de ser un púber atormentado a compartir un cotorro: fue el comienzo de una imprevisible metamorfosis.

Esos cambios se dieron en varios frentes, menos en el político: en 1938, como consecuencia de mi educación católica, yo era franquista y, de poder votar, hubiese votado por Uriburu. La guerra tampoco tuvo mayores consecuencias: por ser hijo de francés yo estaba con los aliados; pero, de ser hijo de alemán, estaría en el Graf Spee. Los efectos de Sartre aún no se hacían sentir.

Escribiendo estas memorias, cosas olvidadas vuelven a mi memoria. Una de ellas, nuevamente, tiene que ver con mi madre. Cuando me recibí de bachiller nadie me preguntó por mis notas a la hora de almorzar y yo me sentí, no sé qué, "negligenciado". Mamá me recordó que a la noche era el cumpleaños de Jack. Cuando llego a cenar, el comedor estaba cerrado y oscuro, cosa poco habitual, y de pronto las puertas se abren, la luz se enciende y me confronto con el siguiente espectáculo: en un comedor decorado con globos y guirnaldas, toda mi familia, mi papá inclusive, estaba disfrazada de chicos de siete años, con trenzas, patines, pirulitos y matracas. Idea de mamá, que resultó ser una linda nena de cincuenta y siete años. Papá era un niño con su inseparable pipa. Esas cosas lúdicas redimen a las familias.

En 1940 entré en Medicina. Una vez más comencé siendo un alumno del montón, pero manteniendo mi virginidad curricular. La anatomía patológica no me entusiasmaba. En el segundo año un compañero quería ir al sur a criar ovejas y casi lo sigo. Cuando le conté a mi madre que quería dejar Medicina, ella me sorprendió diciendo:

—Y bueno m'hijito, yo siempre te dije que sería más fácil ser dentista...

¡Dentista! Su complacencia me espantó e hizo que yo continuara. Ahí tenía, en vivo y en directo, la constatación de que mi madre no me consideraba inteligente. Ahora, desde el nuevo milenio, me doy cuenta de que la inteligente en esta historia fue ella. Ella me descolocó, yo esperaba un desmayo materno...

Cuando tenía dieciocho años comenzó el lento ocaso de la familia, que se infiltra enmoheciendo mi adolescencia tardía. Fue un largo crepúsculo, casi una aurora boreal invertida. El apogeo familiar ocurrió en mi infancia. Cuando yo nací, mi padre insistió en que la primera bebida que yo probara fuese champán francés servido en cucharita de plata. Esa cucharita, que se perdió en el tiempo, fue el emblema de nuestra opulencia. Tiempos de plétora que venían desde la Primera Guerra Mundial y que lentamente se fueron agotando. Primero cayó la canilla libre en los almuerzos marplatenses; los tres pescados pasaron a ser dos, a ser uno; el ayudante del chef partió junto con el chef; los caseros se fueron llevando a Rosita (la segunda separación sentimental). El termómetro que más implacablemente registraba la suave pendiente de nuestra decadencia fue la mesa de Navidad. En las Nochebuenas primero cayó el champán francés, después, año tras año, las marcas del champán nacional bajaron de calidad y precio. El día que llegamos a la sidra coincidió con el fin de la pavita y yo lloré comiendo un plebeyo sándwich de miga enrojecido por la remolacha.

Triste ocaso de una familia que ignoró la dinámica del dinero. Recuerdo que, en los años dorados, fui con mi madre a comprar un juguete a la Rambla, tal vez con el dinero que ella había confiscado de mi abuela Hileret. Entonces aconteció la siguiente secuencia: mi madre le da un billete arrugado de papel moneda al vendedor; éste agradece, entrega mi juguete, arreglado dentro de una linda caja, como para regalo, con moño y todo y, por si fuera poco, nos da una pila de monedas de vuelto y agradece. Yo no comprendía nada: juguete, caja, moño, dinero de metal a cambio de un vil pedazo de papel. ¿No éramos nosotros los que debíamos agradecer?

Mi familia nunca tuvo la menor idea de cómo hacer dinero. Ahora, en esta edad avanzada, me volví amarrete. El destino del mano-larga es ser mano-corta cuando la cigarra se vuelve hormiga. Raúl Seixas tiene un dicho simpático: "La hormiga trabaja porque no sabe cantar".

A mi padre le debo el poder cantar. Él nunca fue hormiga.

Tula, mi cuarta hermana, de belleza renacentista, era la modelo preferida de mi hermana María Mercedes, quien la retrató en dos cuadros memorables. Ella se enamoró de un navegante solitario, lo que me impresionó. Tula ejercía un efecto especial sobre mí: las cosas que ella decía, cuando yo tenía once o doce años, eran para mí axiomas. Una vez dijo: mi novio dio la vuelta al mundo comiendo bizcochos Canale. Yo le creí. Bien, después del navegante solitario ella se enamoró de un médico judío que se llamaba Jorge Weil. La familia no hizo un escándalo, pero casi. Jorge Weil era psicoanalista y eso sin duda ayudó a los ojos de mi padre.

En tercer año de Medicina, en 1943, cuando tenía veinte años, después de descartar las ovejas, decidí analizarme. Papá concordó. Jorge Weil se analizaba con Arnaldo Rascovsky, tal vez el más cotizado analista de la época. Rascovsky vivía en Santa Fe y Agüero y tenía un Battle Planas en el consultorio. Tuve mi primera entrevista y me cayó muy bien. Era un tipo superdinámico, igualito a las fotos que luego vi de Adler. Hablaba diferente de los profesores de Medicina. Más directo, más a los ojos. Optimista, parecía un Jack judío. Me cobraba cinco pesos la sesión, de cincuenta minutos, y lo veía cuatro veces por semana.

Fue una aventura: en la segunda sesión me tumbó en el diván y el increíble mundo del psicoanálisis se abrió ante mis ojos.

4. *PLAY IT SAM*

Quiero contar una historia de amor y de locura. Fue durante un viaje a Río, en plena Segunda Guerra Mundial. Viajaba
porque estaba enamorado de una austríaca, de una maravillosa
vienesa que, el año anterior, me había llevado desde la impotencia hasta el delirio sexual en una noche en Paquetá. Se llamaba
Traute, me llevaba quince años. Antes de la guerra había sido
una actriz en ascenso en el *Wien by nacht*, mujer de iris verde
veteado, mirada triste, mirada esperanzada sin esperanzas. Me
enamoré perdidamente.

Río fue mi Casablanca. Traute, en tanto austríaca, era téc-
nicamente considerada prisionera de guerra, lo que le daba más
encanto aún. No me pregunten por qué pero ella, como enemiga
del Brasil, tenía prohibido el acceso a los bailes de Carnaval. En
esos años de guerra, los bailes se realizaban en los clubes, por
el *black-out*. Entonces bailamos un vals tarareado en la plaza
solitaria de El Lido, oscurecida por el fantasma del poderoso
Teutón. Luego pasé el resto del mes en Paquetá, en la isla de los
enamorados.

Lloramos en el Aeropuerto Santos Dumont. Allí prometí
volver para el próximo verano. Fue un juramento. Durante un
año traduje varios libros de medicina, di clases de francés, hice
una cría de peces espada (que son vivíparos, fáciles de procrear),
y mil changas más. Todo en silencio, no le mandé una sola
carta. El 1° de febrero, al caer la tarde, pasé por su pensión,
dejando al encargado un frasco de Chanel N° 5 y una nota
citándola en nuestro bar favorito, el Leme. Era un bar, recuerdo,
sobre la avenida Atlántica, lleno de espejos. Llovía. Esperé mor-
diéndome el miedo de que no viniese. Llegó tarde, con los anteojos empañados, el cabello mojado. Se parecía a una Michele
Morgan vienesa, de impermeable negro. Hermosa espía europea
que espía por amor. Vulnerable, con angustia en los ojos.

Llega emocionada, se sienta, agitada; me aprieta el brazo sin
besarme. Pide un café. Silencio. Cohibición mutua y yo ya me la
veía venir. Va a hablar, habla. Tiene algo importante que decirme.

No lleva el perfume que le traje. Lo siento mucho, dice. Le cuesta seguir y yo interpreto su dificultad como lástima. La primera vez que alguien me tenía ese tipo de lástima sentimental.

—Como no escribiste...

Enciendo un Camel del *free shop*.

—Es un hombre mayor —me explica.

Pausa.

—*Understand?* —me pregunta en su traicionero inglés. Un hombre *comme il faut*, sería.

—*Yes* —yo comprendía todo. En realidad, lo único que hacía era comprender. La mente en blanco, empapada, al borde del llanto. Me hubiese mordido los dientes antes de llorar.

Yes, lo veía claro, hice mal en no escribirte. *Yes*, se me iba a pasar. Al salir del bar entré en la semana más torrencial de mi vida. Llovía, llovía a baldes, día y noche, sin parar. Adentro y afuera.

Vivía en una pensión de mala muerte en el Leme, repleta por ser el mes de Carnaval. Conseguí lugar en una habitación de paso, estrecha antesala que conectaba con una habitación regular de un solícito matrimonio de Angola; yo los escuchaba pasar, hablar, reír, porque permanecía despierto día y noche. El tiempo pegoteaba las sábanas sudadas y yo postrado en una cama cada vez más psicótica, crucificado en el gran ojo de la tormenta.

El sol por fin sale al séptimo día, no estoy exagerando, fueron siete días torrenciales. Con el sol cruzo la avenida Atlántica y me zambullo en el mar. Vuelvo de la playa y enjabono mi pálido cuerpo rancio, me entalco, me afeito, paso un *body oil*, me perfumo, listo para el próximo round. Saco el smoking blanco, paquetísimo, que había heredado de mi hermano Jack y me arreglo de arriba abajo. El tipo que me mira en el espejo parecía consumido, más viejo pero más interesante. La pareja angolesa sonríe en señal de aprobación.

A las nueve de la noche estaba en el hotel Copacabana Palace, recorriendo las lujosas salas del casino en su antiguo esplendor. Me dirigí a las mesas de punto y banca, elijo el extremo de la mesa. Comienzo a jugar. Apuesto fuerte para mis medios aunque débil para el nivel de la mesa. En un rincón juega una mujer que tendría unos treinta años, rubia, con las primeras uñas pintadas de blanco que vi en mi vida. Un poco Laureen Bacall, ya que el clima era Casablanca. Las apuestas se suceden y yo voy ganando, bastante pero no mucho. La rubia, en cambio, mata. Le llega el *sabot*, ella es banca. Mujer de suerte, la mayoría de la mesa la sigue pero yo, después de consultar a mi ángel de la guarda, coloco todas mis fichas a punto. Nos miramos, era de película, lo juro; las manos enlacadas de blanco me pasan las cartas, miro, saco un ocho, gano. Me levanto de la mesa lenta y sobriamente, siguiendo el libreto, y fue ahí donde se me ocurrió telefonearle:

—Hola, Traute. La pasé muy mal, Traute, pero ahora estoy bien, soy un hombre de suerte. Tengo ganas de verte, como amigo, como corresponsal de guerra, como cualquier cosa, *understand*? Reservé una mesa para dos en el restaurante del Copacabana Palace Hotel.

—Estoy de smoking —le advierto.

Una hora después llega Traute bella con su viejo vestido largo de raso verde. *Play it Sam.*

5. APA BUENOS AIRES

La historia del psicoanálisis en la Argentina es portentosa, como las Minas del Rey Salomón. Sostengo la siguiente tesis: Buenos Aires en 1945 y Viena en 1905 se parecen, encontraron oro en el inconsciente.

La onda freudiana llega a Buenos Aires en la década del 40. Se podría pensar que el psicoanálisis latinoamericano nació en el Río de la Plata. Mas no fue así: el Perú de Honorio Delgado y el Brasil de Durval Marcondes nos ganaron de mano. Delgado, en 1926, escribe una biografía de Freud, siendo el primero en conjeturar que Jacob Freud, padre de Sigmund, tuvo tres esposas en lugar de las dos que la historiografía oficial le otorgaba. El segundo, Marcondes, en 1936 se tumbó en el diván de Adelhaide Koch, importada del prestigioso Instituto de Berlín (Adelhaide Koch, vienesa de rostro simpático, que podía ser la hermana fóbica de Mimí Langer). Delgado, que yo sepa, no hizo clínica. Marcondes fue un psicoterapeuta erudito.

Buenos Aires entró en el ruedo con la llegada de Ángel Garma en 1938. Pero, como nos dice Vezzetti, en su excelente libro *Las aventuras de Freud en el país de los argentinos*, la historia del freudismo es diferente de la del psicoanálisis. O sea, Freud como icono cultural antecede al psicoanálisis clínico de diván. La historia del freudismo comienza con José Ingenieros que ya en 1904 menciona a Freud en sus textos. Sucede que el autor de *El hombre mediocre* lee a Freud desde Janet, su archirrival francés.

Janet merece un aparte. Famoso al comenzar el siglo, fue mágicamente borrado del mapa. Olvido cruel que intriga al perspicaz Ellenberger: "Es como si una mano misteriosa hubiese borrado la memoria de Janet". Algo semejante ocurrió con Lamarck frente a Darwin. El eclipse de Janet aparece dramáticamente ilustrado cuando se piensa que en la Salpetrière hay una placa que conmemora el breve paso durante el invierno de 1885, mientras que ninguna placa registra el trabajo de más de treinta años de Janet en el mismo lugar. Para mí no cabe duda de que Janet fue eclipsado por la gigantesca sombra de Freud. Los grandes hombres, como los árboles gigantes, son asesinos, ningún rival crece bajo su sombra.

En 1904 Ingenieros se siente incómodo frente al "pansexualismo freudiano" y me imagino que estaría más en casa con el "estado hipnoide" de Breuer. Juan Beltrán también habla positivamente del psicoanálisis, mas con la misma reserva, la "sexomanía" de Freud le molesta. El "pansexualismo" de Freud en realidad mortificó a muchos. El sutil Jung tuvo una entrada más fácil, sobre todo en los países latinos. Y, dicho sea de paso, los críticos en parte tenían razón, el "sexo freudiano" fue lo primero que fue revisado dentro del movimiento psicoanalítico[1].

Llama la atención que en la Argentina, a pesar de la excelente traducción de López Ballesteros, la intelectualidad porteña, bajo la influencia de Victoria Ocampo, leía a Freud en francés y se preguntaba si el inconsciente no era, al final de cuentas, un invento de Bergson.

Algo aconteció al promediar los años cuarenta, como coletazo distante de la Segunda Guerra Mundial. Marx, Freud y Nietzsche son descubiertos por la juventud porteña de una clase media en expansión. Elisabeth Roudinesco comenta: "En esta sociedad que refleja como un espejo a Europa, cuando los hijos de inmigrantes comenzaron a acceder al poder, el psicoanálisis parecía proporcionar un conocimiento de ellos mismos, de las raíces, de los orígenes, de la genealogía. En este caso singular, no se trataba tanto de un acto curativo médico, reservado a los verdaderos enfermos, como de una terapia global al servicio de una utopía comunitaria. De ahí su éxito, único en el mundo, en la clase media urbana. De ahí su libertad extraordinaria, su riqueza, su generosidad y su distancia de todos los dogmas". Creo que al final la Roudinesco exagera *un peu*, pero el "fenómeno argentino" fue realmente extraordinario.

Entonces hay que hablar de los argentinos, mezcla rara de camaleón y de pícara melancolía. Nosotros, como los japoneses, somos excelentes clonadores de culturas ajenas; no tenemos el talento nipón pero, "modestamente", como decía Vittorio Gassman, nos defendemos. En los años treinta y subsiguientes supimos asimilar a la perfección los productos culturales europeos. Nuestra geografía e historia nos coloca en una posición,

---

[1]Cosa curiosa, el psicoanálisis no hubiese tenido el éxito "revulsivo" que tuvo de no mediar el escándalo del sexo.

digamos, versátil. Somos bicéfalos, con una cara vuelta a las Europas, mientras que la otra es más umbilical, más cabecita negra.

Roudinesco piensa que esta versatilidad del psicoanálisis platense floreció a pesar del régimen peronista instalado, con su correspondiente represión. No concuerdo con ella. No la culpo, es muy difícil para un extranjero comprender el avispero peronista. A riesgo de ser quemado en la hoguera, yo diría que fue precisamente durante el movimiento peronista que el psicoanálisis se desarrolló exitosamente en Buenos Aires. Perón y Garma fueron los líderes naturales de los nuevos tiempos. Cada época tiene un líder que calza, como pieza maestra, en el mecano social del momento.

Partamos de la base de que tanto el peronismo como el psicoanálisis no son estructuras democráticas. Freud, en 1908, antes del primer congreso psicoanalítico de Nuremberg, le escribe a Ferenczi: "¿Qué piensa usted de una organización más rigurosa, con la formación de una asociación?". Ferenczi, a vuelta de correo, responde: "Yo no pienso que la concepción psicoanalítica del mundo conduzca el igualitarismo democrático. La *elite intelectual* de la humanidad debe conservar el predominio". Creo que Platón preconizó algo semejante (el énfasis en "elite intelectual" es de Ferenczi). Freud entra en la misma onda: "Yo alguna vez pensé en la hegemonía de los filósofos platónicos". A continuación entra en un clima conspirativo: "Le encarezco, por su propio bien, en que tenga cuidado en lo que concierne a la organización". Freud recomienda sigilo. Lo curioso es que Ferenczi fue el más democrático de los pioneros, el único que no llegó a ser presidente de la IPA. El psicoanálisis y el peronismo no son emblemas de la democracia. Se desconfiaban mutuamente, no se tenían simpatía, pero coexistían pacíficamente.

Continuando con el psicoanálisis y el peronismo, me gustaría trazar un contrapunto delirante entre Juan Domingo Perón y Francisco José, emperador austro-húngaro, en los tiempos de la monarquía dual.

El siglo XIX fue esencialmente nacionalista, cuna de las naciones modernas. Encontramos su paradigma en Francisco José, coronado emperador a los dieciocho años, en 1848. Durante sesenta años dominó la política de Europa Central, imprimiendo su cuño al imperio. Mimí Langer dice en su autobiografía: "Viví un complejo de Edipo imperial... En 1917, cuando yo tenía siete años, año de la revolución bolchevique, murió el emperador Francisco José. No lo podía creer, era como si hubiera muerto Dios... Que yo creyera en la inmortalidad del emperador indica que, para toda mi familia, y quizá para la burguesía austríaca, el imperio de Francisco José, a pesar de sus contradicciones políticas y sociales, era inmutable". Se puede decir que Perón fue nuestro Edipo imperial.

La sociedad de fin de siglo vienesa trajo un brillante renacimiento cultural en toda una generación de intelectuales que va de Freud a Wittgenstein, de Kafka a Weininger, de Richard Strauss a Mahler. Algo parecido aconteció, respetando las diferencias, en la Argentina de Evita al Che Guevara, de Borges y Cortázar a Astor Piazzolla.

En los primeros tiempos de la APA, cuando la asociación tenía su sede en la calle Juncal, un agente de seguridad, por resolución policial, estaba presente en los seminarios, parado junto a la puerta. Una diversión nuestra, lo juro, era inventar casos clínicos escabrosos, doncellas con padrillos, y ver la cara que ponía el vigilante.

Los tiempos míticos siempre son heroicos. Juncal en Buenos Aires en 1943 recuerda las Reuniones Psicoanalíticas de los Miércoles en la Viena de 1903. Stekel nos dejó un vívido testimonio de la época: "Las primeras reuniones fueron fuente de inspiración, cada miércoles elegíamos un tema al azar y todos participábamos vivamente en la discusión. Existía una perfecta orquestación entre los cinco. Fuimos pioneros en tierras extrañas y Freud era nuestro líder. Chispas saltaban de nuestras mentes y cada noche nos aguardaba una revelación".

Hay momentos grupales en los que las chispas saltan y yo asistí a uno de esos grandes momentos a partir de 1945, cuando ingresé como candidato a la Asociación Psicoanalítica Argentina.

El 12 de diciembre de 1942 se firmó el Acta de Fundación de la Asociación Psicoanalítica Argentina (APA) y llevaba cuatro firmas: Celes Cárcamo, Ángel Garma, Enrique Pichon Rivière y Arnaldo Rascovsky.

La Roudinesco tiene lo siguiente para decir: "Formados en las reglas clásicas del análisis didáctico, tuvieron como primera tarea en el seno del joven grupo argentino la de ser los analistas didácticos y los supervisores de sus colegas. En esas circunstancias, los pioneros argentinos, lejos de reproducir la jerarquía de los institutos europeos, donde dominaba la relación maestro/discípulo, formaron más bien una 'república de iguales'".

Un año después, en tiempo récord, la APA fue admitida en

la cofradía de la IPA. En ese mismo año de 1943 aparece la *Revista de psicoanálisis*. Desde el comienzo la producción escrita del grupo fue copiosa, otro punto en común con la sociedad analítica de Viena de comienzos de siglo.

Montemos la escena y presentemos a sus personajes:

Celes Ernesto Cárcamo, psiquiatra de linda pinta de gaucho refinado, fue a Europa en 1936 y comenzó su formación en neuropsiquiatría en el Hospital Sainte-Anne, bajo la dirección de Henri Claude, jefe de la escuela dinámica organicista francesa, uno de los profesores de Lacan. Es probable que Cárcamo y Lacan se cruzaran en los pasillos del hospital Sainte-Anne; el primero entraba en cuanto el segundo salía. En ese mismo año Cárcamo inició su análisis con Paul Schiff, que luego se distinguiría por ser el único analista francés que integró la Resistencia *maqui*. Cárcamo fue admitido en el Instituto Psicoanalítico de París. En 1939, dada la inminencia de la guerra, él anticipa su retorno a Buenos Aires. No sé si completó su formación. En Buenos Aires, Cárcamo retoma el contacto con Ángel Garma a quien había conocido en Francia.

Cuando Ángel Garma arriba al Río de la Plata, en 1938, a los treinta y cuatro años, traía consigo un buen bagaje psicoanalítico. Nacido en Bilbao en 1904, se interesó por la psiquiatría desde su tiempo de estudiante, bajo la influencia del versátil Gregorio Marañón. En 1927 se traslada a Berlín para especializarse. Un año después ingresa en el Policlínico de Berlín, donde Max Eitingon, la eminencia gris del psicoanálisis, lo recibe con los brazos abiertos. Eitingon le recomienda analizarse con Teodoro Reik. En el mundo todavía pequeño del psicoanálisis, Garma comparte el diván con Paula Heimann, mi futura analista. Sus supervisores fueron Karen Horney y Otto Fenichel. En 1931, habiendo cursado seminarios y cumplido los requisitos de formación, Garma regresa a España, donde ejerce como psicoanalista durante cinco años, en Madrid, en medio de una fortísima resistencia psiquiátrica. Emigra a la Argentina, donde vivían sus hermanas, cuando estalla la guerra civil. Su clínica pronto prosperó, pues conoció a una talentosa camada de psiquiatras jóvenes, ansiosos por analizarse. Entre ellos estaban Arnaldo Rascovsky y Enrique Pichon Rivière. Garma sin duda reconoció en ellos el fuego analítico de los pioneros; fuego que él mismo desplegaba en grado sumo. Pocas veces conocí fanáticos del calibre de Garma y Rascovsky.

Hay algo que admiro en Garma: su capacidad picapedrera de analizar los mitos, siendo mil veces más freudiano que Freud.

35

Eso lo llevó a concluir, por ejemplo, que la Virgen María era una puta; el pesebre, con su lucecita, un prostíbulo; y los Reyes Magos llevando regalos, sultanes de farra en una trasnochada en Belén. Justo el tipo de pensamiento blasfémico que sólo un psicoanalista español puede desplegar. E Ingenieros, repudiar.

Enrique Pichon Rivière nació en Ginebra en 1907 y pasó la niñez en el Chaco y en la ciudad de Goya, provincia de Corrientes. Su madre lo mandó a Buenos Aires a estudiar medicina, donde, según Jorge Balán "llevaba una vida bohemia, al borde del alcoholismo, plena de fascinación por la loca revolución intelectual porteña de los años 30 y los textos de Roberto Arlt". De ahí data su interés por Lautréamont. En esos tiempos se hizo amigo de Federico Aberastury, grafólogo, talentoso y fronterizo, que lo introdujo en el psicoanálisis. Su puerta de entrada fue la lectura de Adler, o sea, el psicoanálisis y la educación. Tal vez esa primera vocación pedagógica, si se considera su trayectoria ulterior en psicología social, nunca lo abandonó.

El joven Pichon Rivière organiza sus conocimientos en torno de tres polos: la psicopatología, la posición psicosomática y los textos de Lautréamont. El autor de *Cantos de Maldoror* fue para Enrique Pichon Rivière el caso Schreber de Freud, la Aimée de Lacan.

En 1936 Pichon se recibe de médico y al año siguiente se casa con Arminda Aberastury, estudiante de Filosofía y Letras, hermana de su amigo y mentor Federico. Enrique y Arminda, pareja elegante, culta y talentosa. Su casa era un salón literario. En 1938 los Pichon Rivière comenzaron a asistir regularmente a las reuniones dominicales de los Rascovsky.

Arnaldo Rascovsky tenía la misma edad que Enrique Pichon Rivière; había nacido en Córdoba y vino de chico a Buenos Aires con su familia. Hijo de un judío ruso de escasa educación y de madre analfabeta, el padre hizo una pequeña fortuna que luego perdió en la crisis económica de 1913. "El padre —nos cuenta Jorge Balán— nunca se recuperó de esa pérdida y murió en un oscuro accidente urbano en 1936, el mismo año en que Arnaldo se entusiasma con la lectura de Freud y Jung". Poco después Matilde Wencenblat, bonita y joven heredera de las peleterías que llevaban su nombre, entra en su vida. Los Wencenblat eran muy ricos y la conversión de Arnaldo Rascovsky al psicoanálisis arrastró a toda la familia.

No puedo dejar de asociar a los Wencenblat con los

Eitingon; dos grandes familias de ricos peleteros, ambos mecenas del psicoanálisis. (Disculpe la intromisión, pero si quiere saber más sobre Max Eitingon consulte el capítulo "Usted decide" en mi biografía de Freud).

Arnaldo y Enrique se hicieron rápidamente amigos. Fueron hermanos en Freud. Pero eran el Gordo y el Flaco, separados por cuna, etnia y biotipo; Arnaldo, pícnico, locuaz, expansivo; Pichon, longilíneo, esquizoide, reservado. Ambos eran entre talentosos y geniales. Arnaldo, como dije, se parece mucho a Adler; Enrique tiene una extraña semejanza, inclusive física, con Macedonio Fernández. Por otra parte, ambos usaron la epilepsia como puerta de entrada a la teoría freudiana. Arnaldo, pediatra, estudia la "enfermedad sagrada" en su clínica infantil, desde la observación de reiterados casos donde el colecho es inductor del ataque convulsivo. Enrique se interesa por el "síntoma epiléptico" como fenómeno de conversión.

A este grupo de pioneros los unía la idea mesiánica de salvar al psicoanálisis amenazado por el destino incierto de la Segunda Guerra Mundial. Freud permanecería vivo en las márgenes del Río de la Plata. La antorcha pasaba de Viena a Buenos Aires. Y esta creencia tenía un fuerte peso de realidad. La sombra del hitlerismo caía sobre el psicoanálisis, lo que queda en evidencia en la correspondencia de Jones y Anna Freud. Fruto de esa inquietud fue la rápida aceptación de la APA como filial de la IPA, cosa que nunca ocurrió, ni antes ni después.

Mimí Langer había nacido en 1910 en Viena, hija menor de una familia asimilada y atea, de alto nivel económico. "Estuve en el colegio con el Hombre de los Lobos", solía decir. Su madre, según ella, era una judía "contrariada" que, se me ocurre, podría parecerse a la Dora de Freud. Fue la amante de Eugène Steinach, célebre cirujano, inventor de una cirugía de ligadura de los testículos, que operó al propio Freud y que aparece citado en *Más allá del principio del placer*.

Ya de adolescente, Mimí se inclinó por la izquierda. El clima político de la Viena roja, después de octubre de 1917, era propicio para el marxismo y causa extrañeza que ella no fuera adleriana, ya que esa escuela estaba en la vanguardia de la izquierda psi. Se analiza, en cambio, con Richard Sterba, autor de *Reminiscencias de un psicoanalista vienés*.

Sucede que con Mimí puedo meter cuchara, porque la historia que cuenta la IPA, o sea la Asociación Psicoanalítica Internacional, es falsa e hipócrita. Ernst Federn, portavoz de la institución, dice en su artículo "Sobre los analistas políticamente activos", que "mientras Freud estuvo vivo, esto es, hasta la declaración de la Segunda Guerra Mundial, el movimiento psicoanalítico se comportó de una forma neutral" y da el ejemplo de Mimí Langer que "pudo ejercer su actividad política en Viena y en España". No puedo dejar de decir "ejercitariola". Basta abrir la autobiografía de Mimí para leer que "para proteger al psicoanálisis, el estado mayor que rodeaba a Freud decidió que ningún psicoanalista tenía derecho a realizar cualquier actividad en un partido político prohibido; en aquella época (1934), o sea, el Partido Comunista y el Partido Socialista". De ahí que la militancia política y la formación psicoanalítica entraran en conflicto. El padre de Ernst, Paul Federn, fue el que prohibió la entrada de Mimí Langer a la Sociedad Psicoanalítica de Viena. Ella tenía poco más de un año de formación cuando fue denunciada por una paciente y tuvo que abandonar los seminarios, a pesar de que Kurt Eissler la defendiera.

Momento decisivo en su vida, Mimí, siguiendo su vena política, se embarca rumbo a España, en plena guerra civil, donde trabaja en el campo de batalla, como anestesista en los hospitales de campaña. Fue ahí donde conoció a la Pasionaria que la convidó con una legendaria aceituna. Fue ahí también donde conoció al cirujano Max Langer y se casó con él. Terminada la guerra civil, Mimí y Max emigraron al Uruguay, y se radicaron en un pueblo costero cerca de Colonia. Ahora, escrutando su pasado con peine fino, me doy cuenta de que ella dejó de hacer clínica durante sus cinco años en el Uruguay. Mimí hablaba poco de ese período. En *Cuestionamos*, escribe al pasar: "1939, la muerte de Freud y el principio de la Segunda Guerra Mundial nos sorprendieron en un pueblo de Uruguay. Lavaba pañales de mi hijo y cocinaba para pensionistas".

Finalmente, en Montevideo, ella dio una conferencia sobre psicoanálisis y marxismo con el objeto de recaudar fondos para la Comisión de Solidaridad con la República Española.

En aquel tiempo, se sentía más marxista que psicoanalista puesto que, hablando de su inserción en el grupo psicoanalítico argentino, añadió en sus *Memorias*: "¿Podría haber sido de otro modo? Creo que sí, pero elegí la solución más fácil, aceptar, a cambio de mi ideología, una *Weltanshauung* psicoanalítica... Entonces renuncié al marxismo".

Esa conferencia la conectó con el psicoanálisis porteño. En Buenos Aires conoce a Bela Székeli, un húngaro radicado hacía tiempo y ya famoso en el medio psicológico porteño, fundador del Instituto Sigmund Freud. Como dice Balan: "Székeli le pintó el panorama del psicoanálisis en Buenos Aires; por una parte estaba él, y por la otra, los ortodoxos liderados por Garma. Marie Langer se fue con los ortodoxos". Una heterodoxa se vuelve, pasajeramente, ortodoxa.

Fue recibida de brazos abiertos por los cuatro miembros fundadores y al año siguiente, con el aval de Richard Sterba, comienza a ejercer funciones didácticas. Así se completan los cuatro mosqueteros que ahora son cinco. Creo importante consignar la juventud del quinteto: Garma, el venerable del grupo, tenía treinta y nueve años en 1943, cuando se funda la APA; y Mimí, la menor, tenía la edad de Cristo.

Quiero presentar dos retratos de Mimí. El primero es de la feminista Marta Lamas: "Conocí a Marie Langer en 1974, en la privada de Goya en Mixcoac, a donde se instaló recién llegada de Buenos Aires. Yo había ido a ver a unos amigos, y de pronto apareció, con su cabello corto y sus *blue jeans*, fumando y riendo, una mujer que me impactó. En el rato que estuve me enamoré de ella; su sentido del humor, su radicalismo, su manera tan libre de hablar, su expresión corporal, me impresionaron. Era la primera vez que veía a una mujer mayor tan joven y enérgica, tan atípica e interesante. 'Ya sé a quién me quiero parecer cuando envejezca', pensé".

El segundo retrato es una anécdota de Mimí en Cuba. Muerto Cortázar, ella fue elegida como directora de la Casa de las Américas y conoció a Fidel. Éste, con una copa de champán en la mano, le preguntó cómo se hacía el *apple strudel* (torta de manzana) y ella dijo: "Ésa, Comandante, es una pregunta machista, yo soy una militante política y no una cocinera". Conociendo a Mimí, creo posible que esa anécdota no sea apócrifa.

Poco después comencé a asistir a los seminarios en la primera sede de la calle Juncal. Estábamos en 1946, a tres años de la fundación. Celebrábamos el séptimo año de la muerte de Freud. Nos sentíamos portadores de la peste, la nueva plaga que iba a revolucionar el mundo y nuestra sede era la nueva catacumba ahí en el Bajo, a la sombra de la Torre de los Ingleses.

Balán, en su libro *Cuéntame tu vida*, habla de mí de la siguiente forma: "Emilio Rodrigué comenzó su análisis con Arnaldo Rascovsky cuando tenía veintiún años, en marzo de

39

1944. Rodrigué, niño mimado de una familia francesa afincada el siglo pasado en Tucumán, dueña de ingenios, era por ese entonces estudiante de medicina y quería ser analista. Rascovsky pronto le diagnosticó hipotiroidismo, que se manifestaba en somnolencia, apatía y una actitud dependiente. El tratamiento lo mejoró a ojos vistas: de estudiante mediocre se convirtió en excelente alumno, ganó independencia económica, su vida sexual se volvió más adulta y desaparecieron los síntomas hipotiroideos. Para Rascovsky era un verdadero éxito terapéutico que describió en un trabajo publicado en la *Revista de psicoanálisis* en 1946. Poco después Rodrigué que ya era candidato en la APA, se rebeló contra su analista y dejó su análisis. Primero fue a ver a Marie Langer, quien lo tomó por algún tiempo como paciente; luego, en 1947, se fue a Londres".

Bien, así contado, salgo mal parado. Soy un desastre: hipotiroideo, mimado, con sexualidad-perverso polimorfa. Balán además pinta un paciente ingrato que tiene una cura milagrosa y, el muy desgraciado, o desagradecido, rompe con su analista que tanto le dio. Balán, en su esfuerzo de síntesis, cargó las tintas. No fue tan así. En realidad, en la vida, las cosas nunca son "tan así".

En *El antiyoyó* cuento la historia de ese primer análisis con cierto detalle. Vamos paso por paso. En 1946, cuando ingresé en los seminarios, entré en un grupo militante con una misión: nos sentíamos misioneros al servicio de la causa psicoanalítica. La APA de los años 40 era muy pequeña, como las escuelas rurales pobres de provincia, con una sala de aula, donde los candidatos participaban junto a analistas ya formados. En ese año Arminda Aberastury, Heinrich Racker y Rebe Álvarez de Toledo "repetían de grado" y se sentaban junto a Mauricio Abadi, Tallaferro, los brasileños Alcyon Bahía, Danilo y Marialzira Perestrelo y Walderedo, más el mexicano José Luis González y algunos candidatos locales entre los que me incluía. El Moro Abadi narra esos tiempos del siguiente modo: "Teníamos la idea de ser una gran familia, donde éramos todos solidarios, hablábamos un lenguaje en código que nadie de extramuros comprendía y accedíamos a un conocimiento superior, que todo lo podía resolver. El psicoanálisis era una herramienta todopoderosa para entender y curar a los individuos y también a la sociedad. Los seminarios adquirían una formalidad aparente, impostada, que se rompía cuando salíamos todos a tomar una cerveza en el bar de la esquina (se llamaba Adams). Yo, por ejemplo —continúa Abadi— entré bajo la égida de una leyenda sobre la severidad de Arnaldo Rascovsky. Me contaron que cierta vez Rascovsky abrió un seminario preguntándole a Jorge Nollman qué decía Numberg sobre el tema del día. Nollman se quedó sin poder hablar, mudo, totalmente inhibido por cinco minutos, sin que nadie se animase a ayudarlo. Ése era uno de los tantos rumores terroríficos que circulaban, pero después, si yo lo trataba de usted a Arnaldo, él insistía en que nos tuteáramos, lo que no era común en aquellos días. Como el grupo era pequeño, todo se sabía aunque a menudo sólo se sabía a medias. Yo conocía la rivalidad entre Garma y Cárcamo pero, en realidad, sólo después supe los detalles. Dos destacados discípulos de Cárcamo, Tallaferro y Rebe Álvarez de Toledo, trabajaban con Pichon Rivière; yo suponía erróneamente que ellos estaban en el grupo de Garma, ignorando que Pichon, discípulo de Garma, se había peleado con él".

Este texto trae cola. Yo estaba el día que Nollman enmudeció. No fue bloqueo, sino un grave síntoma de malestar grupal: Nollman, discípulo de Cárcamo, no se llevaba bien con Rascovsky. Su silencio fue una penosa pulseada psicótica. El Moro está hablando de los primeros inevitables síntomas de la enfermedad juvenil de una utopía. Hablando de edad, los fundadores constituían, como vimos, una cúpula sorprendentemente joven. Jóvenes y brillantes, no le dieron lugar a la segunda generación que quedó aplastada. Sólo se salvaron Racker y Rebe Álvarez de Toledo. Nollman naufragó en la locura.

La APA, en ese entonces, pretendía ser un grupo de iguales y era, en efecto, un grupo muy cohesivo y cerrado. Partió, como vimos, de la idea mesiánica de que la Argentina iba a salvar la obra de Freud y de otra idea, también mesiánica; que el psicoanálisis todo lo puede y todo lo cura. En la ausencia de un líder absoluto en el vértice de la pirámide, surgieron problemas dentro de la horizontalidad de las relaciones. En ese momento, los análisis cruzados tuvieron un efecto devastador. Ángel Garma se separó de su mujer, Simone, cuando ella estaba en análisis con Cárcamo. Garma, conflictuado, procura a Mimí como analista. Ella, a su vez, busca a Cárcamo como analista y el dispositivo explosivo estaba montado. Recuerda el caso de Freud, Tausk y Helene Deutsch.

En 1918, en Viena, Freud recusa el pedido de análisis del talentoso pero problemático Victor Tausk y lo deriva a Helene Deutsch que, a su vez, se analizaba con Freud. Este triángulo fue mortífero para Tausk y, según Roazen, lo llevó al suicidio. La situación triangular resultaba insostenible: durante los meses que duró el tratamiento, Tausk sólo hablaba de Freud con Helene Deutsch y ella sólo hablaba de Tausk en su análisis con Freud. Transferencia envenenada a tres bandas.

Las circunstancias hicieron que Mimí Langer pasara a ocupar el papel de Helene Deutsch entre Garma y Cárcamo. Ella le contaba a Cárcamo en asociación libre las andanzas de su paciente Garma. Cuando éste supo de los tubos comunicantes, el daño era irremediable.

El Moro Abadi tiene razón cuando habla de la omnipotencia del psicoanálisis en esos tiempos. Voy a dar un triste ejemplo. Cuando tenía veintidós años, o sea, en mi segundo año de diván, Arnaldo me deriva la primera paciente: una mujer con *mal de Cushing*, enfermedad fatal de las suprarrenales. El mensaje: "¿Por qué no? El psicoanálisis puede curarlo todo, desde la tartamudez al cáncer". Trataba a la paciente en el Hospital Francés, ella era piel y huesos y estaba tan consumida que no toleraba el peso de las sábanas sobre las piernas. Día tras día la veía envuelta en un silencio de marasmo. Cierta vez, poco antes de morir, ella me tendió su mano huesuda y yo no le tendí la mía, lo que hasta hoy no me perdono. La técnica de la abstinencia no me lo permitía. El episodio incidentalmente ilustra cuán verde estaba en la época. Imperdonable.

Acabo de hacer una asociación estrafalaria que, de haberla pensado, nunca la hubiera comunicado a Paula Heimann, para no quemarme. Ahora caigo en cuenta de que yo en esa época era una especie de pequeño Jung de la APA. Gentil, en el sentido de no judío, "de buena familia", talentoso, con una cura milagrosa en mi currículum. Cuando, vía e-mail, toqué este tema con el historiador Hugo Vezzeti, él se opuso terminantemente a verme como Jung, pero creo que la ecuación es válida, con un poco de soda. Hugo es mi superyó historiográfico.

Bueno, Jung o no Jung, Arnaldo engendró un monstruo; el cambio había sido demasiado rápido y espectacular. El joven pasivo, abotagado, dependiente, dejó de serlo. (Bueno, lo de pasivo y abotagado es relativo, recuerden mi tercer lugar en Tucumán). En 1945 empecé a leer a Melanie Klein y a liderar los seminarios. Comencé a cuestionar la conducción de mi análisis. Arnaldo era un analista activo que "dictaba" el curso de la cura, para hablar en términos actuales. Si alguien me apura yo diría que Arnaldo fue un pensador tal vez más brillante que Adler, pero era un mal analista al pie del diván. Y yo dale que dale, machacando con las genialidades de Melanie Klein y Fairbairn, criticando las interpretaciones recibidas; hasta que llegó el día en que Arnaldo no aguantó más y dijo:

—Rodrigué, si no te gusta, jodete.

Me impactó el "jodete", sobre todo porque fue la primera vez que me tuteaba. Yo me levanté y me fui. Peligrosa separación.

Alcyon Bahía, candidato brasileño, acababa de pelearse con Garma. La joven APA se sintió amenazada, temiendo una reacción en cadena. Entonces se proclamó un edicto que decía que si un candidato dejaba su análisis didáctico ningún otro didáctico podría tomarlo. Su carrera quedaba trunca. Fui a ver a varios didactas, Mimí Langer, Pichon y Cárcamo quienes, dando muestras de simpatía, me negaron su diván. Fue aquí donde Balán se equivocó, yo nunca me analicé con Mimí. Quería pero no podía.

Matilde, la mujer de Arnaldo, me contó muchos años después que su marido pasó un par de días en cama, deprimido. Arnaldo estaba deprimido y yo paranoico. Paranoico y jodido. Me sentía perseguido y con razón, lo que magnificaba la paranoia. Cuando uno está bien paranoico se enciende una lamparita en la cabeza que no te deja en paz; una lamparita truculenta. Corría el año 1947. Acababa de recibirme de médico y ya trabajaba como analista. La única salida era continuar mi análisis en el exterior. Trabajar fuera de la APA, como analista silvestre, era suicida en la época. Entonces le escribí a Fairbairn, un analista escocés, pidiéndole hora. No recurrí a Melanie Klein porque me pareció que ella era demasiado importante. Fairbairn me contesta que no es didáctico y sugiere que le escriba a Paula Heimann, lo que hago. A todo esto, en el almuerzo mensual con mi padre le cuento mi situación golpe por golpe. Él concuerda en bancarme el viaje, comprometiéndose a girarme el equivalente actual de 300 dólares mensuales.

Paula Heimann me acepta como paciente, o sea, debo realizar un análisis común, terapéutico; luego se vería, sobre el diván, si podría hacer el didáctico como candidato.

Londres lamía sus cráteres de guerra en 1947. Cerca de nuestra primera pensión había una gran área demolida, un cohete alemán, nos dijo la propietaria. No quedó vidrio sano en la comarca. El primer año vivíamos en una pensión en Earls Court, cerca de Kensington, barrio relativamente preservado. Llegamos a fin de agosto; mi primera sesión con Paula Heimann fue el primer lunes de setiembre.

Toqué el timbre y ella abrió la puerta. Me había imaginado a una mujer con ojos de gacela color avellana y me encontré con una menuda judía, vivaz, cincuentona, que podría pasar por la hermana de Kissinger. Cara nerviosa, con mirada de pájaro. Hablaba inglés con un cargado acento germánico. Paula Heimann me tumbó en el diván y yo quedé callado unos quince largos minutos, casi sin pestañear. Luego comencé a llorar. Lloré y lloré, no podía parar.

6. LONDRES

Quiero hablar, Manuela, de tu abuela Beatriz. Cuando escribo libros siempre tengo un interlocutor en la mira, un *sparring* confidencial, alguien que puede ser mi hermano Jack, tu madre, el mismísimo Freud o un perro atorrante llamado Colita. Hoy eres tú. Me ayuda tener un despachante que haga las veces de remitente.

Te quiero contar el noviazgo con tu abuela y los primeros tiempos de nuestro casamiento. No recuerdo precisamente cuándo conocí a Beatriz; varios lugares vienen a mi memoria; el más posible fue un paseo en barco. Beatriz tenía dieciocho años y yo veintitrés. Ella era linda, más joven que mujer, si comprendes la diferencia. Muy, pero muy linda, parecida a tu madre, parecida a ti. Tenía pretendientes, claro; uno en particular, fuente de fuertes celos. Esos tipos simpáticos, pintones, que saben hablar con las mujeres. Se llamaba Boy, un peligro. En el ring de la vida, basta una mirada para hacerte una idea bien precisa de los quilates del rival. Eso se aplica especialmente a la fuerza física, aunque también corre en el renglón pinta.

Para mí, en comparación con el Naso Patinante, Beatriz era un mujerón; mejor dicho, una mujer esplendorosa. Los celos me consumían por considerarme indigno de ella, y lo era. En cosas de amor, Manuela, están los que aman y los que se dejan amar; son rarísimos los casos en que los platillos se equiparan, aunque con el tiempo el subibaja se pueda instalar. Bien, yo amaba y tu abuela se dejaba amar; era yo el que quería ir al cine con ella y tomarle la mano, *understand*?

Beatriz tenía una hermana, María Elena, dos años más joven, otra belleza. Frutos de un hogar tradicional de la alta burguesía venida a menos. Las dos eran, no estoy idealizando, nota 10, alegres, responsables, sobre todo Beatriz, excelente hija, excelente secretaria (el jefe le regaló una Parker cuando nos comprometimos). Mary Williams, mi futura suegra, preparaba una sopa de cebada 5 estrellas. Descendiente de galeses, era una buena traductora y le gustaban los libros.

Notaste que cuando voy a París a visitarlos, soy casero, me encanta llegar del Louvre, ponerme el pijama de franela y preparar una comida junto con tu padre, tomando *kir*. Ese clima de hogar, en torno a la cocina, también lo encontraba en la casa de los padres de Beatriz, o sea, en la casa de tus bisabuelos. Recuerdo discusiones animadas en la mesa, donde yo siempre oficiaba de petardista manso; pichón de psicoanalista anticlerical de izquierda. Nadie me tomaba muy en serio.

Yo quería casarme, ella también, en ese orden. Muchos años después supe la verdad: ella dudaba de mi futuro profesional. ¿Será un buen candidato?, ¿se dará bien en la vida?, se preguntaba tu abuela. Piensa que en 1946 el psicoanálisis, para la clase media porteña, resultaba ser una profesión sin prestigio, cosa de charlatanes y de judíos. Además, yo acababa de pelearme con mi analista de renombre, de modo que mis acciones estaban por el suelo. No, yo no era el candidato ideal.

Decidí ir a Londres a analizarme, tentar suerte ahí, correr el riesgo. Bien, a Beatriz le atrajo la aventura. Nos casamos una semana antes de partir para Inglaterra. Tu joven abuela fue una leona, una gran compañera.

Londres, 1948, ciudad precaria, casi hambrienta, restañando sus heridas de guerra. Años duros donde un huevo mensual era un lujo proteínico. Corrimos la coneja, tu madre te explicará el término. El azúcar estaba racionado, la manteca también, tenías un carnet mensual con cupones que duraba una semana. Nuestro presupuesto no daba para cerveza ni para cigarrillos. Una vez compré uvas y me equivoqué con el precio. Entonces comí todo el carísimo racimo en la calle, para no dejar rastros del crimen.

Al finalizar el primer año de estadía, no teníamos ni un mango y entramos en un programa del gobierno que se llamaba "Gane dinero en sus vacaciones". Nos llevaron en tren al centro de Inglaterra, en Coventry, tierras de Lady Godiva, para cosechar cerezas. Pagaban, los muy turros, 15 chelines por día —un dólar y poco— casa y comida. La casa eran dos galpones, uno para damas y otro para caballeros, y el rancho horrible. Después de comer tenías que lavar tu plato, sin jabón, en una enorme tina con tanta grasa flotando que había que empujar el susodicho para que entrara. Y te hacían trabajar duro, un capataz llevaba la cuenta de las canastas recogidas y había que cumplir una cuota que no era fácil de alcanzar. Al principio comías cerezas, pronto no podías ni verles la cara.

Al tercer día ocurrió un momento notable. Fuimos al cerezal en camión y cuando llegamos nos aguardaba un trabajador de verdad, un sindicalista, con su arenga de barricada. Recuerdo que nos trataba de *mates*, de compañeros. En síntesis decía, con voz inflamada, que estábamos siendo oprimidos, que ganábamos un salario miserable y que, al mismo tiempo, les sacábamos el trabajo a los campesinos de la región. Discurso fuerte que me impresionó mucho, sentí una extraña emoción proletaria en el pecho y desde entonces pudo hacerme una idea de lo que debe ser participar de huelgas de verdad en las puertas de una fábrica.

Pasado un año comenzamos a trabajar en la BBC para Latinoamérica, la Radio de América. Cada semana nos daban un tema de actualidad. A Beatriz le tocó el Primer Congreso Internacional de Astrofísica donde von Braun, en el pizarrón, bosquejó un posible viaje a la Luna. Nosotros, y el inglés de la calle, no teníamos ni idea de que eso era posible. Otra vez fuimos a una conferencia de prensa de Lawrence Olivier y Vivian Leigh, de vuelta de una *tournée* por Australia. Mozos de librea servían bebidas y canapés en los salones del teatro. Los periodistas profesionales hacían preguntas supersofisticadas y tu abuela pensó y pensó para preguntarle finalmente a Vivian Leigh: "¿Cómo se sintió filmando *Lo que el viento se llevó*?". ¡Había que ver la cara que puso Scarlet O'Hara! Fue un quemo total, pero bebimos y comimos mucho esa tarde. Lawrence Olivier resultó ser un tipo bonito y encantador; la Vivian decepcionó.

¿Sabés, Manuela, lo que es una Feria Internacional de Juguetes? Una feria que presenta la última palabra en juguetes de todo el mundo. Cierta tarde, en la BBC, mientras aguardaba mi turno frente al micrófono, escucho a un locutor español hablar sobre la feria que venía de tener lugar en Liverpool, la cuna de los Beatles. Y era una maravilla, muñecas con voz virtual, ya en aquellos tiempos, la última palabra en trenes eléctricos, serpientes mecánicas que cazaban ratones, ballenas teleguiadas, todo lo que te puedas imaginar. Fascinado, le dije:

—¡Qué feria más maravillosa!

—¿Te gustó, majo? Pues la inventé.

Sucede que el tipo se sentó en el sillón de su casa y pensó: "¿Cómo sería una feria ideal de juguetes?" y pasó a describir su fantasía, colocando en el bolsillo el dinero del pasaje y de la estadía.

Le estoy agradecido: ese locutor soltó mi pluma y me enseñó a mentir. Fue entonces cuando comencé a escribir artículos sobre "Exposición de Animales Exóticos", las "Orquídeas Negras Carnívoras" o "La pipa está de moda entre las inglesas". Mis primeras armas literarias. Es importante, Manuela, mentir bien, consejo de abuelo.

Hablando de pipas, Albert Dunhill tenía la cara que tenía que tener un Dunhill. Cincuentón, curtido por el sol, barba, buen corte en su saco sport con los codos gastados. Conseguí una entrevista para cubrir el asunto de las pipas femeninas, una nota corta para la BBC, otra más larga para el semanario *El Hogar*. Me atendió en su oficina, que era un cubículo de vidrio suspendido en medio de la fábrica. Dunhill opinaba que la moda iba a pegar y sabía bastante sobre la historia del fumar en pipa. Un tipo muy agradable. Lo que viene, Manuela, no es una mentira, porque no siempre miento. El inglés, ahí por las tantas, comenzó a revisar los bolsillos en busca de cigarrillos. No tenía. Entonces me pide uno. Yo le ofrecí un Woodbine, que era la marca más barata en todo el Reino Unido. Eran cigarrillos cortitos. Dunhill lo encendió, aspiró el humo, y dijo:

—*Not bad.*

Para darte una idea, Manuela, era como darle una remera al Sr. Lacoste, una navaja al Sr. Gillette.

Curioso, te estoy mostrando el decorado, pero recuerdo poco el vínculo cotidiano con Beatriz en esos tiempos. No registro una buena pelea ni un momento amoroso, como si los recuerdos se hubiesen escurrido por la rejilla del tiempo. La evoco sonriente, buena compañera, con gustos afines. Nos encantaba ir al cine los viernes a la noche. Ahorramos para comprar una radio por mensualidades y escuchábamos un radioteatro sobre los tiempos de Cromwell. Beatriz fue la mujer que menos celos tuvo de mí; en cuanto a mí los celos me consumían, sobre todo en un viaje a Italia, donde los venecianos la incendiaban con sus miradas concupiscentes (hace siglos que no usaba esa palabra).

Y luego, Manuela, conocí a un príncipe. Se llamaba Masud Kahn. Príncipe de verdad, de la familia Kahn de Pakistán. Era alto, elegante, cetrino, arrogante como un príncipe tiene que ser, con unos ojazos negros como huevos de gallina de Angola. Masud fue uno de los tipos más inteligentes que conocí en mi vida. Era compañero de seminarios. Le tenía miedo a su lógica cruel de cimitarra. Él venía los viernes a casa y discutíamos toda la noche, tomando cantidades ingentes de un té de la plantación de su papá. Una noche yo me quejaba de un trabajo difícil de Susan Isaacs, una gran analista, mano derecha de Melanie Klein, que acababa de morir.

—No comprendo nada —le dije.

Masud me miró con sus ojos angoleses y dijo:

—Ese trabajo es lo último que escribió, justo antes de su muerte. Le tomó seis meses redactarlo; era su testamento ¿y tú piensas comprenderlo en un día?

¡*Touché*!

En octubre comienza la niebla en Londres, mucho más niebla que en París o en cualquier otro lugar, niebla cerrada; los ingleses la llaman "sopa de arvejas". Dura hasta enero y viene con un frío húmedo que cala los huesos y se enrosca en los pantalones. Estación ideal para hibernar en casas con chimeneas. En la semana de Navidad tu abuela y yo comprábamos cerveza, nueces, y yo sacaba una pila de libros policiales de la biblioteca. Era una fiesta encerrarse en casa y leer las aventuras de Hercules Poirot con niebla y asesinos afuera, junto al fuego, con perro y todo.

Después nació tu madre. La tarde que comenzaron las contracciones llevé a Beatriz a la maternidad de Hampstead Heath, que quedaba encima de una colina. Era un día frío, ventoso, de noviembre, y tu abuela llevaba un tapado, creo que era de gato montés. Una vez instalada, le di un beso e iba bajando la colina, absorto ante el nuevo hecho inminente de ser padre, cuando de pronto escucho un coche que frena violentamente y dos policías saltan y me crucifican contra un muro. Escena de película de violencia. Yo no comprendía nada. Esos hombres de Scotland Yard podrían haber aniquilado a tu abuelo.

—¿De dónde sacó ese tapado? —me espetó uno de ellos, sacudiendo el gato montés.

Entonces les explico y ellos observan mi cara tartamudeante de inocente. Y aquí viene, tengo que admitirlo, *sacrébleu*, la parte buena de los ingleses, aunque no sean bichos de mi devoción. Los tipos, Manuela, me llevaron en el coche patrullero a casa y me felicitaron por la paternidad.

Tu madre nació al día siguiente, con 3 kilos y 500 gramos, sagitaria de ley e inglesa de nacionalidad. Un mes después, en su cuna, presenció una Navidad con whisky, nueces, Agatha Christie y una linda pavita, pero tu mamá no comía sólidos, ni bebía whisky, ni sabía leer.

El perro se llamaba Taxi, era simpático, *viralata* como dicen los bahianos, pero Taxi no aguantó el nacimiento de tu madre. Todos los días se escapaba de casa e iba a parar del otro lado de

Londres. Como tenía la identificación en el cuello y los ingleses son ingleses, a la vuelta del trabajo tenía que ir a buscarlo. Celoso perro maldito, casi tan celoso como su dueño.

Años felices, casi míticos, desde este comienzo de milenio, te diría que fueron como esos cuentos de hadas donde los pobres, Manuela, son ricos de corazón.

7. MELANIE KLEIN

—¡Soy un psicoanalista salvaje! —exclama Groddeck en el Congreso Psicoanalítico de La Haya, en 1920.

Tal vez Groddeck sabía que eso era justo lo que los analistas presentes, cansados de guerra, procuraban no ser o no aparentar serlo. Anna Freud, gran debutante en el circuito internacional, quedó con una mala impresión de este hirsuto sujeto de la Selva Negra. Melanie Klein, por su parte, quedó con una buena impresión. No me cabe duda de que Groddeck puso una nota de frescura sobre una cuarta generación freudiana que comenzaba a almidonarse. Pero, almidonada y todo, esa generación de posguerra fue brillante, con Reich, Fenichel y Numberg. Una década más tarde, la gestión se polarizaría entre Anna Freud y Melanie Klein, ambas presentes en La Haya, abriendo las trillas de los nuevos tiempos. La controversia entre esas dos mujeres duró más de dos décadas y marcó el futuro del psicoanálisis.

Cuando llegué a Londres en 1948 la controversia continuaba pero había dejado de ser un ataque a las yugulares; la excomunión de Melanie Klein ya no estaba en juego, los ingleses descubrieron una fórmula de compromiso para estabilizar la institución: la coexistencia de tres grupos: el annafreudiano, el kleiniano y el grupo del medio. Esa tripartición, con un tercer grupo, operando como *buffer*, permitía que el flujo institucional circulase y que la sangre no llegase al río.

De agosto del '47 a agosto del '48, lo único que tenía que hacer en Londres era analizarme y trabajar dos tardes por semana para la BBC. Tenía tiempo para dar y vender; conocía los museos de memoria; dos veces por semana Beatriz y yo merendábamos en la National Gallery. Allí nació mi gusto por Turner. Recuerdo el día en que Beatriz lloró frente a un Botticelli.

Mi pasaje por el diván de Paula Heimann fue una experiencia tan fuerte que puedo hacer mías las palabras de Strachey hablando de su análisis con Freud:

"Cada día, excepto los domingos, paso una hora en el diván

del profesor y el análisis ofrece una contracorriente para la vida. Ahora estoy más confuso que nunca, pero se trata de algo extremadamente excitante. El profesor es amable y brillante en su virtuosismo. Casi todas las sesiones se presentan como una unidad estética totalizante. Algunas veces el efecto dramático es devastador. Al comienzo, todo aparece vago, una alusión obscura aquí, un misterio acullá. Luego el profesor te da un toque y se vislumbra un pequeño dato y luego otro y de pronto una serie de luces se encienden y cuando la verdad total aparece el profesor se levanta y te acompaña a la puerta".

Pero, continúa Strachey, eso no sucede siempre: "Otras veces uno se la pasa tirado toda la hora, con una tonelada de peso en la barriga, incapaz de proferir una palabra y creo que eso, más que nada, te lleva a creer que todo esto es válido".

Strachey tiene razón, se trata de una "unidad estética totalizante", la mudez inclusive adquiere, "un efecto dramático devastador".

Pero mi experiencia tuvo una complicación ya que el inglés no era mi lengua y Londres no era mi ciudad. Siempre resulta difícil contar cosas de otro país, con otras costumbres. ¿Cómo explicarle el ala izquierda del peronismo a una analista europea kleiniana? Dicho eso, mi análisis con Paula Heimann fue una gran aventura.

Al promediar el décimo mes Paula Heimann me anunció, de sopetón, en el medio de la sesión, que podía entrar en los seminarios, lo que significaba que era candidato, lo que significaba el pasaporte para ser psicoanalista. Recuerdo haber exclamado:

—*You are an angel!* —lo que suena un tanto idiota, pero en los momentos altamente emotivos uno siempre desafina.

Un doblete coronó ese día. La BBC me envió a Birmingham para transmitir el partido de la Copa Davis entre Chile e Inglaterra. Mi jefe sabía que me interesaba el tenis y por eso me mandó, porque, seamos sinceros, yo nunca fui un locutor de primera; el español mentiroso me ganaba con la mano derecha atada. Mas esa tarde, en Birmingham, transmitiendo el partido con una cerveza junto al micrófono, yo era feliz. Para completar, mi hermano sudamericano ganó.

Entonces pronto llegó el día en que fui a la primera reunión científica de la British Psychoanalytical Society. Hilde Abraham, la hija de Carl, presentaba un trabajo. Ella era annafreudiana pero, en esas circunstancias, los tres grupos concurrían. Instalado en el fondo del salón, poco a poco fui localizando a los personajes: Melanie Klein sentada junto a mi analista. Ubiqué a Ernest Jones y a Bion en la primera fila. Estaba en esa tarea de ponerles el nombre a los bueyes cuando de pronto se acerca un señor y pregunta cuál era mi nombre. Yo le digo y él me da la mano y responde: "Mucho gusto, me llamo Winnicott". La importancia de un pequeño gesto; se ganó mi agradecimiento eterno.

Donald Winnicott nació en el puerto de Plymouth en 1896, hijo de un rico comerciante con título de Sir por sus obras filantrópicas. Donald, como lo señala Elisabeth Roudinesco, creció rodeado de mujeres, lo que según ella influyó en su ulterior interés por los niños. Había, en efecto, algo de maternal en él. Estudió en Cambridge y se interesó por historia, escribiendo un ensayo sobre su ciudad natal y los preparativos del viaje del "Mayflower" a América. Recibido de médico, fue antes que nada pediatra y comenzó su análisis relativamente tarde, primero con James Strachey y luego con Joan Rivière. Supervisó con Melanie Klein.

Winnicott para mí es el paradigma del grupo del medio. La mayoría de ellos eran, estoy convencido, más kleinianos que annafreudianos. Gente afable, molesta ante el radicalismo kleiniano y la arrogancia annafreudiana. Aquí va un ejemplo:

En una mañana de abril de 1940 Strachey, un gran "mediano", se despierta engripado y ésa fue la razón o tal vez el pretexto para no participar de las desgastantes reuniones de la controversia entre Anna Freud y Melanie Klein. Strachey estaba harto de tanta discusión y le mandó una carta a su amigo Glover: "Me siento en el papel de Mercutio. ¿Por qué es preciso que esos miserables fascistas y comunistas (malditos extranjeros) invadan nuestra tranquila isla? Creo que estoy más febril de lo que pensaba". (Si Strachey era Mercutio, ¿quiénes serían, pregunto yo, los Capuletos? Difícil imaginar a Anna Freud en el papel de Julieta). Pero la carta continúa: "Quiero que usted sepa, para su gobierno, que soy ferozmente partidario de un acuerdo a cualquier precio. Me parece que todas las dificultades provienen del extremismo de ambos bandos. Mi punto de vista es que le debemos a Melanie Klein algunas de las contribuciones de mayor importancia para el psicoanálisis, pero es absurdo sostener que agotan el asunto o que su validez es axiomática. Por otro lado, pienso que no es menos risible, por parte de Anna Freud, pretender que el psicoanálisis es el coto de caza de la familia Freud y que las ideas de la Sra. Klein son necesariamente subversivas. Esas actitudes, de una parte o de otra, son sin duda religiosas y representan la propia antítesis de la ciencia".

Strachey tiene razón, sobre todo si consideramos la religión como el brazo espiritual de la política; pero se ve, en las entrelíneas de esa carta, que él es menos crítico con Melanie Klein. Yo, hoy en día, de pertenecer a un bando, sería "mediano".

Pero en 1948 era rabiosamente kleiniano. Formar parte de un grupo radical es algo embriagador, uno se siente torero. Nosotros, como sucede en el mundo de la política, desdeñábamos más a los medianos que a los annafreudianos; estos últimos eran nuestros enemigos declarados y existía cierto respeto por el toro asumido. Gracias a mi experiencia kleiniana comprendo la arrogancia lacaniana de los años '80.

La Comisión de Estudio del Instituto me permitió pasar directamente al segundo año de los seminarios por considerar que mi experiencia en la APA me daba los créditos necesarios. En una clase de doce candidatos sólo otros dos eran kleinianos, una médica afilada, muy inteligente, con el nombre adecuado de Judith Waterloo y un escocés medio pánfilo que no se calentaba mucho. Cada seminario era un debate de alta esgrima y ahí percibí claramente mi déficit. El ochenta por ciento de mis compañeros venían de Cambridge o de Oxford y poseían un bagaje cultural muy superior al mío. Me salvaba el hecho de que ellos trabajaban y yo no, lo que me daba mucho tiempo para estudiar y esto me permitía cavar trincheras más hondas. Ahí, el que no corría volaba, comenzando por el principesco Masud Kahn.

En los seminarios teníamos clases comunes para todos los grupos y clases optativas para annafreudianos y kleinianos. Yo y Waterloo, de puro fanáticos, no asistíamos a los seminarios de Anna Freud, lo que hoy en día me parece una tamaña estupidez porque Masud, que era "mediano", me contaba que eran excelentes.

En mi biografía de Freud digo lo siguiente de Anna Freud: "Anna fue una criatura medio arisca, medio angelical, que sufría del complejo de patito feo. Los celos fueron su cruz. Su hermana Sophie era la favorita de la madre y probablemente también del padre. Sólo dos años y ocho meses mayor que Anna, Sophie tenía una "cintura de avispa" y el par de piernas que Freud adivinó en la Gradiva. Anna sufría con sus piernas gruesas y pronto pasó a usar polleras largas. Ante esta competencia desigual, el período más difícil llegó en la adolescencia. Años de ricas fantasías de Cenicienta frustrada. Fantasías que su rival, Melanie Klein, luego describiría vívidamente".

Esas fantasías culminaban en lo que Anna Freud, en su trabajo autobiográfico, denominó "historias ejemplares"; dicho y hecho, ella fue una gran contadora de historias. Sus casos clínicos parecen verdaderos cuentos de hadas, como el caso de Bobby, el niño domador de leones. Yo la escuché en el Congreso Psicoanalítico de Amsterdam, en 1968, y su conferencia, totalmente memorizada, hasta la última coma, fue una obra maestra de retórica, cadencia y ritmo, pero magra en contenido.

Al promediar ese año pude tomar mi primera paciente. Era una inglesa triste, lavada, de mi edad, de clase media baja, parecida a la hija rubia de la película "Secretos y mentiras". Melanie Klein controlaba el caso.

Recuerdo que el primer día de supervisión la empleada me hizo pasar al consultorio, un cuarto grande en forma de T. Melanie Klein analizaba en la barra larga de la T y supervisaba en la corta. Yo era dos grandes pequeños ojos, supervisando el recinto de mi supervisora. La pared ubicada junto al escritorio tenía una foto del perfil de una mujer fantásticamente bella: Melanie Klein de joven. Encima de esa foto, el retrato sepia oscuro de una elegante señora con cara de domadora de caimanes: era Libusa, su madre (quien, en su época tuvo una tienda de plantas y animales exóticos).

El año, 1949; la calle, 32 Clifton Hill; Hannah Segal vivía en el 30 y yo en el 26 de la misma callejuela del tranquilo barrio de Saint John's Wood, en el corazón del movimiento kleiniano.

A Paula Heimann puedo llamarla Paula; a Melanie Klein no se me ocurre llamarla Melanie a secas; en la época ni siquiera podía llamarla Melanie Klein, le decía Señora Klein. Era una mujer de casi setenta años, formidable, todavía buena moza, coqueta, de ojos fulgurantes, con el cabello blanco azulado. Esos ojos sólo fulguraban cuando estaba interesada; si yo la aburría con mi caso, ella viajaba lejos, muy lejos, y sus ojos se apagaban.

Y aquí preciso hablar bien de mí. La cosa es que yo, muy pronto, sin Oxford y sin nada, excepto la calidad refinada de mi materia gris, comencé a destacarme dentro de las filas del grupo kleiniano. No me daba cuenta porque los ingleses son muy flemáticos, pero meses después, ante mi sorpresa, la senora Klein me eligió como analista de su nieta menor. ¿De su nieta, comprenden? Marion Milner era la analista del nieto.

Mi nueva tarea venía con una complicación que quizá explique por qué fui elegido. Melanie Klein iba a supervisar ese caso; o sea, la abuela iba a supervisar al analista de su nieta. Analistas hechos y derechos tal vez no hubieran aceptado dicha indicación. Aunque, si pensamos que en las filas del grupo kleiniano la disciplina era férrea, bastaba un grito de ella...

Y esto me lleva a un tema que me preocupó cuando escribía la biografía de Freud: el elevado número de transgresiones cometidas por los analistas, comenzando por Freud que analizó a su hija Anna; por Hugh-Hellmuth que analizó a su sobrino (que lo asesina); por Anna Freud que analiza a su sobrino Heinele; y por la propia Melanie Klein que analizó a sus hijos y supervisó a su nieta. Éste es un tema que los analistas prefieren disimular. Yo, comparando mis transgresiones, soy un niño de pecho.

Pero el asunto es que yo acabé teniendo tres supervisiones semanales con la señora Klein, una de la paciente triste y dos del análisis de Hazel, la nieta de Melanie Klein, que tenía casi cuatro años. La primera sesión con Hazel fue una fiesta. La chica comenzó a jugar y yo, nervioso, balbuceo mi primera interpretación kleiniana, con penes malos y todo. Ante mi asombro, el juego confirma mis palabras. Así que el psicoanálisis realmente funciona, pensé.

Me ocurrió un episodio curioso, medio telepático, con Hazel. Cierta noche tuve un fuerte ataque de tos y para pararlo fui al baño a tomar codeína, pero me equivoqué de frasco y tomé un trago largo de amoníaco puro. La mucosa de mi boca se soltó cual guante. Al día siguiente mi boca era una llaga viva. Cuando Hazel llega a la sesión, me entrega un caramelo ácido, justo el antídoto frente al amoníaco alcalino. Y ésa fue la única vez que ella me ofreció un caramelo. Jung explica.

Ser supervisado por una abuela, te lo voy a contar... Lo bueno era que tenía una supervisora superinteresada. Lo malo se desprende de la marcación: no podía equivocarme. Cierto día, en plena hora de juego, una araña tamaño medio bajó por la pared a espaldas de Hazel. Yo la maté de un zapatazo. ¡Pobre de mí! La cara que puso la abuela, me miró como si yo fuera un cruel aracnicida.

Fueron tiempos míticos. En el prólogo de mi biografía de Freud escribo: "Ocurrió una noche antes de Navidad. Clifton Hill estaba resbaladiza, casi me caigo en la puerta de la casa de Melanie Klein. El resbalón tal vez se debía a los "nervios" de mis piernas inquietas, porque estaba invitado a cenar junto con el mismísimo Ernst Freud, hijo del profesor, y la bella Joan Rivière. Yo iba con Beatriz. La gran cena comenzó con una humeante sopa húngara. Recuerdo detalles de esa mesa, los cubiertos de plata, el sombrero de alas grandes de Joan Rivière, el parecido de Ernst con su padre, la conversación de gente grande en la que el pasado era evocado con nostálgico acento vienés. Frau Freud, que estaba sentada a mi lado, a la hora de los postres me dice al oído:

—¡Qué linda es su esposa! Debe ser una joven judía.

Dijo eso, juro que lo dijo. Fue una noche maravillosa. Lo cierto es que yo estaba allí como testigo del fin de una época. Llegué a Londres antes de que Jones publicara su biografía de Freud. Para mí y para el analista común de Londres o Buenos Aires, el único gran amigo de Freud había sido Breuer, no se sabía de la existencia de Fliess. En adelante los analistas tuvieron que resignificar la vida privada y conturbada del Maestro.

Deborah tenía nueve años. Rubia, elegante, campeona infantil de equitación, un demonio angelical de niña. Hija de un colega, la veía en la Tavistock Clinic cuatro veces por semana. Deborah no me hablaba, ni un saludo me dirigía. Todos los días ella entraba al consultorio, se armaba de un molde de lata, de esos de playa, ponía una pila de arena en la mesa metálica, la salpicaba con un poco de agua, y se pasaba la hora refregando el molde, haciendo un ruido horripilante, insoportable. Imaginen cuatro horas de torno de dentista por semana. Pero lo más extraño de todo es que la madre me llamaba todos los meses, entusiasmada, agradeciéndome. "¡No sabe cuánto le agradezco, doctor, por lo que está haciendo por mi hija!". En casa, Deborah ahora era una seda.

Supervisé ese caso con Marion Milner, simpatía de persona, mujer admirable, parecida a Katherine Hepburn y autora de un bello libro titulado *On not being able to paint*. Yo sufría con las supervisiones: al principio no se notaba, porque Deborah no decía ni pío. Pero cuando supervisé a otro paciente, un púber de trece años, la cosa no mejoró. Marion Milner, por ser tan gentil, me inhibía y mis supervisiones eran desastrosas. Prefería de lejos trabajar con Melanie Klein que, en comparación, era un caballo.

Volviendo a mi lugar de estrella en ascenso, recibí un baldazo de agua fría en manos de Bion. Fue en mi último año de seminarios. El Instituto se había mudado a un nuevo local, mucho más lujoso, y la paciente mía, la de "Secretos y mentiras", tuvo una sesión importante y un sueño sobre la mudanza. Escribí entonces un ensayo corto y la presenté en una reunión científica. Bien, leo mi trabajo, algunos candidatos cuentan experiencias semejantes, Balint elogia la iniciativa, Gwen Evans me felicita, todo muy tipo fiesta de fin de año en escuela modelo, hasta que Bion pide la palabra, se levanta formalmente, mira al infinito, me mira al fondo de los ojos y dice:

—¿Para qué?

Difícil encontrar una intervención más corta y más demoledora. Sentí que me iba poniendo colorado. "Tierra, tragame", pensé.

W.W. Bion, a pesar del episodio citado, fue uno de mis personajes inolvidables. Le debo mi interés por los grupos. Nació en la India, en 1897, fue comandante de tanques durante la Primera Guerra Mundial y un estudioso de los problemas grupales de liderazgo durante la Segunda Guerra. Su concepción de los grupos marca un jalón en la joven psicología social. Bion era un líder carismático y para mí sintetizaba una mezcla perfecta de Nero Wolf y Hercule Poirot. Sus intervenciones grupales tenían una rara condición entre profética y poética. Yo fui observador de uno de sus grupos.

Otro trabajo que me marcó fue el de Elliott Jacques. Él estaba en la fase final de su libro sobre el estudio psicosocial de una fábrica, dando un seminario que fue fascinante, con las ideas recién salidas del horno.

Retomando la idea de mi estrellato kleiniano, yo siempre sospeché que fue un trabajo de seducción, el perfume de la pantera, como decían los antiguos. En este caso, yo sería un seductor latino. Voy a dar un ejemplo: cuando terminó el último seminario del curso, ante una señal mía, llegó la empleada del Instituto con una botella de champán y doce vasos. Nunca, en su puta vida, un inglés pensaría en eso. *Understand*, Manuela? Si no la seduje a la señora Klein, no comprendo bien mi éxito.

Finalmente, al completar el cuarto año de mi estadía en Londres, llegó la hora de los adioses. Me despedí con una enorme nostalgia anticipada de ese Londres que pasé a amar; me despedí de mis compañeros, le di un beso a Judith Waterloo, un abrazo a mi analista, otro a mi supervisora y a Hazel; Manuela, le regalé una casita de madera que su abuela me había regalado. Aún conservo la otra.

8. EL HÉROE VUELVE

Cuando volví de Londres los analistas se paraban para mirarme, yo era el héroe que emergió impoluto de las márgenes del Támesis. La teoría kleiniana, gracias a Arminda Aberastury, comenzaba a conocer su apogeo. Y yo tenía pedigrí inglés, casi hablaba con acento. Porque convengamos que hay una diferencia, hasta "psicológica", entre quien mama en las fuentes y aquel que se arrima por los libros, sin la interfase del pezón.

Diferentes lecturas de la obra de Melanie Klein fueron hechas en la APA. En realidad, tenemos que considerar, como en el caso de Marx, dos períodos en su obra. El primero, el de la Klein joven, cuando Klein aún no era kleiniana, se caracteriza por un replanteo del cronograma del desarrollo infantil, las etapas se acortan, el padre entra más temprano en la pedana edípica y la sexualidad femenina aparece "tal como ella es" y no como una versión castrada de la sexualidad masculina; o sea, las niñas tienen vagina. Melanie Klein describe en detalle las fantásticas fantasías inconscientes en relación con el interior del cuerpo de la madre. Un superyó más precoz y más cruel entra en escena ya desde el comienzo del primer año. Todas estas nociones eran aceptadas por la gran mayoría de los analistas argentinos. Ésa era la Melanie Klein de Mimi Langer en *Maternidad y sexo*. Arnaldo Rascovsky todavía iba más lejos en su reconstrucción del comienzo de la vida psíquica, postulando un psiquismo fetal.

La segunda fase, la de la Klein madura, se abre al promediar los años 30, cuando introduce la noción de "posición" en lugar de la clásica descripción de fases de desarrollo. Tanto Melanie Klein como Lacan critican el cronograma de una psicología genética. La posición es una encrucijada molar, una constelación de devenires. La posición depresiva ocupa un lugar central en su teoría, viene a ser el equivalente kleiniano del complejo de Edipo freudiano. La posición depresiva divide las aguas en el primer año de vida cuando el bebé se da cuenta de que tiene una mamá entera y que quiere matar a su mamá. La noción de objeto parcial y total y la pulsión de muerte fueron bien estudiadas por Arminda Aberastury que inclusive hizo una contribución original en su "teoría del desmame" y por Rebe Álvarez de Toledo en su ensayo sobre "El círculo". Pero el analista que trabajó en profundidad y con originalidad la obra de Melanie Klein fue Enrique Pichon Rivière, elaborando su concepción de la enfermedad única a partir de la dupla kleiniana de las posiciones depresiva y esquizoparanoide. Pichon Rivière consideraba la melancolía como el núcleo central de toda psicosis; a eso se le suma una condición epileptoide de desarreglo pulsional y la regresión propia de la esquizofrenia. Fairbairn, con su énfasis en la depresión, tiende un puente entre Melanie Klein y Enrique Pichon Rivière. Por su originalidad, por su irreverencia teórica, por su prodigiosa cultura, concuerdo con la Roudinesco en considerar que Pichon fue "el paradigma del freudismo argentino". Lacan, en 1955, lo recibió con todos los honores, plantando dos sonoros besos en su testa.

Por otra parte, los analistas argentinos, en general, no se preocupaban por los problemas técnicos que el kleinismo planteaba. La excepción fue Heinrich Racker, que estudió el fenómeno de la contratransferencia. A esa altura, la lectura psicoanalítica de David Liberman, basada en la psicopatología kleiniana, aún no estaba del todo fuera del tintero.

Para comprender el impacto de la escuela inglesa en la Argentina tenemos que tomar un tema que viene de la década anterior y que concierne a las reglas de conducta del grupo. A las buenas costumbres, más que a la ética. Los analistas de la calle Juncal constituían un grupo promiscuo y fiestero; su bandera, no podía dejar de serlo, levantaba la liberación sexual. Eso no era nuevo. Melanie Klein en 1920, en Berlín, junto con Alix Strachey y *fraulein* Schott, pintaban y bordaban en la Union Palais de Danse, bajo las brillantes noches berlinesas.

En Buenos Aires la cosa se complicaba por tratarse de un grupo pequeño, endogámico, rodeado de mecenas satélites ricos que daban lujosas fiestas. Es curioso, al evocar ese pasado me doy cuenta de que he reprimido el lado bacanálico de aquellas amables orgías; sólo recuerdo una fiesta griega donde la mayoría de los hombres se disfrazaron de Edipo y las Yocastas de este mundo andaban sueltas. Recordemos que, al final de la década del '50, Fellini filmaba La Dolce Vita, gran fresco de esa época, donde, desde el mirador de este milenio, podemos admirar la bacanálica inocencia de aquellos tiempos.

Hablando de inocencia, recuerdo momentos difíciles de clasificar, mejor dicho, de explicar: fue la hora del fútbol de botones. Nuestras mujeres no lo podían creer. Yo volvía del consultorio y le decía a Beatriz: "Esta noche voy a jugar al fútbol de botones con los muchachos". Ella, repito, no lo podía creer. Yo incursionaba en su guardarropa, en el de mi mamá, en el de mis tías, procurando los botones adecuados. No todos los botones servían: tenían que deslizarse bien, ser sensibles al toque. Había botones que eran craques muy cotizados, no tenían precio. Yo tenía un centrohalf azul, tomado de una bata de mi madre, que se llamaba Ratín. Dueño absoluto de la cancha. Jugábamos campeonatos en la casa del Bebe Fontana con Jorge Mom, Paco Pérez Morales y otras figuras que el tiempo borró. La mesa del dueño de casa era perfecta, sobre todo cuando le pasábamos un poco de talco. Siempre jugábamos al son de Benny Goodman. Dos tiempos de 30 minutos. Jorge era un jugador frío, un poco fóbico. Yo tenía un buen *approach*; éramos muy parejos. Llegaba tarde a casa, y Beatriz, incrédula, revisaba mi camisa, buscando manchas delatoras de rouge; sólo encontraba talco.

A esta altura me gustaría intercalar otra anécdota, punto de partida de mi amistad con Salomón Resnik. Fue en el Tropezón de la calle Entre Ríos, comiendo un maravilloso y ahora extinto puchero, después del banquete anual de la APA. Éramos cuatro analistas con sus respectivos cónyuges. La conversación era animada y de pronto reparamos en que desde una mesa vecina comienzan a tirarnos miguitas que pasan a ser migas y luego medios panes. Nos consideraban judíos, con cierta razón porque la mayoría lo era. "Judíos de mierda", nos decían. Omitimos los postres y pedimos la cuenta. Para salir teníamos que pasar por la mesa de nuestros perseguidores. Yo fui el último y al salir, el espíritu de mi hermano Carlos tomó cuenta de mí y los mandé a la puta madre que los parió. Alboroto. Los cinco de la mesa se levantan y se me vienen al humo. Dos analistas, cuyos nombres no quiero recordar, se baten en triste retirada. Quedamos Salomón y yo. Y aquí viene la parte pintoresca de la historia: los tipos estaban borrachos o drogados porque no atinaban a dar un golpe y cuando uno les pegaba parecía Hollywood porque reculaban dramáticamente catapultados sobre las sillas, arrastrando manteles. Uno de ellos, lo vi de reojo, levantó una mesa en vilo y de pronto se quedó mirándola, como sopesando la cosa, y la colocó de vuelta en su lugar. Juzgó que no era para tanto. Salomón agarró a un contrincante espasmódicamente por un ojo y no lo largaba. Total, terminamos en la policía como agresores, créase o no. Nos consideraban un comando israelí. Y casi vamos presos cuando Salomón intentó explicarle lo sucedido al comisario en términos kleinianos, hablando, lo juro, de "objeto bueno", "objeto malo" y de instinto de muerte. El comisario, perplejo, no comprendía nada, pero se encogió de hombros y nos soltó.

La enfermedad infantil de los psicoanalistas consistía en acostarse con los pacientes; en la gran mayoría de los casos, con las pacientes. Y no eran tan juveniles los que daban el mal ejemplo. El "diván incestuoso", según el furibundo Nollmann. Hubo excesos y la moral kleiniana, que comenzaba a imperar, fue al encuentro de ese frangollo.

Fue la hora de los grupos. Quería formar un grupo y tentar fortuna. Había visto cómo funcionaban los grupos en Inglaterra, pero dudaba de que eso caminara en el Tercer Mundo; prejuicio puro. Además, nunca había dirigido un grupo, sólo observado. Finalmente me armé de coraje y formé un grupo. Era en la clínica de Fontana, en la calle Oro, y el propio Fontana y Mimí Langer fueron los observadores. Enseguida constaté que los grupos argentinos eran tan analizables como los ingleses.

Los grupos son un misterio aún mayor que las mujeres y la mayoría de las veces uno se rompe la cabeza intentando comprender lo que está pasando en su seno. Pero hay momentos fulgurantes en los que el grupo funciona como la sinfónica del Colón, en un día inspirado. Se suele decir que el grupo es menos que la suma de sus partes y eso vale la mayoría de las veces; aunque no siempre. Ese "no siempre" era discutido con Mimí en el ómnibus de vuelta de la clínica Oro. Un día ella me regaló un libro de Theodor Sturgeon titulado *Más que humano*, novela que aborda ese tema y que se transformó en nuestra Biblia grupal. Sturgeon describe un grupo denominado Homo Gestalt, integrado por una serie de deficientes, dotados de talentos parciales, memoria, telequinesis, telepatía, teleportación, que se articulan formando un supergrupo. Yo me atrevería a decir que todo grupo es un tarado dotado de talentos parciales.

Formé un segundo grupo: los observadores eran Arnaldo Rascovsky y León Grinberg. Ver la cara de Arnaldo silencioso durante 90 minutos era un poema. Me gustó, más allá de mi narcisismo, que Arnaldo se bajara del caballo de didacta por su deseo de conocer algo nuevo. Habla bien de él. Arnaldo Rascovsky fue un profesional generoso que siempre citó bien sus fuentes.

En aquellos tiempos, Johnny Morgan, Raúl Usandivaras y

Jorge Mom formaron sus grupos y nos reunimos con la intención de crear una asociación. Poco tiempo después publiqué un libro sobre grupos con Langer y Grinberg. Ocurrieron dos cosas con ese libro. Primero, los demás miembros del grupo de grupos no nos perdonaron que escribiéramos ese libro que, para ellos, debería haber sido colectivo. No sé, confieso que me sentí culpable, pero esas situaciones siempre me hacen sentir culpable. Por otra parte, hubiera sido difícil escribir un buen libro entre seis. Culpa o no, ese libro creó una fisura en el grupo, sólo parcialmente explicitada. Elena de la Aldea me llamó la atención sobre el hecho de que lo grupal creció prodigiosamente en Buenos Aires, a partir de la década del '70, pero que la asociación de grupos que fundamos no acompañó ese crecimiento.

Por otra parte, nuestro libro fue y sigue siendo un clásico. Hicimos una verdadera fiesta, en el Zi Teresa, cuando la editorial Paidós lo aceptó y, por si esto fuera poco, nos iba a pagar el 10 por ciento del precio de capa. En esos años éramos bastante pobres. Mimí y yo íbamos a la clínica de Oro en ómnibus. El psicoanálisis todavía no era éxito de librería.

En ese período realicé un seminario quincenal para que los analistas titulares y didácticos presentaran su material clínico para una supervisión kleiniana. Casi toda la plana mayor participó; nos reuníamos en la casa del Moro Abadi. Una persona, en especial, llenó mis ojos, Noune Racker. Era una pintura, con su cara de corte oriental, con una voz musical con dejo de acento francés que se combinaba a las maravillas con mi dejo de acento británico.

Jones cuenta que Freud, en las Reuniones de los Miércoles, siempre miraba hacia la silla donde estaba sentada Lou Andreas-Salomé; bien, a mí me pasaba lo mismo con Noune, el seductor fue seducido, la pantera domesticada. Me enamoré perdidamente de Noune; más aún cuando ella pidió una supervisión individual. Pasado un mes le dije que no podía seguir con la supervisión, porque mis sentimientos no eran los de un supervisor. Con el corazón en la boca marqué una cita en Plaza Francia, donde le declaré mi amor. Bueno, era un amor imposible, ambos estábamos casados y ni pensar en divorcio (no sé bien por qué). Fue una catástrofe. Racker, marido celoso, le forzó una confesión y el cielo se vino abajo. Esas ironías que se dan en la vida. Un grupo promiscuo salta 180 grados en la sartén de la vida y pasa a ostentar un absurdo puritanismo. Yo no había ido más allá de tomar la mano de Noune y de pronto enfrentaba el fuego de la Inquisición. Mi expulsión fue considerada por la Comisión Didáctica. Luego supe el resultado: me salvaron los Pichon Rivière, Arnaldo y Ángel Garma. Carcamo, Luis Rascovsky y, lógico, el propio Racker me mandaban a la hoguera. Mimí Langer se abstuvo y eso me salvó. Comprendo el voto de Mimí; ella era la analista de Racker. Pero era mi amiga, coterapeuta de grupo, una mujer liberal, de mundo. En un primer borrador, que quedó en el tintero, minimicé el impacto del escándalo y cuánto me dolió. De hecho, me sentí traicionado por Noune, que me delató a su marido, y por Mimí que se abstuvo, ergo no me defendió.

Lo cierto es que, en menos de diez años, dos veces, fui casi expulsado de la APA. Ahí comenzó a formarse en mí la idea de que, más allá de ser transgresor, yo era un sujeto escandaloso. Al mismo tiempo, se reabrieron los hornos paranoicos, ya que una vez más estaba en la picota. Pero lo que me dolía en serio fue mi triste corazón apasionado. Deprimido, decidí ir a Londres nuevamente, con el pretexto de presentar un trabajo teórico en la British Society, con la idea de hacer un corto reanálisis, tipo SOS. La transferencia en acción, mi hermano, es cosa seria. En Buenos Aires yo mantenía interminables sesiones imaginarias con mi analista donde me abría como los pétalos de una margarita sensitiva. Pues bien, llego al consultorio de Paula Heimann, me tumbo en el diván y una vez más me quedo en silencio por quince minutos para luego llorar a moco tendido. Analizarse por el corto período de dos meses es una experiencia intensa y dolorosa en grado sumo. La cosa es que, poco a poco, el reanálisis tomó su curso e hice progresos. Creo que tengo una personalidad moldeable, tal vez propia de hijo menor, que hace que sea sumamente analizable. Hay que ser sugestionable para mantener el tranco de una terapia con aire comprimido.

En este segundo período en Londres mi relación social con los analistas kleinianos fue más intensa. Mi amistad con Nusha Bick y con Isabel Menzies se estrechó. Entonces pesqué que algo no andaba bien en el ambiente analítico, una cierta tensión, la mirada furtiva de Anna Segal que es una luz, capaz, como dicen los bahianos, de hacer un nudo en una gota de agua. Algo grave pasaba. Tan seguro estaba que le pregunté a Melanie Klein. Ella me miró fijo, pestañeó un par de veces, y abrió el juego con cuidado de analista o, si se quiere, con cuidado de abuela. Me dijo que Paula Heimann y ella se habían separado y que las bases de la diferencia eran teóricas.

Curiosa mi reacción, me sentí como hijo que se entera de

que sus padres se están separando. La pelea me conmovió porque uno no podía quedar afuera, tenía que quedar con mamá o con papá y era obvio que Melanie Klein era el papá. Lo conversé con Betty Joseph, otra analista kleiniana que se había analizado con Paula Heimann; ella se quedó con papá.

El asunto es que yo no podía renegar de mi vínculo con Paula Heimann, aunque no compartiera su posición teórica. El grupo kleiniano dejó de considerarme uno de ellos. Fue una separación política que me dolió menos de lo que pensaba. Coincidió con la muerte de mi padre. Creo que a partir de ese momento comienza el período de mi orfandad madura.

En estos últimos años, mientras preparaba mi biografía de Freud, me llamó la atención el abatimiento de Jung cuando se produjo la separación de Freud. Él comenta con amargura cómo sus colegas le dieron la espalda y se quedó completamente solo. Con Rank ocurrió algo parecido porque hasta su mujer lo dejó. El grupo kleiniano no le perdonó a Paula Heimann su deserción. Somos gente cruel.

Raúl era un niño completamente loco que atendí de vuelta de Londres en el consultorio de Arminda Aberastury. El primer día Raúl besó su imagen y lamió el espejo del ascensor. Gruñía y parecía sordo. Pasaron semanas de un juego monótono y yo poco a poco, tal vez ayudado por el sonar de mi propio autismo, iba avanzando a tientas, sin saber que avanzaba.

—Estás avanzando —me decía Enrique Pichon, que supervisaba el caso y que me habló por primera vez del autismo precoz infantil.

Raúl, el niño autista, habló al cabo de seis meses. Dijo "mamá" clarito, dos veces, y me tomó más de un minuto darme cuenta de que había hablado. ¿Será que yo lo prefería mudo? A título de curiosidad, hace poco releí mi trabajo sobre Raúl y me confronté con el dato de que lo analizaba con saco y corbata. Yo era un joven analista formal y convencional, como mandaba el manual de la APA. Mucha agua corrió bajo los puentes del río Paraná.

Mi trabajo sobre Raúl trae una linda cola. Melanie Klein me había pedido un artículo para el libro conmemorando sus setenta años. Decidí escribir sobre este caso. Ese artículo fue un verdadero parto. Horas con la página en blanco. Para terminarlo decidí ir a una posada silenciosa con chimenea en el cuarto que, ahora recuerdo, se llamaba Allá en el Sur. En la segunda mañana de mi retiro me topé con un ensayo de Marion Milner que en una conspicua nota al pie decía "Si yo hubiese leído *Philosophy in a New Key* de Suzanne Langer antes de las pruebas de página de este artículo, su contenido sería diferente". Grabé el título y el nombre. Un par de horas más tarde decidí bajar al pueblo vecino para comprar papel y, en la pequeña librería, encontré el libro de Suzanne Langer en una edición de bolsillo. Imaginen, era como encontrar un Stradivarius en Quilmes o el Graal en Laponia. Jung, nuevamente, explica... Llevé el libro a la posada y me fasciné. Nunca un libro me llegó tanto. Esa misma noche redacté una carta a la autora. Recuerdo una parte en que decía: "Usted me hizo sentir inteligente". Acto seguido formulaba mi deseo de ser su discípulo. Mandé mi seductora carta. Seis meses pasaron sin una respuesta. Nueva carta fogosa e insinuante. Otros seis meses transcurrieron y nada. Una tercera carta, aún más fogosa y, después de un mes, finalmente recibí un corto billete que decía que ella era una investigadora solitaria, que no tenía discípulos, pero que, dada mi insistencia elefantina (bueno, no dijo eso, mas se sobreentendía), podría hacer una excepción conmigo. Sugirió que procurase trabajo en la clínica vecina de Austen Riggs, en Stockbridge, dirigida por Robert Knight, Erik Erikson y David Rappaport y que podría trabajar un día por semana con ella. Dicho y hecho, mandé fotos y currículum al Dr. Knight y seis meses más tarde me embarcaba con mujer y tres hijos. Yo ya conocía la clínica de nombre, por mi estadía en la Tavistock. Era un buen lugar. Allí, Manuela, se inicia un nuevo capítulo de mi vida.

9. STOCKBRIDGE

Mientras escribía el capítulo anterior, el más indisciplinado de todos, me di cuenta de que refleja los tiempos tormentosos de mi vida. Momento de pasaje y de fermentación en el túnel del tiempo, momento en que perdí a mi padre y a un gran amor. Recapitulando, pienso que fui un histérico de buen tamaño en la edad media de mi vida.

Por motivos bien diferentes nunca había contado el episodio clandestino con Noune ni el epistolar con Suzanne Langer. El primero por discreción; el segundo por encontrarlo demasiado redondo, como si fuera un cuento de hadas. No sé, me daba calor, salía demasiado mal parado en el primero; demasiado bien parado en el segundo, cosa típica del sujeto histérico. Pero al no contarlos en detalle no se comprende que estaba en una encrucijada.

Como autobiógrafo asumido, me estoy topando con las primeras dificultades en la tarea de escribir estas memorias. Dificultades estructurales: tengo que encontrar la distancia justa entre lo personal y lo público, entre mi nieta Manuela y Elisabeth Roudinesco. Corro el riesgo de hablar de más o de achicarme.

Hay amigos y amigos, amigos críticos y amigos tolerantes. Menos mal que no todos son demasiado críticos, menos mal que no todos son complacientes. A esta altura, dándome cuenta de las propiedades del género autobiográfico, mando capítulos a diestra y siniestra vía e-mail, buscando críticas y también apoyos. Un amigo me acusa de "yoyoísmo", "confesionismo" y "exhibicionismo", lo que viene a ser crítica pesada. Además, en esta cuestión de historiarme, sigo leyendo lo que he escrito en años pasados y encuentro pasajes buenos y pasajes malos, que ahora no escribiría, precisamente por ese confesionismo, pero el saldo de mi producción me parece altamente positivo.

Un chico le pregunta a su amigo:
—¿Decime, qué quiere decir "automáticamente"?

El amiguito responde:

—¿Automáticamente?, sencillo. Si encontrás a tu mamá en la cama con un hombre que no es tu papá, ella, a-u-t-o-m-á-t-i-c-a-m-e-n-t-e, es una puta.

Extrapolando, si un señor concluye que merece una autobiografía, él, automáticamente, es pretencioso. Considera, como Schreber, que su vida es ejemplar. Ése es el problema, querido Hamlet. Más aún, el mero acto de escribir (para mostrar) es pretencioso, razón por la cual mucha gente tiene el fogonazo cegador de la "página en blanco".

Volviendo a nuestra historia, partir para lo desconocido, en la romántica procura de Suzanne Langer, con mujer, tres hijos (uno de pecho), con un sueldo de residente, no resulta tan loco si se piensa que yo acababa de publicar el trabajo que me daba la condición de analista didáctico en la APA. Ergo, "automáticamente", mi futuro estaba asegurado. Salté con red en el circo de la vida. Recuerdo mi raciocinio: tengo treinta y cinco años y vale la pena tirar la última cana antes de sentar cabeza de didacta. ¿Quién podría adivinar que múltiples canas blanquearían mis sienes?

Stockbridge era, realmente, una aldea de cuento de hadas. El techo de la Austen Riggs Clinic estaba hecho de mazapán, las ventanas de caramelo ambarino y la biblioteca de milhojas. Parecía una clínica narrada por el locutor mentiroso de la BBC.

La aldea, con poco más de dos mil habitantes, lucía enclavada en los bosques de Berkshire, en el ombligo verde de Nueva Inglaterra, a tiro de cañón de Woodstock. Stockbridge era patrimonio histórico por ser el máximo exponente de la arquitectura bostoniana; *a little jewel*, decían los folletos de turismo, una joyita.

Llegué un 4 de julio, en pleno *Independence Day*. El personal médico de Austen Riggs y los pacientes retozaban en un picnic que anualmente conmemoraba la fecha. La única forma de diferenciarlos pasaba por la vestimenta, los mejor vestidos eran los pacientes. Mucho lujo en una clínica de lujo, con lago, canchas de tenis, financiada parcialmente por la Fundación Ford y el bolsillo de padres adinerados.

Un terceto notable dirigía la institución. El director era Robert Knight, psicoanalista venido de Topeka, muy querido por el personal, hombre conocido nacional pero no internacionalmente. A su lado estaba Erik Erikson con una larga trayectoria que se había iniciado junto a Anna Freud, su analista en Viena, pasando por California, por el trabajo antropológico con los indios Dakota, autor de tres grandes libros: *Infancia y sociedad, El joven Lutero* y su *La verdad de Gandhi*, que le valió el Premio Pulitzer. El terceto lo completaba David Rappaport, un monstruo teórico que sólo atendía a un paciente y el resto del día estudiaba. Su seminario era un terror, la leyenda decía que había leído *La interpretación de los sueños* cuarenta y siete veces. Todos le temíamos.

Un mérito de los tres, especialmente de Knight, residía en lo bien que se llevaban; se respetaban y se admiraban en un juego genuino de amistad y de bajísimo nivel de rivalidad. Daba gusto verlos intervenir en las discusiones de casos clínicos. Terceto inspirado, donde Erikson llevaba la batuta de virtuoso. Los culturalistas suelen volar bajo, pero Erikson pintaba los casos clínicos con la dramaticidad de un Bosco.

Considero que tuve suerte en encontrarme en el lugar cierto a la hora cierta: Buenos Aires, 1947, Londres, 1952 y ahora en Stockbridge, y repetiría lo dicho por Stekel sobre las Reuniones de los Miércoles: "Chispas saltaban de nuestras mentes y cada noche nos aguardaba una revelación".

La Austen Riggs tiene 42 camas y siempre está llena; o sea, siempre alberga a 42 pacientes. En lo que se refiere al personal, la clínica cuenta con 14 psiquiatras, 8 psicólogos, 6 profesores (teatro, cerámica, huerta, etc.) y 6 enfermeras. Un número casi igual de pacientes que de personal especializado, y si se suman bibliotecarias y secretarias y el cocinero dietólogo, tenemos más personal que pacientes.

La edad media de los pacientes era, en la década del 60, de veinticinco años y el tiempo de estadía, de siete meses. Muchos habían comenzado estudios universitarios que no pudieron terminar. La mayoría eran pacientes fronterizos, con un número escaso de drogadictos y algunos casos de neurosis serias. La entidad "fronterizo" es una bolsa de gatos nosológica, habla más de un pronóstico que de un diagnóstico. Fronterizo es aquel que está en la frontera de la locura y consigue transitar chamuscado mas sin una fractura del alma. El esquizofrénico, pobre, vuelve marcado para siempre. Se trataba de jóvenes que se internaban por deseo propio en una institución abierta. No había lugar para un gran paranoico. Tenessee Williams, sin temor de ofenderlo, no aguantó una semana. Lo que quiero decir es que un loco exuberante no aguantaba esa institución abierta.

Los pacientes tenían cuatro sesiones semanales, de corte analítico, y discutían los problemas prácticos con un tutor. Cada paciente concurría semanalmente a reuniones de pequeños grupos integrados por diez pacientes, un terapeuta y una enfermera. Estos grupos, denominados *precintos*, eran las unidades básicas donde, entre otros asuntos, se elegían los representantes que integraban las diferentes comisiones de la comunidad.

Esos precintos no son fáciles de conducir. Recuerdo mi primera vez. El grupo al que fui asignado tenía la costumbre de reunirse, en verano, en el jardín de la clínica a las 17 horas. Nos tocó un día espléndido en ese miércoles de fin de julio. Llego con la enfermera al lugar señalado y no había un paciente a la vista. Quince minutos más tarde llega una linda rubia de bikini, arrastrando su *deck chair*, con su bronceador y anteojos oscuros. Durante media hora el terceto formado por la rubia, la enfermera y yo permaneció en silencio, sólo parcialmente interrumpido por nimiedades emitidas por la enfermera. Me sentía como mayordomo de familia rica. La gente, poco a poco, fue cayendo al baile. Finalmente llega el paciente que había tomado las notas de la sesión anterior. Me pregunta si yo era el nuevo representante del personal. Yo dije que sí. Luego de darme una bienvenida indiferente, pasó al primer punto de la agenda: esa semana a nuestro precinto le tocaba hacerse cargo de la merienda nocturna, lo que significaba que siete pacientes se responsabilizarían por las vituallas durante el fin de semana.

Ese asunto tomó un tiempo increíblemente largo porque nadie quería hacerse cargo de las vituallas del sábado. El caos iba aumentando y el grupo se dividió en tres corrillos, hablando de cosas diferentes. El colmo llegó cuando un paciente hizo una flecha con uno de los dólares que había recibido para comprar comestibles. Parecía una de esas películas sobre escenas tumultuosas en escuelas de Harlem. La enfermera me miró alarmada y yo, por fin, atiné a reaccionar:

—¿Es así como reciben a los nuevos?

La rubia del bikini sonrió y casi me pasa el bronceador. El clima fue mejorando. En media hora se trataron los temas restantes.

Austen Riggs es una comunidad terapéutica; una comunidad terapéutica es como un helado con cucurucho, o sea, uno come el helado y come el barquillo. La misma comunidad es terapéutica. La matriz básica la da el co-gobierno entre pacientes y profesionales. La estructura de cogestión está montada sobre tres comisiones mixtas, integradas por pacientes y personal.

Primero tenemos el Comité Central que gobierna a la comunidad. Viene a ser el poder ejecutivo y el judicial, porque actúa como tribunal, imponiendo sanciones a los transgresores.

El Comité de Actividades es la segunda agencia paritaria, también formada por pacientes, una enfermera y el director de actividades, o sea un laborterapeuta. Su función es organizar el plan educativo-recreacional. Sería el Ministerio del Arte y del Ocio. El comité presenta y administra un presupuesto anual de gastos para montar piezas teatrales, comprar herramientas para el taller, organizar fiestas, como la del picnic de *Independence Day* y es autónoma en la administración de sus fondos.

Luego viene el Comité de Trabajo, el más interesante de los tres, compuesto por pacientes, una enfermera, el capataz del personal de mantenimiento y un laborterapeuta. Esta agencia dirige el trabajo comunitario diario, supervisando las tareas realizadas en la huerta, la cocina y en la limpieza general. Los pacientes perciben un salario mínimo, que allá no es tan mínimo.

El paciente puede faltar a sus sesiones casi todas las veces que quiera, pero no puede faltar reiteradas veces a su trabajo, bajo pena de ser expulsado por el Comité Central; lo que significa que, en esta utopía comunitaria, no se admitían huelgas.

Ése es el organigrama básico. Como todo experimento pionero, Austen Riggs creció a lo largo de los años. Cada nuevo engranaje en el cuerpo social fue el fruto de largas discusiones y siempre surgió como resultado de una crisis institucional. Cuando llegué se acababan de implementar los salarios pagos, tras años de reivindicación por parte de los pacientes. Antes, los salarios iban a un fondo común para becar pacientes.

Una prueba de que el experimento valía la pena se podría medir por las resistencias que cada innovación provocaba en toda la comunidad. En general, las enfermeras eran las más refractarias al cambio y los pacientes los menos.

Austen Riggs era Jauja para un analista porteño, acostumbrado a las insalubres 50 horas semanales de consultorio. Mi carga horaria máxima era de cuatro pacientes, o sea, 16 horas semanales. Se almorzaba en la clínica (comida china, los martes), ping-pong después del almuerzo. A las seis menos cuarto de la tarde sonaba un timbre en el consultorio avisando que había que terminar la sesión y abandonar el local. Eso se debía a que cierta vez un médico fue atacado por un paciente cuando no había nadie en el predio. Creo que es el único lugar del mundo donde se "marca reloj" al revés: te conminan a dejar de trabajar. Y, por si fuera poco, cada uno organizaba el horario como quería. En mi caso, no trabajaba los jueves para concurrir a mi cita con Suzanne Langer.

El ascenso de la pantera perfumada fue nuevamente rápido. Y era lógico, yo cursaba mis treinta y cinco años con mucho diván y mis compañeros tenían casi diez años menos y eran muy crudos, psicoanalíticamente hablando. Además, estaba mi condición de didacta y eso, en aquellos tiempos, valía; me promovía "automáticamente". Pero, más que nada, en Stockbridge me valió la experiencia en grupos. Ya en el segundo trimestre pasé a coordinar los cuatro precintos; en el semestre siguiente, me nombraron jefe del Comité Central. Junto con eso me triplicaron el salario y reservaron un tercio de mi tiempo para el estudio de la comunidad, lo que me permitía libre acceso a los archivos de Riggs. Todo eso redundó en un libro titulado *Biografía de una comunidad terapéutica* y en una reducción de mi cuota de pacientes de 4 a 2, aunque en el fondo tenía más trabajo.

Me deleitó escribir la *Biografía de una comunidad terapéutica*. Mi primer libro hecho y derecho; fue un safari en el País de los Archivos, donde encontré documentos valiosos como esta crónica escrita por un paciente, llamada "El Gran Jefe Blanco - Crónica Arqueológica, año 2569": "Es sin duda un acontecimiento arqueológico feliz cuando una cultura única y sumamente muerta ha sido desenterrada para beneficio de la posteridad. En las últimas semanas una pequeña expedición, en este oscuro rincón de Massachusetts, desenterró restos que nos permiten reconstruir la curiosa modalidad de vida de estas tribus arcaicas, cuyos orígenes se pierden en las brumas de la antigüedad. Todo parece indicar, empero, que los aborígenes fueron invadidos por una tribu del Middle West, pueblo caracterizado por la elevada estatura, ojos penetrantes y cejas boscosas. Esos rasgos aparecen en la figura legendaria de su líder, el Gran Jefe Blanco. Cuando dos razas se mezclan, diferentes roles son asignados a vencedores y vencidos. Así, todos los que vinieron del Middle West adoptaron el nombre de Terapeutas, mientras que los de la tribu local se apodaron Pacientes.

"Los Pacientes eran de talla menor que los Terapeutas. En los dibujos de la época aparecen retratados con cabellos largos, anteojos oscuros, perros, pianos, termos, esquíes y otros utensilios propios de una raza decadente. Tanto los Terapeutas como los Pacientes dividían sus horas en Sesiones. En una sesión los Terapeutas expresaban sus deseos y los Pacientes tomaban notas. Este sistema se denominaba Interacción. Cíclicamente, siguiendo un ritual, los Terapeutas abandonaban la interacción y salían de vacaciones".

En efecto, el mito de la fundación comienza con la llegada del grupo de invasores del Middle West, para ser más específicos, de la Clínica Meninger, en Topeka, y este evento representa el eje central en torno del cual se articula nuestra historia clínica. El Gran Jefe Blanco era Robert Knight, por ser alto, canoso, de cejas boscosas y mirada penetrante.

En 1952, Elliott Jacques, en su libro, *El cambio de cultura en una fábrica,* que fue el material del seminario del autor al que asistí en Londres, hizo lo que se puede denominar el estudio psicoanalítico de una fábrica textil en las afueras de Londres. Para dicho fin confeccionó una historia cuidadosa de la fábrica, una anamnesis clínica, como si la fábrica fuese un paciente, observando como el pasado, a veces muy antiguo, gravitaba sobre el presente. Así, en el caso de la fábrica, fue importante el recuerdo —impreciso, distorsionado— del tiempo en que los patrones habían cedido posiciones durante la depresión de los años '30. Ese evento era equivalente a la invasión de la horda del Gran Jefe Blanco en Stockbridge.

Yo logré un tercio de mi tiempo para ocuparme de la comunidad porque presenté un proyecto, calcado del de Jacques: la historia clínica de Austen Riggs tomando como punto de partida.

La saga comienza, lo que no debe sorprendernos, con la figura del doctor Austen Riggs. Este psiquiatra, a los treinta y un años, en 1907, por motivos de salud, dejó la gran ciudad para recuperarse en Stockbridge. ¿Tuberculosis? Nadie supo informarme, ni siquiera su viuda. En ese mismo año, Riggs conoció al doctor Gehring, pionero en psicoterapia inspiracional. El encuentro con Gehring fue decisivo e hizo que se dedicara al tratamiento de neuróticos por el resto de su vida. Tuvo un éxito fenomenal en esta aldea que pronto comenzó a atraer gente de todo el país. Al principio los pacientes se alojaban en hosterías locales, pero en 1919 Riggs construyó un lujoso albergue y contrató a médicos jóvenes y laborterapeutas. En ese año se crea la *Austen Riggs Foundation.*

El paciente típico, en la década del '30, tenía cuarenta y cinco años, era un ejecutivo y exhibía síntomas depresivos con rasgos obsesivos. Su estadía media no pasaba de los cuarenta y cinco días y había dos internados hombres por cada mujer.

La terapia de Riggs consistía en una "franca discusión reeducativa del pasado". A dicho fin circulaba un "curso elemental de psicología", destinado a corregir prejuicios. Cinco folletos, escritos por el doctor Riggs, versando sobre preceptos morales. Esta terapia, básicamente sugestiva, seguía una línea directiva y espiritual. Riggs también le daba importancia a un "régimen higiénico de vida". Cada día era programado con una serie de actividades reconocidas como sanas: largas caminatas antes del desayuno, gimnasia, remo en el lago privado de la institución, tenis y esquí. Una pátina aristocrática imperaba, dado el evidente lujo del lugar. Por la noche todo paciente, probablemente exhausto por la vida "sana", encontraba la chimenea de su cuarto encendida, el agua caliente en la bañadera y el smoking planchado en la cama.

La Austen Riggs Clinic calzaba como anillo al dedo de un ejecutivo deprimido. La mayoría de los pacientes pronto se reponían con esa terapia simple, sin contradicciones, potencializada por el carisma del doctor Riggs que exhalaba convicción, tanto entre los médicos como entre los enfermos. Era como un viaje en el "Titanic" sin naufragio.

Tuve la ocasión de entrevistar a la vivaz y nonagenaria viuda de Riggs. Ella me recibió con un té y scons y me contó que su marido a menudo veía a un paciente durante más de cuatro horas en la primera entrevista. Según ella Riggs no era muy afecto al psicoanálisis, *too much sex*, me confió. Delicioso el té de la señora Riggs.

Me da la impresión de que Riggs fue un terapeuta nato y dedicado al que le gustaba interactuar con los pacientes. Sin duda fue un curador de almas como Eichorn, Binswanger y, tal vez, Adler, pero me parece un absurdo equipararlo a Freud como lo hace Lawrence Kubie en su libro *The Riggs Story*; sería como comparar a mi tía Berta con Marie Curie.

Este tema me recuerda una anécdota interesante: un paciente novato, en su segunda entrevista, me anuncia que por fin, la noche anterior, pudo dormir bien, a pesar de haberlo hecho en la cama de Freud.

—¿En la cama de quién? —pregunté, pensando que mi inglés me fallaba.

—Sí, en la cama de Freud —me contestó, añadiendo que Freud había pasado una noche en Stockbridge, en su viaje por los Estados Unidos. Pensé que alguien le había "tomado el pelo", pero luego descubrí que ese rumor realmente corría por los corredores de la clínica. Nadie creía realmente en él, mas, como suele acontecer, nadie dejaba de creer. El grano de arena, en la perla de ese mito, fue el hecho de que Freud, en 1910, estuvo en Worcester, en la Universidad de Clark a menos de 60 kilómetros, a vuelo de pájaro, de Stockbridge. Ese mito, sea como fuere, refleja la convicción irreductible entre los pacientes de que Stockbridge era el pináculo de la psiquiatría. Y todos, con cierta razón, lo creíamos. ¿No será que Freud durmió allí?

Pero no siempre fue color de rosa. Todo paciente que permanece en Stockbridge por más de un mes sabe vagamente que, años atrás, hubo un paréntesis, una oscura Edad Media en la que la institución declinó después de la muerte de su fundador, y que esa decadencia se extendió por siete años hasta la llegada de Knight, en 1947. Sin líder, el personal se divide y en la lucha por el liderazgo la ideología resultante se reveló contradictoria, una ambigua mezcla de rigidez y complacencia. Signos de rigidez: los pacientes no podían visitarse en los cuartos de noche. El mejor caso de complacencia, si es que cabe el término, lo da la siguiente anécdota, que bien puede llamarse "El telar de Penélope": si un paciente que hacía manualidades en los telares cometía un error, el laborterapeuta de turno destejía de noche para repasar la falla y luego, con mano profesional, volvía a tejer la pieza.

La llegada de Robert Knight pone fin al embrollo, pero los vencidos no fueron los pacientes sino el personal médico residente. Cuando asume la dirección de la clínica, el personal médico en pleno renuncia. Los invasores del Middle West, con el Gran Jefe Blanco a la cabeza, eran un contingente formidable, integrado por Rappaport, Margaret Brenman, Merton Gill y Roy Shafer. Emigrados de la Clínica Meninger, de Topeka, llegaron porque, a su vez, habían roto con la ideología más tradicional allí imperante. Erikson llegó de California poco después.

Venían con un proyecto en la cabeza: crear una comunidad terapéutica psicoanalítica. Variantes de esa idea habían nacido en varios lugares simultáneamente: en la clínica Castle de Thomas Maine en Inglaterra, en la clínica de Maxwell Jones y en Chestnut Lodge. Todas ellas eran instituciones de puertas abiertas. En 1947, las *open doors* eran una novedad psiquiátrica. Sobre esa base, Stockbridge innovaba al implantar el "rol del ciudadano" para el paciente. Por detrás de la idea —rappaportiana, digamos— de una comunidad terapéutica, con su énfasis en ese "papel del ciudadano", está, mal que nos pese, la noción de la *Ego-Psychology* donde el yo del psicótico o del neurótico grave tiene núcleos sanos y autónomos. En cuanto ciudadano el paciente participa en la legislación de la comunidad.

Ese aprendizaje cívico tomó su tiempo. En un primer momento el grupo psicoanalítico cayó en el error de considerar que el psicoanálisis, por sí solo, podía crear las condiciones para que la comunidad fuera un buen continente. Resultado: el caos informal de una comunidad sin normas ni límites. A partir de ahí fue emergiendo, poco a poco, la necesidad de inventar, en asambleas paritarias, la legislación adecuada.

Recapacitando, Austen Riggs es una utopía llamada comunidad terapéutica. La utopía postulaba que en la estructura social de ese universo de casi cien personas no existía una clase social dominante. La comunidad se preciaba de ser una sociedad igualitaria. Y es cierto que el poder médico, soberano en un asilo cerrado, aquí era infinitamente menor y que se intentaba minimizar las diferencias sociales entre pacientes y médicos, pero el poder médico no podía dejar de reinar en última instancia. El ensayo arqueológico da testimonio de eso. Y, cosa interesante, en la comunidad terapéutica los proletarios eran los millonarios, lo que generaba una torsión extra en el sociograma. Aunque resulte imposible implantar un socialismo manicomial, la atmósfera de Riggs obligaba al personal a replantear su identidad médica. La experiencia, creo yo, era tan terapéutica para el terapeuta como para el paciente. Ambas tribus se beneficiaron. A mí me hizo mucho bien.

Hubo un tiempo en que me pareció tener los hilos en la punta de los dedos. Había momentos en que la comunidad terapéutica operaba como la *Homo Gestalt* que describí en el capítulo anterior. Por ello me parecen improcedentes las críticas tanto de los psiquiatras asilares tradicionales, como las de la izquierda. Los psiquiatras tradicionales, lógico, fantaseaban antros de loca sexualidad. La izquierda pedía revolución y no reforma. Ambas corrientes no repararon en el valor terapéutico de la simulación.

Hoy en día estamos navegando en el mundo virtual de la simulación, con sus virtudes y sus peligros, pero dejemos los peligros de lado por un momento. El Apolo XIII pudo volver a la Tierra porque un simulador calculó la órbita de retorno. En ese sentido, la comunidad terapéutica fue un lugar ideal para realizar una simulación de la democracia.

Voy a dar un ejemplo personal de simulación virtual. En los tiempos en que dirigía el Comité Central yo estaba jugando un torneo interno de tenis de dobles mixtos. Mi compañera, Nina, y yo habíamos llegado a la final; ella era una buena jugadora. En esa tarde caliente de verano perdimos un dramático partido. Junto a la cancha había un kiosco de bebidas. Transpirado, pero no abatido, compro dos latas de cerveza y le entrego una a Nina. Había olvidado que ella tenía un problema con la bebida. La infracción era clara, un psiquiatra no convida cerveza a una alcohólica. Entonces, en la próxima reunión de la comisión, un paciente ocupó mi cargo y yo pasé a ser el reo (y ahora, escribiendo estas líneas, reparo que una vez más entré en conflictos con la ley). Yo, en el banco de los acusados, pedí disculpas, explicando que, en ese momento, Nina no era una paciente, era mi compañera de juego, una tenista. Rematé mi defensa diciendo que comprendía lo fácil que puede ser quebrar la ley y que todo el asunto me llevaba a repensar las cosas.

No fui multado ni marché preso, pero ahora lo veo como una simulación desde la cual Nina y yo tuvimos que dar cuenta de nuestros actos. Desde ese ángulo, pienso que el psicoanálisis es una simulación y que la transferencia es el gran simulador. Cabe decirse, entonces, que la comunidad terapéutica es una simulación antropológica[1].

Pensando en la comunidad terapéutica como simulación antropológica, me replanteo la conveniencia de ese tribunal mixto o paritario, donde pacientes juzgan a pacientes.

Cuando yo estaba en Austen Riggs recuerdo que me molestaba la idea de las sanciones. Pensaba entonces que montar un tribunal mixto, con pacientes, enfermeras y terapeutas era lo más indicado como foro disciplinario. En teoría tal vez, pero ahora ya no lo veo así. La digresión pasa por Moscú.

En 1970 integré una delegación argentina de psiquiatras que viajó a la Unión Soviética. En Moscú entre otras cosas visitamos un tribunal, para presenciar como era un juicio de delito común. La jueza, una gorda simpática, nos recibió antes del proceso para explicar la "intención" —ésa fue la palabra empleada— jurídica en un caso como el que íbamos a testimoniar. Enfatizó que en la Unión Soviética lo que importaba era el delito en sí y no el valor o la magnitud del mismo. Lo que estaba en juego era robar y no cuánto se roba. Todos concordamos en principio: el valor de lo robado era un concepto capitalista. Aplaudimos a la jueza en su despacho y nos sentamos en el tribunal para presenciar el juicio.

[1]Con una reserva, ser juzgado por el Comité Central me parece hoy en día más una farsa que una simulación; con eso quiero decir que el como sí está demasiado en evidencia. Una farsa simpática y folclórica, pero farsa al fin.

El acusado era un lustrabotas de origen armenio, igualito a Dustin Hoffman en "The midnight cowboy", o sea con cara de rata, sin afeitar. Se lo acusaba de dos delitos. El primero fue de pedir 10 rublos por lustrar un par de zapatos, cuando el precio establecido era de 6 rublos. El segundo era cobrar unos cordones de zapatillas 40% más caro. Cuando el fiscal lo interrogó, el armenio, respecto de la primera acusación, respondió que fueron botas y no zapatos; o sea, que demandaba más tiempo y material. Sobre la segunda acusación, con la mirada clavada en el piso, se encogió de hombros y dijo que las dos mujeres jóvenes del Partido Comunista, que fueron las que lo denunciaron, habían hecho el pedido deliberadamente para incriminarlo. La segunda defensa era más débil que la primera, aunque Dios me guarde de esas jóvenes comunistas que denunciaban para sumar méritos. En resumen, como no era reincidente, la jueza le aplicó una multa: durante un semestre le retirarían el 25% de sus ganancias. Caso cerrado. Salimos pensativos; cuando llegamos al hotel, Fernando Ulloa tuvo la idea de hacerse lustrar sus zapatos. El lustrabotas le cobró 20 rublos, o sea, tres veces más caro. La moraleja es: nunca aplicar conceptos utópicos en la sociedad tal como ella es.

Volviendo a Riggs, creo que la idea de que pacientes juzguen a pacientes es utópica y conflictiva, en particular para aquel que ocupa el lugar de fiscal. Ese lugar lo aproxima al papel de delator. O sea, creo que ahí la simulación conoce sus límites. Punto delicado para un paciente penalizar a otro paciente. Dicho de otro modo, las sanciones no pueden ser simuladas, lo penal se incrusta en el duro granito de lo real.

Si se piensa en la vida colectiva de un país, de una ciudad, de una aldea, creo que el problema de las sanciones es el más problemático y aquel que menos cambió con el correr de la historia. El castigo es más o menos el mismo desde el tiempo del *Código de Hammurabi*, 3000 años antes de Cristo, y se aplica por igual en cualquier régimen. La experiencia soviética puede ser considerada una tentativa fracasada de alejarse del ojo por ojo penal. La idea era juzgar el hecho en sí y no el valor del mismo. Pero acontece que, en el mundo actual, el valor entra automáticamente en el hecho en sí. También está el problema de los matices. O sea, en la comunidad terapéutica sólo había tarjeta roja, no existía la amarilla, como en el fútbol. Y la expulsión, en una sociedad que pretende ser democráticamente utópica, es un ostracismo, una pena durísima, se pierde la ciudadanía.

Ahora, metidos en el tercer milenio, en un mundo acelerado

y globalizado, el problema de la simulación corre el peligro de confundirse con lo real. Veamos el caso de Clinton versus Monica Lewinsky. Por un lado es fantástico que un presidente pueda ser llevado a la Justicia acusado de mentir en una cuestión de fuero privado y nada menos que de índole sexual. Parece el colmo de la democracia y lo es, pero, por el hecho de serlo, pasa a ser una caricatura; una simulación en el país de las utopías. Se trata de un mero efecto de la democracia globalizada: una perversión.

·

10. RAPPAPORT Y SUZANNE LANGER

Belén, mi hija mayor, sueña con Stockbridge, yo también. Tal vez ésos fueron los cuatro años más felices de mi vida; sin duda fueron los años más felices de mi familia como un todo. Teníamos una bonita casa en lo alto de una colina que dominaba Stockbridge, un auto, un perro y una huerta. Buena escuela para los chicos. Plantábamos de todo en la pequeña huerta, hasta espinacas de Nueva Zelanda. Comíamos los choclos más ricos del mundo, gracias a una sencilla y veloz operación. La huerta quedaba a unos 30 metros de la puerta de la cocina. Primero, a la hora señalada, la olla iba al fuego; segundo, cuando el agua hervía, Belén, Marcos y yo cortábamos las espigas y las llevábamos corriendo a la olla; toda la operación en menos de un minuto. Pasados los dos minutos, dicen los *experts*, una enzima del maíz se altera. El choclo tan fresquito sólo se hierve entre 3 y 5 minutos. Una delicia, señora, use dos partes de agua por una de leche.

Beatriz trabajaba como asistente social en Pittsfield, una ciudad industrial a veinte minutos de Stockbridge, y le gustaba lo que estaba haciendo. Ella se destacó en su *Clinic*. La vida de una aldea de Primer Mundo era pacíficamente intensa, con una fiesta casi todos los sábados. Lago y tenis, los veranos; esquí, los inviernos; en los otoños dorados se hachaba leña en el bosque.

Stockbridge, repito, era un lugar poco común. Fue una aldea que puso un huevito. El huevito nació en la clínica, más específicamente con Margaret Brenman, una hipnóloga que trabajaba con nosotros y que era activista política. La idea fue lanzar el siguiente slogan: "*Stockbridge, una aldea que quiere la paz*". Entre sus 2.200 habitantes teníamos seis figuras famosas en el ámbito nacional: estaba Nieburg, un teólogo, Arthur Miller, un dramaturgo (*La muerte de un viajante*), Arthur Penn, un cineasta ("Miracle Worker", "Bonnie and Clyde"), Erik Erikson y un dibujante, Norman Rockwell, famoso en la época. Rockwell dibujaba escenas de la aldea, Erikson, Nieburg y Miller escri-

80

bían textos y Penn filmaba un documental. Artie Shaw, el clarinetista, que vivía en la aldea de al lado, ayudaba con la parte musical del cortometraje.

Fueron los años de Eisenhower, en plena guerra fría. Los rusos eran el cuco y la gente decía *"better dead than red"*. Cada integrante del grupo Stockbridge-quiere-la-paz se reunía con 10 o 15 personas de la aldea: el vigilante, el bombero, el mecánico, la mujer del panadero, etcétera, convidados a tomar té para discutir si los rusos eran tan malos como los pintaban. Hicimos varios de esos grupos y un canal de televisión, CBS, vino a filmarnos.

Todos los jueves, a las nueve de la mañana, iba a ver a Suzanne Langer, para eso tenía que pasar al estado vecino de Connecticut que queda al sur de Massachusetts. Ella vivía en las afueras de una aldea llamada Mystic. Era un viaje de casi una hora.

La casa de Suzanne Langer estaba emplazada en medio de un bosque de pinos, sin vecinos a la vista. Era un chalet rústico de madera, forrado de libros por dentro. Libros, archivos y mesas de trabajo, circundando una gran chimenea campesina donde Suzanne preparaba su almuerzo. El médico le había prescrito una dieta proteínica, entonces yo almorzaba un grueso bife a las brasas todos los jueves. La casa no tenía ni teléfono ni radio ni televisión. Ella tocaba, relativamente mal, un violoncelo que era su única distracción. Pasaba 16 horas como mínimo estudiando y escribiendo; en eso le mataba el punto a Rappaport.

Suzanne Langer tendría unos 70 años, tal vez un poco más; era erguida y enjuta, con cara germánica y unos extraños ojos celestes que parecían un poco fuera de foco. Mirada de ciego. Una persona retraída, de pocas palabras, que sólo se animaba cuando discutía teoría. Entonces comprendí por qué no me escribió, le tenía fobia a la gente. Suzanne había sido una niña autista, considerada retardada, una autista de verdad que sólo comenzó a escribir después de los 10 años, pero cuando se destapó la olla...

Con ella aprendí lógica simbólica y Cassirer. Pronto pasé a ser el interlocutor de esa ermitaña que me leía las veintiuna páginas semanales que religiosamente escribía. Páginas bellísimas; yo era un interlocutor cautivo y un poco monótono en mi ostensible admiración. Ella se apasionaba por un tema, devoraba, por ejemplo, todo lo que encontraba sobre el aparato auditivo de los loros y pensaba que yo, por ser médico, la podía seguir, pero resulta que el oído de los loros es complicadísimo.

Una cosa aprendí de Suzanne Langer, que puede resumirse en la siguiente fórmula: "¿Será así?". Dudar de la palabra, aunque sea escrita. Aunque sea de libro.

Cierta vez llegó la noticia de que los cables de alta tensión podían producir leucemia en los niños de la región. Mystic tenía una serie de torres de alta tensión y ella se interesó por el problema cuando la alcaldía propuso cerrar una escuela que quedaba cerca de la torre y transportar a los niños a escuelas relativamente distantes. Averiguó cuál era el porcentaje del peligro de leucemia, que era en realidad muy bajo. Después de hacer un cálculo, escribió al alcalde diciendo que, estadísticamente, la posibilidad de un accidente con el ómnibus escolar era mayor que la improbable leucemia. ¿Será así?

Llegó el día en que la convidé a dar una conferencia en Riggs; la tesorería me había firmado un cheque de 1.000 dólares para dicho fin. Ése era un momento muy especial para mí. Imagínese, un tipo que, tres años atrás, había escrito una carta de admirador, en *Allá en el sur*, ahora la presentaba en una conferencia en su propia tierra... Bueno, fue un desastre, el personal de la casa tenía fama de ser muy bravo; mejor dicho, era una cuestión de orgullo maltratar a los conferencistas, el trimestre anterior Margaret Mead había sido descuartizada; Parecían la Luftwaffe, cayeron sobre mi pobre maestra en picada y ella, cosa extraña, no se defendía. Y yo sufriendo junto a ella. Sólo Rappaport fue gentil y comedido con ella.

Después de la conferencia me contó que no tenía el menor juego de cintura grupal, que no podía defenderse, como si fuera una secuela daltónica de su autismo infantil.

Un mes más tarde muere David Rappaport. Paro cardíaco, tenía menos de 50 años. Su muerte enlutó a todo el mundo. Al día siguiente los pacientes me pidieron una asamblea para hablar del asunto. La comunidad —pacientes, enfermeras, terapeutas— estaba consternada. Increíble el impacto que este hombre tuvo sobre todos, sobre mí. Nuestro encuentro, en realidad, había comenzado con cierta turbulencia. Sus seminarios, como dije, eran un terror. Él te preguntaba "¿Qué dice Freud sobre afectos en *La interpretación de los sueños*?". Si uno decía "Creo que...", él te paraba en seco diciendo: "¿En qué página?". Un terror. Y yo no era el mejor de los alumnos.

Bien, un día todo el staff estaba reunido para la presentación de un caso clínico. Se trataba de un joven venezolano despistado. Durante la discusión Rappaport dijo: "Hay que tener en cuenta que los latinos son *mañana-people*". Eso se me atragantó y pedí la palabra para decir algo así como: "Me extraña que alguien como el doctor Rappaport tenga ese prejuicio", temblando más de miedo que de rabia. Un par de horas más tarde me manda llamar. Voy a su consultorio, esperando cualquier cosa y, ante mi asombro, me pide disculpas.

Pero te voy a contar una cosa, Belén, que creo que no sabes. Me enamoré de Nara, una egipcia encantadora. Tú nunca sospechaste. Ella estaba casada con un laborterapeuta amigo mío. Fue un amor romántico, calmo como la calma antes de un tornado, bello, simple, un amor tipo místico que se remonta al niño de la catedral y lo sacude. Nara tenía los mismos ojos veteados de Traute. Bailábamos en las fiestas de los sábados, vimos "Hiroshima mon amour" lado a lado, nuestros ojos brillaban pero la gente no se daba cuenta. Un día combinamos salir juntos a cenar. Idea loca. Le dije a Beatriz que esa noche iba a salir con Nara. Me preparé, parecido a esa noche en el Casino de Copacabana, fui a su casa y le dije a mi amigo que estaba invitando a su mujer a cenar. Mientras ella se vestía, tomamos un whisky como dos caballeros. Fue una noche deslumbrante de amor, noche de chicharras que viven años bajo la tierra para salir por un día, cantándole a las estrellas. Amor cortés y puro donde el premio fue un beso.

Cuando la llevé de vuelta, tarde esa noche, su casa estaba iluminada y mi amigo, que había caído en la realidad, me esperaba con el equivalente de una escopeta en sus ojos, para decirme que nunca más la iba a ver de nuevo. Y así fue.

Beatriz, que también estaba despierta, miró mi cara de desesperación y no dijo nada. Me pasé más de un día, insomne, tirado en la cama. Un dato curioso da la medida de mi angustia: en 24 horas, postrado, perdí tres kilos, deshidratado en el infierno. Beatriz estuvo espléndida, solícita. Al día siguiente, lunes, no pude asistir a mi compromiso semanal de supervisar el trabajo de la comunidad con Rappaport. Lo propuse para el día siguiente, y era un trapo cuando llegué a su consultorio, y se veía en mi cara.

—¿Bebió mucho este fin de semana? —inquirió Rappaport en un tono sarcástico.

Comencé a tartamudear antes de romper en sollozos. Le conté entrecortadamente toda la historia; Rappaport estudiaba su pipa. Cuando el llanto paró, me preguntó mi edad, y entonces me dijo:

—Doctor Rodrigué, lo considero mi amigo, de modo que no tengo nada que interpretar pero puedo, como amigo, retribuir su confidencia —y en efecto me contó un episodio similar acontecido años atrás en Budapest, cuando él tenía más o menos mi edad.

El impacto de esa intervención fue grande, equivalía a meses de diván y selló una corta amistad. Meses después moría.

11. ESCOBAR

La vuelta de Stockbridge fue difícil, tal vez más que la vuelta de Inglaterra. Londres, edénicamente hablando, no se comparaba con Stockbridge, lugar donde el párroco de la iglesia católica hacía redoblar las campanas para celebrar el cumpleaños de tus hijos. Stockbridge es lo más cerca que estuve del cielo. Pero, el paraíso hoy en día parece una invención de Walt Disney y ese cielo tenía un toque de tecnicolor.

No sé cómo pesó en mi decisión de dejar Stockbridge el hecho de ser kleiniano. La sociedad psicoanalítica local, la New England Psychoanalytical Association, sabiendo de mi formación inglesa, me ofreció dar un seminario opcional sobre la obra de Melanie Klein. Pocos candidatos de Boston y New Haven concurrieron y me escuchaban con odiosas sonrisitas escépticas. Con mis colegas ocurría otro tanto y hasta Rappaport me largaba algunas púas. Yo no era totalmente *kosher*.

Creo que ésa fue la causa de que no estudiase seriamente Ego-Psychology, como Rappaport quería. La polémica me impidió hacer una lectura constructiva, como hacía Masud Kahn. Creo que aquí kleinianos y lacanianos entramos en el mismo prejuicio; al fin y al cabo, los americanos no son los idiotas que creemos que son. Roy Shafer, Merton Gill y Rappaport fueron grandes teóricos. Prejuicio y perjuicio.

Hace poco volví a Stockbridge, en un viaje sentimental. Los *sentimental journeys*, Manuela, son peligrosos, el pasado puede darte una patada en los dientes. Fue impresionante, Stockbridge estaba igualito, todo igualito. Como Epcot que tiene réplicas exactas de lugares famosos, Stockbridge parecía una réplica clonada de Stockbridge, una especie de Dolly monstruosa. Ni el policía en la esquina ni las fachadas blancas de las casas habían envejecido. Stockbridge era una aldea congelada en el tiempo. ¿Será que intuí eso en la hora de mi decisión?

Como médico extranjero, sin reválida, hubiese quedado muy dependiente de Riggs. Creo, además, desde mi paranoia, que la institución no se rompió por mí, no le escribió a la Casa Blanca exigiendo que hicieran una excepción. Entonces me fui.

Tentaciones no faltaron. Cada año, en diciembre, estábamos convidados a participar del Congreso Psicoanalítico de Nueva York. Austen Riggs te pagaba la estadía en un buen hotel y cubría todos los gastos. Podías convidar, tranquilo, a colegas a cenar y pagar la cuenta que la institución bancaba. O sea, la dependencia del lujo institucional era grande. Como si Riggs fuese mi abuela francesa en Mar del Plata, con "tres variedades de pescado". Dicho sea de paso, Riggs fue el único empleo estable en mi vida, mi único patrón, ya que en la BBC yo era free-lance.

Pero lo que desequilibró la balanza fue la muerte de Racker. Nunca una muerte me alegró tanto. No queda bien consignar que la muerte de Racker me sacó de la depresión por la pérdida de Nara. Mas fue así.

La vuelta de Stockbridge fue bien diferente de la de Londres. Diez años habían pasado. Buenos Aires estaba irreconocible. Década de gran expansión del psicoanálisis por todo el país. El número de psicoterapeutas se multiplicó. Freud entró en las universidades, en la de Medicina, gracias a Garma y a Arnaldo Rascovsky, y en la de Psicología, por Bleger, Liberman y Ulloa. Freud era un happening en el Instituto Di Tella, junto a Marta Minujin. La cosa analítica pasó a ser un suceso de librería. El fenómeno de "las psicólogas" fue el más llamativo de todos. En la calle Viamonte —nos cuenta Balán— se dictaban cátedras de las carreras nuevas; la más popular fue la Introducción a la Psicología, a cargo de José Bleger. Sus clases eran seguidas por centenares de estudiantes; el Aula Magna desbordaba, por lo que muchos —muchas, en realidad— seguían su voz mediante altoparlantes instalados en pasillos y patios cercanos.

En 1956, año del centenario del nacimiento de Freud, se funda la carrera universitaria de Psicología en Rosario. Ese año también fue importante en el campo de la salud mental, ya que Mauricio Goldenberg inicia su experiencia en el policlínico Gregorio Aráoz Alfaro, en Lanús. Goldenberg se rodeó de médicos jóvenes, que pronto brillarían como estrellas de primera magnitud: Hernán Kesselman, Carlos Slutzki, Elena de la Aldea, Aurora Pérez, Hugo Bleishmar, Hector Fiorini. El trabajo de equipo era excelente y fue un lugar donde reflexólogos y analistas coexistieron pacíficamente. Goldenberg mantenía excelentes relaciones con la APA e instaba a sus discípulos a psicoanalizarse.

Respecto del psicoanálisis, concuerdo con Vezzetti cuando dice que Lanús proporcionó la ocasión de experimentar, en una extensión que no se había dado antes, algo que va más allá que el simple desplazamiento del analista al ámbito público; lugar donde se modificó la relación médico-paciente. Fue el tiempo de los equipos, del enfoque multidisciplinario, del *brainstorming*. A todo esto, cuando mi avión aterrizaba en el Aeropuerto de Ezeiza, las psicólogas poblaban los divanes de Villa Freud y los bares de la "Manzana Loca".

Sí, pensándolo bien, muchas cosas comienzan a agitarse a partir de 1956 en el Río de la Plata. En ese año se funda la Asociación Argentina de Psicología y Psicoterapia de Grupos. Tato Pavlovsky y Jaime Rojas Bermúdez inician sus experiencias en psicodrama. En ese mismo año, tuvo lugar la "Operación Rosario", realizada por estudiantes y médicos jóvenes rosarinos que trabajaban con Enrique Pichon Rivière en el Instituto Argentino de Estudios Sociales (IADES). "Cerca de mil personas —nos cuenta Balán— desde profesores universitarios hasta boxeadores, incluyendo un buen número de estudiantes de Medicina y Psicología, con la coordinación de 20 analistas, se reunieron durante un largo fin de semana para 'discutir Rosario', la ciudad donde vivían. El psicoanálisis estaba en la calle". Con Pichon Rivière nacen los grupos operativos que me fueron tan útiles en Austen Riggs.

El boom, la efervescencia del experimento psicológico, duró una década. La gente olvida el auge de lo grupal en los años '70. El golpe militar que derrocó al gobierno de Illia interrumpió de un día para el otro las innovaciones universitarias. El clima represivo, bajo el régimen de Onganía, hacía de todo grupo una conspiración. El psicólogo se atrincheró en su consultorio y comenzó a estudiar Lacan. No hay mal que por bien no venga o no hay bien que por mal no venga.

Cuando llego al país, en 1963, la camada de mi generación estaba pronta para ocupar cargos directivos. Liberman, Grinberg, Willi y Madée Baranger, Jorge Mom, José Bleger, Fidias Cesio, Diego y Gilou García Reynoso, Fidias Cesio y Chiosa eran figuras destacadas. Los jóvenes turcos tenían talento y ambición de sobra.

Yo puse mi consultorio con León Grinberg. Tuve una relación curiosa con León. Él era más amigo mío que yo de él, lo que hace que me quede un rastro de culpa. Yo tenía una crítica solapada, me molestaba su ambición que era grande y me molestaba no haber discutido eso con él; tal vez envidiara su talento político que también era grande y el hecho de ser el líder indiscutido pero poco querido de los jóvenes turcos. En cierto sentido yo me aproveché de ese liderazgo que eventualmente me llevó a la presidencia. Escribir este capítulo me fuerza a considerar el papel de la envidia en un grupo que lucha por el poder. Un papel, desgraciadamente, muy grande. Para mí lo que aconteció con Fidias Cesio es ejemplar. Fidias tenía la idea de que se podía y de que se debía tutear a los pacientes. Es increíble, pero consideramos peligrosa su posición, peor aún, subversiva. Yo respetaba a Bleger y a Liberman, podía citarlos, los citaba por ser ecuménicos, pero confieso que nunca los estudié a fondo. Otro tanto vale para los escritos de Willi Baranger. Critiqué las teorías psicosomáticas de Chiosa y las consideraciones teóricas de Liendo sin verdadero conocimiento de causa. La envidia me impidió sacar todo el provecho de una generación brillante. Y lo peor es que la envidia es incurable; los celos son curables, yo dejé de celar después de Beatriz. Me temo que la envidia sea un virus contagioso.

La codicia se parece a la envidia pero no es tan amarga y traidora. Cierta tarde dejé mi consultorio con el ceño fruncido, agobiado con los síntomas de los pacientes de ese día. En la esquina veo llegar del campo a mi amigo el Sordo Zorraquín en su camioneta nueva. Tenía la camisa arremangada, estaba curtido por el sol. Tomamos una cerveza en un bar de Palermo. Después de brindar el Sordo me dice:

—Pucha, Emilio, cuando te vi pasar, serio, metido en lo tuyo, con una profesión interesante, sentí mucha envidia.

No lo podía creer.

—Me ganaste de mano, Sordo —le dije—, me ganaste de mano.

Eso no es envidia, es codicia. Mejor dicho, es *cobiça*, palabra portuguesa más leve que codicia, es un ansia benigna.

Noune tenía talento pero carecía de *cobiça*. Con ella se abre un nuevo período de mi vida. Mi amor renacía de las cenizas de aquel amor enterrado en Plaza Francia. Nos habíamos carteado en los últimos tiempos de Stockbridge. Lo cierto fue que poco después de mi llegada le propuse casamiento y abrí el juego con Beatriz. Fue una operación quirúrgica, sin anestesia. Recuerdo ese momento en forma borrosa, porque todo fue rápido, como rayo en un lago sereno. Creo que la ruptura ocurrió una o dos semanas después de mi llegada, cuando corté de un tajo y nunca vacilé. Prefiero el tajo a esos maridos que dan marchas y contramarchas, en un me-separo-no-me-separo, deshojando una margarita marchita que desgasta la nueva relación y paraliza la vieja. Un amigo sociólogo clasifica a la gente en crueles y resentidos. Prefiero ser cruel. Lo peor fue decirles a los chicos, que me miraban con ojos grandes. Soy un cruel llorón.

Un sábado, a poco tiempo de llegar a Buenos Aires, salí temprano rumbo a Retiro a sacar un pasaje de ida solo a Escobar. Me sobraban cuarenta minutos, tomé desayuno en la cafetería de la estación, con medialunas y el *Clarín*, lleno de expectativas. Mañana pintada por un pintor ingenuo, una mezcla del Aduanero Rousseau con Divito.

Hay ciertos momentos, raros, que uno los saborea al máximo. Tiene que ver con los preparativos, culto que se remonta al tiempo en que compraba cantimploras con Jack en Harrods. La anticipación: el primer fin de semana de miel en "La Escobita" con Noune. Las estaciones iban pasando y yo sólo tenía ojos para las bonitas flores junto a las vías del tren. En Benavídez se sube un vendedor ambulante que por un peso vende un diccionario de bolsillo, los horarios de todos los trenes y, por si fuera poco, tres ballenitas. Me sentía así: y por si fuera poco, era feliz.

Ella me espera en la estación. Noune es la mujer más geisha que conocí en mi vida, con su pinta japonesa de genuina Madame Butterfly. Álvarez, el baqueano que hacía los asados, se derretía por ella, todos se derretían por ella. Cuando subí al auto, me sentí transportado, en alfombra mágica, a la quinta de Noune.

Una vez más, el ambiente tenía algo de cuento de hadas; el camino hasta la quinta parecía asfaltado de perlas y promesas. Y llegamos a su quinta, llamada "La Escobita"; lugar encantado. La casa, chica, diseñada por ella, de tan simpática resultaba lujosa. Una chimenea grande, tipo rotisería de pollos, dominaba la sala. Luego el mirador de la barranca que da al río Luján. Un viejo ombú al pie de la barranca. Una pileta arriñonada, el césped bien cortado, un sauce que llora sobre un pequeño lago artificial; un banco bajo el sauce para contemplar los gordos peces rojos, también japoneses. Noune me mostraba los rincones del lugar de manos dadas.

Había llovido mucho durante la semana, entonces Noune me propuso ir a recoger los famosos champignons de París. Ella sabía distinguirlos de los hongos venenosos. Recorrimos los campos vecinos por más de una hora y llenamos una pequeña cesta de bonitos hongos, cabezones, rechonchos, turgentes. De vuelta a la quinta, ella fue a la cocina para prepararlos con salsa de ajo y vino. Yo me senté hamacándome en un *deck chair*, frente a la barranca. Felicidad máxima en la compañía de calandrias, grillos y mariposas.

Recordando ese día en Escobar, acabo de hacer una relación entre varios momentos felices. El primero fue en Punta del Este, durante una cabalgata. Una señora, que se las daba de buena jineta, quiso montar un caballo brioso. Todo bien a la ida, pero a la vuelta el animal parecía tener un petardo en el culo y la señora literalmente pierde los estribos y se acobarda. Cambiamos de monturas. El regreso a la querencia fue una hora al borde del corcoveo. Estaba tenso y el miedo me acompañó. El segundo fue en un lago en el sur, remando contra la corriente, en arriesgada pulseada. Bien, en ambos casos, una vez pasado el peligro, con un vaso de cerveza en la mano, me sentí tan feliz como en esa mañana en "La Escobita". Estaba así porque acababa de llegar a puerto seguro en esta nueva querencia. Había dejado mucho sufrimiento detrás.

Fueron años prósperos y lujosos. Noune y yo ganábamos bien y ella tenía su renta inmobiliaria: un maravilloso departamento en París y una rústica casa al pie de los Pirineos, cerca de Cannes. Entonces comencé a imitar a mi abuela Hileret; todos los años pasábamos un par de meses en Europa, sentando cuartel general en el departamento de París que Noune compartía con su hermano Francis, del que luego hablaré, y que quedaba en el Quai Voltaire, frente al Sena, con vista a la catedral de Notre Dame. Fue el tiempo de los safaris gastronómicos en un mundo de vacas gordas. Después de estudiar la guía Michelin y otras fuentes, alquilábamos un coche e íbamos rumbo al sur, procurando en nuestra ruta los restaurantes de dos o tres estrellas. Teníamos una canasta de picnic y almorzábamos al aire libre, de preferencia al borde de un río, merendando algo leve como quesos y salchichas de la región, acompañados con un vino poco pretensioso del lugar. A las seis o siete de la tarde llegábamos al lugar marcado para pernoctar y después de un buen baño bajábamos a cenar, previa consulta con el *sommelier*. Nuevamente, *gente fina é outra coisa*. Tengo el recuerdo memorable de mejillones a la provenzal en las afueras de Bordeaux. Y así, saltando entre dos y tres estrellas, en semana demorada llegábamos a Cannes, Capital Mundial de la Langosta, bastante más gordos.

90

Cierta vez alguien me regaló el equivalente a tres porros de marihuana en un recipiente —todavía lo recuerdo— de mayonesa Hellmann's, reservado para un momento especial. Fue en una noche especial en Escobar, noche calma de grillos bien templados, donde los álamos hablaban bajito palabras insinuantes. La curiosidad era grande. Noune preparó su pescado a los cinco perfumes y dos botellas de torrontés se enfriaban en la heladera, velas en la mesa, la puesta en escena ideal para la anticipación. Pusimos "Modart en la noche", la media hora más grande del mundo con los genios de Liverpool y yo lié el primer pucho. Lo fumamos en la cama. No pasó nada. Fumamos el segundo, nada.

—Es como fumar lechuga —dije mientras liaba el tercer pucho.

—Los macanazos que cuenta la gente —dijimos mientras fumábamos el tercero.

Fue al levantarme para ir al baño que me quedé clavado en el aire, suspendido como liebre de dibujo animado, preso de un soponcio descomunal. Cosa de locos, no podía desabrocharme la braforma. Operación imposible. Mis dedos, como morcillas, se enroscaban vanamente en torno a esos botones petrificados, soldados al pantalón. Era una cuestión de honor abrir esa bendita braforma, más allá de cualquier veleidad sexual, y escucho la carcajada demencial de Noune que ya había remontado su espiral y nada ni nadie la paraba.

—Pavada de lechuga —dije, y mi voz desató un nuevo calvario de risa; mi voz, pomposa, se parecía a la del locutor de "Modart en la noche". Cuando la crisis amainó le pedí a Noune que me ayudara con la braforma y ella levanta otra vez vuelo. Noune acababa de descubrir la carcajada a calzón quitado, a carrillo batiente, a braforma burlada y los grillos enmudecieron.

Teníamos la madre de todas las tentaciones, volábamos por la habitación escribiendo nuestras locuras con letras de guitarra, bailando bajo la batuta de Modart en un circo de espejos que te permite dar la gran pirueta conceptual. La inteligencia se sumó a la risa y éramos dos sabios locos, puros sofismas carcajeados, mientras hacíamos una guerra de almohadones.

—¡Qué grotesquería! —exclamó Noune.

Cuando Modart colocó un tema favorito de Los Beatles, los oídos tomaron el timón, el timbre tuvo color musical, y cada acorde de *Hey Jude* era una cascada cristalina y la yerba te catapultaba al sonido absoluto.

Pavada de noche. Horas más tarde, brindamos con torrontés.

Escobar, *with the little help* de la yerba, representa el momento más hedonista de mi vida. Terminaba de trabajar los viernes a las cinco y salía de mi consultorio en el momento justo en que Noune llegaba para buscarme. Era una operación precisa, tipo comando. Una hora después estábamos en la quinta donde Titino, el perro de Noune, nos esperaba ladrando. Luego abríamos la casa, Noune iba a la cocina a preparar las cosas y yo prendía la chimenea, con un método que ella me había enseñado: piñas y cabos de vela, como base para la madera dura. Media hora más tarde estábamos saboreando el whisky de los viernes, mientras yo leía una novela de ciencia-ficción con Titino a mis pies. Y no piense, lector, que quiera provocar envidia, sólo codicia.

Las mujeres de mi vida fueron grandes cocineras, y Noune les mata el punto a todas, tal vez por la sangre francesa que corría por sus venas. "La Escobita" podía competir con un restaurante dos estrellas y no digo tres para que no sospechen que idealizo. Noune tenía quince recetas de hongos, con buenos vinos argentinos y chilenos, un *armagnac* con el café y dulce de leche.

Al día siguiente, tenis por la mañana con León Grinberg, Jaqui, el hijo de Noune, Tommy Langer y yo. Luego Álvarez preparaba el asado, generalmente con visitas, rematado por una siesta homérica. El domingo, fútbol en casa de León. Él poseía una canchita con arcos y red. Jugábamos con los de la quinta de al lado, que no sé por qué los llamábamos "Los Pitucos". Ellos no sabían que los llamábamos así y ahora se me ocurre pensar que ellos probablemente nos llamaban pitucos a nosotros. Los Pitucos tenían un buen equipo. Siempre venían dos mellizos que jugaban muy bien y un hermano de Micheli, el delantero de Independiente. Richard, el dueño de casa, era medio tronco, más comedido. Nuestro equipo tenía menos talento pero mayor consistencia. León jugaba bien; José Luis, el carpintero del pueblo, era muy bueno; Valentín, amigo de Jaqui, tenía un cañón en la zurda y mi hijo Marcos ya se destacaba como un buen gambeteador. Ocasionalmente venía mi sobrino Chamaco. Yo era un jugador sin talento, pero con mucho corazón. Fueron grandes partidos. Luego cerveza en casa de León, con la presencia de Mimí y ahí sí que intercambiábamos los chimentos de la semana y futuras maquinaciones de alta política.

Éramos felices hasta entrada la tarde, a la hora de las vísperas, hora la cual, según Neruda, los obispos se masturban.

Entonces yo caía en una negra depresión que, hasta hoy en día, a veces desciende con la luz eléctrica de los domingos. Sé que no soy el único. En mi caso, el eclipse de mi alma nació ante la idea de ir al colegio los lunes. Cinco minutos antes de salir Titino comenzaba a ladrar y desaparecía para no vernos salir.

Titino tenía dos dueños. Durante la semana vivía con un campesino en un lugar no muy distante. Todos los viernes el perro sabía que era viernes y regularmente nos esperaba en el portón de "La Escobita". Resulta que un día, en la mitad de la semana, lo encuentro con su otro dueño, en medio del campo. Lo llamo, le grito y no me da bola; impresionante, ni siquiera me miró. Creo que, en esos tiempos, yo era como Titino, tenía mi semana clivada en dos y el Emilio del fin de semana no tenía nada que ver con el laburante Emilio urbano.

Durante la semana trabajaba duro. Fue eso que me llevó a decir lo siguiente, en un trabajo titulado *El paciente de las 50.000 horas*:

"Haga una pequeña cuenta conmigo:

Pasé veinticinco años, como analista, psicoanalizando. Trabajé diez meses por año, descontando feriados, gripes y algunas merecidas rabonas en grises mañanas frías de invierno. Ritmo pujante que lleva al insalubre saldo de cincuenta horas de trabajo semanales. Cada mes tiene cuatro semanas y un pucho, pero dispenso ese resto. Sumando:

25 por 10 por 50
lo que da
50 mil horas

Cincuenta mil horas psicoanalíticas, cincuenta mil horas de cincuenta minutos. La pila de ceros crea su irrealidad numérica, como si dijese que recorrí un año sideral de luz al pie del diván. Millares de minutos hablando y millones de minutos escuchando, concentrado y en babia al mismo tiempo, como cabe a todo buen analista. Océanos mansos y turbulentos de atención flotante donde a veces sentí la Gran Interpretación en la punta de mi lengua mental, arañando los grandes enigmas del alma. Pero también hice muecas invisibles de impotencia. Hubo ocasiones en que dudaba de todo en general y, en particular, de lo que yo estaba haciendo".

Cursando esas 50.000 horas de analista fui dibujando mi propia técnica. En la transferencia dejé de ubicarme todo el tiempo como personaje protagónico, permitiendo que la ilusión me atravesase. En líneas generales abandoné el modelo del "sí, pero..." en mis interpretaciones por "sí y además...", surfeando, por así decirlo, en la asociación libre del paciente, nunca contrariando la dirección de la ola, creyendo cada vez más en el psicoanálisis como un arte marcial.

Mi ascensión a la presidencia merece una reflexión antropológica, por ser de carácter helénica. La pieza clave fue Noune. Ella, que casi me lleva al borde del ostracismo, ahora me unge en la presidencia. Ella era la viuda de Racker y una vez más pasó a ocupar el papel de Edipo.

Curioso cómo las instituciones, chismosas por su propia naturaleza, también pueden sufrir una represión masiva grupal. La cosa es que nadie se cuestionó cómo yo me casaba con Noune al mes y poco de volver de los Estados Unidos; nadie trajo a colación el delito clandestino previo. Pero resulta evidente que, para el inconsciente colectivo de la APA, yo me acostaba con Yocasta y adquiría poder sobre el reino.

El cronograma fue el siguiente: llegué en 1962, me nombraron secretario de Liberman en el '64 y presidente en el '66; un relativamente joven pero maduro Edipo de cuarenta y tres años.

12. PENNY

Voy a hablar de la genealogía de mi escritura. En los tiempos de Traute, quería ser escritor, siempre quise ser escritor. Admiraba *Contrapunto* de Huxley y *Las palmeras salvajes* de Faulkner. Ser autor de un libro, de una novela de preferencia, era más que ser actor de Hollywood. Oro olímpico que el viento se llevó. A los 17 tenía una Lettera portátil y trabajaba traduciendo textos médicos. Ellos me llevaron a Río, costeando el pasaje. En ese entonces tuve una idea para un cuento: bonita antropóloga vienesa pierde marido en Machu Picchu (muere en una avalancha) y continúa su trabajo de campo con la ayuda de un joven quichua que la ama secretamente. Hay un intercambio entre ellos: él le enseña quichua y ella alemán. La antropóloga le da su dirección cuando vuelve a Viena. Él continúa aprendiendo y ahorrando soles. No le escribe, pero siempre la amó. Pasado mucho tiempo él compra un pasaje y se manda para Austria. Justo al llegar a la esquina de la casa de la antropóloga ella sale y viene corriendo hacia él con los brazos abiertos. Lindo cuento. Pero no me salía. Nunca pasé de la primera página. Comenzaba escribiendo: "El sol se ponía detrás del cerro sagrado de Machu Picchu..." y rasgaba el papel. Segundo intento: "En ese atardecer el sol caía..." y rasgaba el papel. Un año alimentado a anfetaminas y café negro amargo. Un impotente bloqueo frente a la página en blanco. Mi ambición de ser escritor era enorme, mas tuve que resignarme a la idea de que nunca lo sería, no me daba el cuero. Creo, con todo, que esas noches anfetamínicas dieron sus resultados, mi historia con Traute, es evidente que yo era el quichua enamorado.

Luego viene Londres, el tiempo en la BBC y el encuentro con el locutor mentiroso. Adquirí cierta maña. Más tarde comencé a escribir trabajos psicoanalíticos, como requisito para mi formación, textos que no se destacaban por ser bien escritos, pero que llenaban las páginas en blanco. Los analistas escribimos soso. Hace poco, cuando comencé con esta autobiografía, releí mis primeros textos. No tenían valor literario. Luego escribí con Mimí Langer y León Grinberg el libro sobre grupos, libro bueno en contenido mas ni fu ni fa como estilo. Después viene mi experiencia en Stockbridge que resultó en la *Biografía de una comunidad terapéutica*, que hoy en día me parece bueno y promisorio, estaba bien escrito, pero no me di cuenta. Es difícil darse cuenta de que uno escribe bien, como debe ser difícil darse cuenta de que uno pinta bien. El superyó que nos vigila no reparte buenas notas así nomás.

Fui un gran lector de novelas policiales *in London fog* y después de novelas de ciencia-ficción; me tragaba una cada fin de semana, junto a la chimenea de "La Escobita". Esa camada dorada de escritores utopistas —Bradbury, Henlein, Sturgeon— me enseñó a ensillar mi imaginación. Entonces tuve una idea: organizar una antología, seleccionar los mejores once cuentos de mis autores favoritos y, como el truhán cucú, colocar mi huevito en nido ajeno.

Fernando Ulloa me presentó a Paco Porrúa, dueño de la colección Minotauro. Concurro a la editorial, le cuento la idea y le muestro la lista de mis cuentos favoritos. Paco, gran conocedor, aprueba silenciosamente la selección y me pregunta sobre el mío. Bien, le digo, el mío es sobre una computadora del futuro, súper avanzada, que ocupa toda una casa. Los hombres, muy religiosos en esos tiempos, le preguntan: "¿Dios existe?", y la computadora toma su tiempo para contestar: "No tengo datos suficientes". Pasan diez años, la computadora crece, ocupa una cancha de fútbol y, ante la pregunta, de nuevo responde que no tiene datos suficientes. La historia se repite, con una computadora tamaño aldea, tamaño ciudad, hasta que un día, cuando los hombres hacen su pregunta, la megacomputadora toma su tiempo y contesta con el tronar de trompetas celestiales mientras una voz bramante retumba en el horizonte: "En el principio era el Verbo". Me encantaba ese cuento.

Paco Porrúa sonríe, va a su enorme biblioteca y saca un librito de un tal Smith, donde aparece ese cuento, exactamente el mismo, cubriendo sólo tres páginas. Qué papelón, un caso de plagio inconsciente, para darle algún nombre. Desilusión más que papelón, yo hubiera jurado que ese cuento era mío.

Entonces, para rehabilitarme, decidí escribir mis cuentos de ciencia-ficción. Para Pascua de 1964 comencé a tener ideas, fue un torrente de creatividad, cada día nacía un cuento. El mejor de todos contaba la visita al Gólgota de una máquina del tiempo, Jesús levanta la mirada, ve la cápsula espacial, y exclama: "Dios mío, ¿por qué me has abandonado?".

Durante tres o cuatro meses concebí cuento tras cuento y

después la canilla se cerró. Nunca más tuve una idea. A partir de la fecha no pude leer más ciencia-ficción. Paco publicó mi cosecha con el título de *Plenipotencia*, de escasa o nula repercusión, salvo con un fan norteamericano y otro español.

Un cuento de *Plenipotencia* se transformó en novela. *Heroína* es un híbrido interesante. Nació en varios lugares, uno de ellos fue una supervisión. La supervisada me trae una paciente deprimida que, en el día de Nochebuena, se pasa la tarde pintándose las uñas, esperando la llamada de un novio ausente y escurridizo. Pinta una uña y la contempla largamente; pinta otra y de pronto, escuchando el relato, "supe" que la paciente en realidad se sentía un árbol de Navidad y que las uñas eran las bombitas que adornan al mismo y viva el narcisismo salvador.

Si non e vero e bem trovato; comencé a pensar en ese personaje al que bauticé por Penny, de Penélope, la mujer que espera. Esa novela se clava en la encrucijada de mi vida.

En el primer capítulo, Penny espera a Gerardo en vano. (¿Por qué será que nueve de cada diez Gerardos son psicópatas?), se pinta las uñas de las manos y de los pies, siempre atenta al teléfono mudo, vestida para matar. Las horas de la tarde se arrastran y ella, como digo en la novela, "se cubre con la cinta plateada, la lluvia de hilos de aluminio que, cayendo desde la guirnalda de strass, se arremolinaban en el cuello, colgaban de los brazos, como serpentinas, se entrecruzaban entre bombita y bombita... El teléfono suena. Suena y repica en ese living decorado por un árbol de Navidad, una llamarada de pirotecnia, lleno de luces, de pompas y reflejos. Sonó repetidas veces pero nada se movía, excepto el inevitable temblor al viento de la cinta".

Penny era traductora de congresos y una vez recuperada de esa maligna Nochebuena, es contratada para trabajar en Bariloche, en un Congreso Psicoanalítico Internacional. Allí se enamora de un analista japonés, llamado Yoshide, especialista en sueños de Freud, que diserta sobre "El sueño de la inyección de Irma".

Tuvieron un bello romance, la cosa comenzó en la segunda noche del congreso. Nevaba fuerte, aislando al hotel Catedral. Después de cenar, Yoshide la convida a bailar en la boite Arca de Noé. El tiempo comienza a alargarse. La boite se abre en una ingeniosa rampa y las parejas entran por una pequeña puerta, los pocos privilegiados en la ruleta del diluvio. Eligieron ser ruiseñores y hablaron de ruiseñores, codo a codo, rodeados por el erotismo de la noche.

—¿Cómo se dice ruiseñor en japonés, Yoshide?

—Uguizú.

La pista del Arca se enciende desde abajo, por las antípodas, como en aquella fantástica vez, con Traute, en el Casino de Río.

Bailaron. "Yoshide baila bien, lo siento cerca de mi cuerpo, bailando conmigo. Estoy en el aire, sin zancos. Rodillas encastilladas, sin un nervio que no sea el del ritmo y todo sale bien en la perfección de ser feliz y *come on, come on baby*, canta un melenudo rolling stone maravillosamente bronceado y Penny pensó en esas gigantescas olas del océano Pacífico, ¿cómo se llamaban?, *Tsumani*.

Fue un romance corto, perfecto, y luego el japonés se despidió. Gran aventura donde Yoshide, es claro, era Traute o la arqueóloga de Machu Picchu y yo era Penny.

Cuando Yoshide se va, a Penny se le cae la estantería y tiene que ser internada en una clínica, por un intento de suicidio. La atiende el doctor Mortimer y en la presentación del caso, la doctora Langer está presente.

Una mesa larga, moderna, erudita, con papel y lápices, rodeada de psiquiatras, frente a los que comparecerá Penny. Desde la cabecera, el director abre el ateneo:

—Nuestra invitada de hoy, la doctora Langer, en realidad no necesita presentación; digamos, para ser breves, que es el máximo exponente de la psiquiatría continental y del psicoanálisis internacional.

La doctora Langer sonrió e hizo un pequeño gesto vienés. "El Monstruo Sagrado está sentado lejos", se dijo el doctor Mortimer, "Menos mal que está lejos. Parece un Gran Gato Egipcio, sí, ella es el Gran Gato Blanco Austro-Egipcio".

Pero había más:

—Tenemos, además, una agradable sorpresa, la doctora Langer me avisó que traería un invitado. Se trata del doctor Emilio Rodrigué que —consultó el papelito— acaba de publicar *Biografía de una comunidad terapéutica*, libro que recomiendo, habla de una experiencia parecida a la nuestra.

"Un colado", pensó el doctor Mortimer, nervioso porque iba a presentar el caso.

Una secretaria trae dos jarras con agua y Mortimer se aclara la garganta para comenzar con la presentación de la paciente:

"María Penélope Turpin (Penny), argentina, soltera de 26

años, que trabaja como intérprete, fue internada en estado inconsciente el 23 de noviembre, siendo acompañada por su tía, María L. de Turpin, el familiar responsable más cercano.

"Hace más de un año que Penélope, joven atractiva, se retrae en su ámbito social. Su aislamiento, siempre marginal, se vuelve patológico. Penny, a quien llamaremos P, canalizó todo su interés en el trabajo. El conflicto actual se precipita a raíz de un trauma amoroso con G, músico huidizo, con quien mantuvo un típico binomio sado-masoquista, donde ella asume el rol pasivo de 'la mujer que espera', la alelada, la humillada, etc. 'Pero G me dio el orgasmo', explica Penny.

"Cuando su precaria adaptación se fractura (al romper con G), Penny cae en un estado de marasmo, lindando con la catatonia. 'Fui un arbolito', rememora P.

"En ese 'páramo afectivo' la paciente mantuvo breves relaciones con hombres casados, donde se sintió 'bochornosamente frígida'.

"Todo hacía pensar que se recuperaba del duelo afectivo; sin embargo, la crisis actual se desató al volver de Bariloche, donde P había ido como intérprete al Congreso de Psicoanálisis. Un aspecto aún poco claro es que, en apariencia, la pasó muy bien. La nieve y la montaña la deslumbraron, pero ella no precisa en qué consistía ese bienestar. Impresiona como un hiato amnésico y dice cosas incoherentes como 'los cuarenta días que pasé en el arca". En las primeras entrevistas su lenguaje parecía la clásica ensalada de palabras, solía repetir significantes como 'yoshide' que mi grabador no pudo registrar.

"Pasada la 'rara euforia' de Bariloche, vino la caída melancólica, la paciente comienza a vegetar. 'Caminando y caminando a la orilla de la vida, sola en mi fila india, sin rumbo, sin trilla, sin nada'.

"Al salir de una muestra del Instituto Di Tella, P ingirió una dosis alta de barbitúricos..."

—No me extraña —intercaló el director y el staff supo festejarlo.

—Bueh: "El intento de suicidio..."

—¿Fue intento o simulacro? —interrumpe Clogh, alias el "Siniestrito".

—Creo que no fue un simulacro. Siguiendo la clasificación del director, lo ubico como un intento de suicidio de grado 3.

—¿Un IS 3? —Clogh rezumaba incredulidad.

—Bien, ese punto podemos aclararlo cuando veamos a la paciente. Dígale que entre —ordena el director a la enfermera.

Golpean la puerta y el director se levanta de su asiento para recibir a Penny, le tiende la mano y le sonríe afable y canosamente. La paciente, por reflejo, lleva automáticamente la otra mano a la sien, arreglando un inexistente mechón de pelo.

Para aquellos que vieron la película, me imagino que visualizaran a Penny como Graciela Borges, que fue la actriz de "Heroína". Yo la idealicé menos bonita, más tipo Sandra Bullock.

Penny es conducida a la cabecera de la mesa, donde Mortimer la saluda levantándose a medias.

—¿Cómo prefiere que la llame? —pregunta el director.

—Me dicen Penny.

—Muy bien, Penny será entonces —se sonríe—. ¿Incómoda?

—Un poco, sí.

—Queremos que usted sepa, Penny, que nos damos perfecta cuenta de que esta experiencia no es fácil, no es nada fácil. Por eso estamos aquí reunidos para ayudarla, para comprender, para resolver sus problemas. El doctor Mortimer nos ha hecho un relato muy completo, pero valoramos la oportunidad del contacto directo, personal con usted. Queremos conocerla como persona y no como caso clínico. ¿Contamos con su ayuda, Penny?

Penny asintió con la cabeza y Mortimer pensó que "hay que darle al César lo que es de él; el tipo tiene cancha, cada vez lo dice mejor".

—El doctor Mortimer nos dijo que usted fue una alumna brillante y que tiene una memoria fotográfica notable, que frases enteras quedan grabadas.

Penny asintió.

—¿Podría mostrarnos ese talento?

—¿Mi talento? —preguntó, como si no conociese la palabra.

—Sí, su memoria fotográfica.

—Bueno... poder puedo, aunque en este momento —se miró las piernas— no sé ni cómo me llamo.

Sonrisas en la mesa. "Cayó bien", pensó Mortimer.

Mortimer, quien vio la película, piensa, lógico, en Tato Pavlovsky.

—¿Qué podríamos preguntarle?

La voz de Rodrigué, desde el fondo de la mesa, se filtra:

—¿Penny, recuerda "El sueño de Irma" de Freud?

Penny no quiso mirar.

—El sueño...

—Sí, aquel sueño que usted tradujo en el congreso de Bariloche.

—A ver, tendría que concentrarme —cerró los ojos— ¿cómo era exactamente? Creo que era así: "Una sala muy grande, numerosos invitados que estamos recibiendo. Irma está entre ellos. Enseguida la llamo de lado para reprocharle que todavía no había aceptado mi solución. Le digo a Irma: si te duele es realmente tu culpa...".

—¡Notable! —exclamó el director—. ¡Quién pudiera tener un talento como el suyo!

—No, no es nada.

Y el director tuvo una idea:

—Penny, le propongo que recreemos una situación de su vida. Supongamos por un momento que usted está solicitando un trabajo de intérprete y yo soy su posible futuro jefe.

—No sé si entiendo.

—Hagamos de cuenta que estamos en una entrevista y yo, su jefe, le pido que me hable de usted. Entonces le dijo: "Hábleme de usted, señorita Turpin".

Penny miró a Mortimer antes de contestar:

—Bien, yo le diría...

—No, no, así no. Ésta, aquí, es mi oficina —el director hizo un gesto, conjurando un espacio imaginario— y yo soy su jefe. ¿Comprendido?

Penny comprendió.

—Bien, hábleme de usted, señorita Turpin.

Por el tipo jodido de ejecutivo, Mortimer pensó, el director erró de vocación.

Un cambio sutil se observó en Penny cuando dijo:

—Perdón, señor, pero no comprendí su nombre.

—¿Cómo?

—Lo siento, señor, pero la secretaria pronunció rápidamente su nombre. No lo entendí bien.

—Este... mi nombre es Carlos González.

—Si no le parece mal, señor González, podemos dramatizar una situación en la que usted habla y yo traduzco.

El director dio una pitada a su nuevo cigarrillo y dijo:

—Muy bien, señorita Turpin. Yo soy un psiquiatra y digo lo siguiente: "Lo más importante de este caso es saber qué ocurrió en ese período en Bariloche, donde parece ser que la paciente tuvo amnesia".

Penny, sin pestañear, retrucó:

—*The more relevant thing so far is to know what happened in that period in Bariloche when it seems that the patient was amnesic.*

—Excelente.

—*Thank you.*

—Aquí se nos plantea un problema técnico, ¿conviene o no confrontar a la paciente con lo que está más allá de la amnesia?

—*Here we are faced with a technical problem, is it convenient to confront the patient with that which is beyond her amnesia?*

—Muy bien, ¿y qué le parece el problema, Penny?

—Disculpe, doctor, ¿pero a quién le está haciendo la pregunta?

—Yo sigo siendo el jefe, le hago la pregunta al margen porque quiero indagar sobre la cultura psicológica de la candidata.

Y Mortimer tuvo la imagen de dos esgrimistas y reparó que todos, el Gran Gato Austro-Egipcio inclusive, estaban cautivos por el duelo. Penny los está conquistando lenta pero...

—Bien, señor González, ésta es una pregunta difícil de contestar para un lego. Se me ocurre, con todo, que se le podría plantear el problema de forma indirecta, como si fuera otra persona.

—¿Y cómo haría eso, señorita Turpin?

—Bien, podríamos hacer de cuenta que usted es la paciente, señor González, y que yo sea el psiquiatra.

Contrapunto gigante, pensó Mortimer, y Penny le está poniendo una tapa de aquí al cielo.

Ante la evidente reprobación de la jefa de enfermeras el director cambió de tono y preguntó:

—Si usted estuviera en mi lugar, Penny, ¿qué haría?

La paciente cambió también y volvió a mirar sus piernas.

—Creo que hay que cuidar al otro, yo no le haría esa pregunta, doctor.

—¿Y por qué no haría la pregunta, Penny?

—Cuando uno está como yo estoy y discúlpeme, doctor, pero creo que usted no puede saber del todo lo que se siente cuando uno está así, hay que mantener ciertas cosas de una para uno.

Clogh iba a hablar, pero cambió de parecer.

El director suspiró, puso las manos sobre la mesa y dijo:

—Está bien, Penny, quizá tenga razón. Créame que ha sido un placer conocerla.

Recién al levantarse, Penny miró de lleno a la larga mesa, murmuró un muchas gracias dirigido en general, al director en particular y a Mortimer en especial y se secó la cara con un pañuelo.

Se cierra la puerta de vidrio fumé de la sala de conferencias y con el sonido imaginario de los pasos evanescentes de Penny se eleva el murmullo de asombro del público, porque la mano del mago fue más rápida que la vista, porque el cristiano se comió al león.

En la agitación parece ser que todos quieren hablar al mismo tiempo y el técnico de la cabina de grabación sale de su cubículo para protestar.

—Así no va —dice.

El director, batiendo palmas, llama al orden:

—Señores, ¿qué pasó? —pregunta y mira a Mortimer.

—A mí también me sorprendió —dijo Mortimer, defensivamente—, nunca fue así en las entrevistas.

La psicóloga vino en su ayuda:

—Al hacerle los tests una vez se sintió acorralada y reaccionó incisivamente. Cuando le comenté el cambio de actitud ella respondió con un curioso acto fallido. Dijo: "No me gusta que me pongan entre la espalda y la pared".

—¿Y cuál es el acto fallido? —pregunta la jefa de enfermeras.

—Bueno —acota la psicóloga— se dice "entre la espada y la pared".

Y Emilio, que es Penny, se divierte con esta humorada crítica a la comunidad terapéutica. Me divierto con esta biografía que se me está escapando de las manos y donde, como en "La rosa púrpura de El Cairo", los personajes salen de la tela. A partir de ahora no me responsabilizo por lo que sale. Tal vez la marca de un texto fuerte esté en ese rosa púrpura.

El director dice:

—Es impresionante la rapidez de esta chica. Confieso que me desubicó —Mortimer pensó que quizá había algo detrás del figurón. ¿Una cierta dignidad?

El director, percibiendo la agitación del momento, decretó un descanso y, ante una señal, las secretarias entraron, trayendo café y bizcochos.

Campana, fin del recreo.

—Bien ¿quién se anima?

Silencio, hace unos minutos todos querían hablar, y ahora silencio, mutis por el foro. La ola de agitación había pasado. El director levantó las cejas mirando al Gato Austro-Egipcio, como pidiendo paciencia. Posiblemente pensó que la doctora Langer, usted sabe, intimidaba.

Silencio.

El joven doctor Eulalio Gómez no usa el trampolín y baja por la escalera de la parte playa de la piscina:

—Bien, es un caso fascinante, como lo dijo el director. Sólo quería decir un par de cosas, un poco para romper el hielo. Creo, Mortimer, que tenés toda la razón en tu reconstrucción histórica, cuando hablás de una disociación entre la vida cotidiana, relativamente normal, y los momentos bizarros, psicóticos. Pienso, por ejemplo, entre la Penny frígida y aplastada en la vida, como vos lo señalaste, y el hábil contrapunto que tuvo con el director.

Clogh aprovechó la coyuntura para entrar en el ruedo:

—Tomando donde el doctor Gómez dejó, concuerdo con la disociación de base, como Dr. Jekyll y Mister Hyde, como la Belle du Jour. Eso explicaría la dificultad del historial que encuentro, perdón por el giro, poéticamente ambiguo. ¿Quién es Penélope Turpin, al fin y al cabo? Tu presentación, Mortimer, es muy vívida, impresionista por momentos, aunque me parece poco objetiva. Ignoramos el contenido de sus fantasías masturbatorias. No se tocó la homosexualidad y es seguro que está: ¿acaso no es eso lo que está entre la espalda y la pared? Mi impresión se vio confirmada cuando la paciente nos sorprendió a todos con su manejo psicopático, cuando rivaliza fálicamente con el director, quien, con intuición clínica, elude el conflicto.

"Eludiriola, nene", pensó Mortimer, pero Clogh continuaba:

—Con esta paciente, si levantamos la fachada de chica mártir, destapamos toda la paranoia. Un caso serio. Creo, con todo, que hay que intentar un tratamiento psicoanalítico con un terapeuta más maduro, de preferencia una mujer, que no pise el palito.

Zas, pensó Mortimer, pisé el palito. Cuando iba a intervenir, un precandidato, que todavía no había entrado en la APA, levantó la mano a medias pero ya era tarde para arrepentirse:

—Es sólo una impresión que tengo...

—Anímese —lo animó el director.

—Bien, Penny me impresiona como la mujer que espera.

El colado Rodrigué aprobó con la cabeza y pidió la palabra:

—¿Cabe una breve digresión?

—Por supuesto, doctor —y por la forma en que el director se puso a escuchar era evidente que las mojarras dejaban su lugar en el tanque para la entrada de los grandes cetáceos.

Se pasó el micrófono al otro extremo de la mesa:

—Llama la atención que los pretendientes de Penélope, políticos astutos, se dejaron engañar con el truco del telar por 10 años, por 19 años según otra versión. Insisto en que eran hombres ágiles y de acción. Con Ulises y su hijo actuaron sin la menor dilación. ¿Qué pasó entonces?

Rodrigué hizo una pausa para tomar agua.

—El mito de Penélope —continuó—, como el de Edipo, es universal. El engaño de los pretendientes sólo se explica si no hay tal. Piensen en una complicidad de las partes. Penélope es el símbolo de la fidelidad conyugal, pobre, ella viene a ser el ideal de la mujer casada, tal como los hombres lo encaran. Pero es un ideal despreciado y ella, a su vez, desprecia al hombre por subestimarla. El desdén de Penélope por los pretendientes debe de haber sido enorme.

El colado se nos está yendo del tema, pensó Mortimer.

—No me refiero —continuó Rodrigué— a la guerra de los sexos. Mi idea es que no hay dominación, sino complicidad, la clásica complicidad penelopiana.

El Gato Austro-Egipcio parecía divertido:

—Nunca podremos tener *woman power*.

—Ustedes nos necesitan —contestó Rodrigué.

—*Woman is beautiful*.

La cara de la jefa de enfermeras era un poema.

El director preguntó:

—¿Tendría alguna sugerencia terapéutica, doctor?

—Sólo una —contestó el colado—: transformar a Penélope en Sherezade.

La doctora Langer pensó entre el humo de su cigarrillo y dijo:

—Ambas se parecen, ambas tienen que comprar tiempo.

—La situación de Sherezade es más crítica, ella tiene que salvar su pellejo y lo soluciona con una feminidad activa, ella teje mil y un cuentos.

El director agradeció el aporte de Rodrigué y se dirigió a la doctora Langer:

—Doctora, ¿qué opina dcl caso?

Silencio.

—¿Han leído *Cien años de soledad*? —preguntó la doctora Langer.

Sí, le respondieron.

—Bueno, quierro decirles que tengo 120 años cumprridos —dijo arrastrando la erre.

¿Ciento veinte años?

Comenzó a hablar con una paradójica timidez segura y su inefable acento vienés y nadie dijo "¡por favor!", "una mujer tan fresca y buena moza". Ella tenía 120 años y punto.

—Quiero felicitar al doctor Mortimer por el historial: supo darle vida, a pesar de nuestra jerga profesional. A veces me pregunto si el texto psiquiátrico registra el acontecimiento, lo vivido, el texto de la vida. Cuando Penny dijo que nosotros no sabemos lo que ella siente, ¿no está ella diciendo algo obvio pero importante? ¿Qué estamos perdiendo cuando hablamos de "sujeto barrado"?

Es que hay que estar en la pomada, Gato —pensó Mortimer—; una monografía sin identificación proyectiva no es ecuménica.

—Freud hablaba distinto, Dora es un maravilloso historial de un fracaso terapéutico; Juanito nos hace reír al instruirnos. Bueno, Freud es Freud. ¿Recuerdan cómo se reprocha por haber descuidado a Irma?

Pausa, la doctora Langer enciende su cigarrillo (el cuarto, repara la jefa de enfermeras).

—Mucho se ha dicho sobre Penny —continuó la doctora Langer—, tal vez todo lo que se pueda decir. Lo mío vale por los 120 años.

Marie Langer —conviene aclarar— es ella misma. Quiero decir que su parte en la historia fue dispuesta de la siguiente manera: le di todo el material del ateneo y ella en un fin de semana redactó su diálogo. Después yo hice el montaje del guión, pero las ideas son de ella y de la rosa púrpura.

—Penny —continuó la doctora Langer— es intérprete, sorprende la elección de carrera: la cabeza le da para mucho más. ¿Qué significa ser intérprete? Traducir fielmente lo que el otro dice. En cierto sentido ella es Eco, la hermana de Narciso, pero también lo contrario, rinde otra versión de la palabra ajena: es anti-Eco, la anti-heroína. Penny funciona como teléfono poliglota.

—El teléfono caníbal —interpuso Clogh, que recordaba el historial.

—¿No será que el teléfono siempre es caníbal cuando no responde? —la doctora Langer continué—: Vimos que Penny, como intérprete, posee un talento extraordinario. Su oído fotográfico es excepcional. Mi hipótesis es que desarrolló al máximo su don natural para grabar fielmente la voz de su padre.

—El padre de Penny fue un virtuoso violinista —terció Mortimer mientras la doctora Langer revisaba sus notas.

—¿Quién es el Ulises de Penny? ¿Gerardo? Poco probable. En la vida de toda mujer —dijo el Gato Blanco, como si hablara consigo misma— siempre hay un hombre que se ató al mástil, entonces hay que buscar a Ulises, al Factor X.

Ella se dirigió a Rodrigué:

—Vos que fuiste a Bariloche, ¿no la viste con alguien?

No sería de folletín, pero de folletín folletín —pensó Mortimer— que el colado diera un salto, se sacara la careta de analista apolillado, y exclamara: "¡Yo soy Ulises!". Y el tipo no es tonto porque dijo:

—Yo no fui —y la risa rompió el trance Langer.

El director dijo:

—Ésta es una situación ideal para que funcione el tanque de cerebros. Asociemos libremente. ¿Quién es el Factor X?

Varias voces se escuchaban al mismo tiempo y de pronto el colado exclamó:

—¡Yo sé quién es Ulises! ¿Cómo no me di cuenta antes?

Parecía una película de suspenso.

El director carraspea y pregunta:

—Doctor Rodrigué: ¿quién es Ulises?

—Creo que se llama Yoshide.

—¿Yoshide?

—Sí, el doctor Yoshide, de la universidad de Kioto, aquél al que me referí antes, el de la "Inyección de Irma". Su tesis era que Freud descubre el psicoanálisis en la garganta de su paciente Irma. Una noche los vi bailando juntos en la boite del hotel. Recuerdo que la boite se llamaba El Arca. Eso probablemente explique los neologismos de la paciente. Un hombre de las antípodas.

—El hombre imposible —dijo el doctor Clogh.

Era tarde, el director consultó el reloj y le preguntó a la doctora Langer cuál sería el diagnóstico. Ella dijo:

—Ustedes saben más que yo de eso.

—¿Y su indicación? ¿Psicoanálisis?

—No me parece que el análisis individual le convenga ahora. No me pregunten por qué. La veo más en un grupo. Quizá porque la idea de Penélope que se vuelve Sherezade me gusta. Si el doctor Mortimer atiende grupos, él sería la persona indicada.

La sala se vació y Mortimer, sin saber por qué, se dio cuenta de que estaba triste.

Penny termina yendo al Japón. Su historia es la siguiente. Ella, siguiendo la recomendación de la doctora Langer, entró en un grupo de Mortimer. Y se llevó bien en el grupo, ganó varios amigos, tomando balones después de la sesión, en el bar de la esquina. Pasaron seis meses y ella, en una navegación atormentada, pasó ilesa por el Scyla y Caribdis de una peligrosa Navidad. Dos meses antes, Penny tuvo una idea de hacer piecillos, o sea, anillos para los pies, usando un nuevo acrílico. Se asoció con Susana, una compañera del grupo. Fue, ustedes recordarán, la gran moda efímera en ese verano en Punta del Este, Pinamar y Villa Gesell. El significado simbólico de los piecillos, como apareció en una sesión de grupo, fue de sumo interés, ya que estaba ligado a las malditas uñas pintadas de Navidad:

—Un ejemplo precioso de sublimación —dijo Mortimer.

Susana, socia y compañera de grupo, explicó:

—La idea fue de Penny, enormes anillos de acrílico, con un soporte en la base, para la juventud descalza de nuestras playas.

Ganaron un buen dinero.

Mortimer, cuya estrella estaba en ascenso, regresa de Punta del Este bronceado y, seamos francos, odiando estar de vuelta. El grupo, de uno en fondo, vuelve con la cara marchita del triste mes de marzo.

Cuando la mayoría estaba presente, Susana dijo, sin vueltas ni compromiso:

—Penny se fue al Japón.

—¿Al Japón? —el grupo respondió en coro.

—Sí, al Japón. Me dio esta carta, quisiera leerla.

—¿Al Japón? —el grupo repetía.

—¿Puedo leer la carta, Morti?, en realidad es un billete.

Mortimer dijo que sí.

Susana, entre mocos, dijo:

—"Mis queridos amigos, mis queridos hermanos, mis queridos. Gracias por ser lo que son, mi querido grupo loco. Gracias Susana por tu amistad. Todos ustedes fueron mi familia y por eso quiero que sepan lo siguiente" —Susana, respiró hondo para continuar:

—"El amor es tan sencillo".

Y Mortimer dirá:

—El grupo lloró y yo, como un boludo, con lágrimas en los ojos. No sé cómo, pero todos, yo al frente, sentimos que había hecho bien, sí, que había hecho bien, qué joder. ¿Cómo explicarlo? Una admiración, porque se necesitan cojones...

El grupo se silenció, como si cupiera un minuto de silencio. Finalmente Susana dijo:

—No sé, nos hace falta algo.

—¿Qué? —balbuceó Mortimer.

—No sé y discúlpeme, doctor, pero dudo que usted lo sepa. La vida también es así.

Yo estaba triste y emocionado cuando terminé la novela, lloré escribiendo la última página. Lloré del mismo modo que en el Aeropuerto Santos Dumond, cuando me despedí de Traute.

Hoy, treinta años más tarde, me vuelvo a emocionar. Hay algo en esa escena final que me toca profundamente, siempre me tocó. Tiene que ver con jugarse. El jugarse posee varios ingredientes: está el proyecto y la realización de ese deseo. Penny, imagino yo, prepara su partida para el Japón con mucho cuidado (como los preparativos de Jack) y, punto importante, lo hace en silencio (como mi mamá con el cuadro). Penny es mi ideal del yo.

Yo nunca pensé mezclar mi vida con la heroína imaginada por mí. Este efecto autobiográfico hace que tome distancia de mí mismo y me convierta en el personaje de mis memorias.

Heroína resultó ser un éxito editorial. A partir de ese momento la gente pasó a considerarme como escritor y no como analista con un hobby. A los 42 años nace un escritor. Por primera vez escuché decir: "Emilio, escribís bien". Miel para mis oídos. Me encantaba salir los sábados en un safari por Corrientes y por Santa Fe y pasar revista por las librerías para ver *Heroína* destacando en las vidrieras. Un librero de Corrientes me contó que Sabato hacía lo mismo.

Aquí retomo, entonces, lo que dije al principio con relación a una condición de estilo nato, manifestado en nadar, esquiar, etc. Escribir fue la excepción. Me costó sudor y sangre, tuve que aprender, palote por palote. Tengo entendido que hay escritores que escriben bien desde el vamos: Norman Mailer, Bioy Casares, Montaigne, para dar ejemplos.

La fama de *Heroína* se me subió a la cabeza y durante tres años no pude escribir una línea. En parte atribuí mi esterilidad a que Noune me había regalado una IBM de bolita, un avión de máquina eléctrica. En ese entonces los intelectuales se jactaban de escribir a lápiz o en viejas Remingtons. La máquina eléctrica no era bien vista.

Pasada la resaca de *Heroína* comencé a escribir duro y parejo, prácticamente todos los días de la semana, y hoy en día detento un récord, válido para el libro de *Guinness*: en los últimos treinta años ninguna vez, repito, ninguna vez, tiré una página al cesto. Creo que en mi producción continua entran tres factores. Primero: esas madrugadas anfetamínicas, de noches de páginas en blanco, de alguna manera produjeron una especie de penosa iniciación, de un *durcharbeiten* como diría Freud, donde, entre otras cosas, sufrí todo lo que tenía que sufrir. Segundo, las enseñanzas del locutor mentiroso, con su fábrica de juguetes y, tercero, lo más importante de todo, acredito píamente que le debo al psicoanálisis el destrabar de las teclas. Mi ello se volvió más fluido, políglota como Penny. Sea como fuere, el montaje final pasa por armar un télex en la cabeza y escribir las palabras que salen por la tirita.

13. FRANCIS

Francis, mi cuñado, hermano de Noune, recorría Francia en su auto sport. Buen volante, buen escultor, gran inventor. Le gustaba manejar rápido. Lindo tipo, hombre del Renacimiento; Penny se hubiera enamorado de él. Francis buscaba un sitio para levantar una escultura en homenaje a su tierra, el lugar cierto. Los días se sucedieron en la ruta. Difícil de dar con el ombligo de la Francia.

Finalmente lo encontró al doblar una colina. Las tierras pertenecían a un marqués. Un campesino —llamémosle guardabosque— cuidaba de la propiedad. Francis le cuenta su proyecto y obtiene, con cierta dificultad, el permiso para acampar por unos días, porque el hombre era desconfiado como cabe a todo cuidador.

Las relaciones de Francis con el guardabosque al principio no fueron buenas. Había una cierta reprobación en la cara del hombre de campo ante este ciudadano, venido de París, que se pasaba las horas sin hacer nada, vagando, armando sus cigarrillos, tendido en la hierba, soñando. Así pasaron dos días. Las cosas cambiaron en la madrugada del tercero. Francis ya estaba trabajando cuando el guardabosque pasó con su rebaño. Se desearon un buen día y hablaron sobre el tiempo. Trabajaron de sol a sol y fumaron en silencio al caer la noche. La escena se repitió al cuarto día y el campesino comentó algo sobre las herramientas. Hablaron sobre el trabajo y las cosas de la vida. Francis lo convidó con una cerveza y fumaron nuevamente.

Al quinto día, ya en confianza, el guardabosque preguntó por qué Francis usaba madera en la escultura.

—¿Por qué?

—Porque la madera se pudre.

—¿Pero no nos pasará eso a todos?

Entonces hablaron de la muerte y temas afines.

Al día siguiente, cuando vuelve del campo, el guardabosque encuentra la obra terminada: una estructura de hierro y madera de unos tres metros de altura. Al pie de la misma se leía en una plaqueta.

A LOS HOMBRES QUE TRABAJAN
LA TIERRA

Nada más, la obra anónima.
El campesino no lo podía creer:
—¿Cómo, no se la lleva? —pregunta incrédulo.
—No, queda aquí, es para los hombres que aman la tierra.
Francis desmonta la carpa, junta sus herramientas y se va.

Admirable cuento corto perfecto. Francis hizo lo que yo nunca haría: primero, salir a la bartola por los caminos, con una idea, sin tiempo fijo; segundo, no poner su firma, no dejar marca. El gesto anónimo. *Chapeau*, como dicen los franceses. Ahora me doy cuenta de que este gesto tiene algo en común con la historia de mi madre con el cuadro de mi hermana.

14. PUROS E IMPUROS

No soy Penny, no me animé a ir al Japón, pero, escribiendo mi vida, caigo en la cuenta que tengo una vena aventurera, que no en balde soy el padre de la Heroína. Además, no había ningún Japón en el horizonte. Stockbridge fue una loca aventura. Ir a Londres fue una cuerda aventura. Estas memorias me deparan sorpresas, constato que cada dos por tres tropiezo con amnesias y lagunas. Por otra parte compruebo que los aciertos y los desaciertos, las alegrías y las tristezas están bien barajadas; los nuevos amores y las viejas muertes también. Constato un justo equilibrio entre la buena y la mala suerte, en el sentido de que las brisas de la fortuna pesaron más.

Quisiera retomar la aventura de la APA, de la Asociación Psicoanalítica Argentina. Balán, en su *Cuéntame tu vida*, dice que, en aquellos tiempos, el grupo de analistas se dividía en dos, clasificados por un criterio de pureza: los puros y los impuros. El Moro Abadi resultó ser el más articulado de los impuros. En el importante simposio interno de 1959, sobre "La relación entre los analistas", él ya dice que la APA corría el riesgo de convertirse en una sociedad secreta, aristocrática, religiosamente ritualizada. "Una inmovilización predomina, con un carácter casi religioso de nuestras conjeturas teóricas, elevadas a la categoría de dogmas, y de ciertas normas técnicas, veneradas como rituales, que sólo pueden tener sentido en la medida en que sigamos pensando que 'nuestro' psicoanálisis es un instrumento mágico que hay que preservar de toda contaminación y en toda su pureza". Abadi propone un "psicoanálisis abierto" a las influencias derivadas "del progreso científico en otras áreas, tales como la psicofisiología y la psicofarmacología".

Los puros, en cambio, pedían un código de ética dentro de la profesión. La palabra "abuso de la transferencia" estaba en el orden del día. Mimí Langer, adalid de los puros, se pronunciaba en los siguientes términos: "Los abusos de la transferencia tenían lugar en todos los ámbitos: erótico, económico, y de manipulación política...". En la lucha por el poder en la APA. Nosotros éramos los "moralistas".

Balán, en su *Cuéntame tu vida*, le da mucha importancia al Grupo Escobar. Balán lo ve así:

"La realización del simposio en 1959, sobre "Relación entre Analistas, coincidió con el ascenso al poder formal del grupo moralizante, liderado por Marie Langer, que asumió la presidencia en 1960. En aquel entonces era conocido como Grupo Escobar, por la localidad de la provincia donde la mayoría de los miembros tenía por aquel entonces su quinta de fin de semana. El poder informal de la APA actuaba durante los *week ends*, fuera de la estructura formal de las asambleas, como antes lo había hecho desde el Club Hindú".

En realidad, en la época, había tres quintas de analistas en Escobar, ya que la de Alberto Campo no contaba, por estar fuera de la mafia escobarense. Mimí tenía su quinta, León la suya y Noune la "mía". El mismo grupo que antes escribiera sobre psicoterapia de grupos. Éramos muy amigos. Balán exagera sobre el poder informal de Escobar, porque nosotros también pasamos a poseer el poder formal. Recuerda, eso sí, los caballeros de la mesa redonda —Abraham, Ferenczi, Eitingon, Jones y Sachs— los famosos Señores del Anillo que, desde 1912 hasta la muerte de Abraham, catorce años más tarde, manejaron los hilos ocultos de la IPA.

Reflexionando hoy en día se puede decir que el "psicoanálisis abierto" que Abadi propone es bien diferente de la abertura que Plataforma propondrá exactamente una década después. Su presencia vale como síntoma de un malestar, pero tanto los puros como los impuros entablamos un debate con cariz religioso, en términos de contaminación o de ritualización, ejes estos externos a una problemática específicamente psicoanalítica. Se trataba, en primer lugar, de una lucha por el poder librada en el denso imaginario político de la APA.

Balán se fascina con Escobar porque "ahí se reúnen, entre otros, los que fueron presidentes de la APA durante la década del 60: Marie Langer, León Grinberg, David Liberman y Rodrigué, este último desde el regreso a Buenos Aires en 1962. El grupo de Escobar compartía la perspectiva kleiniana y mantenía una actitud rigurosa sobre el psicoanálisis y el ejercicio de la profesión. En esos años el grupo escobarense implementó mayores exigencias en la formación, agregando inclusive un cuarto año a los seminarios, justo cuando la demanda de psicoanalistas crecía y se alargaban las colas de candidatos a la entrada de la APA".

114

Digamos que fue la hora en que experimenté el acre y embriagador gusto del poder. En esos años yo estaba por dentro de los tejes y manejes del circuito de la IPA, como antes lo estuve de la comunidad terapéutica.

Creo que fui un buen presidente de la APA y sólo cometí un error, pero fue un error grave. Lo incluyo en estas memorias por considerarlo sintomático. Se trata de Enrique Pichon Rivière, el hombre que pudo ser mi maestro. Enrique tenía una gran ambivalencia frente a la APA, probablemente sentía, creo con razón, que había sido maltratado por la institución. El asunto es que no pagaba las cuotas como socio. Tampoco daba seminarios y se mantenía alejado de la actividad científica. Su morosidad fue repetidas veces tratada por la Comisión Directiva. El asunto es que, como presidente, dictaminé que fuese suspendido de su condición de analista didáctico. Hoy en día me cuesta creer que tomé esa decisión. Sin ánimo de desviar la culpa, creo que mi actitud revela lo mal que se puede pensar dentro del clima institucional de la APA. Era tan simple, se me ocurre ahora, nombrarlo presidente honorario vitalicio de la institución. Segunda gran mancada como psicoanalista.

De procurar una esquina para mi virada política, yo diría que fue con el grupo Escobar. Un bautismo sin mucho vuelo, pero bautismo al fin. Así como Suzanne Langer fue mi gurú en lógica, Marie Langer lo fue en política, en el sentido radical del término. Dato a registrar: Melanie Klein, Suzanne Langer y Marie Langer, mis maestros fueron maestras.

Varios factores contribuyeron para el viraje donde perdí el saco y la corbata. En la macropolítica soplaba el viento renovador del Mayo Francés y del Cordobazo, ambos acontecidos en 1968. Fueron los años de Woodstock, de la apertura sexual y de la marihuana: mi cuarta maestra. Hoy en día, treinta años después del Mayo Francés, nos damos cuenta de que todo cambió pero que todo sigue igual, en el sentido de que sigue peor, o tal vez sea mejor decir: menos mejor.

Una joven camada de analistas, algunos analizados míos, como Gregorio Barenblitt, y Luis Hornstein, junto con Bleger, Matracht y Marie Langer, influenciaron mi rumbo ideológico. En esa época, sin comerla ni beberla, fui nombrado presidente de la FAP, Federación Argentina de Psiquiatras, Sección Capital. Eso que luego sería decisivo en más de un sentido al principio fue casi un chiste, pero un chiste revelador. Cierta tarde Cervasio Paz, presidente de la Federación Argentina de Psiquiatras (FAP) me llama al consultorio para preguntarme si quiero postularme como candidato a la FAP, Sección Capital.

Yo le digo:

—¿Al FATAP, Gervasio?

En 1997, tomando cerveza en la barraca de playa de Itapúa, Gervasio recordaba del episodio. Yo no sabía lo que era la FAP, simple y llanamente. Lo mejor o lo peor es que, en ausencia, fui elegido por unanimidad. Síntoma interesante de los tiempos. Habla, en primer lugar, de la importancia que había adquirido el psicoanálisis en el medio psiquiátrico. Diez años antes, un analista hubiera perdido feo ante un reflexólogo. En segundo lugar, habla de mi prestigio como psicoanalista al cerrarse la década de los '60.

Es muy difícil sopesar los quilates que uno calza en un momento dado en el turf profesional. Los espejos no son planos en el Parque Japonés de la vida. El universo que te rodea manda mensajes contradictorios; la adulación y la envidia son astigmáticas, por así decirlo. Yo no me sentía el número uno y me sorprendió ser elegido presidente. Pero me corro una fija que fui elegido por la fama, por la película *Heroína*, digamos, más que por méritos científicos propios, por ser un "medallón", como dicen los bahianos.

Veamos un poco la vida de este medallón, vista desde los ojos de la autobiografía que me escribe. Caetano Veloso dice "de cerca nadie es normal", y tiene razón. Yo era un profesional burgués normal típico, discretamente mujeriego, amante fiel, marido infiel, amigo constante, enemigo escurridizo. Por otra parte, desconfío del hombre monogámico, del hombre sin amantes ni tropiezos, y aquí es el Analista de las Cien Mil Horas que está pontificando, aquel que escuchó incontables confesiones de alcoba. Creo, con Lacan, que la fantasía básica del hombre es poseer a todas las mujeres del mundo; por una cuestión más genética que hormonal; la fantasía básica de las mujeres es tener al hombre ideal en exclusividad, para devorarlo en un amor sublime. Puede ser que ésta sea una fantasía esencialmente masculina, la ilusión del hombre es que su mujer le es fiel. Una cosa es cierta, mis mejores amigos son polígamos de corazón, eso no quiere decir que practiquen su poligamia y temo que las mujeres de mis mejores amigos me tuerzan la nariz por lo que estoy diciendo. Ellas no comprenden que la poligamia es un estado de ánimo, una tentación en el rabillo del ojo. Ningún amigo *comme il faut* resiste un can-can bien aplicado.

¿Soy machista?, me preguntan. No hay forma de no serlo.

No se puede ir contra la corriente del género, aunque ser machista sea ridículo. Ése es uno de los grandes dilemas masculinos y Freud lo sabía cuando escribía cartas de amor a su novia Martha.

15. ALLENDE

Algunas cosas interesantes ocurrieron en la estela de *Heroína*. Mi status mudó. Entré en el círculo del *tout Buenos Aires*. Recuerdo una fiesta en el Mau Mau, la boite de moda de aquellos tiempos, donde se usó una primitiva computadora para la selección de parejas. Era un encuentro programado. Uno llenaba un cuestionario previo con una serie de datos: edad, profesión, idiomas, su libro preferido, su film favorito, ¿baila vals?, ¿conoce París?, ¿le gusta San Telmo?, ese tipo de preguntas frívolas, algunas inteligentes, otras no. Si no me engaño, Enrique Pichon Rivière tuvo algo que ver con ese montaje. Sobre la base de los datos recogidos, la computadora hacía los acoplamientos necesarios, buscando afinidades posibles y la curiosidad, en las alas de la fantasía, lógico, era grande. ¿Cuál sería mi media naranja virtual en la media luz del Mau Mau?

En la penumbra africana el locutor, iluminado en el centro de la pista, iba anunciando a las parejas que se conocían con fondo musical de sensuales tambores. Por algún motivo, tal vez la excitada expectativa, yo fui al encuentro de mi *yang* con esa timidez típica de fiesta infantil. Ella se llamaba Ada y la computadora, aunque primitiva, tenía buen olfato. Ada era una mujer flaca, aguileña, prematuramente canosa, que se parecía mucho a la viuda de La Strada, aquella que le regala un traje del finado marido a Anthony Quinn a cambio de una encamada. Pasamos una noche efímera, tipo Penny y Yoshide en Mau Mau, y la cosa quedó por ahí, sin viaje a Japón, sólo Ada y Zampanó.

Luego vinieron las incursiones en el periodismo que me recordaron los tiempos de la BBC de Londres. El semanario *Confirmado* me mandó a Montevideo a cubrir la final de la Copa Libertadores de América, entre Estudiantes y Peñarol. Diría, con fines periodísticos, que después que se filmó la película "Heroína", yo estaba en el banco de los suplentes y era llamado a cubrir una historia cuando los titulares Sabato y Tomás Eloy Martínez no podían comparecer. Fui a Montevideo con un fotógrafo y una simpática modelo escultural que no sabía nada de fútbol. Estábamos alojados en un hotel de Pocitos, donde se concentraba Estudiantes. Pasé el día conversando con los jugadores, conocí a Bilardo y tuve una larga charla con el doctor Madero. El clima de la concentración era bastante tenso, como se supone que tiene que ser. La modelo fue a la playa después de sacar fotos con los jugadores. Antes del partido mandé mi primera nota, como periodista de verdad. Hablaba del optimismo del equipo.

Perdimos por 2 a 1 en un partido con referí canalla. Me advirtieron que no aplaudiera cuando Estudiantes hizo el gol. Así y todo, una parte de la hinchada, encima de nuestra tribuna, sospechó que éramos argentinos y nos persiguió al terminar el partido. La modelo y yo salimos corriendo y una jauría de hinchas, insultando a nuestras madres, nos persiguió hasta el auto y menos mal que el chofer tenía el motor en marcha y las puertas abiertas. Me pareció injusto, al final, habíamos perdido.

Pueblo extraño, los uruguayos. Son simpáticos, afables, bonitos (los mejores gigolos del mundo son orientales), pero en la cancha, hermano, que Dios me libre...

Una segunda misión, menos peligrosa, aunque bastante más significativa, aconteció en 1970. La revista *Análisis* esta vez quería cubrir la noticia del momento: la asunción del mando de Salvador Allende. Para dicho fin enviaba a Miguel Bonasso, su jefe de redacción, Felipe, un fotógrafo versátil, Horacio Sueldo, diputado democristiano y a su seguro servidor.

Miguel Bonasso era un joven gigante rubio, tirando a pelirrojo; luego supe que fue militante montonero y jefe de prensa de la campaña de Héctor Cámpora. Trabamos una instantánea amistad situacional, de esas que se entablan, me imagino, entre corresponsales de guerra.

Para prepararme, Penny, fui a la Biblioteca Nacional, y me enteré de que Eduardo Frei Montalva, el presidente presto a ser reemplazado, tenía fama de inteligente, culto, recto y honrado, cuyo único pero gran defecto era ser hombre de decisiones débiles, "porque no tenía carácter". Así opinaba el historiador independiente Raúl Marín. Falta de carácter significaba doblegarse ante los intereses cupríferos internacionales.

Ésta era la segunda tentativa de Salvador Allende; en 1964

había perdido frente a Frei, en una campaña donde la administración de Nixon contribuyó masivamente en las arcas del candidato oficial[1]. Seis años más tarde Allende le gana por escaso margen a Jorge Alessandri, del Partido Nacional, y a Radomiro Tomic, del Partido Radical. La diferencia hubiese sido mayor ya que Tomic, un radical de izquierda, le quitó bastantes votos. Allende ganó con el 36% de los sufragios.

Noticia para primera plana mundial. El diputado Allende era el primer marxista que accedía a la presidencia en las Américas por el dispositivo democrático electoral.

La cordillera de los Andes, en la alta primavera, lucía imponente, cubierta de un virginal manto de nieve azulado. Hay quien dice que es la más imponente cordillera del mundo, pero el Everest se las trae. No será la más alta, pero es la más larga. El Aconcagua, que estaba a la izquierda de mi ventanilla, mide casi 7.000 metros, le faltan 39.

—Ese Freire parece un buen tipo —le dije a Sueldo, que me miró de una forma que no supe si dije lo que tenía que decir.

Paramos en el Hotel Carreras, en el centro de Santiago. Era un enjambre de periodistas, cada uno con su idioma, ruidosos, afanados como zánganos babélicos. Dos meses habían pasado desde las elecciones realizadas el 4 de setiembre de 1970, y ahora el Congreso tenía que ratificar el pacto con la ciudadanía. "Pacto con la ciudadanía", la frase circulaba por los corredores del hotel. Por detrás de esas palabras estaba la duda: ¿Será que los militares van a permitir un "presidente rojo" en Chile? El Carreras era un nido de rumores. Sentado al lado de Sueldo, en el bar del hotel, nunca consumí más cafecitos en mi vida; parecía el secretario de Sueldo, tomando notas, empapándome en los entretelones de los políticos profesionales. Luis Farías, diputado del Partido Radical de Tomic, resultó ser amigo de Sueldo y, bajando la voz, nos contó que los militares nunca permitirían la ascensión de Allende al gobierno. Esa misma noche, el ejército se levantaría.

Había un precedente ominoso: veinte días antes el general René Schneider, hombre que defendía el orden constitucional, fue asesinado por una operación orquestada por la CIA, denominada *Track II*, ejecutada por el general Viaux. No se sabía entonces cuál

---

[1] Cuando el Comité de J. Church investigó recientemente el asunto descubrió que los Estados Unidos habían gastado más dinero per capita para garantizar la elección de Frei en 1964 que el gastado por Johnson y Goldwater juntos en la elección de 1968.

sería la actitud del dividido ejército chileno. René Schneider había sido un jefe muy respetado.

Conseguimos un salvoconducto para salir después del toque de queda. Todo era medio de película. Tengo un recuerdo funambulesco de calles desiertas, neblina y la iluminación amarilla de una ciudad inquietantemente quieta. En una esquina nos para un tanque. El conductor tenía una linda anteojera, de esas de esquí. Nos hizo la venia. No parecía nervioso. Recorrimos una ciudad sin almas en su calma. La predicción de Farías no se confirmó.

Fueron estos momentos de aquellos años en que experimentamos el amargo pero intoxicante elixir de la guerra. Como el 11 de junio de 1955, el día en que bombardearon Plaza de Mayo. Fue un jueves, la ciudad era un avispero de rumores, los pacientes cancelaron sus sesiones y fui a almorzar a la casa de mis padres, en Libertad y Juncal. Algo iba a acontecer. Jack decía que la Marina se había amotinado e iba a bombardear Plaza de Mayo. Desde la azotea del Cavanagh, con buenos catalejos, se podían avistar los acorazados. Y esa fiebre en los pulsos, donde el gozo bélico agita el Sandokan que llevamos dentro. Un gozo con gusto a zozobra. Después del almuerzo fui caminando en dirección al centro, subiendo por Libertad, pasando por el Teatro Colón y el Obelisco. Las calles tenían la nerviosidad de aquellos tiempos, en los días en que la radio tocaba música marcial boba. Poco a poco el centro atraía a las multitudes que rumbeaban hacia la Casa Rosada en una lenta concentración desconcentrada. Parecíamos polillas urbanas atraídas por el imán de la Plaza de Mayo. Eran las 3 de la tarde. La gente circulaba a lo largo de la Diagonal Sur en lentos remolinos. Yo avancé hasta la Catedral. Fue ahí, cuando estaba bajo las columnas del templo, que el ataque aéreo comenzó. Los aviones venían volando bajo desde el río, ametrallando la Plaza. Estaban tirando sobre nosotros, era difícil de creer. Los vuelos rasantes, el tableteo de la metralla, el humo, las bombas y los gritos, la plaza parecía Cinecitá, con decorados de guerra, porque no lo podía creer. Tal vez esa incredulidad me llevó a asumir una posición admirablemente serena, llevando a las ancianas y a los niños a una zona fuera de peligro. Fue de película. Después de ayudar en la retirada, volví caminando a casa. Quinientos metros fuera de la zona de peligro mis piernas comenzaron a temblar violentamente y no me era posible mantenerme en pie. Me senté en un zaguán, fumé un cigarrillo hasta que mis rótulas dejaron de castañetear. Ése fue el día en que me hice peronista.

A la mañana temprano fuimos a la residencia de Allende, en Guarda Vieja 392, procurando una entrevista. La calle estaba repleta de corresponsales y reporteros. Acampamos. Dos, tres horas pasaron en esa linda mañana de alta primavera. Admiraba la paciencia de los periodistas que habían cavado sus trincheras y esperaban fumando, jugando a las cartas. Felipe limpiaba las lentes de su Nikon. Comencé a tener sed, mucha sed. Sólo teníamos un termo de café fuerte. Y entonces comienzan a suceder eventos que tienen que ser creídos, porque los archivos de *Análisis* fueron extintos; pero tú, Penny, no me dejarías mentir. La cosa empieza cuando me acerco a la puerta de los fondos de la casa asediada, digo que soy médico y pido agua. El portero demora en volver y cuando lo hace, con un vaso en la mano, pregunta quién soy. Le digo que soy un médico argentino, que estoy con Sueldo, político argentino y no sé qué más... Ahora es el secretario de Allende quien vuelve al portón y me dice que el doctor Allende nos espera al día siguiente a las 14 horas y me da otro vaso de agua. A decir verdad, no sé por qué un médico con sed fue nuestro abracadabra. Repasando el asunto, al escribir este capítulo, me parece probable que los colaboradores de Allende, dentro de la residencia, tuvieran una idea de quién estaba fuera y ficharon a Sueldo y su comitiva.

A partir de este momento la historia se apoderó de mí, me arrastró en sus circunstancias. Navegaba en un real onírico; sujeto cautivo en la trama de un sueño que me soñaba a discreción. Ese clima se instaló a la mañana siguiente cuando fuimos al Congreso, donde se iniciaba la ratificación. Recuerdo que estábamos en el fondo de la sala, en cuyo frente aparecía un enorme cartel con el escudo de Chile, con su cóndor y su ciervo. El tiempo corría y los oradores eran circunspectos, sin consultar el reloj. La hora de nuestra cita con Allende se acercaba peligrosamente. Dejamos el Congreso y entramos en el mayor embotellamiento de nuestras vidas. El viaje hasta la calle Guarda Vieja, pasando por La Moneda, podía durar cualquier cantidad de tiempo con el tráfico entupido, obstruido. Fue ahí donde Felipe, el fotógrafo, entró en acción. Todo buen fotógrafo tiene que ser un poco psicópata: Felipe bajó del auto y comenzó a dirigir el tráfico. Para acá, para allá, iba desanudando el nudo, dándonos preferencia. Llegamos a la residencia de Allende sobre la hora de la entrevista. Él estaba con su familia en la sala, con un pequeño televisor, siguiendo la votación del Congreso. El secretario nos hizo pasar, colocándonos en el estudio del diputado. Estaba forrado de libros y tenía fotografías autografiadas de Ho Chi Min, Fidel, el Che Guevara y una mujer que bien podría ser Eleonor Roosevelt de joven. Cinco minutos después Allende se reunió con nosotros. Yo no podía creerlo, estaba en el ombligo del mundo, en el Cabildo Abierto, en la Bastilla, en una de las tres carabelas. Como para pensar que había errado de profesión. De pronto entra la mujer de Allende y exclama:

—¡Chicho, ganaste!

Se abrazan. Momento emocionante. Era la hora de los abrazos. Allende abraza a Sueldo y me abraza. Luego dijo, en medio de un abrazo a Bonasso:

—Ahora les toca a ustedes.

Una escena inolvidable: cuando salimos a Guarda Vieja, una legión de periodistas nos esperaba, sacando fotos de nuestra sonrisa triunfal. Fuimos efímeros héroes instantáneos, en un mundo donde las liebres son más astutas que las tortugas.

"Ahora les toca a ustedes", había dicho Allende, como el corredor de postas pasando el bastón. Latinoamérica, en esa primavera de 1970, podía soñar. Los vientos de la historia parecían dar una curva: ¿Será que anunciaban una virada a la izquierda y el fin de la hora de los generales?

Fue la generación dorada de 1970. Nació en 1969, con el Cordobazo y tenía mitos frescos: el Mayo Francés y las revoluciones china y cubana. Esos vientos libertarios duraron poco más de tres años en la Argentina, hasta la masacre de Ezeiza, el 20 de junio de 1973. En su pleno e insensato apogeo, duró 49 días durante la presidencia "del presidente que no fue", Héctor Cámpora.

Desde el primer escalón del tercer milenio, desde el ojo telescópico de la cerradura, esta historia entra en el torbellino global de nuestro tiempo. Según Noam Chomsky, que tuvo acceso a los documentos secretos de la CIA, Nixon, Kissinger y Helms, el director de la CIA, consideraron dos opciones en el momento en que Allende asumía la presidencia, casi se podría decir mientras saludábamos a la prensa mundial en el zaguán de Guarda Vieja. Una era la "línea blanda" que, en las palabras de Nixon, consistía en "hacer que la economía chilena grite"; la línea dura era apelar al golpe militar. Venció la dura línea blanda. En realidad, la cosa comenzó antes: Nixon, Kissinger y Helms se reunieron a fines de septiembre de 1970, aun antes de que Allende fuera ratificado como presidente, para tratar el "problema Chile". El embajador norteamericano en Chile, Korry, había concluido que Allende tenía el 80% de las chances de ser confirmado.

La economía chilena gritó. El régimen de Allende no tenía un mes de vida cuando los Estados Unidos iniciaron un bloqueo económico, interviniendo ante el Banco Mundial, el IDB, y el banco Export-Import para reducir o cerrar los empréstitos de Chile, generando una asfixia de dólares. El embajador Korry fue el encargado de implementar la política norteamericana. Este hombre luego dirá arrepentido en sus memorias que "su misión consistía en hacer todo lo posible para condenar a Chile y a los chilenos al máximo de privación y pobreza".

Chile tuvo un tratamiento parecido a Cuba. Hubo una masiva campaña de desinformación y propaganda negra, pintando un Chile convulsionado, anárquico, mal administrado por un marxista incompetente. La CIA se infiltró en la población minera, pagando acciones de descontento sindical, bajo la forma de un sabotaje político. Al mismo tiempo, en el ámbito diplomático, Kissinger presionó a los países latinoamericanos para alinearse con la política norteamericana, endosando el sabotaje económico. Todavía hoy en día se dice que "Pinochet es culpado, pero el gobierno de Allende era un desastre". Frente a esta acción conjunta, no podía no serlo. Noam Chomsky recuerda que Allende era un social demócrata —a la Tony Blair— que intentó corregir la mala distribución de la renta y que nacionalizó la industria del cobre, procurando su independencia en el mercado internacional.

El 23 de agosto de 1973, el general Carlos Prats abandona el puesto de comandante en jefe del Ejército chileno ante la presión insostenible de los sectores civiles y militares más reaccionarios. Ese mismo día, en conversación con el presidente Allende, el general renunciante propone a Pinochet para sucederlo. "Hasta el momento en que —por mi sugerencia— el presidente Allende designó comandante en jefe del Ejército al general Pinochet, cuando presenté mi expediente de retiro, creía honestamente que dicho general compartía con sinceridad mi acendrada convicción de que la caótica situación chilena debía resolverse políticamente, sin golpe militar, ya que esto sería su peor solución", escribió el general Prats en sus *Memorias*.

Allende muere defendiendo la Casa de la Moneda el 11 de septiembre de 1973. En esa mañana, cuando el golpe ya está en marcha, el embajador de Estados Unidos, Nathaniel Davis, no tiene claro en qué bando se encuentra Pinochet. Escribe Davis, en su libro *The last two years of Salvador Allende*, que, iniciada la sublevación, Pinochet no realizó una acción militar a la cual se había comprometido. Es decir, juega hasta el último momento con su pretendida lealtad constitucional.

Prats fue asesinado con una bomba en su auto, al año siguiente, en Palermo Chico.

Da la impresión de que la administración Nixon no seguía con peine fino los acontecimientos en la Casa de la Moneda en esa alta primavera de 1973. De ahí la falta de información sobre la "fidelidad" de Pinochet. El ex embajador explica este descuido como debido a la situación internacional. En esa época la OPEC había aumentado en 70% el precio del petróleo, la cuarta guerra en el Cercano Oriente fue deflagrada en la primera semana de octubre de ese año y, por si fuera poco, el Vietkong había iniciado su primera gran ofensiva que terminaría con la derrota norteamericana 20 meses después.

No habían pasado tres semanas cuando un memo de la CIA declara que 320 personas habían sido sumariamente ejecutadas. En la misma época, Jack Kubisch anuncia el nuevo plan de ayuda financiera a Chile. Todos los créditos internacionales fueron reabiertos. A eso se suma la Operación Cóndor, localizada en Chile, que cuenta con "equipos especiales" que operan en escala mundial "asesinando las cabezas" de los movimientos de la extrema izquierda. Una de las primeras acciones de este grupo fue el asesinato del ex embajador de Chile, Orlando Letelier. La hora de los generales ahora conoce su globalización y marginalización. Todo globalizador —según Federico Mayor— tiene su globalizado. Son los nuevos tiempos.

Los nuevos tiempos no son necesariamente nefastos, también son imprevisibles. ¿Quién hubiera pensado, diez años atrás, que un juez español pediría y daría curso a la extradición de Pinochet? ¿Quién hubiera pensado que ganaría la causa? Lo estrafalario del asunto aparece bien pintado en un *cartoon* del diario *Le Monde*, donde se ve a un Pinochet en una cama de hospital, pidiendo a los gritos la ayuda de Amnistía Internacional. Con decir que Fidel y el Papa piden por la liberación de Pinochet. Cosa de locos.

16. JUANITA

—¿Aló? Mi nombre es Juana Elbein, me llaman Juanita —dijo la voz.

—Ah, sí...

—Usted sin duda no se acuerda de mí —añadió al percibir mi titubeo, opaco de reconocimiento.

—En verdad...

—Yo fui su paciente hace más de diez años.

La ex paciente quería verme.

Sentí alivio al identificarla en la puerta del consultorio. La memoria del analista, no se lo diga a nadie, está hecha de telarañas de telarañas, murmullo de voces, retazos de sueños y el rastro transgresor de algún perfume francés. Pero Juanita era una persona difícil de olvidar. Recuerda un sensual oso ruso que acaba de comer gefiltefish. Blanca de ojos azules como las bolitas de antes, había ganado una cierta majestuosa opulencia en la última década.

—Interrumpí mi análisis cuando usted partió para los Estados Unidos —dijo, y mi oído tísico detectó un ligero reproche en su voz.

Ella acaricia el diván, suspira y pregunta:

—¿Puedo tutearte?

—Podés.

Juanita me contó que después de mi partida comenzó a estudiar antropología en Buenos Aires y en los Estados Unidos. Ahí conoció a Vera Rubin y se interesó por el enfoque pluricultural aplicado en particular a la cultura afroamericana. Brillante alumna, tuvo la oportunidad de conseguir una beca para investigar las raíces yorubanas de la tradición africana en Salvador, Bahía. Fin del primer acto.

El segundo comienza cuando mi ex paciente se encuentra con Descóredes Maximiliano dos Santos, más conocido como Mestre Didí. Sumo Sacerdote del culto a los muertos, Mestre

Didí es una leyenda viva en Salvador. Él oficia en la isla de Itaparica. Fue en la isla donde saltó la chispa. Antropóloga en amor brujo, explosiva combinación. Juanita y Didí se casan y ella pasa a compartir su ciencia con el volátil corazón de una mujer enamorada.

Yo entro al levantarse el telón del tercer acto. Juanita estaba por terminar su libro *Los Nagó y la muerte*. Dueña de un rico material, la antropóloga en ella deseaba establecer distancias y aclarar conceptos. Dar a Lévi-Strauss lo que es de Lévi-Strauss. Por ello desea someter sus conclusiones a mi ponderada consideración.

—Quiero supervisar el trabajo contigo.

Agarro viaje al vuelo. La supervisión como ventana indiscreta a una África que entraba, misteriosa, en mi consultorio de la calle Ayacucho. En el mes que Juanita permaneció en Buenos Aires nos vimos regularmente; ella, como mi hermano Jack antiguamente, me contaba cada día un capítulo de sus aventuras en la tradición de los *Eguns* o ancestrales. Juanita resultó ser una excelente antropóloga; sus notas, vívidas y complejas, me introdujeron a una simbología que me resultaba totalmente ignota. Poco a poco comencé a visualizar cómo eran el culto de los muertos en la isla de Itaparica y las ceremonias en el *Axé Opô Afonjá, terreiro*[1] que fue de Mãe Senhora, la madre de Mestre Didí, o sea, su finada suegra.

Yo escuchaba fascinado, olvidándome del paciente de verdad en el cuarto de espera. El material reverberaba y en la segunda semana tuve un sueño que me impresionó a tal punto que dejé de ser supervisor y pasé a contárselo a mi antropóloga favorita:

Una gruta azul, luminosa. Un riacho de aguas claras cruza en el silencio total del sueño. Junto a la fuente, una rana verde, junto a la rana, una piedra llama mi atención. Piedra tipo canto rodado, de color canela con vetas verdosas. Siento gran atracción por el guijarro. Lo agarro. Un calor palpitante emana de él. "Me pertenece", digo.

—La piedra es mía —le dije a Juanita haciendo de mi mano un puño.

—¿Era tuya o te pertenecía por derecho propio? —preguntó.

—Me pertenecía por derecho propio.

Juanita me contempla etnológicamente y suspira. Ella sabe

[1]Terreiro es un lugar sagrado, generalmente una comunidad, donde se practica el culto de la tradición de los Yoruba.

que dicho sueño transporta la transferencia del candomblé, haciéndolo oracular. Pero dudaba, los ojos un poco perdidos en la incertidumbre, mirando más allá de la biblioteca a mis espaldas.

—¿Qué significa esa piedra? —pregunté para animarla.

Ella me advirtió con total seriedad:

—Esto no puedes contárselo a nadie.

—Como una tumba.

Entonces hizo una apretada interpretación del sueño a través del significado simbólico de la piedra. Todo, la rana, el riacho de agua clara, calzaba como enigma que se revela al ser descifrado. La miré con nuevos ojos: Juanita, además de atractiva, se me presentaba como mujer poseedora de un saber desconocido.

Esa noche cuando, traidor como siempre, iba a contarle todo a Noune, las palabras del secreto se esfumaron, como por arte de magia. Borradas. Fenómeno extraño, muy extraño. Aquí comienza la hiperrealidad de mi relación con el candomblé.

En menos de un mes finalizamos la supervisión. Tarea cumplida, yo tenía una profusa información desordenada, pero comenzaba a orientarme en el panteón de los Orixás, las divinidades del culto Nagó. Nos dimos mutuamente las gracias al despedirnos.

Meses después, Juanita vuelve a Buenos Aires, esta vez acompañada por Mestre Didí que había sido invitado a exhibir sus esculturas sacras y objetos de ritual. Poco antes de su llegada tuve el siguiente sueño, filmado en sangre:

Estoy saliendo del hotel Crillon, ahí en la boca de la plaza San Martín. Voy rumbo a Florida. Camino unos cincuenta metros por la plazoleta del Círculo de Armas. De pronto, desde la azotea del Círculo, alguien abre fuego. Una ráfaga de ametralladora me sesga en dos. El realismo del dolor era intenso. La desesperación de irse en sangre. "Voy a morir", piensa la parte de arriba, antes del brusco despertar.

Bien, Juanita y Mestre Didí llegan y asisto al *vernisage*. Los dieciséis Orixás más importantes del candomblé, en figurines tamaño natural, estaban dispuestos en abanico a la entrada de la galería. Desfilo frente a ellos, Juanita a mi lado explica el sentido de las ropas y los símbolos de cada uno de ellos. Yo iba pasando revista, vagamente interesado, hasta que de pronto me topo con un Orixá singular. Se destacaba del resto, el maniquí refulgía como la piedra palpitante de mi sueño. Túnica perlada, vivos rojos, hacha en mano. Me llamaba, Jack, ese maniquí me llamaba. Segundo fenómeno extraño. Juanita me observa atentamente.

—Parece que brilla —le digo—. ¿Quién es?

—Shangô, Rey del Trueno.

Yo formulé la pregunta obvia:

—¿Será que yo soy de Shangô?

—Sólo Didí puede confirmarlo. Tiene que hacer un juego oracular.

Y añadió:

—No voy a contarle tu impresión.

Mestre Didí estaba en el salón contiguo, junto a sus esculturas, rodeado de admiradores. Las piezas parecían fantásticos pájaros de múltiples alas, hechos de nervadura de palmera, cuero, cuentas africanas y buzios. El Sumo Sacerdote de la Muerte resultó ser un hombre alto, enjuto, elegante, de mi edad, con el aspecto de un Gandhi negro, un Gandhi sensual con brillo pícaro en los ojos. Si estaba relojeando a este analista supervisor de su mujer, su cara de jugador de póker africano no delataba nada.

Juanita nos presentó. Le digo que quiero saber cuál es mi Orixá. Mestre Didí me pide una moneda y la guarda en un sobre. Brindamos con una copa de champán, intercambiando amenidades. Luego salimos a cenar en pequeño grupo. Alguien sugiere una taberna en el Bajo; buena idea para una noche tibia en la alta primavera; se podía ir al restaurante caminando. Juanita y yo al frente, tal vez ella me daba el brazo. De pronto siento una puntada en la espalda. El dolor me lleva al borde del gemido, doblándome en dos. Didí venía caminando detrás de nosotros. Estaba en el lugar preciso en que fui ultimado por la metralla en el sueño. Tercer fenómeno extraño.

Créase o no. Psicoanalista y sacerdote barajando incestos imaginarios, atravesados por fuerzas oscuras y fantasías arcanas. En ese momento supe que nunca, ni ebrio, ni dormido, tendría una aventura amorosa con la mujer de un Sumo Sacerdote de la Muerte.

17. LA CASONA

El proyecto La Casona comienza en Moscú. Curiosa la cantidad de cosas que comienzan en Rusia. La Casona fue concebida en la tarde en que Tato, Armando y yo decidimos ratearnos de la visita al Palacio de los Boy Scouts, cuyo nombre en ruso no recuerdo. Estábamos los tres en la habitación de Armando en el hotel Rossia. Esa mañana el ómnibus de la delegación nos llevó al Centro de la Planificación Urbana, donde un bisoño arquitecto soviético nos guiaba por la ciudad, mostrando detalles arquitectónicos, dejando las iglesias de lado. Entonces una señora del PC argentino, que siempre tejía crochet en el micro, le pregunta con la ayuda de la intérprete:

—Joven, ¿cómo es su vida en familia?

La respuesta era como para encuadrarla en el corazón del lar, con punto eslavo; la casita en los suburbios con hortalizas y remolachas, la camarada esposa, tres hijos, perro, lectura de los escritos de Lenin los sábados, borsch los domingos; y toda la delegación aplaudía, acababan de conocer su Personaje Inolvidable. Ahí mismo decidimos ratearnos. Basta de ejemplaridades. Brindamos en el cuarto con una botella de whisky comprada en el *gift shop* del hotel. Media botella más tarde me atreví a contarles que había fumado en plena Plaza Roja.

—¿En serio?

—Sí, fumé marihuana bajo las murallas del Kremlin. —Deliciosa herejía. La Plaza se tiñó de magníficos colores puros, magnéticos, un pantallazo psicodélico de oro y azul bizantino sobre el rojo de la Plaza. Recuerdo que comencé a correr con el pueblo, no quería perderme el cambio de la guardia frente al mausoleo de Lenin. Momento mágico dondé todo lo comprendía. Corrí junto a una campesina, tomados de la mano, entregados a la festividad cívica. Nunca, antes o después, una rusa me miró así, como si yo fuera ruso.

Fumar en Moscú, paradigma de la transgresión, era como fumar en la boca del lobo, en los portales de San Pedro. Había conseguido un poco de yerba en París, pasándola contrafóbicamente por la aduana soviética. El cuarto del hotel temblaba de la risa al considerar que el presidente de la Federación Argentina de Psiquiatras podría parar en Siberia, preso por *maconiero*.

Rusia fue la hora de la amistad. A Armando lo conocía poco, con Tato nos tratábamos de usted porque él había hecho unas supervisiones conmigo. Fue en Moscú donde se sella una amistad a primera vista; con ellos y con Fernando Ulloa, cosa que nunca me había sucedido. De pronto surgen las amistades más entrañables de mi vida. Fue una racha de camaradería que prendió como viruela boba.

—Kerrido, es un asunto puramente homosexual —me decía Mimí, tal vez con una punta de celos. Hubo sin duda un enamoramiento homosexual, platónico, en la acepción fuerte del término. Moscú fue un laboratorio social, lo sexual intensivo sobre la amistad y sus vicisitudes, sobre la pareja y la incipiente globalización de nuestras vidas. Un viaje más profético que sabático.

Al promediar ese período nació la idea de pensar en un sitio comunitario que permitiera desarrollar una nueva propuesta de vida. Imaginamos una casa con sala y cuatro cuartos y la bautizamos, de antemano, La Casona. La cuarta habitación era para Hernán que no fue a Moscú, pero cuya presencia dábamos por descontada.

Aquí es interesante acotar lo que dice Tato Pavlovsky en su prólogo a mi *El paciente de las 50.000 horas:* "Creo que la mejor manera de entender la relación entre Armando, Hernán, vos y yo, es suponer que el tiempo nos ha convertido en una gestalt u organismo con varios seudopodios culturales, donde resulta difícil discriminar las individualidades. Ejemplo: la decisión de irnos a vivir juntos a La Casona: yo creo que fue idea de Armando; Armando sugiere que fue idea tuya; Hernán piensa que fue mía y vos decís que fue Hernán quien te convenció en Milán".

Con el proyecto en la cabeza volvimos a Buenos Aires y al mes alquilamos La Casona en Belgrano. Ese refugio actuó como centro de contención porque fue un período bravo de nuestras vidas donde dejamos de pasar cheques en blanco, rompimos con la APA y yo quemé mi carnet de socio del Jockey Club y la máquina de hacer dinero. La pareja y la familia estaban amenazadas a la sombra del inquieto Mayo Francés. A eso hay que sumar la precaria situación política; el paisaje de la izquierda se presentaba poblado de escenas temidas, donde la picana era el maestro de ceremonias. La suma total de esos factores convergía en una vivencia cataclísmica, conjurando el diluvio, donde La Casona era su arca. En ese sentido se puede decir que nos internamos en Belgrano, buscando un refugio terapéutico en la amistad, en el amor entre los hombres.

Nos costó acostumbrarnos a ese techo benéfico. Después de alquilada La Casona, se produjo un desbande fóbico. Llegábamos furtivamente, de uno en fondo, trayendo un poster de Los Beatles, el Diccionario de Laplanche y Pontalis o los cuatro tomos de Lukács, como ladrones en la noche. Teníamos miedo de que La Casona se instituyese. Finalmente alguien reacciona, llama a los otros, y los conmina a cenar el próximo jueves. Fue una ceremonia de reencuentro, a luz de vela, con dos grandes pizzas, pastafrola y una damajuana de tinto. Por la gravitación de mi edad, me asumí en padre de la ceremonia repartiendo las tajadas de muzarella, en silencio, con protocolo y equidad. Yo les llevaba diez años de vida en este valle de lágrimas.

La pastafrola nos da una idea de lo ratas que éramos. La Casona fue un departamento pelado, un altillo de cachivaches descartables. Cuestión de preguntarse por qué nuestra liberación tenía que ser tan escuálida y con vino común de mesa. Nunca comprendí por qué debíamos usar platos de papel. Nuestra miserabilidad tenía la ciega lógica de la culpa. La Casona era una mala mujer que nos alejaba de nuestros hogares.

Luego llegó Alondra, la gran sacerdotisa hippie, nuestra joven madre. Tendría la edad de Belén, mi hija mayor. Fue uno de los grandes amores en la vida de Tato. Él la encontró una noche fumada en la esquina de Juramento y por poco no le acerca un platito de leche tibia. A la semana Alondra ronroneaba como reina. Su cambio nos cambió, ella era la prueba vivita y coleante de que lo nuestro no era un antro de depravación y Tato, el más valiente del grupo, no dudó en instalarse con ella en La Casona; salto que, en Moscú, nos hubiera parecido imposible.

Alondra era el suprasumum de la narapoia, o sea, de la paranoia al revés. Ella reparaba en la gente y no permitía que la gente reparase en ella. Cierta vez fuimos al restorán alemán de la esquina y yo entro con una Alondra descalza, con pinta de gitana, con túnica, vincha, collar de campanitas y nadie miraba; no podía comprender, nadie nos miraba. Era Alondra la que fulminaba a las parejas que forcejeaban con los críos y a los señores que leían el periódico. Los miraba como si fuesen marcianos y su mirada los convertía en marcianos. Narapoia.

Alondra no era fácil; dueña de sí, toleraba todo menos nuestra hipócrita cobardía, despreciaba los furtivos miedos burgueses. Ella mudó el clima de la casa, poniendo música, contratando a Pilar, una mucama nuevaolera, que fumaba *grass* y jugaba vóley en la tercera de Banfield.

La Casona tuvo su Edad de Oro, su semestre sabático, en la primavera del 72, con la llegada de Bertoldo Rotschild. Bertoldo fue el fundador de Plataforma junto con Hernán y Armando. Europeo, culto como pocos, joven atractivo, lo que se dice fino, y un poco cruel. Ocupó el cuarto de Hernán, con múltiples mujeres, y por momentos las fantasías de los envidiosos se convirtieron en realidad.

El cuarto de Armando pasó a ser ocupado por David Cooper que se internó para desintoxicarse, cuidado por Pilar, que le cantaba de noche canciones de cuna en guaraní y resultó ser una excelente enfermera.

La Casona brindaba múltiples opciones: podías discutir el futuro del peronismo con Bertoldo o el de la antipsiquiatría con Cooper, entrar en la sesión de psicoterapia de grupo con el cuerpo estable, proponer un debate sobre un tema polémico como ideología personal versus ideología política, disfrutar de un *happy hour* con Alondra y las bertoldetes o simplemente leer Althusser en tu cuarto.

El broche de oro fue un laboratorio social gigante que hice con Tato y Hernán. Cada uno trabajaba en su cuarto y de tanto en tanto las 50 personas convocadas se reunían en la sala en un proceso de vasos comunicantes. Fue una convención de brujos, donde nuestra rivalidad burbujeaba alegremente. Con ellos sentí el insoportable alivio de no sentir envidia.

La noche de mi cumpleaños fue la última vez que estuvimos los cuatro juntos en torno de mis 49 velitas. Éramos unas quince personas en total. Entre los invitados estaban Mestre Didí y Juanita, Mimí, Bertoldo y un parapsicólogo de Rosario. No recuerdo el resto. Fernando Ulloa viajaba a la sazón. Abrimos todos los balcones y La Casona brillaba como el navío de Fellini. Era una noche perfumada de verano. Tomamos champagne y abrí mis regalos. Bertoldo le pidió la vajilla de plata a la enamorada de turno. Comimos pato a la naranja. Tarde en la noche, Mestre Didí con sus buzios tiró el oráculo de La Casona y dijo, ante nuestra perplejidad:

—Entiérrenla con rosas.

Al poco tiempo Bertoldo regresaba a Suiza. Alondra pasaba el día con Pilar y comenzaron a caer sus amigos hippies que se multiplicaban cual conejos. Una verdadera manga de rayados, con Califa a la cabeza, que se daban con todo, Artane, Mandrax y anfetaminas, olían betún y quemaban nuez moscada. Eran unos estropajos químicos. Sólo conocían una palabra: "perfecto". La única que dominaban. Todo estaba perfecto con acento esdrújulo demorado: ¡peérfecto! No sé cómo los aguantábamos, a mí me pintaron el roperito de carmín y le dibujaron bigotes al poster de Graciela Borges que tenía en la cabecera de la cama. La casa tomada terminó en la noche en que Tato, presa de un ataque de furia, los echó a todos a las patadas, Califa y compañía rebotaban por la escalera, rumbo a la puerta cancel. Mi alergia por los hippies parte de esa época.

Recuerdo cuando me despedí de La Casona. Fue en un domingo transparente, Belgrano lucía un cielo violáceo que no se encuentra en ningún otro lugar. Me senté en un sillón playero y comencé a decirle adiós:

—Chau, casa, chau. Vos sabés que te hemos tratado mal, que no te dimos lo mejor de nosotros mismos. No lo vas a comprender, pero yo nunca más pretendo afincarme, no quiero más lugares con propiedad privada en el recuerdo. No quiero querer cosas, casa. Ojalá venga alguien que te cuide, pinte las persianas, coloque cortinas, arregle el bidé y tratá de olvidarnos.

18. MUERTE DE NOUNE

Bajo al día en que enterramos las cenizas de Noune. Fue un error, debimos de haberlas enterrado enseguida, con la muerte aún viva, cuando lo funerario anestesia con su pompa. Pero yo no pude, los hijos no pudieron, Hugo, su gran amigo, no pudo. Así pasaron seis semanas hasta que el sábado 15 de junio llegamos a la quinta de Escobar temprano con la urna. Abrimos la casa, alguien calentó café en el fuego de la chimenea y con los huesos fríos fuimos al bosquecito de araucarias a reconocer el lugar que ya habíamos marcado. No nos cabían dudas de que el sitio de las cenizas era "La Escobita", la quinta de Noune. ¿Pero dónde? Podría ser al pie del ciprés que en verano recibe la luna llena y abre un punto de exclamación. Sitio muy de ella, uno de los centros absolutos del lugar. Lo descartamos, demasiado público, linda con la propiedad del vecino. Entonces quedan los dos álamos parlanchines, marido y mujer, que siempre se disputan la puesta del sol; pero tampoco sirve, quedan demasiado cerca del pozo ciego. Elegimos al final el rincón salvaje de la quinta, cuadrangulada por araucarias.

Caminamos furtivamente, cada uno en lo suyo, saturados de muerte, en la clandestinidad de un entierro íntimo, clandestino, ilegal. Éramos cuatro, Dany, el hijo mayor, Jaqui, el menor, vos, Hugo, y yo.

Perdimos tiempo —¿ganamos tiempo?— buscando palas y sólo encontramos una vieja, de cantear. Dany, el hijo mayor, rompe la tierra helada y nos vamos turnando por el cansancio, entre otras cosas.

¿Así que éste es el fin de la mujer que amamos, Hugo? Cavamos una fosa mucho más chica que un ataúd, ya que las cenizas caben en media caja de zapatos. Pobre Noune, ocupó un sitio chiquito en ese fin de línea, sin placa, sin cruz ni flor, como lo pidió.

Vuelvo a la casa a buscar la urna, no le quito el papel madera, y la coloco junto a la fosa. Procedo con cuidado, sé que la tapa corrediza está floja y no quiero ver el contenido. Tengo fresco el día de la cremación y hay imágenes borradas a fuego. Tiene que ser así.

Cavamos hasta que Jaqui, el hijo menor, rompió la pala, se quebró contra una raíz. Fui a pedir ayuda a una quinta vecina, tenía ganas de fumar. Cuando vuelvo veo la pala rota, descoyuntada, junto a la fosa, y me largo a llorar, como el chico que quiebra su juguete, y eso me lleva derecho a la agonía de Noune.

El 25 de mayo Tommy Langer, hijo de Mimí, consulta al doctor Agrest. Lo hace, dice, porque Noune es una pésima paciente que minimiza, miente, seduce. Ella no toma en serio la juventud del hijo de Mimí. Cuando vino Agrest, la piel se había puesto amarilla, ictérica. Eso explicaba el sopor, la fiebre, la dificultad en pasar bocado. Agrest se preocupó por el estado general de la paciente. Los análisis confirman el diagnóstico de hepatitis. Pasó una pésima noche, le dolía el cuerpo, estaba agotada, tendida sobre la cama, y me doy cuenta de que estoy escribiendo mal lo sucedido. Pero no sé qué es escribir bien.

¿Qué me mueve a escribir esto?

Para mí escribir es una forma de apropiación, tal vez de darle vida a la muerte del olvido. Y tiene que ser una escritura cruel. No quiero caer en la tentación de sacar un best-seller. No quiero ser un cafishio de la muerte.

Hipnoticé a Noune la noche del viernes. Le dije que descansara, el cuerpo flojo, la mente en blanco, con respiración tranquila y profunda... tranquila y profunda... Durmió bien, pasó una noche más tranquila. Amaneció mejor. Tomé un whisky, al lado de la cama, aliviado. Estaba almorzando con Jaqui y Dany cuando escuchamos el grito de dolor, un grito puro de dolor. Cuando llego, ella tiene la cabeza agarrada con las manos como si estuviese reventando. Dany fue el primero que notó el párpado caído y la parálisis de la mitad de la cara.

Esos ojos, desequilibrados, me traían de vuelta la pesadilla del año anterior, ojos de derrame. Esa mirada que estaba y no estaba dirigida a mí y que anuncia un desaliento de brazos caídos. La marejada de sangre que empaña el cerebro y la respiración ahora es un jadeo de ahogo, músculos que tiemblan fuera de control y Noune emite un farfulleo urgente donde se han perdido los sonidos del paladar y sólo modula desde la boca torcida; pero interroga, quiere saber lo que pasa.

¿O puede ser, Hugo, que no quiere saber lo que le pasa?

Hay que llamar a Tommy. Nadie contesta. Busco otro número, nadie contesta. Regreso a la pieza y el jadeo ahora es un estertor. Vuelvo al teléfono. El hijo de puta sigue sin contestar; intento e intento, nada. De regreso encuentro a Noune apichonada, no coordina la mano que lleva a la nariz para soplar los mocos y los dedos inician movimientos circulares de amasar migajas de pan. Sí, comienza la agonía. Y hay que hacer algo, instrumentar el milagro: oxígeno, boca a boca, coramina por coramina, los recursos heroicos de la medicina, porque hay que hacer algo y la voz de Noune que se vuelve cada vez más oscura, más labial. Dany, que está en quinto año de medicina, consulta los libros, el teléfono no contesta y el hilito de la respiración retumba como un pulmotor.

Noune se sacude y hace gestos de que quiere ir al baño. Nos miramos, no puede hacerse encima, nuestra pompa occidental, tal vez universal, demanda la continencia de esfínteres. La levanto, pesaría cuarenta y cinco kilos, pero jamás nada me pesó tanto, así que voy a los tumbos, borracho, y la siento en la letrina y ella hace sangre. ¡Qué desastre! Otro derrame, las canillas abiertas y Noune desangrándose por todos lados, la frente amarilla apoyada sobre los azulejos. Agotado, impotente, la levanto nuevamente, recuerdo haberle golpeado las rodillas contra la puerta, recuerdo haber trastabillado sin raíces, con ella en brazos a lo largo de una cuerda floja. La deposito en la cama y ahora se presenta un nuevo síntoma: los brazos y el cuello toman un veteado púrpura. Vuelvo al teléfono. Nada. Me parece que el reticulado purpúreo va cambiando de forma. Jaqui y yo nos turnamos con el teléfono sordomudo. Dany nos explica que ese reticulado purpúreo, más violáceo ahora, se debe a la falta de oxígeno.

—¿Traqueotomía? —pregunta Dany, y sabés una cosa, Hugo, ahí tuve vergüenza, un médico que no sabe nada de medicina, que nunca operó y me puse a llorar. Me fui al baño de servicio para llorar. Cuando vuelvo Dany está tratando de adivinar la intención de los gestos de su madre, seca con un pañuelo la comisura de los labios, le dice que no trate de hablar, que está agotada, y envidio a Dany, porque para él sí es posible, intuitivamente, acercarse a ella, adivinar su intención, mientras ella nos mira ciega, atenta a su agonía. No sufre ahora, me digo; no jadea, me miento, y después diré que murió como un pajarito, pensando en aquella torcaza que tuve en mi mano, sin temblor ni protesta, los ojos vidriosos, nada más. Pero eso es un camelo, Noune se iba como un hombre agotado.

Tommy llega, lo dejamos solo en el cuarto y sale cargado de

oscuros presagios. Nos reúne y nos habla de la melena, de la presión baja, de la asfixia, en cambio el pulso sigue bueno, los reflejos conservados, pero el color púrpura, como Dany había dicho, era señal de insuficiencia respiratoria. Había que internarla urgente en una unidad de terapia intensiva.

Volvemos a colgarnos al teléfono. Los hospitales no la quieren admitir por la hepatitis.

Por favor.

Nada. Los maldigo.

Finalmente la aceptan en el Hospital Fernández. Tommy trabaja ahí. Llega la ambulancia, los camilleros manguean el precio, son cinco pisos, explican. Despacio, despacio, dirige el mandamás de la camilla, ahora bajala, cuidado, y la llevan rodando por el corredor, rodando muy bajo, casi al nivel del suelo. Salen como ladrones arrastrando su bolsa, y cuando cierro la puerta del departamento me pregunto si Noune se ha despedido de la casa.

La ciudad, desde una ambulancia, no tiene semáforos, contramanos, frenos ni estorbos; se pasa realmente al lado del tráfico porque todos contribuimos a la pantomima de que nada es más importante que la vida humana. Y lo creemos: paren la ciudad que ahí va el brazo ululante de la medicina. Noune farfulla y comprendo su pregunta; le digo que la llevamos en ambulancia al Fernández. La subieron mientras firmaba los papeles. Arriba me entregan el camisón, el reloj y su anillo.

La noche en el hospital, caminando ida y vuelta por el amplio corredor con el anillo en la mano. Los compramos hace nueve años. ¿Tantos? Los compramos para casarnos en Córdoba. Recuerdo que caminamos la ciudad, ella tenía 37, yo 40. Una pareja en el otoño dorado, libre para el amor, de vuelta de otras lides; una linda pareja que busca un sitio para casarse. Recorrimos la ciudad de Córdoba mirando iglesias, templos. Un pastor protestante nos mira incrédulo; salimos tentados. No podíamos con la risa cuando entramos en la catedral. Lo absurdo, nos dimos cuenta, de casarnos en una iglesia.

Nos casamos al día siguiente. Temprano partimos rumbo a La Cumbrecita. Subimos la montaña, llevando nuestro amor como una expresión del sí, de un sí de sí, en un paseo al sol, a años luz de este incomprensible viaje en el escalofriante hospital que te lleva a la muerte.

Esa misma mañana recorrimos la montaña, buscando nuestro altar. Íbamos de la mano, saltando por la rayuela de las rocas, con todo el día por delante para casarnos. Caminamos, subimos, vadeando el río hasta dar con el remanso justo. Ahí está el altar de agua, canto rodado y templo. Santifiqué los anillos en el agua. Los besé, Noune los besó. Y quedamos unidos en nuestro tiempo.

Los cien pasos, la guardia atemporal frente a la puerta de terapia intensiva, pasos de perro. Los pasillos nocturnos están desiertos. A las cinco de la mañana una empleada comienza a lavar el piso. Busco conversación. Me habla del pabellón de terapia intensiva. Más de la mitad de la gente que entra muere. El personal se desgasta aunque trabaje menos horas. Lo llaman "El Horno". Cubre el ala sur del cuarto piso, junto a la maternidad, y contrasta su silencio con el berrido de los críos. Debe de haber alguna metáfora en esa cercanía pero para mí, El Horno era una maternidad esperanzada, una incubadora construida con materiales de la ciencia del futuro. En la puerta se produce la ruptura temporal y se accede a la plenipotencia de la medicina, al primado de los pulmotores, donde la sangre es purificada por esponjas de cuarzo y porcelana, donde cada órgano tiene su doble virtual. La ciencia para revivir, para suplir milagrosamente las funciones de los órganos infartados con un poderoso fuelle de oxígeno que te respira, Noune, y yo sigo con los cien pasos, ida y vuelta, hasta los límites de la maternidad, pero manteniéndome a distancia, porque soy un posible transmisor de hepatitis y en estos momentos hasta la cábala o la virtud sirven. Sí, hay que ser bueno porque el buen Dios mira cada paso. Cien pasos, mil pasos de una gimnasia biliosa por cigarrillos con gusto a hígado. Se va a morir. ¿Quién se va a morir?, pregunta el fantasma hipocondríaco. Y uno tiene deseos jodidos y mezquinos. Para darte un ejemplo, Hugo, tener ganas de mear es un deseo mezquino; pensar la muerte es una idea jodida. No sé si comprendés, pero es imposible que fluya sólo lo bueno. Cada uno lleva su perrera adentro. Porque siempre se está en bolas y nadie conoce cómo es la primera muerte en carne propia.

—¿Cómo está? —pregunto a la médica.

La médica dice que la preparan para una traqueotomía; por momentos entra en coma; la presión bajó; estamos haciendo lo posible, y por la puerta entreveo pobres estufas de kerosene, un pantallazo de enfermeras apuradas en un set iluminado. Está muy grave, concluyo idiotamente, se va a morir, certeza tirada de El Horno. No pensemos en eso. Necesito verla. Golpeo la puerta pero no hay caso, están interviniéndola. Noune ahora es Noune hace dos años, cuando tuvo el primer accidente vascular.

Recuerdo una escena: le van a hacer una punción lumbar y ella me abraza, esconde la cara y me pide, en francés, que la proteja, y ambos, desprotegidos, nos largamos a llorar.

Se abre el portón, salen los médicos y todo se les ve en la cara. Pobre Tommy en su arrugado disfraz de desahuciador. Se hace lo posible, me asegura, uno siempre tiene que esperar porque la medicina puede hacer milagros.

Me explica el dilema: hay dos centros comprometidos: el hígado y el cerebro, la medicación para uno ataca al otro, los centros se están afectando entre sí, ahora comprometen los riñones; sólo el corazón se mantiene neutral en esa mansalva de órganos. Se hace lo que se puede me dicen, y desvestidos de su plenipotencia se sienten desnudos ante mi odio sin reproche.

El tiempo me persigue por el corredor frente a la terapia intensiva con sus sombras, falsos ruidos, falsas imágenes. Me llaman. Entro a El Horno. La médica de guardia me alerta que Noune, por momentos, reconoce. Me dan un guardapolvo y botas de paño, y así calzado espero. El mundo se mueve lentamente ahora que estoy en su centro. ¿Me reconocerá Noune? ¿La reconoceré yo? Dos extraños en la cara oscura de la luna. Seco el sudor que corre como lágrimas. Recibo la orden de pasar y enseguida la contraorden.

—Un momento, está en paro respiratorio.

Así nomás, con flema médica, y mi paranoia se enciende, iluminando el paisaje lunar: ya se murió, me dije, lo del paro es la forma que tienen los hijos de mil putas de decirme que están científicamente presentes hasta el fin. De lejos me llega el ruido del motor que asiste a la respiración, ese chifloncito soplado con las palmas de las manos. Quejumbrosamente se levanta el paro, se escucha el suspiro rítmico, y me dicen que puedo pasar. Entro como un campesino, con el sombrero en la mano, tratando de no pisar la red de cables, ni tropezar contra los tubos de oxígeno.

Noune está en el centro de la habitación, desnuda, semicubierta por una sábana angosta. La médica me dice que por momentos recupera el conocimiento y me deja solo, al borde de la camilla. Enfrente, sobre una pantalla, aparecen ondas que emiten un ping metálico sostenido. Bueno, aquí está lo que temía, ni peor ni mejor, distinto. Varias caras superpuestas, desde la más antigua hasta la máscara amarilla. Ahí está la cara de su primera supervisión conmigo, la atenta expresión de alumna, la cara de nuestro ensueño en Córdoba, la cara de catador de vinos, la cara de enojo de esa noche después de Moscú, todas esas caras fundiéndose entre sí. No sé qué hacer. Siento que hay que despedirse, pero no quiero despedirme. Me planto en el borde de la vida. "Respirá profundo", le digo, y de pronto veo que el aire no sale por la boca sino por el botón de la tráquea, que a veces se cubre con una pompa de saliva. Le digo, bajito, que esté tranquila, que haga como yo y desde mi jadeo fabrico una respiración profunda. Ella me mira y me doy cuenta de que me reconoce, que pierde y recobra la conciencia, siguiendo un ritmo que trato de adivinar, forzando el encuentro con ojos que vacilan. Pasa un tiempo antes que desista de esa falsa mímica de gestos impotentes. Ahora comienza realmente la despedida. Le hablo en castellano y en francés, le digo lo que un hombre le dice a una mujer, con amor, las palabras simples de una vida en común; es cierto que se puede hablar desde el corazón y hay algo sublime, carajo, en la condición humana, en la fuerza que sacamos del miedo. Noune me sigue seriamente con la mirada. Le hablo de nosotros. Mi monólogo invita al sí. Noune en cambio mueve apenas la cabeza en un inapelable no. No quiero comprender su no. Es brutal. Nos miramos y tuve un vertiginoso deseo de entrar en su muerte y podía leer esa travesía a libro abierto en las pupilas de Noune y comprendí que hay que atravesar la corteza del dolor para ver la otra cara de la muerte. Porque también está el soberano narcisismo del moribundo que se sabe bello, presencia aniquilante. Y es rigurosamente cierto que la recapitulación de una vida se concentra en el punto focal de un instante. Inclusive la felicidad. Fuimos felices en El Horno, como aquella primera vez que fumamos. ¿Es posible ser feliz junto a una boca que no respira?

Odio. Lo confundí con la máscara de la muerte o la máscara de mi terror. Luego caí en la cuenta de que Noune también me odiaba porque moría, frente al contraste entre mi metabolismo de calor y su metabolismo de frío. Odio porque yo estaba vivo, vestido de verde médico, en el muelle de su partida. También estaba mi odio, odio por ser abandonado, odio por lo que moría con ella. Un odio casi calmo mientras la acompañaba en los primeros pasos que se hacían cada vez más oscuros. Entonces, Hugo, le dije adiós y me fui.

19. PALERMO

La muerte de mi padre, doce años antes, había sido un golpe duro más esperado, otro tanto ocurrió con la muerte de mi madre, cinco años antes. Con ellos hice un luto filial fuerte que abona la tristeza. Quedé huérfano a una edad razonablemente tardía, aunque, como dijo mi hermana María Mercedes en la época, "perdimos el techo", no teníamos más a la generación anterior como abrigo. El trato con mis padres había sido bueno; siempre adoré el lado Dama de Negro de mi madre y a mi padre le perdoné su lado mujeriego siéndolo yo también, siguiendo la lógica del de tal palo tal astilla. Nunca olvidé los almuerzos de los jueves y la mujer frígida. Cuando papá murió me la pasé escribiendo un trabajo sobre simbolismo, dedicado a su memoria.

Mis muertos, en efecto, habían sido pocos y previsibles. Noune rompió la paz de los cementerios. Para los hombres, la muerte de una compañera es cosa grave y el dolor puede ser insoportable. En algo se parece al dolor de las madres. Y eso no significa que mi relación con Noune fuese buena al final. Hay una frase de Vinicius de Moraes que cala hondo: "El amor es eterno en cuanto dura". Asunto que es tema central de este libro.

A la semana de la muerte de Noune, de pasada por Buenos Aires, Mestre Didí me hace una visita de pésame. Nos instalamos en lo que había sido el consultorio de Noune, me sorprendió verlo llegar sin Juanita y vestido a la usanza africana. Yo había esperado un encuentro formal y saqué mi botella de buen whisky. Mestre Didí tomó un trago y fue derecho al grano. Dijo que ambos éramos de Shangô y, como mi hermano mayor, su obligación era hablarme de la muerte. Añadió que a nuestro Orixá no le gusta la muerte. Sus palabras ulteriores, enunciadas en un tono neutro, también me sorprendieron. No recuerdo la totalidad de su discurso, pero en síntesis, Mestre Didí dijo: "Olvídate de ella, los muertos odian a los vivos". Esa declaración me escandalizó. Yo repetí su fórmula para mis fueros como quien degusta un remedio que puede ser venenoso y me sorprendió que la poción tuviera un efecto positivo. A continuación sacó de su bolsillo una bola negra, envuelta en papel plateado, y dijo:

—Esta noche date un baño con este Jabón de la Costa.

Ésa fue la primera noche que pude dormir de un tirón, sin pastillas ni pesadillas.

El día que Noune murió llamé a Marilú desde el teléfono del hospital. La llamé porque era el único número que recordaba. Éramos amigos, nuestras hijas eran amigas. Marilú tenía una cara triste, a lo Modigliani. Ella fue mi salvavidas después del naufragio, corriente abajo en la cloaca cósmica.

Knockouteado, pasé semanas sin poder trabajar porque en cualquier momento me podía largar a llorar, en total incontinencia. Recuerdo muy poco de esa fase inicial del luto donde la idea de acostarme con alguna mujer sonaba a profanación. Dormía en casa de amigos, rara vez en la mía, porque no tenía casa, mi casa había sido la casa de Noune. Marilú, dulce y cómicamente deprimida, fue la compañera ideal. Ahora me doy cuenta de lo mal que estaba; cuando se está bien mal, uno no puede darse el lujo de deprimirse. Ahora sí. "Pobre tipo", me digo, no como queja; siento algo como ternura por ese náufrago. Al volver a visitar aquellos tiempos, me doy cuenta de que la única ventaja de mi condición era un cierto estar fuera del tiempo, sin agenda, tal vez sin deseos ni documentos. Un luto nómade. La Casona fue uno de los lugares donde levanté mi tienda. Tato todavía estaba con Alondra y dormir escuchando la radio en el cuarto de al lado era compañía.

El personal de La Casona, como grupo, se borró, propio de los grandes sátrapas de la izquierda que no van a velorios por una cuestión ideológica; imposible pedirles que te acompañen en el dolor; sería como pedirle a un Ayatolah que haga su primera comunión. No sé si los perdoné. Cuando alguien fundamental muere, uno de pronto aprecia solemnidades y protocolos como asistir a velorios, dejar tarjetas, mandar telegramas, cosas que antes me parecían entre ridículas y superfluas. Recuerdo por ejemplo que alguien como Miguel Matrajt, que no era muy íntimo, estuvo todo el velorio conmigo; el hombre de luto no olvida. Mi amistad con Gilberto Simoes y mi sobrino Chamaco data de esa época. Fue el momento de hacer nuevas relaciones, bajo el signo del agradecimiento.

Largos paseos en bicicleta con Marilú. Recuerdo la vez que

robamos un jamón de Parma. Fue en un restorán en Núñez. Mientras yo iba a pagar el almuerzo en la cocina, Marilú disparaba en su bicicleta, cargando el jamón. Me confronto entonces con cosas incomprensibles como ésa y compruebo que escribir estas memorias sirve para explicarme y también para poner el pasado en su perspectiva. No me cabe duda ahora de que el período que sigue a la muerte de Noune fue el más peligroso en términos de mi salud mental.

Resulta difícil historiar el presente, no se especula desde el ojo del huracán. Ahora llegó el momento de repasar mi vida y constatar que mi deuda con Marilú fue grande. Articulamos una familia compuesta por mis hijos, Belén, Paula y Marcos, por Jorge, en ese entonces novio de Belén, por Jaqui, el hijo de Noune, por mi sobrino Chamaco y por Silvia, la hija de Marilú. Íbamos a "La Escobita" todos los fines de semana. Retomé el fútbol de los domingos en casa de León Grinberg. Fabricamos una pequeña isla de paz en tiempos conturbados. Esa comunidad nos marcó con un afecto que va más allá de lo familiar. Yo había sido un padre huidizo, después de mi separación de Beatriz. Paula, por ejemplo, tuvo pocos años de un verdadero padre. Gracias a la experiencia de "La Escobita" recuperé a mis hijos en otro momento de la espiral. El padre quebrado es mejor padre que el padre ausente.

Comparo "La Escobita" con un oasis, más bien sería un Arca de Noé, y aquí entra mi pasado de niño autista. Siempre me gustó meterme en úteros prêt-à-porter. El gran romance de Penny con Yoshide fue en el Arca, en una noche donde nevaba afuera. Sí, "La Escobita" fue mi arca y Marilú y yo formábamos una pareja de náufragos. Pasados nueve meses las aguas del diluvio bajaron y la tierra se secó. Con Marilú salimos del arca y cada uno tomó su camino.

Comenzaba mi relación con Martha; la plantita del amor crecía robusta. A la sazón estaba viviendo con Tato Pavlovsky en Libertador y Oro, en un departamento que Cormillot nos prestó. Lo llamábamos La Casonita y Pilar nos acompañaba, como herencia de Alondra. En el fondo de La Casonita estaba el Rosedal. Fue allí donde descubrí Palermo y pasé a usarlo como si fuera mi jardín. Tato me introdujo a Cooper, el de las zapatillas, no el antipsiquiátrico. Comencé a correr y a remar Palermo. Compré un cronómetro. Daba dos vueltas al lago y me tomaba el tiempo.

Quería que Martha visitara mi jardín. Ella reparó que el silencio de Palermo era diferente al silencio del campo, porque lleva en sordina un fondo ronroneante de autos y el lejano

144

tracatraque del ferrocarril, y ese ruido es la canción de cuna de todo bebé porteño. A veces, de noche, se escuchaba la sirena distante de un navío.

Ese día fuimos al lago y alquilamos un bote con las toleras desparejas, que gruñe como zapato viejo, pero que tiene toda la picardía de chinchorro de lago. Yo, compenetrado en mi papel, doy inicio a la visita guiada:

A estribor está la isla de los patos, aves que anidan en casitas de perros bajo los sauces. ¿No sería lindo vivir en esa linda isla diminuta, ser un Robinson Crusoe urbano? Porque fui un náufrago, Martha, y ahora estoy secando los trapos melancólicos al sol.

Me pregunto: ¿por qué Martha y no Marilú? No lo sé. Marilú era Modigliani; Martha, Salvador Dalí. Martha era una genuina judía de Brooklyn, con mucha polenta. Hay mujeres palomas y mujeres halcones; las mujeres halcones se lanzan en picada y cobran su pieza. Martha era un halcón.

Ella me proponía una aventura alternativa. Nos conocimos en uno de los primeros laboratorios realizados en Buenos Aires por un norteamericano, famoso en aquellos tiempos, llamado Shepard, cuyo plato fuerte consistía en desnudar al grupo. Un par de horas después de ser presentados andábamos con el culo al aire, maravillados por habernos despojado de los siete velos. Martha tenía un pubis nota 10, anacarado. Ese monte de Venus perfecto era la mosca del pescador de truchas, si pescan la metáfora. Porque de cara ella nunca fue linda, con su infaltable peluca. Un algo bisexual atravesaba su expresión pero no en el sentido en que se restan las diferencias; ella era muy hembra y muy hombre al mismo tiempo (¡y cómo se parecen esos significantes!). Una cierta maldad en su cara me atraía; me gusta la gente un poco malvada, considerando que, aunque bueno de alma, no soy un angelito, ni siquiera con el culito al viento. Pero, en esa mañana de sol en el lago, Martha era buena. Entonces le dije:

—Estoy encantado contigo, como un paciente que se enamora de su analista. Te veo, créeme, con un aura celeste que contornea tu maravilloso cuerpo de mamá.

Martha comenzó a dudar de mi depresión. Es que no estaba deprimido, me sentía un convaleciente que sale a recibir la primavera en el patio soleado del hospital.

Bien, con Martha tuvimos la idea de escribir un libro juntos en torno de un título, *El antiyoyó*, donde tomábamos a la pareja, a nuestra pareja, como propuesta de una nueva relación amorosa. Especie de cuaderno de bitácora sentimental, que ahora me sirve como testimonio de esa época. La gestación de ese libro cimentó la pareja más que cualquier hijo. Fue la aventura ambiciosa de una aventura, una rapsodia a cuatro manos donde la página del otro era casi tan importante como la propia. Juntamos las Remingtons eléctricas en La Casonita y escribíamos al unísono, cada uno con su capítulo, que el otro pasaba a corregir, trenzando el libro en el telar de un imaginario colectivo potenciado. Recuerdo los sábados como el día que nos levantábamos temprano para redactar nuestras ponencias, taca-tacataca, y a medio día íbamos, rezumando labor cumplida, a la Galería del Este, en plena Manzana Loca, a tomar un negroni con los amigos para luego, horas más tarde, escribir sobre el negroni con los amigos, en el movimiento perpetuo de una escritura que se reescribe. Consideren la siguiente entrada de *El antiyoyó*: "A eso de las 12 bajaron al garaje de Libertador, saludando al portero de turno. El Dodge temblaba de frío tosiendo por la ancha avenida donde a la derecha se encuentra la araucaria en el centro de la Plaza Seeber. Costearon el zoológico rumbo al centro. Habían elegido ese severo sábado de sol para celebrar las primeras doscientas páginas de la novela, después de tres meses de confinamiento, metidos en el delirio de hacer de la verdad ficción, desenganchados del noticiero urbano; internación donde el engendro mancomunado se empollaba. Estaban hartos. 'Me quiero bajar del libro', se quejaban."

El antiyoyó fue un libro básico en mi biblioteca; a partir de ese momento comencé a explorar un estilo intimista, condimentado con crueldad y humor; un estilo autobiográfico en el sentido de que hablo de cosas de mi vida, usada como ficción. Entonces mi literatura se vuelve terapéutica, en la medida en que opera como un modo de pensar mi vida y para mí pensar es escribir y escribir es vivir. Los libros que se suceden, *La lección de Ondina, Ondina Supertramp* y *Gigante por su propia naturaleza*, siguen acompañando mi historia y ahora pasan a ser módulos fundamentales para este libro, ya que me plagio, además de ser puntos de referencia. Es como si hubiera escrito diarios.

20. GRUPO DE ESPERA

En los magníficos e insensatos cuarenta y nueve días del gobierno de Cámpora las ideas "pipocaban" como el pochoclo en la sartén, como salmones saltando arroyo arriba para desovar.

Hernán Kesselman ganó la cátedra de Psicología Médica, que antes había sido de Jorge Insúa y tenía su sala en el Hospital de Clínicas. La Casona en pleno se instaló en la calle Córdoba. Eso me recuerda la aventura del Kon-Tiki.

En 1947, Thor Heyerdahl, desde Lima, manda cuatro telegramas a sus amigos, invitándolos a cruzar el Pacífico. Irían en balsa, hecha de madera, para probar una teoría de que era factible cruzar el Pacífico desde la costa del Perú. Una gran aventura. Los cuatro amigos dejaron lo que estaban haciendo y concurrieron a la cita. La Casona entró en la balsa peronista.

Tato, Gilou y Diego García Reynoso se presentaron a sus puestos. Hernán me llamó para hacerme cargo de la parte de admisión. En una semana en el tanque de ideas una idea fue desovada. Tenía un nombre: *Grupo de espera*. El salmón principal fue Tato o tal vez fui yo o puede haber sido Hernán. Muchos espermatozoides espiroqueteaban en ese tanque, cosa que, como vimos, sucede cuando un grupo potenciado se convierte en más que la suma de las partes.

El Grupo de Espera solucionaba el problema de las colas de admisión. Antes y tradicionalmente, en todos los hospitales, el paciente llegaba, sacaba número y tenía que esperar una semana o dos para ser atendido en breves entrevistas individuales. Procedimiento demorado e insuficiente. Con el Grupo de Espera el paciente llegaba, una secretaria llenaba su ficha, y era atendido ese mismo día en una admisión colectiva. El Grupo de Espera contaba con una docena de terapeutas y duraba dos horas. Los cincuenta o más pacientes se dividían en subgrupos a cargo de dos o más terapeutas y comenzaba una rueda de presentación. Pasada la primera hora los terapeutas se reunían y se hacía una nueva repartición, siguiendo una semiología improvisada que reagrupaba a los pacientes por afinidad de los problemas presentados. Ahí comenzaba una pesquisa más pulida. Por regla general los pacientes eran convocados una segunda y una tercera vez, pero ya en ese primer día algunas derivaciones y consultas individuales eran tramitadas. El recién llegado iniciaba desde el vamos una transferencia con el hospital. Una ventaja adicional era que los estudiantes podían asistir como observadores. El huevo de salmón se convirtió en el Huevo de Colón. Elemental, Dr. Bion.

21. EZEIZA

El 20 de junio de 1973, rumbo a Ezeiza, estacionamos el coche en un baldío donde los taxistas se habían concentrado. Iba con Martha Berlín, a quien acababa de conocer, digamos, bíblicamente, aunque Dios sabe por qué a eso se le llama bíblico. Estaba en la esquina sur de Ciudad Evita, donde se abre el campo suburbano. Por ahí marchaban pequeños riachos de gente. Pasando la avenida Ricchieri cruzamos un potrero color pasto seco donde había una concentración de mujeres peronistas. Enfrente y a los costados iban mis hermanos de ese día y caminamos y caminamos como yendo a la cancha en fecha de clásico. Caminamos hasta entrar en el malón pampeano, hasta el cruce del Mar Rojo, rumbo a la gran fiesta.

Éramos millones, diría la prensa mundial, millones siguiendo el mismo instinto, siguiendo un sueño potenciado para sacudir la historia, y caminamos y caminamos y caminamos, comiendo panchos, comprando un gorrito pocho, caminamos hasta que dimos con la Juventud Peronista de Escobar. Allí encontré a Sebastián, que tocaba la batería en el conjunto de Jaqui, el hijo de Noune. Parecía embarazado con su bombo gigantesco. Lo seguimos un largo trecho. El hombre político necesita de su columna de pertenencia.

—Ése es mi problema —le dije a Martha un kilómetro más allá— soy un peronista *ham and eggs*.

Con eso quería decir que era un peronista atípico, políticamente solitario, sin pertenecer a una villa, a una unidad básica, sindicato o comando tecnológico, sin ser Demetrios, ni Guardia de Hierro ni nada, porque joven no podía ser.

—¿Pero vos sos peronista? —me preguntó Martha.

—Afiliado 65.000 y pico.

—¿Y antes estuviste en otro partido?

—Poseo el récord mundial de permanencia corta en el Partido Comunista.

—Contame.

Resulta que es una historia búlgara que me incomoda por ser reveladora de una falla en mi carácter. El asunto es que después del viaje a Rusia, una parte de la delegación fue invitada a Bulgaria. Más de la mitad pertenecía al Partido, el resto éramos simpatizantes. Los afiliados, lógico, querían adoctrinar a los simpatizantes. Recibíamos por lo menos una sesión diaria individual de persuasión política y cada dos por tres se hacían fogones bajo el cielo negro balcánico donde alguien tocaba una guitarra sentimental, comenzando por Mercedes Sosa para terminar indefectiblemente en Lenin. Para dar un ejemplo de cómo venía la mano: cierta vez cruzamos una plaza en Sofía que era puro yuyo y entonces el mentor exclamó: "¡Qué maravilla, ellos dejan crecer el pasto para que el hombre retorne a su entorno natural!". OK, puede ser, pero al día siguiente cortaban el césped en el parque y entonces se hablaba de la diligencia tecnológica de los soviets.

Bueno, mi historia es la siguiente. Cierto día, al salir de Sofía, nuestro ómnibus rumbeó hacia el Mar Negro. En camino visitamos una comunidad terapéutica que, entre paréntesis, era excelente. La dirigía un psiquiatra joven, mezcla rara de empuje y simpatía. Quedé impresionado y estaba bien predispuesto cuando el ómnibus nos llevó a la siguiente parada, una granja *Kolhoz* en una planicie de trigo gordo, ondulado por la brisa, con el Mar Negro al fondo, completando la postal. A la derecha, un grupo de obreros rurales, sobre tractores a rayas como cebras. Todo era idílico, bucólico y socialista.

Comienza la gira programada donde sacamos fotos a los obreros rurales que posan con sonrisas, el puño en alto, y nos regalan tomates grandes como globos. Después de visitar la granja conocemos al comisario. Fue un caso de amor a primera vista, lo miraba y por poco me ruborizaba. Tendría sesenta años aunque parecía menor, un Kurt Jurgens saludable. Estuvo en la guerrilla al lado de Tito, entrando en el escalafón de los héroes. Kurt nos llevó a la bodega del *Kolhoz* donde las uvas fermentan en toneles de roble gitano. Era un gran vino y comenzamos a brindar por Lenin y por el glorioso pueblo norvietnamita. Por el vietkong. Viva la Argentina, viva Codovila. Y pasamos del blanco al tinto. Por la paz del mundo. Viva el mundo. El tinto era más fuerte, el sol seco partía en ese mediodía y me quité el saco y la corbata. La estaba pasando bien, Martha, imaginate, vino gratis y el Mar Negro a tus pies.

Entonces Kurt levanta la copa y brinda:

—¡Por el psicoanálisis!

¡Freud y Marx juntos! En ese momento borracho habíamos logrado el casamiento imposible, la gran encamada del siglo, del milenio, si te descuidás. Fue ahí donde metí la pata. Dije:

—Si hay un momento en que me afiliaría a tu causa, Kurt —le dije, mirándolo a los ojos—, el momento es éste.

Kurt, el traductor y yo brindamos tan fuerte que las copas temblaron. Cuando bajé la vista un guacho del PC argentino me tendía una lapicera y un papelito.

—¿En serio?

—Créeme, te lo cuento textual. No era una boleta de afiliación. Me presentó la página de una libreta, cuadriculada, ahora que recuerdo. Lo que me da vergüenza, sabés, es que firmé. ¿Por qué firmé? Mil veces me lo he preguntado. El tipo me tomó de sorpresa, pero había muchas salidas; la más simple, decir "no tan rápido, che", y decirlo con una sonrisa, aunque no sé si hubiera podido decirlo con una sonrisa, porque había, creo yo, un cierto desafío, un "a ver si te animás". Por otra parte no quería estropear las bodas encantadas de Freud con Marx. Entonces firmé. En síntesis: firmé de puro boludo.

En verdad, cruzando el Mar Rojo en Ezeiza me hubiera gustado decir: "Y ustedes, carajo, me tomaron por pajuerano que entrega su voto por una empanada, un tomate y vino tinto búlgaro". Sentía la vergüenza de haber sido conchabado por un caudillo de provincia.

—¿Era eso? —me preguntó Martha.

En parte, sí. Lo sentí como un insulto a mi inteligencia. Pero hay más: sucede que yo no estaba borracho, sabía perfectamente bien lo que estaba haciendo. Entonces, ¿por qué lo hice? Lo hice de puro sugestionable porque, cuando levanté la copa para brindar por el casamiento del siglo, en ese momento, yo era ciento por ciento marxista leninista. Eso significa que, políticamente hablando, soy un tarado mental. Sería como alguien que se convierte al *american way of life* en los portales de Disneyland.

—¿Y cómo termina la historia?

Me quería morir al tomar el ómnibus de vuelta. Me senté en el último asiento, callado, con una cara horrible. Tengo que reconocer que mis nuevos camaradas se portaron bien: bajaron la vista, nadie me miraba. Silencio en el ómnibus. "¿Por qué no me cuidaron?", pensé, si ellos son mis amigos y saben que mi pertenencia al partido es un disparate. Como afiliar a los hermanos Marx.

—¿Cómo terminó? —pregunta Martha.

—Mi comunismo duró poco. No almorcé; estaba sin hambre y fui derecho a hablar con el coordinador de la delegación. Le pedí el papelito. El tipo me lo dio sin pedir explicación. Entonces fui a la playa, que quedaba frente al hotel, me metí en el agua y nadé y nadé, dejando el papelito en las claras aguas del Mar Negro. Volví aliviado. Fui miembro del Partido Comunista por exactamente tres horas.

Esa noche me levanté un peludo negro que casi termina en pelea cuando quise bailar con una gorda de la mesa de al lado.

—¿Y los has perdonado?

—Creo que no.

Hoy en día, creo que sí. Desde las inciertas trillas del tercer milenio, extraño los tiempos en que la Unión Soviética flameaba con su colosal inocencia de oso polar de fantasía. Bueno, no tanta inocencia, pero me apenan los rusos de hoy en día, tan huérfanos de poder y de gloria.

Caminamos y caminamos y yo seguía pensando en política y en mi reciente afiliación al peronismo. Las largas charlas con Hernán Kesselman con su carta de situación. La persuasión de Hernán es infinita, sólo un mago como él pudo afiliarme después del incidente búlgaro.

En las marchas a Ezeiza, las figuras políticas de mi vida desfilaban en esta carga de la caballería ligera. Silvia Bergman iba al frente de otra columna, acompañada por Gervasio Paz, Enrique Kushnir, todos miembros de la FAP, o sea, de la Federación Argentina de Psiquiatras. Martha, que sabía de la FAP, quería conocer más detalles.

—¿Cómo era?

Le conté mi pasaje por la FAP Capital. Yo venía de ser presidente de la APA, de ahí mi elección. En ese tiempo iniciamos una serie de acciones que nos fueron colocando al frente de un movimiento convergente de izquierda, que culminó en una toma de poder sindical en Rosario en 1970. Por otra parte, la FAP fue el semillero local de Plataforma, lo que veremos en otro capítulo.

Tuve que aprender rápido y madurar a los tumbos. Conducir una asamblea en esos tiempos era una tarea dificilísima, una tarea imposible, diría Freud. Un acto fallido mío memorable marca el sino de esos tiempos. Fue en una asamblea, allá por el '71. Fuimos a Gráficos, que tenía su sindicato en un local ensordecedor; todo el batifondo de la calle Sarmiento se metía en el salón de actos. La sala estaba repleta y en el fondo, como tiburones, merodeaban los sombríos epistemólogos del oeste. Ya estábamos en la segunda hora de ordalía parlamentaria y yo, ponencia va, orden del día viene, sorteaba con vacilante astucia el Caribdis de los troskos y los Cañones de Navarone de la Juventud Peronista. Comenzaba a vislumbrar que saldría con vida y con Penélope. En eso, de pronto, por arte de magia, aparece una misiva en la mesa, una hoja de papel doblada en cuatro. La desdoblo y, ñácate, me topo con una carta del ERP, Ejército Revolucionario del Pueblo. Impacto en el plexo solar, miré la estrella erpiana como si fuera una araña pollito. Le di una ojeada a la asamblea, clima de suspenso. Los epistemólogos, apoyados en columnas, tenían la mano a un palmo del gatillo. Entonces pedí a la asamblea autorización para leer el aporte escrito. La digna me autoriza. Comienzo a leer la carta...

—¿Y? —interrumpe Martha, curiosa.

—Fue allí donde cometí un acto fallido de libro. Al terminar la carta anuncio: "firmado por el Ejército Republicano del Pueblo". Tierra trágame. Imaginate el miedo que tenía que de un salto fui a parar a la Guerra Civil Española. Ondas de risa convulsionaron la sede del sindicato y yo me ponía cada vez más colorado. Fue un acto fallido titánico.

Hay personas que nacen con un oído absoluto, tienen un gen musical. Armando Bauleo y Silvia Bergman poseen un gen político y dirigen cualquier asamblea como si fueran Toscanini. Hernán y Fernando también. Ése nunca fue mi caso.

Caminamos y caminamos en una columna maciza, tupida, una columna cargada de linfa política que confluye en un frente como la boca de nuestro río porteño, tan grande y tan nuestro, tan peronista. En Ezeiza se tenía la certeza de entrar en la historia, un nuevo 25 de Mayo, pero más universal. Y la política se vuelve mesiánica en el Aeropuerto Perón ya que el General viene a ratificar su doctrina latinoamericana.

Ezeiza fue un momento en que se agita el escritor que llevo adentro, y mientras caminaba escribía, escribía sobre la tapa frontal de mis sesos, reconcentrado hacia afuera, reparando en el azul y blanco de las vinchas, de las bandas, de los ponchos, del cielo.

La telepatía imperaba. Yo podía leer lo que pasaba por la cabeza de mi compañera Gilou, avanzando en una elegante marcha de un pura sangre francés. Gilou, al pie del Aeropuerto, había levantado su primera gran borrachera ideológica. La miré a los ojos para ver el sueño de esa mujer niña. Le dije que ahora sabía por qué la llamaban Juana de Arco. Ella me sonrió desde la hoguera.

Más adelante marchaba Mimí Langer. Ella paseaba llevando a todos esos *kerridos* muchachos a una *tournée* política, *tournée* que comenzó a la vera del sucio Danubio, pasando por España, con la ya mentada aceituna en las trincheras, para luego continuar en estas tierras. *Siecherheitspieler!*

Sí, éramos un grupo especial y quizá la pinta de Martha ayudaba. Ella no es linda pero uno siente que te obliga a que la veas así. Martha caminaba Ezeiza con pasos que sugerían que Perón estaba de vuelta para pedirle la mano.

Nuestra columna se sumó a otra que venía del oeste y ahí nos distrajo un fotógrafo de plaza que había emplazado su trípode a la vera del camino. La FAP sacó una foto. Mientras esperábamos el revelado, nos sentamos para fumar un cigarrillo. Pasaba una ola de villeras, mal vestidas, culonas. Martha me susurra al oído:

—¿Sabés una cosa? Yo me hago los *blue jeans* a medida.

Caminamos y caminamos hasta que la historia se descarriló en un reguero de sangre. Al principio no comprendíamos nada porque la violencia se transmite lentamente por una multitud y el repiqueteo de las armas transformó la fiesta en tragedia y yo, sonámbulo, no lo podía creer y caminaba entre la gente tirada cuerpo a tierra como sabio distraído buscando sus anteojos. Y los altoparlantes eran un elemento más del caos. Megáfonos histéricos gritaban:

—¡Bajen de los árboles!

—Compañeros, ¡están tirando!

El repiqueteo de las armas continuaba, lejano, sin silbido, cerca del palco oficial. Y luego el retorno, la retirada del Aeropuerto Perón, con las banderas a la rastra en un mar que ahora era rojo de verdad.

Ezeiza fue algo históricamente grave; un símbolo, el anticipo de una nueva violencia; un trágico malentendido en nuestra historia. Vaya uno a saber si, en realidad, las Damas del Río de la Plata no les tiraban flores, *soutiens* y golosinas a los invasores ingleses.

Ezeiza fue el beso de Judas.

22. ROSARIO

El consultorio psicoterapéutico en la ciudad de Rosario en nada se parece a su primo de Barrio Norte: falta el gomero, la Gradiva, las cajas estereofónicas y la gigantografía de Freud. El consultorio rosarino venía con cristalera de tres pisos y la vieja máquina de coser Singer, en una esquina. Tenía araña de caireles y era una habitación amplia, no muy clara, de techo alto. En el medio, doce personas cerrando un círculo.

—Bueno, ¿comenzamos? —me pregunta Martha.

Nos deseamos suerte.

El laboratorio se abrió con el infaltable silencio, miradas oblicuas, manos sudadas. Caras que combinan recelo con esperanza. Algunas sonrisas clavadas en algún lugar. Momento para estudiar el grupo, orejearlo, anticipar de qué lado puede venir la cornada, porque todos los grupos son bravos.

—¿Nos presentamos? —sugerí, recorriendo una vez más el círculo de caras anónimas, rostros cero kilómetro, sabiendo que dentro de 48 horas cada uno tendría su historia completa, con suplemento emocional y sabiendo también que, al caer la noche del domingo, íbamos a salir envueltos en el halo instantáneo de un amor colectivo a primera vista.

Martha inicia la ronda:

—Me llamo Martha Berlín, tengo cuarenta años, soy psicóloga, dos hijos. En la actualidad me preocupan varias cosas. Primero mi trabajo, que está en crisis y revisión. Los laboratorios ocupan un lugar central en mi cuestionamiento actual. También me interesa la coterapia con Emilio. Hemos estado juntos en varios encuentros de este tipo pero como pacientes, no como terapeutas. Éste es el primero. Por último, está lo personal —dijo, recorriendo el círculo con la mirada—, tuve una vida muy curtida, con divorcios cruentos que recargaron mi papel de madre, pero es una vida cuyo proceso conozco y endoso. Se puede decir que estoy de vuelta.

La escuché con admiración. Martha es una mujer que tiene alcoba, calle y mundo. "Me gusta su facha de gorrión compadrito", pensé, apreciativamente.

Silencio.

Iván pasó a presentarse. Su apellido era ruso. Psicoterapeuta silvestre, solterón, de treinta y ocho años, judío, con un aire torturado de constante crimen y castigo. Su mirada bizca alarma; Iván ostenta un ojo arrogante y otro abyecto, mientras que en el fondo se adivinan lóbregos laberintos. Mirada propia de los grandes paranoicos. Un tipo para tomar con pinzas, si es posible con las pinzas de Martha.

—Y vengo a este laboratorio porque estoy solo —concluye Iván.

—¿Cómo?

—Solo, totalmente solo —dijo y entró en un gimoteo donde nadie lo quería, las mujeres se enfriaban, los hombres le ladraban y los perros también. Todo dicho con esa bizca mirada altanera y abyecta. Se me erizó la piel cuando expresó el deseo de tocarme; sentí una necesidad atávica de fruncirme. "Mama mía, que no me toque", pensé, e Iván sin duda olfateó mi gesto instintivo:

—¡Cómo lo voy a tocar, estoy seguro de que lo ensuciaría!

Yo ponía la cara pero no pensaba, interferido, paralizado por el rechazo. El tipo seguía hablando y una semejanza loca, absurda, cruzó mi cabeza: Iván no tenía nada que ver con Rafael, mi amigo mexicano, y sin embargo el parecido estaba ahí. A Rafael lo llamábamos Pancho Villa, el más machista de los mariachis. "Esos dos carajos se parecen", pensé al largarme a asociar:

—Mira, Iván, más te veo y más me recuerdas a un amigo que a primera vista no tiene nada que ver contigo: él es machista, petulante y maníaco, todo eso llevado a la exageración, y me pregunto si en el fondo no sos así.

Una sorda explosión indicó que el torpedo había dado en la nave capitana y algo en él se transformó; habló de la loca intensidad de su vida. Tenía tanta hambre que se comería el mundo.

—¿Cómo lo ven ustedes? —preguntó Martha que había pescado el cambio.

—Omnipotente —dijo uno.

—Tiene misterio —dijo otra.

—Tiene algo de brujo.

Y era eso. El misterio lo redimía, pero sólo se adivinaba la voz shamánica bajo el marasmo melancólico. Entonces hablamos de magias y sortilegios, de cábalas y cartas astrales, pasando por su abuela espiritista, pero no íbamos a ninguna parte. Entonces Martha sacó de su boina la siguiente consigna:

—¿Lo conocés a Tibor Gordon?

—¿A quién?

—Tibor Gordon, el mago.

—Sí, más o menos.

—Bueno, sos un tipo como él, sos un brujo. La gente viene a consultarte por tus poderes. Éste —dijo y señaló una esquina del cuarto, junto a la máquina de coser— es tu consultorio, mejor dicho, tu tienda. Nosotros venimos a verte por problemas serios.

Dicho y hecho. Mientras Iván armaba los almohadones de su tienda, Martha, en otro rincón de la pieza, daba instrucciones al grupo:

—Presenten problemas serios, si es posible verdaderos.

Iván abre la puerta imaginaria y hace pasar al primero. La consulta dura unos cinco minutos. Uno a uno la clientela va desfilando por la carpa de los tres almohadones. Se los ve salir absortos.

Llega mi turno. Voy a la tienda y digo en voz baja que la sombra de un hijo natural me acosa y perturba.

—Siento una curiosidad ancestral, no lo conozco. Quiero encontrarlo. ¿Es lícito?

Iván hizo una sola pregunta, sobre la edad de mi hijo, y luego puso el brazo en mi hombro para decir:

—No, Emilio, sería un error buscar a ese hijo. Para él los padres adoptivos son sus verdaderos padres ("¡a la flauta!"). Si deseas un hijo, lo puedes engendrar o puedes adoptar a alguien. Tu hijo natural no te necesita.

—Sí, doctor —musité al salir. El tipo es brujo. En menos de una hora había solucionado los problemas del grupo y Martha observó que tenía una expresión distinta; ahora guardaba un extraño parecido con Trotski.

¿Cuáles son nuestros poderes?, nos preguntamos, antes de que pasara el próximo de la rueda.

Finalmente llegó el domingo por la tarde, fin del encuentro. Martha me propuso, a modo de broche, la siguiente dramatización: hagamos de cuenta que el laboratorio terminó y que estamos en el bar del hotel evaluando la experiencia. Dicho y hecho: colocamos dos almohadas en el centro del cuarto, el grupo formando círculo en torno a nosotros.

¿Estás cansado?, preguntó Martha, y yo le dije que estaba roto, pero era cansancio físico más que mental. ¿Qué te pareció?, pregunté, y Martha dijo que trabajamos como los dioses. Es fácil trabajar con vos. ¿Alguna crítica? Pausa y luego uno de los dos dijo: creo que quisimos estrujar hasta el último jugo terapéutico, pretendiendo en dos días analizar once sueños, recauchutar ocho vidas, reconstruir todas las infancias, más un marco terapéutico que explique el malestar en la cultura de Rosario, y por si fuera poco presentar un perfil de pareja piola, prêt-à-porter para posibles identificaciones. Sí, fue así, aunque nuestra omnipotencia estaba a la medida de sus expectativas. Jamás vi tamaña hambre terapéutica. No sé, respondí, pero me ronda una idea que tiene que ver con la prostitución. Dentro de un mes, digamos, hacemos un laboratorio en Mar del Plata con otras once personas y de pronto ¡abracadabra!, nos juramos amor eterno en la rambla de la Ciudad Feliz para luego desnudarnos en Montevideo.

¿Cuál es la alternativa?

Quedarnos en Rosario y formar una comunidad con Iván y compañía. ¿No es acaso nuestra ideología de trabajo? Porque caso contrario nuestra profesión profesional de amor es un camelo. Aquí, entre nos, yo en mi puta vida pienso formar una comuna en Rosario. Y ése es el cuerno del dilema. Pero el asunto es: ¿fue falso lo que sentimos? ¿Es el amor que se siente en un laboratorio un artificio? De ser así, nuestro amor se prostituye.

La voz de Iván interrumpe la escena virtual del bar:

—¿No se están repitiendo?

—¿Cómo?

—¿No están tratando de hacer una superdespedida? Me gustaría devolverles algo. ¿Puedo? —dijo mientras se sentaba en el centro y nos tomaba del hombro—: Gracias, Martha y Emilio. Me siento menos solo, fue bueno conocerlos. Lo que ustedes sienten es sincero.

23. MASOTTA

El 18 de abril de 1969 Oscar Masotta dio una conferencia en que comienza citándome para luego lanzar una crítica severa por considerarme un lector poco serio de Freud. Me acusa de "... una amputación de la teoría freudiana del símbolo: ésta quedará reducida a los 'problemas del simbolismo'" y considera que yo discuto a Jones para no leer a Freud, mientras que en contra del verdadero Freud introduzco los "beneficios secundarios de Suzanne Langer, más los nombres, no más que eso, del concepto triáptico de Pierce. Desde entonces queda asegurada una cierta visión genética, jacksoniana, jerarquizada y bastante moralista de los símbolos...".

Bien, leí el artículo varias veces y juro que me perdí en la selva oscura. Masotta emprende una feroz crítica de los psicoanalistas argentinos, a quienes "sólo es posible leerlos, mirándolos al revés, como esos tejidos que se entienden si se los observa del lado de atrás". Bien, mirar a los analistas al revés puede ser un ejercicio interesante, si se piensa que ésa es la forma en que uno se mira en el espejo.

Masotta a continuación pasa a criticar mi trabajo sobre autismo, escrito quince años antes.

Ya me referí de paso a ese trabajo sobre Raúl, el niño mudo autista de cuatro años, aquel que me llevó a conocer a Suzanne Langer, a mi periplo por Stockbridge y a la comunidad terapéutica. El artículo en cuestión se debió a una participación en un libro titulado *New Directions in Psychoanalysis*, editado por Melanie Klein. En ese trabajo combino Melanie Klein con Winnicott y Suzanne Langer.

Continuemos con los antecedentes. Masotta se lanzaba con todo a la lid polémica y cuestionaba el orden instituido. Creo que me tiró el guante por considerarme el paradigma de la APA, lo que no deja de envanecerme. El suyo era evidentemente un texto destinado a causar efectos políticos. Y yo tenía que levantar el guante, batirme a duelo por esa Dama canalla que era la APA. En mi respuesta cito a Masotta:

"Veamos el ejemplo de la señal emitida por el niño autista de Rodrigué: se trata de la palabra '/m(a)/m(á)'; pero la presencia aquí de una doble aliteración vocálica y consonántica, paranomasis, difícil de separar del sentido de la palabra, ¿no homologa éste al ejemplo de la pequeña Anna?" (O. Masotta en *Leer a Freud*).

En mi réplica de 1969 continúo diciendo:

"¿Sí? El problema es que no sé bien si comprendo; además la palabra 'paranomasis' me mató, por el diccionario me enteré de que viene a ser la semejanza entre dos vocales acentuadas. Eso ocurre para las 'a' de 'mamá' y aquí tengo un problema, los chicos muy chicos no hablan como los grandes; es decir, como la palabra escrita. Si mal no recuerdo la primera palabra del chico autista fue más bien un 'má-má'. Además me pregunto como analista de niños, que una vez flotó lúdicamente en un cuarto de juego, qué hubiera pasado ante la palabra dicha por vez primera, si yo hubiese pensado en '/ma/má/'. No me cabe duda que algo de la experiencia se hubiera perdido".

Luego Masotta pasa al sueño de Ana. Ana es Anna Freud, la hija de Freud. Masotta nos informa que el sueño de la pequeña Ana se articuló en voz alta durante el dormir: Ana F(r)eud, f(r)ambuesas, f(r)utillas... ¿Cómo está presente —continúa Masotta— el significante de este sueño y, citémoslo nuevamente: "En la repetición de un grupo fónico, en la escansión que la repetición introduce en el efecto del ordenamiento retórico y de jerarquización interna y autónoma de las frases...". Para Masotta los 'fr' en Freud, frambuesas y fresas son importantes. Pero la cuestión es: ¿para quién? Seguramente no para la pequeña Anna. Ella era austríaca y los niños austríacos sueñan en alemán.

Zápate, un gol de media cancha.

¿Será? La pregunta es, visto desde aquí, cómo puede un tipo lúcido como Masotta cometer algo parecido a una gigantesca gafe.

Tomé a Masotta, sin lugar a dudas, como un turulú que pensaba que Anna Freud soñaba en español. Desde la zorra cautela de la tercera edad me pregunto, por primera vez, ¿no será que Masotta me armó la cama y que yo pisé el palito? Creo que no, pero uno nunca sabe. Lo que me llama la atención es que ningún analista, lacaniano o no, reparó en la gafe; es un caso poco común de represión colectiva. Porque, ¡coño!, Anna Freud soñaba en alemán.

Me detengo aquí porque esta polémica con Masotta fue importante en mi vida y, tal vez, junto con el huevito del cucú, estuvo en la base de mi dificultad posterior para leer a Lacan. Por ese tiempo muchos de nosotros comenzamos a leer en serio textos duros, difíciles de digerir. Althusser y Lacan encabezaban la lista.

Althusser, en primer lugar, ejercía su terrorismo ideológico; él circunvalaba el mundo con una práctica teórica que era cosa de pasmo, entonces vos, que sólo fuiste a la Facultad de Medicina, te quedás pagando. Althusser era un déspota que te decía que nadie sabe leer, excepto Marx y tal vez Spinoza que hizo ciertos progresos con "Mi mamá me ama" y otros textos simples. Entonces vos, que leés para el carajo, te sacude un calambre generalizado al informarte que se requiere una doble lectura de *El Capital* y que la primera de ellas consiste en leer los cuatro tomos, palabra por palabra, línea por línea, en varios idiomas, además de estudiar, lógico, en alemán, pasando, como dice el guacho, "por las áridas mesetas de la distribución simple", para remontar el majestuoso Iguazú de la plusvalía. Y una vez que has preparado el terreno con esta lectura laboriosa aunque ingenua, tienes que empezar de nuevo con las obras completas, pescando entre líneas, escuchando los inaudibles susurros y murmullos, en la búsqueda de lo que sin decir dice y vos te ponés verde y comprás *El Gráfico*.

Otro tanto me pasaba con Lacan. Me resultaba difícil de leer. Hay que entrar, vencer las resistencias, volverte un lector hembra, como recomendaba Cortázar, dejarte impregnar por lo nuevo. Y yo, en 1969, no era un pichón de analista con mis 46 años. Yo ya era rodrigueano de pelo en pecho, con nombre hecho, lo que es, admitámoslo, un peligro.

El asunto se complica porque creo que Masotta tenía razón en su apreciación global de mi trabajo. Sentí el aguijón. Había un cierto guitarreo de mi parte. Tal vez, al escuchar la crítica, vislumbré, con un dejo de temor que nuevos códigos se avecinaban y que la hegemonía kleiniana estaba siendo amenazada. Nunca nadie me había confrontado antes desde esa pedana teórica, tratándome con una falta de respeto rayana en la insolencia.

Ya en la época intuía que Lacan representaba una revolución cultural. Del mismo modo que en el capítulo sobre Melanie Klein, de mi biografía de Freud, hablo del huracán kleiniano, ahora se anunciaba el tornado lacaniano. Yo creo en la progresiva sofisticación del pensamiento. Klein jugaba con un mecano número IV; Lacan, con el V. Por eso sentí que Masotta me colocaba en el corral de los dinosaurios, sensación bien inquietante ser un dinosaurio a los 46 años.

Tato Pavlovsky cuenta una historia interesante: él era campeón sudamericano de natación estilo mariposa y cierta vez, cuando va a nadar los cien metros, se encuentra en el andarivel de al lado con un buen nadador que no era mariposista. ¿Qué estás haciendo acá? le pregunta y el otro sonríe delicadamente y relaja sus largos brazos. Larga la carrera y el intruso gana por varios cuerpos; era la primera vez que Tato competía frente a un rival que corría con el revolucionario estilo delfín, con el mecano acuático número V. Resultado: Tato colgó su malla. Masotta nadaba el estilo delfín de Lacan. En el trueque de mecanos se produce un pequeño salto epistemológico.

24. PLATAFORMA

Así como resulta fácil hacer una crónica de Moscú, me cuesta narrar con ecuanimidad propia de la tercera edad la saga de Plataforma, analizar aquello que, en momentos melancólicos, denominé injustamente de Barrio Nortazo.

Plataforma, como idea, antecede a Moscú; germinó por más de un año en el vivero de nuestros consultorios. Reuniones semanales donde la gesta fue concebida como un acto político que pretendía revolucionar el psicoanálisis. Recuerdo la noche fundante en el consultorio de Mimí, cuando el documento de ruptura estuvo por fin listo, aprobado y firmado por los presentes. Eran cerca de las dos de la mañana, teníamos botellas de champán en la heladera. Esperamos una hora más porque Bleger había quedado en venir, pero no vino. Pienso que en ese día se abrió la cuenta regresiva de su muerte. No pudo ni estar ni no estar y se le partió el corazón. Finalmente brindamos con lágrimas en los ojos. Es que uno se corría la fija de estar arañando la historia con la punta de los dedos.

Bauleo y Kesselman fueron los mentores de Plataforma, idea que nació en los márgenes del Congreso de Roma, en 1968, justo después del Mayo Francés. Soñar lo imposible ahora era posible. La consigna: liberación social e individual. Bauleo rememora: "Queríamos poner el psicoanálisis al rojo vivo".

En Buenos Aires se constituyó un grupo integrado por los padres de la criatura; cuatro didactas, Mimí Langer, los García Reynoso y yo; una serie de pesos pesados de la siguiente generación: Tato Pavlovsky, Rafael Paz, Volnovich, Barenblitt y Matrajt; una serie de pichones de futuros pesos pesados: los Bigliani, Esmerado y Saidon y un par de filósofos de renombre: Sciarretta y Rozitchner, treinta y cuatro en total.

Veamos este grupo heterogéneo más de cerca. Hernán y Armando, los padres de la idea, colocaron su semillita en tierra fértil, resultado del cruce de los elementos progresistas de la APA con la Federación Argentina de Psiquiatras (FAP). Mimí narra el resultado de ese cruce:

"Sucedió así: éramos, en su mayoría, miembros de la APA, éramos también miembros de la FAP. Justo antes del Cordobazo unos cuantos de nosotros asumimos activamente un papel en la FAP. Hubo una huelga general, la FAP distribuyó volantes que fijaban su posición frente al paro en todos los lugares de trabajo inclusive en la APA... Y la APA reaccionó. Rodrigué, nuestro presidente de la FAP, recibió una carta indignada y abierta de Mom, nuestro presidente de la APA, en nombre de 'la población de APA', prohibiendo terminantemente tal actividad política... Nosotros contestamos. Se inició un epistolario, que fue difundido". Mimí cuenta que "estábamos allí porque nos fascinó haber descubierto un campo, donde se pudo aprender, en un curso acelerado, lo que nos había faltado por tanto tiempo". O sea, el analista también podía ser un animal político.

A la APA y a la FAP, yo añadiría, créase o no, La Casona. Al fin y al cabo, Armando y Hernán, Tato y yo, cuatro influyentes miembros de Plataforma éramos La Casona. Yo, por ejemplo, vestía la camiseta de la APA, de la FAP y de La Casona. Eso nos lleva a considerar nuevamente la heterogeneidad del grupo.

Arañamos la historia y nos comimos crudos. Tal vez el ejemplo del canario salmón ayude. Cierta vez me regalaron un canario color salmón, anillado. Flor de animal, cabezón, color naranja nevado. Un día lo coloqué en el jardín en el fondo del consultorio con la jaula abierta. Una fobia invisible cual blindex le cerraba la puerta. El tipo pasó varios días preso con la jaula abierta. No sabía volar, ni caminar podía en la peligrosa libertad del jardín. El pájaro más fóbico que conocí. Pero un par de meses de libertad lo transformaron radicalmente en otro animal, irreconocible. Se ganó el apodo de Gargantúa. Para la primavera era un monstruo plumoso, peleando el alpiste con los gorriones. Lo que cuento parece mentira, mas es verídico: un día cayó un canario blanco del tercer piso, que tampoco sabía volar, pobrecito, Gargantúa lo ultimó. Tendal de sangre y plumas junto al asesino que no podía dejar de picotear el cadáver. De escribir un ensayo sobre Plataforma se podría trazar un paralelo entre la APA y la SCA (Sociedad Canaricultora Argentina). Enloquecimos al salir de la jaula dorada. Perdimos la misericordia. Nos faltaba calle, pedana, baldosa y, como Gargantúa, no teníamos la medida de los nuevos límites. Vivíamos empalagados de virtud ideológica, elevando la postura en el siete y medio de la poronga más grande. Nosotros, al revés del canario, perdimos nuestra mejor arma, la oreja freudiana. Tamaño fanatismo nos llevó a rechazar al grupo hermano de Documento, liderado por Ulloa. Tal vez los grupos de ruptura tengan que ser crueles, guillotineros. La historia parece mostrar eso. Bauleo coloca bien el asunto en *Cuestionamos*: "Problemáticas divergentes convergían en una estructura pronta a estallar, ya que elementos personales se entremezclaban con elementos ideológico-políticos candentes... No era fácil, debíamos pagar por nuestro atrevimiento. Nadie perdonaba nuestro descaro, y lo peor era lo implacable que éramos nosotros con nosotros mismos. No nos daban ni nos dábamos concesiones".

Recapitulando, por un lado estaban los medallones: Mimí, Gilou, Diego y yo; los venerables, figuras de alto peso específico por currículum. Después venían los jóvenes intelectuales lúcidos y de buen comportamiento, con Rafael Paz y Volnovich a la cabeza. En contraste, Gregorio Barenblitt y Miguel Matrajt eran los petardistas radicales. Todos ellos, generacionalmente, eran hermanos parricidas de la horda primitiva. Cambiando de metáfora zoológica, éramos una bolsa de gatos.

Me recuerda a "Rashomon" de Kurosawa, ese clásico del cine japonés. Cada uno cuenta su versión. Aquí presento la mía. Existe un video, producido por talentosos cineastas paulistas, que presenta la versión radical de la joven guardia. Los figurones no somos mencionados ni una sola vez. Por otra parte, Elisabeth Roudinesco, en su excelente *Diccionario*, coloca a Plataforma bajo el rubro "Marie Langer". Finalmente, el personaje olvidado en esta historia es Hernán, aunque su iniciativa diera portentosos frutos. Los editores de la segunda edición de *Cuestionamos*, por un "inexplicable traspapelamiento", omitieron publicar el aporte de Hernán, titulado: *Plataforma internacional, psicoanálisis y antiimperialismo.* Un "inexplicable traspapelamiento" es, en el mejor de los casos, un acto fallido y, en casa de psicoanalistas, un acto fallido equivale a cuchillo de palo con filo. ¿Será que el peronismo de Hernán tuvo algo que ver con su eclipse? Otro dato minimizado es que Plataforma fue inicialmente una idea europea, principalmente italiana y suiza, aunque es cierto que a la Argentina le cupo un papel hegemónico. El lector avisado captará que mi versión es la más afinada a la real realidad.

La ruptura para mí no fue fácil; en el fondo, soy un conservador contrariado y las instituciones prometen el oro y el moro. La APA parecía un súper seguro de vida.

Por otra parte, en estos días, repensando la gesta, de pronto comprendí por qué la mayoría de los platafórmicos odian a

Lacan. De chico había una rima que decía: "Este dedito puso un huevito, este dedito lo cocinó, etc. ... y este dedito, este dedito lo comió, lo comió, lo comió...".

Bien, armamos un nido alternativo, pusimos un huevito y —en la hora decisiva— Lacan se lo comió. Tal vez eso explique, como luego veremos, mis dificultades iniciales con la lectura de Jacques Lacan.

Nuestra lucha, en ese entonces, era política. La pesada jerarquía de la burocracia analítica nos molestaba, la suerte del candidato en una relación asimétrica paratransferencial nos irritaba. Por otra parte, al proclamar un "psicoanálisis abierto", nuestra tesis, a primera vista, se parecía bastante al proyecto de Abadi de la década anterior. Pero el sueño del Moro Abadi era mercadológico. Plataforma, seamos justos, proponía una revolución cultural. Ahora bien, como todo movimiento anárquico, la crítica de Plataforma fue institucional y no medular. Fue una crítica contra la IPA y no contra la práctica teórica vigente. Perdimos, creo, nuestro "retorno a Freud", si se toma ese retorno en el buen sentido de releer a Freud desde la cámara de resonancia reflexiva de nuestra clínica en un mundo cambiante.

Una vez hecha la crítica, quiero destacar el mérito y la importancia histórica que tuvo Plataforma en el movimiento psicoanalítico internacional, particularmente en América Latina. Antes de Plataforma no existía psicoanálisis fuera de la IPA. A lo largo de la historia del psicoanálisis, que comienza con el Congreso de Nuremberg, en 1910, sólo se cuenta con la expulsión de seis analistas: Adler, Stekel, Jung, Wittels, Reich y Lacan. Los tres primeros, en realidad, fueron forzados a renunciar. Wittels, fue eventualmente perdonado por su adlerismo. A Reich le tendieron lo que se llamó la "trampa noruega" y Lacan fue exonerado lisa y llanamente.

En contraste con estas expulsiones, en 1971 treinta y cuatro analistas firmaron una declaración de renuncia de la IPA, por motivos ideológicos, donde se pormenorizan las razones. Se criticaban dos pautas de la institución madre: los criterios de selección (particularmente, la entrada de los no médicos) y los criterios de formación (particularmente, la función didáctica). Quince días después, Documento, presidida por Fernando Ulloa, presentaba un documento hermano al de Plataforma, con lo que cincuenta analistas en total deciden separarse de la IPA. Ambos grupos, creo yo, en el fondo cuestionaban el estilo de institución cerrada y antidemocrática de la IPA y de su filial rioplatense. Además concuerdo con Vezzetti en que una vez más existía "la misión histórica de un psicoanálisis renovado en los objetivos de la liberación social". En eso Plataforma en 1971 retomaba el espíritu mesiánico de los pioneros del '42. Al mismo tiempo se pretendía dar una dimensión nueva al psicoanalista como un intelectual insertado en su medio cultural.

Los sucesivos borradores de este capítulo fueron leídos, vía e-mail, por varios colegas interesados en el tema. Uno de ellos me escribe: "Plataforma ya era, ustedes se quedaron fijados en el pasado". Otro, el historiador Mariano Plotki, se pregunta cómo fue que nosotros, los "figurones", nos politizamos, ¿cuál fue el motor de nuestra conversión? Según él, el rico cultivo de la "sopa política" de los años '70 no era suficiente. No tengo muy claro cómo contraje el virus. Mimí fue mi musa política. Pero eso dice poco. Tengo una teoría que tiene la ventaja de ser imposible de verificar: creo que, en mi caso, el psicoanálisis cambió mi modo de ver la vida.

Plataforma, por otro lado, fue un síntoma de los tiempos, anunciando el fin de una época. Creo que a partir de ese momento comienza la gran crisis —científica, institucional, económica— del psicoanálisis actual. Tanto el marxismo como el psicoanálisis fueron cuestionados en 1968. Marx murió en una callejuela de París y a Freud lo salvó Lacan, pero por poco muere. Fin del Iluminismo, pero nosotros no lo sabíamos.

25. MOSCÚ

Volviendo a Rusia, estábamos en la famosa torre del hotel Rossia, en el último piso, atalaya que dominaba la noche moscovita. En el bar sólo valía el dólar, los rusos no pueden beber sus rublos en ese antro capitalista. Bar internacional, mezcla de oasis con lazareto; una de las pequeñas contradicciones de los países socialistas.

Eran las tres de la madrugada cuando Tato Pavlovsky volvió frustrado después de salir con una turista norteamericana que no hizo nada más ni nada menos que largarse un deliberado y sonoro eructo frente a la tumba de Lenin, en plena Plaza Roja. Un gran eructo capitalista soez, el máximo desprecio posible. Creo que ésa fue la única vez que Tato no avanzó por motivos ideológicos; sólo en Rusia, en esos tiempos revolucionarios, se dan las excepciones que confirman la regla.

Queríamos brindar por ese gesto de abstinencia cívica pero solicitábamos en vano la atención de los atareados mozos, que ni siquiera nos miraban. En medio de la confusión, se abre la puerta doble del bar, tipo película del Oeste, y aparece una explosiva rubia oxigenada cincuentona, entrada en carnes y copas. Una yanqui vulgar, mas con presencia. *Ella* había llegado. Se acerca imponente al estaño, mira al barman, levanta el índice y apunta a una latita de caviar que estaba allá arriba en el capitel de una de las columnas bizantinas del local.

—*I want that caviar!* —ordena y el barman entra en trance; robotizado, va, busca la escalera, sube con premura y baja la lata.

—No, la otra —dice la norteamericana, mientras se sienta en la pierna del uruguayo Plá, de una forma muy especial que lo sillificó.

—Me sentía un banquito de madera —evocará luego Plá.

Para colmo la yanqui no tenía dólares, de modo que no compró el caviar, y el vodka martini que había pedido fue regalo de la casa.

Nos quedamos rabiosos con el mozo, ese ruso de mierda, y con la prepotencia de la gringa de mierda.

—Caminan como procónsules del Imperio —dice Tato imitándola.

Y ahí fue donde Plá nos sorprendió al decir:

—¿Sabés una cosa, Tato? Ustedes son lo mismo.

—¿Cómo? —pregunté como si no comprendiera, aunque atisbara.

—Ustedes, los argentinos, frente a nosotros, los uruguayos, tienen la misma arrogancia de la yanqui frente al ruso.

Las palabras de Plá llegaron con la curva envenenada de una interpretación bien dada.

—Acabás de decir una cosa importante, sabés, Plá —contesta Tato—, quizá lo más inteligente que haya oído hoy, che.

—¡No ven! Esa actitud patrocinadora —remata Plá.

Entonces se puede construir una teoría que postula que existe un valor, que podemos llamar Valor de Arrogancia, de *VA*, una especie de peso específico étnico, que se mama desde la cuna. Ese valor acrecido de arrogancia va construyendo un corpus colectivo nacional, directamente ligado al PBI, que los conciudadanos de cada país comparten. Existe una plusvalía cultural que se nos da o se nos quita por añadidura. Como canes nos olfateamos, sopesando nuestro *VA*, como si la plusvalía se adhiriese a la carne en una transacción inconsciente que esculpe nuestra pinta.

Creo que eso fue lo que aconteció con mi fracaso de introducir la teoría kleiniana en Stockbridge: el peso específico de la arrogancia americana inhibió mi retórica y comprometió la calidad de mis seminarios.

26. HUAUTLA

En junio de 1973 acepté una invitación para dar conferencias y un par de laboratorios sociales en Ciudad de México. Tengo un recuerdo vago de cómo trabajé en el primer laboratorio y sólo quedó un detalle en mi memoria: durante los laboratorios, cuando llegaba la hora de almorzar, el dueño de casa batía palmas y dos mozos de librea llegaban trayendo manjares en canastas de picnic, como si estuviéramos en plena Corte de Versalles. Y yo que había dicho: "Prepare algo frugal, huevos duros, patas de pollo...". En el segundo laboratorio conocí a Celia, de trenzas negras aztecas y voz fluida de cántaro. Era psicóloga. Después del laboratorio nos hicimos amigos, hablamos del hongo sagrado y Celia me convenció para que fuéramos a las montañas de los mazatecos, país del hongo. Junio era el mejor mes.

Huautla, poblado mazateca anidado en la montaña, cerca de Oaxaca, tierra zapateca, al centro sur de México. Gran precipitación pluvial todo el año. Clima superhúmedo que el hongo sagrado precisa. Las montañas mazatecas son tierra santa de los indios. En Huautla hay dos categorías de hechiceros, nítidamente demarcados, los hechiceros que curan chupando las enfermedades y las hechiceras que usan las propiedades alucinógenas del hongo. María Sabina fue la primera cuya notoriedad bajó de la montaña gracias a *Las puertas de la percepción* de Aldous Huxley, que narró su experiencia.

Celia había conseguido una carta oficial del jefe del Instituto Nacional Indigenista para entregar al encargado rural de Huautla. El consumo del hongo estaba prohibido y la carta valía como autorización. Fuimos en el Volkswagen de Celia, pasando la noche en Oaxaca, después de una deliciosa cena en el Zócalo. Salimos al día siguiente muy temprano y el último trecho, subiendo la montaña, sólo daba para ir en segunda, de tan empinada que era la ladera. Despacio y todo metía miedo. Llegamos a la única posada para un almuerzo tardío y entregamos la carta a la autoridad local. Fuimos bien recibidos y un jeep fue puesto a nuestra disposición. Venía con un chofer que oficiaría de intérprete. Esa misma tarde subimos al tope de la montaña para ver a la ya mentada María Sabina.

La hechicera vivía en un viejo rancho en forma de L. Lo nuestro fue un caso de rechazo a primera vista; rechazo mutuo, creo. De mi parte comienza antes de conocerla, cuando en el patio me vi rodeado de perros flacos, gallinas medio desplumadas, chanchos con chanchitos, latas y una jauría de chicos con alma de mendigos natos, los nietos de María Sabina. Una caridad, me pedían, casi agresivamente, y yo distribuyendo mis monedas. Me molestó ver reflejado en sus pupilas al turista yanqui, con su secretaria, Nikon, intérprete y grabador.

Este último fue objetado por María Sabina, quien silabeaba algo en mazateco, cuya traducción rezaba que existen honorarios especiales para grabaciones. La recuerdo como una mujer increíblemente vieja, con cara de arpía, discutiendo con el intérprete.

—¿Qué pasa? —le pregunto al intérprete.

—Dice que los hongos están difíciles de encontrar.

—¿Cuánto? —pregunté.

—Trescientos dólares.

No acepté, me parecía carísimo. ¿Por rata? Puede ser. Al fin y al cabo eran hongos para dos. Pero hoy en día estimo que hice bien: María Sabina no tuvo la intuición de mí. Ella no estaba preparada para la reunión cumbre con el gran brujo argentino.

Punto interesante, hace poco entré vía Internet a un sitio denominado *John Lennon en Huautla.* Yo no sabía que Lennon y George Harrison habían concurrido a las sierras mazatecas. Ellos, créase o no, también fueron a ver a María Sabina y se pelearon con ella porque les quiso cobrar doscientos dólares. Menos que a mí.

Pasé entonces a la segunda hechicera en el ranking de la montaña. Amelia era tan flaca y tan vieja como María Sabina. Nos atendió junto a su marido, un viejito que siempre estaba fuera de foco. Las mismas gallinas, perros y chanchos, los mismos mangazos, tengo que confesar, pero la mitad de precio. Además me gustó que la hechicera tuviera su hombre.

Esa noche subimos en el jeep del comisionado. Nos acompañaba el intérprete y Jeff, un joven norteamericano estudiante de antropología, un habitué de Huautla. Pidió asistir como observador porque no conocía el trabajo de Amelia. Al grupo se sumó, por pedido de la hechicera, un sobrino suyo que sufría de indigestión. Es bueno tener uno de la casa, pensé. Llegamos puntuales a las nueve de la noche y Amelia trancó la puerta del rancho con una gruesa viga, atizando mi claustrofobia.

Estábamos congregados en el polo iluminado de un rancho de unos 12 a 15 metros de largo. Del polo oscuro emanaban cuchicheos, risas sofocadas de niños, perros que se rascan, rosarios murmurados y el picoteo de gallinas. Afuera llovía. Noche de rayos y truenos, una típica noche de Huautla.

Nos sentamos —Celia, el familiar y yo— en sendas sillas altas de peluquería de campo, frente a un altar dominado por la Virgen. Santos de pasta, estampitas, guirnaldas de flores artificiales. En una esquina, inexplicablemente, un Pato Donald de plástico.

Antes de ingerir el hongo se sucedieron una serie de oraciones del catecismo; letanías rubricadas por el eco monocorde venido de la cara oscura de la estancia:

"Oh María, Madre mía, oh consuelo del mortal,
Amparadme y guiadme a la Corte Celestial".

Había olvidado que esa canción existía.

Bueno, llegó el momento de la comunión. Comimos los hongos servidos en hojas de plátano. Siete pares cada uno. Crudos, con fondo arenoso, de gusto al filo de lo nauseabundo. La lengua, Manuela, se eriza como gato y ni la Virgen María puede conjurar el espectro de envenenamiento. Masticamos lentamente, por consejo de Jeff, triturando cada bocado. Pasada la alarma inicial, no tuve más síntoma que un leve revoloteo de mariposas gástricas. Transcurre así un tiempo de espera. La tormenta continúa. Atento, escucho voces amortiguadas por la fuerte lluvia.

Un trueno me tira de la silla anunciando la presencia del hongo. Amelia apaga las luces. Me quedo tumbado en la estera, sin poder levantarme. La última imagen registrada fue la del antropólogo y el intérprete a la izquierda, el altar enfrente, Celia y el pariente a mi derecha. Amelia, delante de mí, sopla una a una las velas del altar y la estancia queda en oscuridad total.

El hongo se las trae. Me siento crucificado en la estera y peso una tonelada. La gravedad me aplasta en una extraña ingravidez pesada. A esa ingravidez se suma una alucinación propioceptiva de perpetua caída, donde se cae con la lentitud de los sueños. La tormenta afuera arrecia. Parece que cuando Amelia llama al cielo, los rayos le obedecen. Estamos en el ojo iracundo de la tormenta psicotelúrica. Celia, a mi lado, se ofrece como una estatua kingkongnesca de la fertilidad. La supermadre india. Precisaba de tamaña mujer para devolverme el compás en este espacio alterado de las realidades cotidianas. Me aferro a ella cual huérfano pornográfico, pero cierta pompa melodramática me alerta que lo erótico puede ser una salida fácil, una fuga para no penetrar en el fondo solitario de las cosas.

Desde la oscuridad me llega una canción mazateca increíblemente familiar y supe el sentido de las palabras. Al replegarme encuentro al *indio interno*. Canción para mis entrañas de indio. Mis entrañas de indio guerrero, ni más ni menos. Pertenencia, raíces en la tierra. El hongo trasvasa identidad mazateca, comerlo da acceso a una forma de vida antigua, rebelde hasta la humildad, el camino del derrotado que no olvida.

La canción de Amelia termina en silencio, sin tormenta. Jeff enciende su pipa y el fogonazo me encandila. En la ciega oscuridad que sigue la hechicera se dirige a mí por intermedio del intérprete:

—El señor puede preguntar sobre lo que le espera en la vida que Santa Sofía, con ayuda de la Santísima Virgen, lo va a orientar.

Tomé mi tiempo. Quería contestarle con el protocolo que una gran ocasión merece. Comencé con lentitud y me detuve. De pronto supe, no me pregunten cómo, supe que Amelia hablaba español, que lo comprendía perfectamente. Más que eso, tuve la total certeza de que todos los mazatecos de Huautla entendían el español. El hongo me lo dijo.

—Comprendo que profese no hablar español —dije, eligiendo las palabras con todo cuidado—, es una buena táctica frente al conquistador, pero prefiero hablar en mi lengua, porque quiero acercarme a usted y a su pueblo desde mi corazón.

Hablaba como embajador de otra tribu. Se produjo un silencio ni siquiera cortado por el trueno. El intérprete carraspeó, momento clave, ¿se animará a traducir? Dejé que el silencio corriera antes de retomar la palabra:

—Le agradezco por el privilegio de haberme dado el hongo. Lo acepto con gratitud. Gracias al hongo puedo hablar como estoy hablando. Lo lamento, no me interesa lo que Santa Sofía pueda decirme.

¿Y sabés una cosa, Manuela?: estuve bárbaro. Nunca estuve así de lúcido. Escuchando la grabación de Jeff, luego en la fonda, pensé que podía haberme ahorrado lo de Santa Sofía.

173

Pero, en fin, lo cierto es que algo ocurrió en ese momento entre Amelia y yo: cables cruzados de alta tensión. Sobre esos fondos y trasfondos, el efecto del hongo se encarrilaba por un módulo alucinatorio, un suceder de imágenes con un poder de definición superior a las del ácido lisérgico. No conozco una droga más alucinógena. Un templo maya desfilaba majestuosamente ante mis ojos. Ambientes decorados con un fausto ajeno al hombre blanco. Otra cultura que yo, poseedor poseído por el hongo, reconozco como mía.

Llegado a su ápice, comencé a derrapar. "Con la ayuda de la Santísima Virgen", había dicho Amelia. La Virgen no tiene nada que ver en esta tierra de indio. En eso Amelia se ha vendido. En eso todo el pueblo mazateco se ha vendido, peroré, entrando en un delirio político. La Gran Arenga. Emilio a la izquierda de Emiliano Zapata. Peroraba y peroraba, pero mi interlocutor no era Celia, ni Jeff, ni el indigestado, ni siquiera Amelia. Hablaba para los testigos silenciosos, jóvenes y viejos, en la cara oscura del rancho. Hablaba para mi pueblo. El Espíritu del Hongo me decía que era un insulto cantarle a la Virgen.

—No hay que ser cabrones —dije y se me frunció la espalda por el puñal que mi paranoia imaginó, porque estos mexicanos no son fáciles. Luego hablé de la lucha de clases. Duró casi quince minutos, que el grabador registró junto con la ocasional carcajada de Celia.

Amelia encendió una vela que me encandiló y comenzó a rezar una decena de rosario. Sólo el indigestado le contesta. Entonces me pongo de pie, listo para retomar la arenga. Amelia también se levanta, bebe un largo sorbo de agua, hace un buche, se acerca a mí y —no lo podía creer— me escupe con fuerza en la cara. Brutal, una ducha helada de mil alfileres se clavó en mis mejillas. Quedé estupefacto ante la picana líquida, paralizado, mi capacidad de pensar anulada.

Entonces entra Celia en el tinglado. Habla como miembro de la sección femenina del Partido Comunista Mexicano.

—Mi sangre es india —comienza a decir. Ella también descarta al intérprete. Desde mi óptica la veo conciliadora y demagógica. Su discurso es reformista, no habla desde el hongo.

A la luz de la vela Amelia comienza a cantar junto a Celia, luego la saca a bailar y, juntas, dan vueltas y más vueltas, cual trompos. Yo me debato con la parálisis. El hongo me dice que tengo que oponerme a la diabólica religión de Amelia, arrancarle su presa. Pero no podía romper el encanto. Un trueno vino en mi ayuda, me puse de pie e interrumpí el baile. Se prendieron más

174

velas, eran las cuatro de la mañana, aun plena noche. Hubo quizá un momento de indecisión cuando pedí que levantaran la viga de madera que trababa la puerta. Dueño de mí, le dije al indigestado palabras a los efectos de que lamentaba no haberle pateado el hígado, pagué y nos dispusimos a partir. Para mi sorpresa, Amelia me obsequia el resto de los hongos. ¿Quién la comprende? ¿Será que en el fondo estaba conmigo?

Afuera estaba bien oscuro. Las luces abajo, en Huautla, y enfrente, en San Mateo, brillaban como antorchas en la montaña de los brujos. En tierra mazateca, Manuela, lo fantástico destila una intensa realidad. Partimos con los últimos truenos. Yo salí corriendo montaña abajo en la oscuridad sin luna, entre charcos, barro y piedras, bajando sin mirar, sorteando los obstáculos con felinidad de indio. Sucede, Manuela, que estaba en trance.

Tres días después Martha Berlín me esperaba en Ezeiza con su panamá de ala ancha y la chalina negra con las iniciales de Yves Saint-Laurent en el cuello.

27. JUBILACIÓN

Y así llegó el día en que cumplí cincuenta años. La fiesta fue en la casa de un amigo rico de Chamaco, en Palermo. Cuando hice la lista de invitados, unos sesenta en total, me di cuenta de que todos eran nuevos amigos, gente que había conocido en los últimos años. Buena cosa, implicaba renovación, cambio de rumbo. La excepción era Mimí Langer, vieja amiga desde hacía más de veinte años. Los nuevos amigos, Armando, Fernando, Hernán y Tato estaban presentes.

Cuando faltaba poco para la medianoche, Mimí se acercó con una botella de champán y dos copas y me llevó al jardín. Brindamos por mi nueva edad. Ella me dijo:

—Emilio, bienvenido al círculo de los sabios.

Por la pompa de la invitación, por la sorpresa del suspenso, pensé en mamá, pensé en la Dama de Negro; tal vez, pienso ahora, mi madre fue mi primera maestra.

—Hay que tener cincuenta años para poder entrar al círculo —continuó.

Yo era entonces un pichón de sabio.

A continuación ella me confió el secreto de la sabiduría, del mismo modo en que Juanita me confió el secreto de la piedra de mi sueño africano. La escuché absorto, sin perder palabra, aunque luego me olvidé de lo dicho, pero esta vez el secreto retornó como si yo lo hubiese descubierto. No es plagio, es más que plagio, un caso de total apropiación. Constituye lo que en *El antiyoyó* denomino la Teoría de la Jubilación, idea medular de ese libro, que parece sacado del Eclesiastés. Parte de la noción de que la jubilación tiene que ser un tiempo donde el hombre cosecha sus frutos en esta tierra y celebra los resultados.

La jubilación como un estado civil: soltero, casado, divorciado, viudo, jubilado. Entrar jubilosamente en una edad en que mal que bien, bien que mal, se ha cumplido con Dios, con el hombre y con el diablo. El árbol, la manzana comida, el hijo, el libro. Ahí están las cien mil horas como analista, la *Biografía de una comunidad terapéutica*, Penny, Plataforma, la FAP, la marcha a Ezeiza, dando testimonio de una vida. Este jubilado no murió prematuramente, nadie puede decir ¡qué desperdicio! Entonces jubileo, la banca paga, que me den nuevas fichas. Llegó la hora de ser sabio.

Para ser sabio hay que ser huérfano de padres y huérfano de hijos. Por eso hay tan pocas mujeres sabias (aunque fue Mimí quien me mostró el camino); es difícil para una mujer jubilarse de su maternidad. La jubilación presupone una ruptura con los hijos bocas que tienen que ser llenadas, con los hijos esfínteres que tienen que ser controlados, con los hijos ciudadanos que tienen que ser alfabetizados, descocainados y así sucesivamente. "Nada hay más parecido a un amo que un hijo", me confió cierta vez Selva Acuña. Sí, hay que ser huérfano a dos puntas. Has cumplido el contrato y sos libre, libre para delirar.

Repito, entonces, cuentas saldadas y vida nueva. El futuro es más corto; por eso conviene destilar esos pocos años en una esencia de mirra y jazmín. Lo que se pierde en kilometraje se tiene que compensar sacando partido de lo más precioso adquirido con la jubilación: la libertad. El hombre sabio es libre. A los padres los lleva en el recuerdo; a los hijos, en la amistad. Él pagó sus cuentas, y si alguna deuda chica quedó olvidada, es la hora del jubileo, la banca paga. Si el hombre sabio cae en la tentación de ser hijo de sus hijos, que lo haga sin miedo, ellos se sentirán enriquecidos en mimar al hombre libre que fue su progenitor.

El hombre jubilado tiene que transformar la ciudad en su jardín, el barrio en su quinta. Como ésas son tierras de su propiedad, él debe ser gentil con las personas que encuentra en su camino, haciendo un ocasional guiño a una señora guapa, a una Dama de Negro, porque lo cortés no quita lo valiente y puede ser puntual sin ser imprudente. Él debe disfrutar de los bienes de la tierra.

La Teoría de la Jubilación imprimió su cuño a la segunda mitad de mi vida, estimando, con optimismo, que voy a vivir cien años. Ella opera como norte y articula mi deber deseante. Esa noche con Mimí mi vida cambió. Ahora soy otro.

Carmen Lent, una amiga casi sabia, al recibir mi e-mail con este capítulo, me contesta diciendo que le parece que estoy pintando la *vie-en-rose*. Pero los modelos son así: ¿dónde se vio una propaganda de Gillette con un hombre barbudo? Digamos, con todo, que la libertad tiene sus peligros, la libertad del huérfano

177

en la tercera edad suele ser solitaria; mejor dicho, tiene que ser solitaria. Otro peligro es el tedio: creo que el atardecer del domingo es odioso, no tanto porque mañana será lunes, sino porque uno no supo bien qué hacer con el día de reposo del Señor.

Bachelard dice "todo bienestar verdadero tiene un pasado". Concuerdo, el jubilado, como digo en otro lugar, tiene que ser un hombre notable para ser considerado, apreciado, mimado. Debe tener un pasado de distinción.

Pero Carmen vuelve al tema diciendo: "Y los que no son notables, o sea, la grandísima mayoría, que se jodan cuando se jubilan...". Verdadero problema: concuerdo con que la mayoría de los jubilados se joden cuando se jubilan, ése es un hecho. Los jubilados en los bancos de las plazas son una sombra de sí mismos, caminando con tiradores y pasitos cortos, leyendo periódicos arrugados, ignorados por las palomas. Por otra parte, Carmen da en el clavo cuando dice: "Es cierto que lo que me da calorcito son los lugares en que uno es notable". Pues bien, cada uno tiene que construir un rincón donde es prestigiado: en el bar, en la plaza, en un *chat group* de Internet, en la tribuna de socios de Chacarita Juniors. En fin, vanidad de vanidades, todo es vanidad, según el Eclesiastés, el Libro de los Errores.

Por otra parte, siempre existe el suicidio.

28. CANDOMBLÉ

Cierto día recibo por correo una invitación formal de Mestre Didí y Juanita para una ocasión muy especial: la ceremonia del Séptimo Año de la Muerte de Mãe Senhora, la madre carnal de Didí, una de las *Iyalorixás* más ilustres en la historia del Candomblé. Acepté encantado. La invitación, Jack, con esquela y todo, parecía sacada de uno de tus cuentos africanos. Desde Buenos Aires imaginaba fogatas y negros bailando al tam tam de los tambores como en las peores películas de Tarzán.

Preparé mi mochila y tomé el avión. La ceremonia tendría lugar en el Axé Opô Afonjá, quizá el más tradicional de los terreiros de Salvador, escenario principal del libro de Juanita sobre los nagó y la muerte. La invitación venía con un añadido exótico: era condición necesaria pasar toda la semana de ritual dentro de las murallas de la comunidad, confinado intramuros. Eso en principio no me inquietaba. En el avión releí el libro de Juanita, sobre todo el capítulo que describe el terreiro de Mãe Senhora. Me hacía una vaga idea del lugar. Sabía que quedaba en las afueras de la ciudad, en el barrio de Cabula, lugar otrora conocido como refugio de esclavos. Cuenta la tradición que el actual terreiro fue, en el siglo pasado, un kilombo de negros rebeldes.

El libro de Juanita mencionaba una división de la comunidad entre la parte urbana, sede de los templos y el "mato sagrado", área de selva virgen, ocupando dos tercios del terreno: un pedazo de Mamá África en el Nuevo Mundo.

Mestre Didí y Juanita me esperaban en el aeropuerto y de ahí fuimos directo en taxi para el Axé Opô Afonjá, circunvalando la ciudad de Salvador que se presentaba mucho más grande de lo imaginado. La última parte del viaje fue en camino de tierra, pasando por uno de esos barrios donde salir de noche no es recomendable. Pero, llegando al portón, la cosa cambiaba y uno entraba de lleno en el retablo de un pintor naïf, donde los niños pintaban barriletes y las casas multicolores parecían de juguete. Tres construcciones se destacaban. Primero, a la derecha, sobre

179

un fondo de árboles gigantescos, se levantaba la casa de Shangô, aún en construcción, Orixá Rey del Terreiro. Cerca encontramos la casa de Oxalá, una mansión amplia pero simple que sería el decorado ideal para un cuento de hadas bahiano. Finalmente estaba el Barracón, local de ceremonias, donde se realizaban los rituales públicos.

Sabía por las supervisiones con Juanita que estos lugares se constituían en los principales asientos de la comunidad; en torno a ellos, desparramados por la zona urbana, están los templos de los Orixás restantes y unas treinta casas de moradores de la comunidad.

Me llamó la atención una casa que resultó ser de Omolu, el Rey de los Subterráneos.

—¿Puedo entrar?

Juanita me miró como si quisiera espiar en el baño de damas:

—Hay ciertas casas, como la de Omolú, donde sólo puede entrar la alta jerarquía del terreiro.

—¿Tú nunca entraste?

—Nunca —dijo con énfasis.

Abajo, al fondo, se veía la ciudad de Salvador. Estábamos en lo alto de una larga colina, cubierta por el mato sagrado, una selva verde oscura, filtrada por la frondosidad en bóveda de mil árboles. Lugar de lianas y premoniciones; los pájaros se silencian. Retornando a la Casa de Shangô vi que los árboles gigantescos tenían paños blancos anudados a su base. Pregunté por ellos y Juanita me informó que eran Irokos, los árboles sagrados.

Llegué para la apertura de la semana de festividades. Pronto me di cuenta de que estaba frente a un gran servicio religioso, sin duda la ceremonia de la década. Mãe Senhora fue una ilustre Iyalorixá tan renombrada en su época como Mãe Menina de Gantois en los años '80. Juanita, que probablemente tuvo grandes peleas con su formidable suegra en vida, evocaba con admiración a su finada rival.

—Le levantaron un monumento en Río de Janeiro.

Mãe Senhora había recibido el título de embajadora en la diáspora y toda su fama ahora resurgía como veneración en las ceremonias del Séptimo Año. Iyalorixás y Babalaos de todas las naciones del candomblé así como personajes notables como Pierre Verger y Jorge Amado.

Llegué justo a tiempo al Barracón. Esa noche las celebraciones se realizaron temprano. Mestre Didí, *agogo* en mano, marcaba el ritmo junto a los que tocaban los tambores o atabaques. Los atabaques comenzaron a tocar desde el caer de la tarde, convocando a los fieles. El Barracón es un caserón simple con techo a dos aguas, del tamaño de una cancha de básket; la analogía se completaba por las dos tribunas bajas, levantadas a los lados, una para cada sexo.

En la pared de enfrente del portón de entrada, sobre una tarima, se sentaron las personas importantes, encabezadas por Mãe Ondina, la Iyalorixá sucesora de Mãe Senhora. La recuerdo gorda, majestuosa en su trono, con una cara mofletuda a lo Charles Laughton. La pista de baile ocupaba el centro del Barracón y estaba desierta. Sólo se oían los atabaques. Convidados y fieles presentes, algunos de ellos con majestuosas túnicas africanas, iban llenando el local.

Juanita me había dado instrucciones: en el momento oportuno yo debía dirigirme a la tarima y saludar a la Iyalorixá, sentada allá arriba en su trono real; lo que no dejaba de ser preocupante: atravesar todo el salón y hacer mi reverencia.

—¿Cómo hago?

—Fijate cómo lo hacen los demás.

—¿Sólo eso?

—Sí, estate atento, yo te hago una seña cuando llegue el momento —me tranquilizó, depositándome en la parte superior de la tribuna izquierda. Acto seguido Juanita dio una vuelta por el salón, saludando a medio mundo, para instalarse en la bancada opuesta, en un lugar reservado a personajes de rango. Comprobé con orgullo de analista que mi ex paciente se movía como pez en el agua.

Estaba con mi concentración dividida entre la señal que vendría y el estudio de los matices del protocolo, porque la cosa no era simple. Identifiqué tres estilos de saludos con el correr de la fila. En el primer tipo, los fieles, tendidos cuan largos eran, tocaban el suelo con la frente antes de arrodillarse y besar la mano derecha de la Iyalorixá. El segundo, más complejo, consistía en una doble postración, primero a la izquierda y después a la derecha, formando un paréntesis a los pies de Mãe Ondina, seguido por el arrodillarse y besarse de manos. El tercero combinaba los otros dos: postración frontal y lateral más arrodillarse y beso. La Iyalorixá se dejaba reverenciar con mirada displicente.

La fila avanzaba, lenta, cada uno con su saludo. ¿Cuál será el mío? Aunque tuviese mis valijas de psicoanalista antropólogo depositadas en el terreiro y aunque fuese supervisor de Juanita y hermano menor de Mestre Didí, yo era sin duda el más crudo de los feligreses, una palma, como mucho, por encima de los turistas alemanes que me rodeaban. Sea como fuere tenía que saludar, marcando mi entrada en el universo del candomblé. El sentido común me decía que a mayor vínculo mayor complejidad protocolar, sea cual fuere, postrarse de bruces no era fácil para un argentino descendiente de franceses nacido en el cruce de Viamonte con Maipú.

Juanita, con un corto cabeceo, rompió el suspenso.

La fila se iba achicando. Una mujer cuarentona saluda en paréntesis, lo que parece ser propio de las mujeres. Un viejito se acerca al trono. Un senil, senil. Yo esperaba, confiando en que la edad dispensase la postración supina. Pero no, el venerable anciano, con un crujir de huesos, se desparramó frente a la Iyalorixá. Yo venía después. Respiré hondo, dando mi primer paso, observando que Mãe Ondina seguía con su cara de hastío imperial, como una Charles Laughton en el papel de Nerón, tolerando la admiración de sus súbditos. Elijo el protocolo más simple; cuando mi frente toca la piedra, con el cuerpo rígido como soldado de plomo tumbado, mis vértebras aristocráticas casi se insubordinan. Fue difícil pasar por el ojo de esa aguja.

Luego las mujeres entran en el ruedo y giran caleidoscópicamente, con varias enaguas albas, perfumadas. Pies descalzos. Las bailarinas por cierto no participaban de ningún concurso de belleza. La edad media del grupo frisaba los cincuenta tardíos. Cincuenta años de lavanderas, cocineras, amas de casa proletarias. La dura fajina había marcado los cuerpos sarmentosos. Algunas mujeres viejísimas, en la cuesta de los ochenta, desfilaron ante mis ojos, a un paso de la eternidad. Sólo una joven espigada salvaba el espectáculo.

Mucho aprendí más tarde con Graça sobre las sutilezas que hacen de la tauromaquia un arte marcial y del candomblé una religión con sus señas y contraseñas. Ella, que entrará en la rueda como una reina, insiste casi hasta convencerme de que algunas de esas ancianas bailan incomparablemente mejor que ellas. Mãe Pinguinho con sus no sé cuántos años tiene fama de eximia bailarina. La octogenaria tía Honorina, también; la milenaria tía Epifania, ídem.

—Tiene que ver con la forma en que se asume el Orixá —me aclara Graça. Pero en esa primera noche mi paladar no estaba para degustar vinos tan añejos y Mãe Pinguinho, que sin duda giraba en la rueda, probablemente me pareció un esperpento.

El baile en la ronda evocaba con tonos lúgubres, a veces imponentes, la razón funeraria del encuentro y las hijas de santo bailaban quejumbrosamente como si fuera un colosal velorio; sólo después supe que se trataba de una ceremonia pesada aun para los iniciados. El ritual comenzó a sofocarme. Claustrofobia de claustro. Me escapé furtivamente del Barracón como en los viejísimos tiempos en que me hacía la rabona. Nadie, que yo sepa, detectó mi fuga. Enfrente del portón del terreiro, cruzando la callejuela de tierra, encontré un viejo bar con alma de pulpería suburbana. Pedí una cerveza en la barra. Fumé un cigarrillo sintiendo, en el juego de las miradas, que yo era el sapo albino de otro pozo. Obvio. Casi de entrada, un borracho se acerca con sus tres palabras de inglés cocoliche y me alerta contra los parroquianos. Son un peligro, dice.

—Cuidado con los borrachos —dice, haciendo el gesto de quien saca un revólver—. ¡Bang, bang!

—Sí, hay muchos ladrones —tercia el pulpero que se llama João.

—*Gente que não presta* —afirma el borracho.

En agradecimiento por la recomendación le pago un merecido trago. Mi protector acepta y se hace servir una medida de vino tinto de damajuana sobre otra de jengibre. Me pasa su vaso para que lo pruebe.

Con cierta reserva pruebo el nuevo *drink*. No está mal la mezcla.

—Se llama *malandrajem* —me explica el pulpero João que tiene cara de turco y nunca sabré si la bebida se llamaba malandrajem o si era una "malandrada" del borracho servirme ese malandrajem.

Entonces pido un malandrajem, apuro la copa y vuelvo a la escuela. Juanita me espera en el portón del Barracón con cara severa.

—Emilio, no se puede salir del Barracón durante una ceremonia —me reta en un español que se aportuguesa por los bordes.

Cabizbajo, pedí disculpas entre bostezos y me fui a dormir sin esperar que terminase el primer día de luto celebrado. Esa noche dormí como un plomo en un sueño inquieto a fuerza de ser quieto, dejándome un sabor de jengibre en la boca seca; fue un triunfo abrir los ojos legañosos al filo del mediodía, de pésimo humor, sabiendo que toda la comunidad se había levantado con el cantar del gallo.

Mestre Didí, por derecho de linaje, tenía su casa en el

terreiro, cerca del Barracón, con cuarto de baño interno y freezer. Además de una cama de una plaza, mi habitación tenía un perchero de pie y mesita para mi cuaderno de bitácora.

"Estoy en un claustro africano", escribí en la primera página.

Sospecho que uno de los motivos de mi opresión era que la comunidad estaba amurallada. Un muro me separaba de la calle y el infranqueable mato sagrado se encargaba del resto. Yo no podría vivir en un monasterio, ni siquiera en aquel de Humberto Eco con crímenes, herejes y libros maravillosamente iluminados. Ésa podía ser la razón laica, pero quién sabe si no había motivos del orden de lo sobrenatural. Tal vez a Shangô no le caía bien.

El Axé Opô Afonjá es sin duda una comunidad amable y muchos me dirán que aquí reina la paz. Yo no experimenté esa sensación. Mi contacto con el candomblé fue enigmático y complicado, y luego veremos cuán grande fue su lugar en mi vida. Pasado el primer momento de presentación, donde todo era nuevo, se instaló una nítida opresión. Estaba confuso porque, repito, el clima del lugar era edénico y sabía que era un sitio rico en sueños. El rechazo era visceral y se acompañaba de bostezos, párpados cerrados y hormigas en el culo.

—¿Qué te pasó anoche? —me pregunta Juanita, trayendo café.

Yo me justifico diciendo que el ritual me impactó por lo nuevo, lo que en parte era verdad. Pido más información:

—¿Cómo se llamaba lo de anoche?

Juanita ratifica que era una ceremonia fúnebre, sacramento póstumo cuya función es que el muerto se dé cuenta de que está muerto. No dejar al alma de pie; por eso ninguna hija de santo puede sentarse durante la ceremonia. Estábamos en la cocina, una bandada de chicos entraba y salía haciendo barullo.

"No dejar al alma de pie", escribo en el cuaderno.

Mestre Didí, mi hermano en Shangô, entra a la cocina para anunciar que esa misma tarde se ofrecerá un *Bori*, pero quizá fuese prematuro...

—¿Prematuro para qué?

Juanita me explica que se trata de una ceremonia interna para iniciados. Ella y Mestre Didí habían discutido el asunto y concluyeron que yo podría participar.

—¿Qué es un *Bori*?

Parece ser que al *Bori* también se lo llama comida-para-la-cabeza; es un ritual de fortalecimiento.

—¿Sólo eso?

Juanita miró a Mestre Didí antes de contestar:

—Hay una matanza, se sacrifican animales para darle sangre a la cabeza de los iniciados.

La Casa de Oxalá estaba repleta de fieles, todos vestidos de blanco. En las paredes, símbolos de este Orixá de Orixás, padre de todos ellos. A la derecha, sobre esteras, cuatro figuras cubiertas por sábanas. Son los que se van a iniciar. Junto a ellos, Mãe Ondina, sentada en un sillón de porte medio, menor que el trono del Barracón. Frente a cada estera, a los pies de los iniciantes, estaban dispuestos flores, frutas, una botella de vino y potes de cerámica cerrados.

Conseguí un banquito cerca de la puerta. Dos hijas de santo depositaron ocho gallinas maniatadas junto a mí. Las observé con la curiosidad morbosa que trae el cadalso. ¿Tendrán ellas una premonición emplumada? Sus ojos paranoicos de reptil me decían que sí. Solidaridad con los que van a morir. Cuando crucé miradas con Juanita tuve la impresión, de que ella leía mis pensamientos.

Mãe Ondina se levanta, abriendo la ceremonia. La Iyalorixá entona una "cantiga" junto a la primera iniciante. Voz impostada de soprano, los fieles responden en coro. Mestre Didí se pone de pie y otro tanto hace la cofradía. Ante una señal, Mãe Ondina llama a un señor alto y fornido, sin edad, todo vestido de blanco, inclusive la impecable gorra inglesa de lino. Luego me enteré de que lo llamaban Padre Julio. Tiene algo extraño en el brazo derecho, como si la cabeza del húmero estuviese desarticulada. Padre Julio toma la primera gallina y, con el bamboleo de su brazo de goma, corta el cogote de la víctima. Casi no me dio tiempo de cerrar los ojos. No recuerdo si la gallina gritó, mis notas sólo consignan la mirada de Mãe Ondina, absorta mirando en el infinito.

Alguien trae una especie de nuez grande, en bandeja de plata, y se la entrega a la Iyalorixá. Mãe Ondina parte la nuez y realiza el juego oracular, usando las partes como buzios. A continuación vierte un poco de sangre de las gallinas en la cabeza de la iniciante y la envuelve con un turbante blanco. La ceremonia se repitió como un calco en los otros iniciantes. Muchos detalles de la misma se me escaparon. Mis anotaciones fueron lacónicas y fragmentarias. Recuerdo que los cuatro, ahora recostados, parecían dormir tranquilos. Los cadáveres emplumados habían desaparecido con singular eficiencia, sólo un rastro de sangre quedaba como testimonio de la matanza.

Los cánticos y las providencias pararon, pero nadie dejó la Casa de Oxalá, cada uno en su sitio. Sobreviene un suspenso religioso mientras todo permanece como está y los minutos corren interminables. Mãe Ondina, de párpados cerrados, bien podría estar dormida en su trono, y el tiempo repta como digestión de anaconda. Ondas de claustrofobia me vuelven a atacar y devengo paranoico al presentir que Juanita, más allá del charquito de sangre, me observa atenta a cualquier fuga.

Pasan las horas, cae la noche y me preocupa un creciente deseo de ir al baño. Finalmente, por la misma puerta por donde el Padre Julio apareció para la matanza, entra ahora un grupo de hijas de santo, trayendo grandes marmitas tapadas. Huelen bien. Mientras salivo las colocan junto a otras vasijas en una larga mesa. Luego retiran los turbantes de las iniciadas y junto a la sangre colocan trozos de gallina y una pasta amarilla, parecida a polenta. Finalmente la Iyalorixá envuelve la comida-para-la-cabeza en un nuevo paño limpio de algodón.

Las hijas de santo comienzan a servir la comida entre los presentes y ahí me doy cuenta de lo obvio, porque soy lento para aquello que no quiero ver: estaban sirviendo las gallinas recién sacrificadas. El hambre se me cuajó en una náusea.

Años atrás, cuando cursaba medicina, un paciente con una rara enfermedad agonizaba en la sala del doctor Furstinoni, mi profesor de semiología. Era un requintado problema de diagnóstico diferencial y había que "matar la charada", como dicen los bahianos. El pobre señor, la charada en cuestión, murió rodeado de médicos curiosos, un poco impacientes por conocer el final de la historia. Fue así como no bien el paciente dio su último escandaloso estertor, ya caminaba rumbo a la autopsia. Entonces yo estaba allí, inspeccionando las tripas calientes de aquel que había saludado esa misma mañana, sintiendo el olor dulzón característico del interior de la barriga.

Dicho recuerdo rondaba cuando una hija de santo solícita me trae un plato servido. La pata de pollo venía acompañada de una papilla blanca, tipo mazamorra, y el empaste polentoso. Levanto la mirada para ver que Juanita cabecea enérgicamente, con la intensidad de madre de niño anoréxico.

Sabía que iba a ser difícil pasar bocado. No sé cuánto tiempo tomé para empujar la comida, mientras masticaba y masticaba. Para complicar el panorama, una esquirla de la pata de pollo se me incrustó en el paladar y ya esa misma noche mi boca comenzó a hincharse. Amanecí con fiebre, por lo que nuevamente me desperté tarde, y tuve que tomar antibióticos.

Mi boca seguía hinchada al quinto día cuando fui a participar de la fiesta en la Casa de Omolú. Su Casa, vecina a la de Oxalá, estaba atiborrada de fieles cuando llegué. Juanita me dijo que tenía que quedarme en la puerta porque Shangô y Omolú son enemigos. Hermanos pero enemigos mortales; yo, como hijo de Shangô, no era persona grata. Omolú, sujeto tenebroso, es el señor de los laberintos, no me cae bien, no es de confiar.

Ubicado, entonces, en la puerta, yo veía gente de ambos lados y en el medio un corredor por donde iba pasando una serie de animales: gallinas, gallos, chanchos, cabras, más gallinas y algunos patos, avanzando en fila india para desplomarse enfrente del altar. Eso no es de extrañar, las gallinas del Axé Opô Afonjá gozan de corta vida. Lo increíble era que esta vez los animales morían solitos. Nadie les hacía nada, el brazo del Padre Julio estaba guardado. Sucumbían beatíficamente, sin decir ni pío, a los pies de Omolú.

—¿No les hacen nada? —pregunté admirado.

Juanita no se dignó responderme.

—¡Una serpiente! —exclamaron unos muchachos cerca de la puerta. Algo se movía en el matorral junto al árbol que sombrea la casa de mi enemigo.

—No es de extrañar —comenta Juanita en ese día de por sí extraño—, las serpientes siempre aparecen para la fiesta de Omolú.

Era una coral. Nadie se espantó y me sorprendió que no la mataran. Los mismos muchachos, con gritos y largas varas, la ahuyentaron. En la Casa de mi enemigo sólo los inocentes mueren. Este Omolú se las trae.

Ahí estaba, creo yo, el dilema de Juanita en vivo y en directo. ¿La coral era hija del azar o de un antiguo sortilegio? ¿Las muertes no asistidas ocurrían sin interferencia humana? El etnólogo cree en la muerte espontánea, por la fuerza del ritual, o no cree en ella.

To believe or not to believe.

La fiebre batía con mi flemón. Yo quería bajarme del tren pero no podía. Menos mal que Juanita y Mestre Didí fueron admirables anfitriones. No recuerdo qué ocurrió en el sexto día; los preparativos para la culminación de la fiesta eran grandes. Las hijas de santo pasaron la tarde adornando el Barracón. Finalmente llegó el séptimo día. Jorge Amado y Dorival Caymmi estaban sentados en la tarima de honor. El Axé Opô Afonjá oficiciaba su supermisa de Gallo. La entrada de Mãe Menina de Gantois causó conmoción. El Barracón vibraba completo y la expectativa era grande.

La fiesta continuaría durante toda la noche. La cuestión era hacer tiempo hasta la madrugada. Antes de la salida del sol —Juanita me informó— el espíritu de Mãe Senhora tomaría cuerpo en el fondo del terreiro, cerca de la Casa de los Muertos, una cita al borde del mato sagrado. Yo, Jack, hice todo lo posible para no dormirme. Aguanté, bostecé, me llené de aspirinas para permanecer con el ojo abierto. Pero no hubo caso, el sueño me tumbó antes de medianoche.

—No sabes lo que te perdiste —me decían al día siguiente. Todo el terreiro reverenció la presencia etérea de Mãe Senhora, suspendida en el aire e iluminada.

Finalmente, para rematar la historia, mi flemón desapareció como por arte de magia cuando salí del Axé Opô Afonjá rumbo a Bahía de extramuros.

Entonces, aquí está mi duda: por un lado, yo diría que mi rechazo por el Axé Opô Afonjá —con bostezos y flemones— va más allá de lo normal. Por el otro, tenemos el llamado, el papel de Juanita en la historia, la piedra vibrátil de mi sueño, el radiante maniquí de Shangô. Entonces, de existir un sendero que me llevaría años más tarde a casarme en el Axé Opô Afonjá con Graça, un hija de santo, este sendero está minado de percances, comenzando quizá en la Plaza San Martín, cuando Mestre Didí acribilló mis espaldas.

29. MIEDO

Crónica de tiempos tormentosos. Conocí a Antonio en la famosa comitiva psicoanalítica que fue a Moscú y luego intimamos en la delegación que bajó a Bulgaria, sobre todo en una playa satélite al borde del Mar Negro, la famosa playa donde tiré al mar mi boleta del Partido Comunista. Recuerdo que Antonio y yo recorríamos los bares en procura de cualquier turista, sea del bloque socialista o no (tampoco importaba mucho que fuera turista). En esas noches blancas, de moscardones frustrados, él dio a entender la naturaleza de su serio compromiso político. Habló más de la cuenta.

De vuelta a la Argentina, Antonio subió a su provincia y yo continuaba en la FAP Capital. Meses después llega la noticia del accidente: una bomba que montaba había explotado. Antonio trabajaba con dos compañeros. Uno murió en el acto; el otro, no recuerdo. Antonio, herido en el vientre, huyó pampa adentro. Se suponía que iba rumbo a la ciudad de Córdoba. Yo quería ver si podía ser útil. Guri Roldán, el secretario de FAP, mi ángel de la guarda político, fue categórico:

—No vaya, no sea boludo —como todo ángel de la guarda, Guri me trataba de usted.

Esa noche no pude dormir, lo que no era novedad en esos días. Existía un peligro real. Risseau, un compañero de comisión, había desaparecido. La cosa pintaba tan fea que, pocos meses después, la comisión directiva de la FAP se exilió en pleno. Yo nunca tuve una participación activa con los grupos clandestinos, salvo haber atendido a algunos militantes. Fueron terapias muy extrañas que harían las delicias de un Bion que sostenía que el analista tenía que atender con la mente en blanco, porque, en mi caso, cuando el militante dejaba el consultorio, yo apagaba todo lo dicho, nombres y lugares en primer término. Sabía que cantaría bajo tortura a la primera de cambio.

Esa noche, una escena antigua me atormentaba. En los tiempos de estudiante de medicina yo era antiperonista, medio gorila, lamento decirlo, secuela de mi pasado franquista. Cierto día teníamos la misión de defender una iglesia que, se suponía, iba a ser atacada. Integraba un grupo de cinco. El líder del quinteto era un tipo que ganó renombre porque una vez, en un tumulto en la Plaza de Mayo, le encajó el casco a un policía. Yo admiraba su coraje, pero el sujeto me parecía un tiro al aire. En un pelotón es importante confiar en tu sargento.

Mi hermano Jack, no recuerdo por qué, se sumó al pelotón. Yo tenía dos revólveres calibre 38, uno de caño largo y otro de caño corto. Le pasé a Jack el de caño largo y me sentí muy mal por mi cobardía: le di el arma más difícil de descartar, si las papas llegaban a pelar. Ese acto cobarde siempre me persiguió, aunque Arnaldo Rascovsky me diera la interpretación psicoanalítica de turno.

Al día siguiente, nervioso y mal dormido, cometí el error de viajar a Córdoba con una camisa de nylon, de esas wash-and-wear, y desembarqué en el aeropuerto de Córdoba empapado en sudor. Tuve un ataque de pánico al bajar del avión. ¿Qué va a pensar la policía —pensé— cuando vean pasar a un señor pálido, dejando un reguero de sudor por el parquet del aeropuerto?

A pesar del rastro, escapé milagrosamente al cerco policial. En el hotel, deshidratado, pido una botella grande de agua mineral; además de sed, estaba muerto de hambre, no había probado bocado en veinticuatro horas. Debo de haber quemado mil calorías, en capilla, en el avión.

Bien, me doy una ducha y hago mis contactos envuelto en un grueso toallón. La gente de FAP en Córdoba estaba muy politizada. Comencé a sentirme mejor en el comedor del hotel, un comedor provinciano antiguo, sobrio, silencioso, los manteles con monograma, el tipo de lugar al que uno va con la familia. Pido un Champaqui blanco, helado. Media hora más tarde, mi contacto llega, una cordobesa triste pero simpática. Ella está nerviosa y asume la angustia del momento y yo me pesco saboreando la aventura en uno de esos raros momentos en que la vida pierde su lado cotidiano. Antonio, después supimos, estaba en buenas manos.

Retomando la escena, un paralelo salta a la vista. Esa vez en Córdoba me recuerda la noche de *play it Sam* con Traute, en Río. El mismo final feliz después de la tormenta. En Copacabana el peligro fue interno, enloquecer de amor; en Córdoba estaba barajando bombas. Sobrevolando las escenas hay un romanticismo que me condena y me redime.

Un tema se desprende para una *Teoría de las separaciones*, ¿será cierto que lo glorioso, lo pleno, siempre viene precedido de una prueba de fuego? Pregunta importante, la pucha si es importante. No sé. Tal vez aquí entre la idea medieval de la ordalía o de que debe haber una cantidad de estrés a ser superado. Terrible pensar que la felicidad, como Shylock, te cobra en libras de carne.

30. FIESTA DE MIMÍ

El año 1972 fue marcado por la muerte. José Bleger muere con el corazón partido. Pocos meses después Arminda Aberastury se suicida. La Negra, como la llamaban, mujer de gran belleza, cruza de inca con conquistador, soportaba mal el paso de los años; eso se complicó con el avance del vitiligo.

El departamento brillaba alhajado para la heroína de la noche. Ana Langer, la hija mayor de Mimí, se casaba con un poeta mexicano.

—¡Qué hermosa está la novia! —exclamó el embajador.

—¡Qué madre más guapa! —retrucaba yo, recordando una fiesta, no hace mucho, o hace un siglo, donde fui iniciado en los misterios de la jubilación. Doy un abrazo a Fernando Ulloa, el dueño de casa. Cada día me siento más amigo de él. Un beso a la adorable Chichú. Pasa un mozo trayendo ciruelas enrolladas en tocino caliente y tomo un par en sendos palitos. Me sirven un whisky inglés, regalo de la embajada de nuestro país hermano, y salgo al balcón que da sobre la Plaza de los Ingleses. Fumo un cigarrillo escuchando el ruido lejano de los trenes y todo comienza a parecerme un poco irreal. Una sombra se acerca: Hans, amigo de Noune. Conversamos de tintas chinas. Él es un hombre muy culto pero lo que sabe de la vida lo entristece. Evitamos hablar del pasado, aunque eso era lo único que teníamos en común.

El *Danubio azul* me trajo de nuevo a la fiesta, el vals que el genio de Kubrick montó para circunvalar las esferas celestes. Fue entonces cuando pasé a ser maestro de ceremonias, papel que rara vez asumo, pero puedo realizar con discreción. Bajo mi señal los novios salieron a bailar y, *at the right moment*, llevé a Tommy para que bailara con su madre y luego con Ana, en tanto Jaime, el poeta mexicano, bailaba con su flamante suegra. Y la gente los rodeaba; una franja de sonrisas meciéndose en la pátina vienesa del último vals. Luego saqué a bailar a Mimí y

192

bailamos y bailamos y bailamos, como burbujas de champán, mareados dentro de la corona de sonrisas.

Paró la música.

—¿Por qué lloras? —me preguntó Mimí.

—Estoy triste.

—¿Todo se acaba, no es cierto, kerrido?

—Sí, todo se acaba.

Estábamos bailando el fin de una época.

—El fin de una época —le comentaría a Martha esa misma noche. Como si viviera el ocaso de un mundo, encarnado en el animador de Cabaret. Así me había sentido al bailar el vals, el payaso que llora las payasadas de este mundo. El payaso antropófago.

Hoy, en el año 2000, pienso que esa noche me despedía del siglo. Fin de todo aquello que hizo del Mayo Francés del '68, el último y quizás el más bello de los acontecimientos. Fin de la historia, no de aquella de la que habla el necio de Fukuyama, sino el fin de los grandes proyectos históricos, el fin de las movilizaciones de masas, el fin de la mística del cambio social, entrando en el acelerado y caótico mundo entrevisto por Baudrillard, cargado de inciertas promesas y sombrías premoniciones. No sé por qué recordé la mañana en que lloré porque cumplía seis años y que, de ahí en más, me vestiría solo. Tal vez porque ahora no sé si me visto solo o si me visten.

Pasó la primera quincena de octubre. El país estaba loco, la política había perdido su astrolabio en un insensato hombre por hombre, diente por diente, ojo por ojo. El miedo era nuestro compañero inseparable. Estábamos cada día más mustios e inapetentes. Ya no había más ganas de escribir, síntoma grave. Por las mañanas leíamos las crónicas de muertes solapadas, muertes cercanas por parecido o por oposición, muertes con mensaje, las más ensañadas de todas.

Entonces la salida era el exilio; las personas se refugiaban en el abrigo del destierro. Mimí fue la primera en partir para México. Lo decidió de un día para el otro. Entró digna y erguida, más Ingrid Bergman que nunca, con su garbo de exiliada internacional.

—Me voy mañana —lo dijo casi como un adolescente en la aventura.

Le serví un whisky.

—Paso la noche en Escobar para despedirme del lugar. Mañana voy directo a Ezeiza.

—Chau, Mimí, chau —nos deseamos un pronto encuentro en Madrid o Ciudad de México.

Esa noche fui con Martha al centro: Florida, Paraguay, Corrientes y Suipacha, caminando despacio, casi mirando vidrieras. Al doblar por la sucia Lavalle, sobre la vereda del cine Monumental, un carro de asalto de la policía parecía la propaganda de una película de guerra. Volvimos a Libertador. El fuego en la chimenea estaba prendido. Coloqué unas papas en las brasas y puse música.

—Muchacha ¿me haces un caldo con arroz? —mi sopa de niño carente.

Después de la sopa comimos las papas con manteca derretida. Martha sirvió leche helada y dijo:

—Va a pasar mucho tiempo antes de que tengamos esto otra vez.

Marcamos la fecha de partida. Los últimos días fueron los peores y el miedo a la Triple A era más supersticioso que nunca, tipo sin-novedad-en-el-frente, morir en el último día de la guerra. Cada timbre ululaba. Pero no fue un miedo sólo mío, había contagiado a la ciudad con mi pánico.

La noche antes de partir tuve un sueño extraño. Estoy en una villa junto al mar y sólo se escucha el viento que golpea los cortinados. No es común soñar con viento. Salgo a la playa y miro el cielo celeste pálido, brumoso hacia el horizonte. Estoy solo en una soledad tipo Marienbad y me despierto angustiado.

—¿Sabés por qué? —le dije a Martha—. Porque no tenía la más puta idea de dónde estaba. El sitio podía ser Cali, Marsella, el Mar Negro o una playa inglesa, podía ser cualquier lugar del mundo en el pasado, el presente y el futuro. Esa villa era nuestra y no lo era, y tengo la impresión de que vamos a vivir en muchos lugares así, haciendo laboratorios con turcos mostachudos o expresión corporal en Varsovia o discutiendo el *Porvenir de una ilusión* en Madrid. Siento que se nos mueve el planeta.

Chau, Buenos Aires, chau.

31. PSICOARGONAUTAS

Fue la hora de los psicoargonautas. Años de trotamundos donde la manada psicoanalítica argentina se dispersó por los cuatro vientos, donde nos reconocimos como tribu, como judíos latinoamericanos formando una red en la diáspora.

Mimí, Gilou y Diego García Reynoso, junto con Nacho Maldonado, Horacio Scolnik, Miguel Matrajt y Elena de la Aldea fueron a México; Hernán y Tato, a Madrid; Armando Bauleo a Italia; Guri Roldán a Barcelona; Mario y Lucía Fuks, junto con Lea y Guillo Bigliani y Sara Hassan, a San Pablo; Carmen Lent, una psicoargonauta precoz, recibió a Gregorio Barenblitt, Osvaldo y Vida Saidon en Río; Fernando Ulloa, Varón, Luis Córdoba, Alejandro Bernal, Raul Curel, Martha y yo, a Bahía. No todos los argonautas eran psicoanalíticos.

Mi hija Belén y Jorge quedaron anclados en París. Fue la historia de una luna de miel afortunada. Norman Briski y Pino Solanas completaban la filial parisina.

Moríamos en los aeropuertos. Llorábamos escuchando *Balada para un loco*. Cebé mates nostálgicos que nunca hubiese cebado en Villa Freud. Tiempos recordados como heroicos. No teníamos casa fija, vivíamos en hoteles, en incontables camas, cada uno con su cepillo de dientes y un mínimo de ropa. En ese período, la red fraterna dejó un rastro de amigos por todo el mundo; aprendimos otra vida en los canteros del exilio. Muchos llevaban el dolor de seres cercanos desaparecidos. En mi caso fue ostracismo con ostras y champán. A veces me avergüenzo por mi exilio con la viuda Clicquot.

Por otro lado, tiene sus compensaciones ser un ciudadano apátrida. El exiliado hace del planeta su tablero. Uno inventa lugares. Es importante ser reconocido. Hay un restorán en Madrid, se llama La Ancha, donde cuando voy, cada cinco años, el mozo me sirve un jerez antes de saludarme y luego prepara mi plato favorito: tortilla con almejas. Son querencias sustitutas, filiales de un hogar para siempre perdido, de un hogar que tal vez nunca existió.

Fue la hora de los laboratorios en Amsterdam. Aquí transcribo uno con Marty Fromm. Marty, según la leyenda, fue la amante dilecta de Fritz Perls. Tenía cincuenta y seis años, mi edad, en ese verano nórdico del '78.

—¿En qué puedo ayudarlo? —me pregunta.

—Odio la vejez.

(Increíble, pienso ahora, que me sintiera viejo ya en esa época).

Adiviné la nostálgica complicidad de cincuentones en su sonrisa.

—¿Qué más?

—Mi barriga.

—Póngase de pie.

Mi panza quedó al descubierto. Ya había engordado varios kilos.

—¿Por qué?

—Porque como y bebo mucho en Europa. Además...

—¿Quién habla así? —me interrumpe y percibo el tono quejoso de mi voz.

—Hablaba así de chico —concedo.

—¿Cómo?

—Mezcla de malcrianza y desafío.

—Ajá —dijo Marty con neutralidad gestáltica.

—Estoy indignado con este cuerpo de mierda.

—¿Y usted cree que tiene razón?

Me encojo de hombros y no contesto. No quiero contestar. Los terapeutas, en general, me irritan; no sé cómo los pacientes me aguantan. Ese aire superior de que sabemos todo.

Entonces ella me coloca sobre un lecho de almohadones. Me pide que me tire como quien hace la plancha.

Sensación de navegar en un mar nórdico. Escucho el desafinar de los gorriones holandeses. Como fondo me llega el ajetreo veneciano de Amsterdam. Cierro los ojos, me meto en mí mismo. Floto. Soy una lancha que boga por los canales, entrando una vez más en la alquimia de los laboratorios. Soy una lancha amarilla inflable, con la consistencia del hombre Michelin, el de los neumáticos. Los brazos, pegados a los costados, son los remos, en reposo.

—Soy un bote salvavidas —le digo al grupo—. Amarillo.

—¿Y la cabeza qué es?

—El motor —y ella pide que lo describa.

Son esos motores que se levantan. *Over-board*, creo que se llaman. No funciona. Lo veía clarito, miedo de que la hélice destripara al hombre Michelin. Cierro las piernas con el gesto de quien protege un pubis amenazado.

Marty me pide que hable desde la lancha y eso produce un notable cambio de perspectiva. Yo, lancha, me siento marinera. Me acomodo bien ante cada ola. Pero los sesos desprecian al cuerpo.

Ahora la consigna es que el cuerpo le hable a la mente y yo le digo: mente, tú que me modelaste hasta la última gota de grasa y luego, con tu bendita fuerza de voluntad, me haces correr por los jardines y las playas, sin ir a ninguna parte. Sí, mente, tú promoviste el mito de que todo hijo de francés puede beber todo lo que quiere porque *c'est la* ... siempre forzando la marcha, de la dejadez al fanatismo, de la gula al ayuno, y al evocar comida comencé a sentir arcadas con ritmo de hipo, una gran náusea doble, por dentro y por fuera.

—Como si quisieras ahorcarte —acota Marty en inglés con tono de tuteo. El asunto es aun más complejo, como si mi mente quisiera ahorcar al cuerpo que, a su vez, quisiera ahorcar a la mente. La furca sube y baja por mi garganta que parece haber tragado un alacrán. ¡Cómo se odian! Por un momento no puedo respirar. Vomito el alma en un balde *ad hoc*. Sorprendente vómito liberador.

En realidad, pensando sobre este asunto, creo que la furca psico/soma correspondía a un tiempo anterior. En el pasado, antes de descubrir Palermo, el cuerpo fue un mero atril de mi mente. Yo era un profesional encadenado al diván de producción, *day in day out*, de lunes a viernes, y luego entraba en la disociación burguesa, donde le ofrecía una quinta al cuerpo para retozar los fines de semana; dicotomía alienante que culmina con la mufa fría dominical, a la hora de las vísperas, cuando ni la oración te salva.

Retomando el tema de la diáspora, los saltimbanquis tenían que ser inventivos. Un invento, que me sirve hasta el día de hoy, fue denominado "Shampoo" por los madrileños y "Sauna" por los cariocas. La idea era muy simple: ofrecer un laboratorio individual intensivo que consistía en usar todas las técnicas de laboratorio, plus la oreja psicoanalítica, en una sesión prolongada individual de cuatro a seis horas. En la primera hora el paciente cuenta su vida y mi tarea reside en identificar las problemáticas centrales. Una vez identificadas, las coloco en las cuatro esquinas del consultorio. Así, por ejemplo, en una esquina va la relación con la madre biológica; en la otra, la relación con la madre adoptiva; en la otra, el novio y en la esquina restante su dificultad con el trabajo. En cada rincón el paciente habla desde ese problema, con ese problema. El paciente *es* ese problema. Así pasa más de una hora de esquina en esquina. Luego un rincón "habla" con el otro. La madre adoptiva, por ejemplo, con la madre biológica. En el siguiente tiempo, la paciente se coloca en el centro. A esta altura, la habitación se va convirtiendo en un tablero tridimensional de la vivencia en curso. Desde el centro, el paciente va moviendo sus piezas, tejiendo su historia. El psicodrama es tal vez la herramienta más empleada, seguido de juegos clásicos de laboratorio. Ejemplo: las dos madres comparecen ante el sabio Rey Salomón. Entretenido, interesante y agotador. Tratamiento completo de una sola sesión. Ideal para el service de un psicoanalista que quiere calibrar el estado de su alma.

La idea de usar la habitación como damero me llevó a modificar el diván. Hoy en día uso una colchoneta de tres metros por tres metros. Encontré la colchoneta en una sala de ludoterapia en la clínica donde trabajaba al llegar a Bahía. Fue un caso de amor a primera vista, me sentía cómodo en un espacio compartido con el paciente. Ese dispositivo tiene una ventaja, mi posición complementa la del paciente, ambos formamos un cuadro vivo, siempre cambiable. Mi colchoneta a veces remeda al diván clásico: el paciente se tumba y yo me ubico detrás de él. No quiero decir que mi diván camero sea un modelo a imitar; lo que digo es que cada analista tiene que inventar su diván.

Durante los primeros ocho años de la diáspora, yo trataba casi exclusivamente a grupos en terapias breves. Luego, afincado en Bahía, comencé a trabajar en análisis individuales, mi vena grupal se iba agotando. Fue el tiempo de mi retorno a Freud. Volví con bríos. Comencé a estudiar a fondo las obras completas, tomando notas, y aquí un personaje central entró como herramienta: la computadora. Vislumbré entonces, como luego veremos, que un sueño de mi vida, ya insinuado en *Heroína*, podía ser cumplido: escribir la biografía de Freud. Durante años fue un proyecto tan secreto que ni yo mismo lo conocía, pero habitaba el altillo de mis sueños.

Fue una encrucijada. El siguiente paso: mis analizados me introdujeron en Lacan. Ya comenté mi actitud hostil ante este señor que se había comido nuestro huevito. Mis pacientes insistieron y me regalaron *Les écrits*. Repito, Lacan fue una piedra en mi zapato. Él me hizo sentir que tenía que comenzar de nuevo con los palotes y mi pulso temblaba; es humillante sentirse burro. Un hombre, al borde de los sesenta, está hecho y derecho, perdió su juego de cintura del torero que nunca fue. Lacan, eso sí, consiguió sacarme de mi pedestal de pionero fosilizado. Luis Córdoba ya había alertado: "Cuidado, Emilio, corrés el riesgo de convertirte en un gurú tropical". Sé, por la historia del movimiento analítico en Montevideo, San Pablo y Río de Janeiro, que el destino de los pioneros es sombrío, la horda primitiva y las polillas acaban con ellos. Mi teoría de la jubilación me salvó porque acabé siendo discípulo de mis analizados.

Luego, cuando retomé la ortodoxia, desde mi vuelta a Freud, critiqué esos "años locos", pero hoy en día les otorgo todo su valor, recuperé el cuerpo en la terapia de almas. El hombre Michelin quedó más enjuto. Recuperar el cuerpo no implica moverse, tocar o masajear; lo que quedó, en mi caso, fue una lectura más atenta y profunda del cuerpo del otro, desde la transferencia de mi propio cuerpo. Una resonancia de pieles. El analista convencional se aplana al quedar todo el día sentado, inmóvil en su sillón, y pierde la redondez copernicana.

Hablando de Copérnico, soy Capricornio con ascendente en Capricornio. Cierta vez, con Martha, participé de un laboratorio en Amsterdam en el que veinte personas, formando fila de a dos, frente a frente, se preguntaban alternadamente: "*Who are you?*". Entonces, durante diez minutos, el del otro lado de la fila contestaba: "Soy Alberto", "Soy un hombre en la vida", "Soy yo mismo", etcétera. Al cabo de diez minutos, sonaba un gong, los papeles se invertían y el otro me preguntaba: "¿Quién eres?" y uno decía: "Soy Emilio", "Soy un buen tipo", "Soy un psicoargonauta", etcétera. Y no importaba que el interlocutor no comprendiese, su papel era quedar mudo, testimoniar. A cada hora uno cambiaba de pareja y el ciclo se repetía, desde las siete de la mañana hasta las siete de la noche. Una hora para almorzar y media hora de recreo, durante dos días y medio. La comida era, tenía que ser, macrobiótica.

Una cosa de locos. Al segundo día, a la hora del recreo, Martha entró en una iglesia, donde se oficiaba un bautismo, se hizo pasar por invitada, y comió todos los sándwiches a que tenía derecho. Yo rumbeé hacia la espectacular calle de las prostitutas, con sus vitrinas color rosa.

Fue realmente un calvario. Recuerdo a un muchacho holandés que, al promediar el segundo día, cuando le preguntabas quién era, se retorcía como si lo hubieran picaneado. Bien, uno de mis compañeros resultó ser un astrólogo, un rubio cuarentón, parecía profesional de nota. En el último día, él me preguntó por milésima vez quién era yo y le dije: "Soy un pecador, Padre", "Soy un *latin lover*", "Soy un capricorniano de ley". A esa altura todos estábamos locos como cabras. El astrólogo desorbitado se salió de su papel de mudo testigo y me dijo: "¿Sabés una cosa?, los capricornianos son una mierda, fatuos, arrogantes, carneros". Yo sospeché que podía ser así, pero ningún astrólogo en sus cabales admitiría tal cosa. Al despedirse, se disculpó: "Estaba exagerando", me dijo, pero creo que tiene razón, yo nunca me enorgullecí de mi signo.

32. BAHÍA

En plena guerra fría, cuando la flota rusa se daba *rendez-vous* en Cuba, la alarma de los bomberos resonó en la aldea de Stockbridge, ululando. La población civil sabía que eso significaba ataque atómico. Era de madrugada. Yo me senté en la cama, lo recuerdo clarito, más asustado que aturdido, casi en pánico. "¿Qué estoy haciendo aquí?", me preguntaba mientras despertaba a los chicos para llevarlos al sótano, donde teníamos un precario refugio antibomba con leche en polvo, agua, jabón, etcétera, almacenados. Ahora bien, fue una falsa alarma que me dio la medida de lo absurdo que era morir de esa forma, sin comerla ni beberla, como extra en una película yanqui de guerra. Ésa fue una de las razones, nunca plenamente confesada, de nuestra decisión de regresar a la Argentina.

Cuando tomamos el avión de vuelta, yo decolé con los dedos cruzados, y cuando el Boeing ganó altura suspiré aliviado; estábamos a salvo de la inminente bomba. Eso no sucedía ahora, en 1974, cuando partimos de Ezeiza; el caballo no iba a su querencia. Imperaba una sensación de orfandad, pero no era una sensación totalmente negativa porque venía mezclada con el sabor de la aventura. Como lo digo en mi Teoría sobre la Jubilación, sólo los huérfanos son totalmente libres en tierras sin territorio fijo. Por otra parte, tiene sus compensaciones ser un ciudadano del mundo. El flujo existencial es otro, son momentos de cambio. Recuerdo a mi profesora de inglés, ella ilustra el punto. Edith me enseñaba inglés al promediar la Segunda Guerra Mundial. Lindo cuerpo escondido entre los hombros y la cara arruinada por las marcas de un antiguo acné. Tímida, variedad mojigata británica. Edith, siguiendo un impulso patriótico, se alistó en el ejército y fue a dirigir ambulancias en medio de la *blitz* de Londres. Ahí, entre bombas, su vida cambió: se enamoró de un aviador y perdió su virginidad con un bombero. A la vuelta era otra mujer, con la cara limpia después de un *peeling*, con el pecho abierto y peligro en la mirada. Ella no dijo: *war is beautiful!*, pero lo dejaba entrever.

Salvando distancias, hay un cierto clima de guerra en el exilio.

Martha y yo, como vimos, pasamos más de siete años como trotamundos. Seis meses en Bahía, cinco entre Madrid y Sevilla y un mes de vacaciones, en París, en casa de Belén y Jorge. Bahía era la base de operaciones, nuestro punto de referencia.

La experiencia de Bahía divide mi vida en un antes y un después. Cuando salí del Axé Opô Afonjá, curado milagrosamente de mi flemón, Martha y yo tuvimos una entrevista con un grupo de jóvenes psiquiatras y psicólogos que formaban el Núcleo de Estudios Psicológicos, el NEP. Fue un caso de amor a primera vista de los dos lados. Quedamos en volver durante el verano para hacer tres laboratorios. La tarea prioritaria del NEP era importar analistas para iniciar una formación y los intentos realizados con las sociedades analíticas de Río y de San Pablo no se materializaron. No existía un analista reconocido al norte de Belo Horizonte. Caíamos como anillo al dedo. Realizamos el siguiente contrato de trabajo: formar a treinta y cuatro jóvenes, psiquiatras y psicólogos, divididos en cuatro grupos. Veíamos a cada grupo tres veces por semana en sesiones de una hora y media. Tenían un laboratorio cada seis semanas. Semillero de futuros analistas y futuros amigos. Los primeros que vienen a la mente son Aurelio, Syra y Urania; pero también están Cristina, Lucinha, Susana, Carlinhos y Mali, y sé que soy injusto con los demás. Todos ellos son analistas, inclusive corporalistas como Sandra Guimaraes y Liane Zinc.

En Madrid trabajábamos con el grupo de Alejandro Gallego y con el grupo Qupi de Nicolás Caparrós. En Sevilla, con el grupo de Pablo Gotor.

Los psicoanalistas tradicionales nos cobraron nuestra falta de ortodoxia y no hay vuelta que darle: no éramos ortodoxos. Cometimos mil imprudencias: no había sesiones individuales y en los grupos utilizábamos recursos que iban desde el psicodrama a la Gestalt; desde Reich a Ida Rolf. Comimos y hasta dormimos en la casa de nuestros pacientes. Nuestro código de abstinencia era otro, hijo de la necesidad. Fue, no podía dejar de serlo, una experiencia intensa, escabrosa y rica. Tal vez hoy en día nuestra transgresión parezca menor, porque mucha agua barrosa pasó por los puentes del Danubio Azul. Pero no sé si ahora tendría el coraje de repetirla.

En *El paciente de las 50.000 horas* me refiero a ellos de la siguiente manera: "Eran jóvenes inquietos, brillantes, con rumbo pero sin disciplina, cargando el gran fantasma tercermundista de estar perdiendo el tren intelectual. Habían leído a Freud; sus esperanzas, frustradas, estuvieron volcadas en conseguir un analista de renombre del sur. Los mesías, entonces, fuimos nosotros, lo que facilitó las cosas pero, lógico, preparó las tormentas".

En esa época escribí: "Estamos cerrando el ciclo en 1978, inmersos en el proceso de elaborar un duelo que inducimos con nuestra partida. Los treinta y dos bahianos están tristes, perplejos, conmovidos por la intensidad de un vínculo que los lleva a estar seis meses con nosotros y seis meses solos. Años signados por encuentros y separaciones. Esa simetría de ausencias y presencias simboliza lo que sienten: ser queridos a medias. Ser hijos naturales de terapeutas con vestiduras de turistas, a larga distancia de la imagen anhelada del analista estable, del pionero que se radica como cabeza de un movimiento psicoanalítico. En eso no somos padres. 'A veces los siento como abuelos', nos confía Syra, representante querida de los treinta y cuatro bahianos. En todo caso no somos padres tradicionales y que conste que esto es literalmente cierto, no somos padres tradicionales de nuestros hijos de verdad. Ellos también se sienten queridos a medias".

Éste fue el período en que comencé a correr. Durante los meses en Bahía, corría todos los días en Ondina, tomando la carrera tan en serio como la natación en mis años de nadador. Leí al Cooper anaeróbico, el de las zapatillas, como si fuera la Biblia, y tenía un cuaderno donde actualizaba los tiempos, práctica que continúo haciendo hoy en día. En Madrid también corría regularmente en el Parque Berlín y en el Retiro. Fueron los tiempos en que convertí las ciudades en centros polideportivos.

La ciudad trotada se ve con distintos ojos: gana en intimidad. En una hora, además, se cubren distancias mucho mayores que lo que los motorizados creen. Al ritmo del trote, como con la bicicleta, uno se mete en las entrañas urbanas, detecta pulsiones y aromas, recorriendo el camino inverso al de la eyaculación precoz del turista. Escribo en *La lección de Ondina*: "La marcha convierte las calles en senderos, las avenidas en parques, los parques en jardines. Hay que nadar en las playas, remar en los lagos, tirándole migajas de pan a los patos feos. Toda ciudad, hasta Rosario, esconde celosamente su cisne".

33. COLITA

Ondina, playa céntrica, ancha, de arena dura, ideal para correr. Ondina, como las mujeres, se rige por la luna, tiene bajamares, reglas y sofocos. Tapiz dorado donde las bahianas tienden la ropa en el atardecer. Hermoso lugar. Una costanera de la *belle époque* la contornea. A sus espaldas sube un morro salvaje, verde loro, tierras que pertenecen al zoológico, pero un zoológico sin animales donde las sabias palmeras pastan cual jirafas.

Ondina me adoptó. Ondina es mi playa, la caminé, la medité, la troté, piedra por piedra, la nadé, pez por pez. Hay días en que ella puede ser fantásticamente hermosa y el pulido de la arena refleja el paraíso. Las buenas lenguas dicen que el sol veranea aquí. Conozco todos sus ánimos en las cuatro estaciones que en realidad son variaciones sobre el tema verano. Ondina es mi nuevo Palermo.

En esa mañana de fin de verano, al abrirse una nueva época, hipnoticé a Colita, el gran perro hinchapelotas de Ondina. Ésta es una historia que se remonta al Carnaval pasado, cuando Colita y yo reclutamos la playa como campo de operaciones. Recuerdo el primer encuentro en un día atiborrado de febrero. Estábamos solos en medio del calor, corrí un rato mientras el perro husmeaba a una turista.

Me miró, lo miré.

Supe cómo seguía antes de que Colita abriera el ritual, pegándose a mis talones, ladrando. Enervante juego de un virtuoso en la escaramuza fina, mordisqueando mis tobillos con precisión, besos de lengua donde los dientecillos apenas si asoman, pero marcan presencia. Así, palabra va, ladrido viene, nació nuestra entrañable relación en la orilla festiva del sadomasoquismo. No nos podíamos ignorar.

Y ese día lo hipnoticé.

Colita, una vez más, me sobresaltó. La arena firme de Ondina es una alfombra mágica para bichos furtivos y, zácate, el ladrido que sorprende.

204

—Salí de aquí, perro de mierda —le dije.

Colita gastó cinco minutos jugando al piel roja y la diligencia, enredándome en su ruidosa telaraña. Como siempre; pero hoy fue el colmo. Entonces me inmovilicé, agazapado cual cazador ancestral. Cazar y ser cazado, dos grandes tiempos lúdicos. Colita cometió un grave error: él también se agazapó, a unos siete metros de mí, con el hocico entre las patas y el rabo levantado. Nos oteamos largamente y ahí nació la idea de hipnotizarlo, mejor dicho, de paralizarlo con el láser de mi mirada. Jugar de gato con el perro ratón.

Me acerqué con una feliz mezcla de Freud y Frankenstein. Daba un paso para detenerme con una combinación de sigilo y desenfado. La cobra ya había crucificado al sapito con su poder ofídico, ese poder que tal vez nació en la noche en que Belén se anidaba en mi codo. Colita comenzó a temblar congelado con cada paso; pobre perro, creía que se trataba de un duelo de miradas comunes. Quiso rebelarse y se le inflaron los carrillos, intentó gruñir, pero le salió un flato labial frustro.

K.O. técnico.

A partir de ese momento Colita pasó a ser mi adláter en la playa, fiel como un perro. Fue mi más probo interlocutor.

El Loco era un personaje clave de mi periplo por Ondina. Lo recuerdo el primer día, petrificado a la altura de una piedra grande, de forma vagamente humana, llamada Piedra de la Sirena. Esa mañana, después de la fiesta de Yemanjá, la playa estaba sembrada de velas, flores amarillas, frascos de agua de colonia, muñecas descuartizadas, fetiches y otras ofrendas que retornaban como resaca del altar marino.

Al verlo tan inmóvil pensé que El Loco era acólito de la Diosa del Mar, y estaba cumpliendo alguna promesa. Pero al día siguiente estaba en el mismo lugar, al día siguiente del día siguiente, también, y así sucesivamente. Siempre en idéntica postura. Petrificado una semana, un mes, toda la vida, parecía ser. Un gran psicótico alucinando al borde del océano, con cara de tártaro oscuro.

Lógico, me atrajo la sirena de su locura. Ese loco enigmático, esculpido cual Atila de terracota, era mi loco. ¿No sería sensacional, Colita, una cura milagrosa sobre las aguas de Ondina?

¿Qué edad tiene? Difícil decir, treinta quizá, la locura puede envejecer o rejuvenecer. Su cuerpo, plástico en su impasividad, recuerda al déspota asiático, *ageless,* pienso en inglés. Él había emplazado su pedestal en un lugar muy hermoso, cerca del punto de partida de mi carrera diaria. Todos los días lo escrutaba, tratando de percibir el primer cambio que pusiera en marcha la maquinaria terapéutica de interpretar diferencias. Pasó el otoño y luego el invierno sin que mostrara ninguna grieta, ninguna sonrisa o bostezo. Nada de nada.

Hasta que un día apareció pisando una naranja, como si fuera una pelota. Ese cambio revelaba lo obvio: El Loco deambula. Todas las mañanas llega caminando a la Piedra de la Sirena. Probablemente baja con el alba para fijar su flexibilidad cérea hasta la caída del sol, pero nunca lo vi movilizándose. Por primera vez se movía ante mí; me muestra cómo patea y lo hace con la elegancia del toque brasileño. Después de meses calcados de nada, un fulgurante cambio.

Mi sorpresa ante El Loco me lleva a una posición terapéutica, adquirida en mis 100.000 horas al pie del diván, y que tiene que ver con eso, con lo inesperado. La sorpresa como virtud. El psicoanalista tiene que ser inocente como el lago que refleja la imagen de Narciso. Con El Loco mi mente estaba en blanco, maquiavélicamente alba.

Eran los tiempos en que yo pasaba seis meses anuales trabajando con Martha en España. Haciendo mis valijas, pensé que no lo volvería a ver, tanto es así que por poco me despido, aunque hacerlo hubiera sido violar los lacres íntimos de las tablas de Ondina. Pasado el semestre, El Loco, sí señores, estaba allí, como siempre, pero me sorprendió porque estaba pateando palitos y latas de cerveza a diestra y siniestra, aunque siempre en su territorio restringido. Poco después vino con una pelota bajo el brazo, una pelota chica de goma. Juega con ella, mirando el mar, como si Yemanjá fuese un Passarella severo al que no hay que desobedecer. Pisa la pelota y se queda parado, extático, hasta que de pronto, con la velocidad de un rayo, dispara el cañonazo.

Nadie se mete con él, cosa loable de Ondina. Sería tan fácil suponer que la banda de muchachones le quitarían la pelota. Está, es cierto, la pinta de peligroso que tiene, mas no es sólo eso. La playa toma a El Loco igual que a mí, sin ofender ni escandalizarse con nuestra marginalidad. Por eso hay que considerar Ondina como refugio, asilo natural, cuidado por las palmeras; oasis telúrico donde los pescadores tiran la red y los peces son genuinos. De ahí nuestra internación.

—Porque boludos no somos —le explico a un amigo que estaba de visita.

206

No se discute que Ondina sea terapéutica, más complicado es comprender el porqué de mi internación. ¿Qué hace el Líder Blanco Rico en Salvador? Qué vientos me trajeron... La historia es larga y compartida con otros psicoargonautas.

Sí, existe el avatar político. La historia mesmérica del peronismo, donde todos fuimos Colitas, puede enloquecer a cualquiera. Exiliarse, sin duda, mueve el piso existencial. Soy consciente de que existe una dificultad en escribir sobre esos años. No tengo las tristes credenciales de un hijo muerto o de una militancia en serio. Mi perseguidor fantasmático es otro exiliado y no el argentino que se quedó. Temo que cierta irreverencia de mi vida ofenda y que se me tilde de tropicalista utópico u otra frase por el estilo, con ricochet. Cuando veo el tendal de compatriotas, tejiendo sus mitos de exilio, con sus palomas de riña y cortejo de fantasmas, me la veo venir. Ondina, en cambio, no me critica. Me deja vivir tranquilo.

Aunque también fue maravilloso ser Colita. Existía un quiero-vale-todo en los tiempos de Perón, época en que se alimentaba la ilusión de que todo era posible en la Patria Grande Latinoamericana. El replanteo del replanteo era replanteable; el contagioso sueño de un carismático caudillo. Nos cuesta recordar, aunque no podamos olvidar.

Pasaron semanas sin cambios hasta que una mañana encuentro la pelota de goma a una corta distancia de mis pies. Levanto la vista: El Loco continúa impávido mirando el mar. La pelota fue lanzada como mosca de pescador de truchas, perfecta parábola que usa el declive de la playa para llegar al punto de nuestras intersecciones. Momento decisivo, con la bola llega la transferencia. Los inconscientes comenzaban a hablarse en su lenguaje de humo.

El juego estaba hecho, pisé suavemente la pelota, serenándome, listo para transmitir en el código esquizofrénico de no acusar recibo de deseo alguno, como si esa mosca perfecta posara todos los días en mis pies. Lo miré sin mirarlo, estaba a unos 20 metros. Entonces le di un golpe seco a la pelota, cruzando los dedos para no pifiar, receloso de mi torpeza.

La playa estaba sucia al día siguiente. Con la marea, debido a la lluvia, llegan los envases de detergente, sandalias para cojos, sachets vacíos de bronceador, platos rotos y tenedores de plástico. Si existiesen piojos de mar Ondina estaría piojosa. Más allá, veo dos neumáticos lisos de toda impresión; hay que mirar por donde se pisa. El colmo: Colita husmea una rata putrefacta en la playa del dios Sol.

Estoy cansado, corrí mucho y el lunes siempre es un día pesado. Decreto un baño de algas. Esa recámara es el lugar más lindo de la playa. La marea está baja. El sol ilumina el tapete verde intenso que cubre las rocas recién expuestas. Hago la plancha en mi bañera natural y observo un cielo que se nubla con la rapidez propia del otoño tropical.

A veces me pregunto sobre el respeto religioso que el mar nos inspira. Somos hijos del Diluvio, tal vez morí ahogado en el reciclaje de la vida. Levanto la vista, El Loco abstraído observa el horizonte. Comienza a llover justo cuando salgo del agua. Los muchachos del fútbol siguen jugando como si tal cosa. Nadie abandona la playa.

La lluvia, ¿por qué será que correr bajo la lluvia siempre toma carácter de fuga? Se huye del temporal buscando asilo. La lluvia nos mete un horripilante miedo animal. Atavismo que compartimos con los gatos. ¿Hay algo más? Me detengo concentrado en el agua que ahora cae a chorros. ¿Qué siento? Junto al miedo, vaga sensación de placer atávico, un toque de chapoteo infantil viene a la memoria y me lleva a correr más rápido, a ser hijo del viento.

Al doblar unas rocas Colita cae en el ritual de ladrarme. Hacía tiempo que no tenía la osadía de hacerlo. Quedé perplejo hasta dar con la razón: él no conocía mi lado infantil. Entonces grité cual piel roja.

34. LÍDER

Buen mes, noviembre. La playa sigue desierta de turistas, ocupada sólo por los grandes habitués, los fanáticos del deporte, los jugadores de fútbol profesionales y aficionados, los practicantes de capoeira, los bailarines, los vagos y los rateros a la hora del ocio. Eso en tierra. En el mar están los pescadores de arpón, jangada y red circular, además de los surfistas en número creciente. Las mujeres aparecerán el mes que viene.

Martha cuenta una historia sobre Ondina que consagra mi lugar en la playa. Un día, al entrar en el agua, tres muchachones se acercan alborotando, levantando espuma en una mezcla de amedrentamiento y asedio sexual. Por encima del bullicio se escucha una orden imperativa desde la orilla. Los sátiros se baten en retirada. Cuando Martha sale del mar, un negro alto se acerca y le dice:

—Usted tiene un buen compañero.

Era el Líder Negro Bueno. Me horripilé de placer, tuve tanto placer que llegué a pensar que Martha inventó la historia. Rara vez, en el orden de lo real, las cosas se dan así de perfectas.

¿Qué quiso decir el protector de Martha? ¿Cuál es mi estatuto en Ondina?

Soy un residente, de presencia diaria, saludo a todos, respetando distancias, uso a Ondina deportivamente, poseo el único reloj de la playa y siempre doy la hora. Soy rico pero no turista, presto las paletas de frescobol y devuelvo las pelotas que se cruzan en mi camino. Eso no explica todo; mi prestigio va más allá de la buena letra de un señor maduro con modales. Hay algo más, no en vano soy el patrón playero de Colita. Luego me informé que él tiene un dueño oficial, que nunca baja a la playa. Colita es la mascota indiscutible de Ondina y siendo snob, como cabe a todo perro canalla, sólo se codea con los grandes de este mundo. Soy, indiscutiblemente, El Gran Líder Blanco.

Entre los negros el organigrama se complica, ya que he identificado un Líder Negro Bueno, un Líder Negro Malo y los dos grandes Maestros del frescobol, además de El Loco.

Hoy sólo está el Líder Bueno, el protector de Martha. Hombre espléndido, alto, de cuerpo trabajado por la capoeira y peinado afro. Juega fútbol con un collar nagó. El Líder Negro Bueno manda en la cancha. Nuestra relación comenzó tímidamente, saludo un día, la sonrisa el otro, una barrera cuantiosa de monedas de plata nos separa.

Después del saludo cruzábamos algunas palabras —*"Tudo bem?"*, *"Tudo bom"*, *"joia!"*— hasta que un día jugamos frescobol. A la mañana siguiente me pidió las paletas prestadas, momento decisivo, como cuando los chicos cambian figuritas en la plaza. La distancia se fue achicando desde el reconocimiento de un profesionalismo en la playa. Al estar ahí, con sol o lluvia, trascendía la imagen odiosa de rico al pedo.

El Líder Bueno se ausentó por una larga temporada y al regresar supe su profesión: bailarín folclórico, capoeirista y maestro de birimbão. Estuvo con una troupe en Europa; contento de estar de vuelta. Usa la playa para mantenerse en forma.

Es más sombrío el perfil del Líder Negro Malo. Tiene físico de boxeador, un metro setenta, categoría mediano, deltoides fuertes, sin un gramo de grasa. Se pasa las mañanas jugando al fútbol, pero antes corre y nos cruzamos. Lo ficho siempre, él nunca me mira. Corre con los brazos levantados, sobándose las costillas, fintando las sombras de sus enemigos. Sujeto peligroso. Cierta vez hubo bronca en el partido principal, jugado con arcos reglamentarios, y el Líder Negro Malo, a modo de protesta, arrancó un poste de cuajo y nadie protestó cuando lo tiró al mar. El árbitro no dijo ni mu, ni siquiera sacó una imaginaria tarjeta amarilla.

¿Profesión?

Boxeador, guardaespaldas, ladrón...

Cuando una amiga de Martha perdió su cartera en la playa fui a hablar con el Líder Bueno:

—Creo que fue un robo. ¿Alguien puede saber?

El Líder Bueno me estudia antes de apuntar en la dirección del Líder Malo.

—Ratinho —dice.

Ratinho, alias el Líder Negro Malo, resulta ser el jefe de la cuadrilla de ladrones que habita el morro del zoológico. Vamos juntos a hablarle. El Líder Malo habla exclusivamente con el Líder Bueno. Mucho respeto mutuo. A mí no me da la más mínima bola.

—Mi amiga sólo quiere los documentos —tercio en la reunión cumbre y casi digo "Señor Ladrón".

—No fuimos nosotros —contesta, mirándome por primera vez.

Después vienen los hermanos del frescobol. Frescobol es un juego de paleta adaptado a la playa. Lo singular de este deporte es la ausencia ostensible de rivalidad, no hay puntos a ganar o perder y lo mejor se da en los largos peloteos, con pelota baja y veloz, procurando que el otro devuelva para que uno conteste. Bueno para la danza, dijo cierta vez el Líder Bueno, obliga a ejercitar el cuerpo en todas las posiciones posibles. Marcos, mi hijo, hábil jugador, confesó un día que lleva un marcador interno, cuando juega conmigo, con una serie de reglas que me son invisibles, pero que regulan el tablero edípico. Yo lo comprendo, sólo un padre y un hijo pueden hacer del frescobol una competencia.

Los hermanos del frescobol son tres, dos que pueden ser mellizos, con pinta de yoguis y un adolescente, parecido a ellos, pero lindo. La familia es maestra en el deporte. Lo juegan con protocolo de arte marcial. A la mañana temprano los he visto meditar en posiciones yogas antes de tomar las paletas.

Una mañana volvía de nadar con Marcos, cuando uno de los mellizos se acerca y me invita a jugar.

—*Obrigado* —respondí, aceptando una de las paletas pintadas de blanco.

Miro a Marcos que levanta las cejas. Bueno, jamás jugué peor en mi vida: tenso, trabado, con miedo de hacer un papelón, mientras el mellizo peloteaba ritualmente, ni corto ni largo, perfecto. Esas divinas proporciones me aniquilaban.

Para rematar la cosa, Marcos, a la hora del almuerzo, comenta:

—El viejo se levantó un negro en la playa.

35. ARIEL

Estoy escribiendo en la Taberna Ultreya, en Madrid, a la vuelta de la Clínica Quipu de Nicolás Caparrós. Vengo del primer congreso de Convergencia, realizado en Barcelona en el invierno europeo de 1997. La situación mía con Graça no anda bien y una separación parece inminente. Al llegar a Madrid me dieron ganas de escribir; hace tiempo que no sentía ese impulso en plenas vacaciones. Después de terminar con la biografía de Freud, pensé que yo sólo escribiría en la *Enciclopedia on-line de psicoanálisis,* navegando por el ciberespacio. Lo primero que hice al llegar a Madrid fue comprar un cuaderno y una linda lapicera antigua. A eso se sumó mi encuentro con Juan Sayares, el editor de *La lección de Ondina* y *El antiyoyó* en España. Juan me dio dos ejemplares de cada, los últimos que tenía. Comencé a leerme, cosa que nunca había hecho. Es común que el escritor no se lea una vez que el manuscrito pasó a las manos del editor. Esta vez me leí y me gustó lo que leía. Tal vez uno no se lee por temor a que lo escrito sea demasiado malo o demasiado bueno. Vergüenza, si es malo; envidia con-ese-que-escribió si es bueno, la envidia que uno tiene por lo que fue. Quizá la metáfora puerperal también se aplique: libro parido, lindo o feo, libro olvidado.

El dueño de la Taberna Ultreya es un fan de Los Beatles y se escucha *Here Comes the Sun.* Los Beatles, ahora que pienso, no están asociados a ninguna persona en particular, ellos reinan supremos en mi panteón musical. De colocar música a mis amores, *Poor Butterfly* me lleva a Beatriz; con Noune era *Maintenant.* A Martha no se me ocurre asociarla musicalmente. El *Concierto de Colonia* de Jarrett es mi música con Graça. Curioso que Martha no esté asociada a alguna música. Significativa esta falta de resonancia musical. No es tacañería de mi parte y este asunto bordea el humor negro, llevándome a lo que pasó a ser llamada la tragedia de los *Rolling Stones.*

Comienzo estas memorias por la mitad: voy a hablar de Ariel, hijo de Martha. Trataré de hacerlo sin mistificar la cosa,

212

lo que no es fácil. Él tenía dieciséis años cuando nos acompañó a la tournée de psicoargonautas, primero un semestre en Bahía y luego en España. Yo acepté su inclusión aunque implicara el riesgo de esas relaciones triangulares donde alguien, dicen, queda afuera. Pero a esa altura del partido yo administraba bien todas las geometrías. Conozco demasiados rombos clandestinos y paralelepípedos perversos para preocuparme por un simple triángulo escaleno. Sucede que Ariel era una persona que podía incluir naturalmente en mi intimidad. Sus dieciséis años eran preciosos. Él estaba en la vanguardia de una forma de ser. Respeto mutuo. Nuestra complicidad saltaba por encima de la Sagrada Familia Edípica, aunque me acostara con su madre. Desde la lengua franca del vínculo, él me enseñaba los nuevos códigos de la adolescencia, ilegibles para un adulto sin guía. Yo, por mi parte, le era útil como escriba de experiencia vivida. A Ariel le impresionaba que yo realmente no me aburriera. Aprendía de mí, por eso le dediqué oficialmente *El paciente de las 50.000 horas*, llamándolo "discípulo que pudo ser hijo".

Digo eso para que el lector comprenda que la muerte de Ariel fue una tragedia personal. Murió en la carretera que va de Barcelona a Madrid, cerca de Calatayud, en la cuenca del Jalón. Volvía a Madrid, haciendo dedo y el auto que lo recogió fue aplastado por un camión que derrapó en una curva mojada. Murió de vuelta de un festival de los Rolling Stones en Barcelona. Acababa de ver a Rick Wakeman en Madrid y quería empaparse de música famosa. Con todo, dudaba; los Rolling Stones ya estaban un poco pasados en 1977.

—Andá, así se lo contás a tus nietos —dije.

¡Qué frase más desafortunada!

Lo enterramos sin velorio en el cementerio de Zaragoza. Todo cambió en el nuevo mapa fóbico de Europa. El dolor de Martha, como tenía que ser, eclipsó el mío. Dolor fulminante de madre, donde hasta el rocío se tiñe de sangre.

Esa muerte fue la avispa que depositó su huevo fatal en la pobre araña de nuestro casamiento. Aquí, pienso yo, comenzó nuestra separación. Las madres no poseen el gen egoísta que protege a los hombres. Ellas tienen su vida hipotecada en cada hijo que anda suelto, vivito y coleando. Es esencial que siga vivito. Por eso es que no tengo la menor pena por los adolescentes suicidas, ellos son asesinos de madres.

Ariel, con su belleza de Dios griego, no se suicidó, lejos de ello. Pero ahora me pregunto si cuando dudaba en ir a Barcelona y pidió mi opinión, eso no era para neutralizar una premonición agorera. Quizás.

El tiempo del luto pasaba lentamente y estábamos tristes en ese Carnaval de 1978. Los ánimos no se prestaban para entrar en la *maior festa da Terra* y decidimos ir a Maceió, capital de Alagoas, ciudad famosa por su tranquilidad. Maceió es a Salvador lo que Salvador es a Río. Buenas playas, nos dicen. Fuimos en nuestro volkswagen nuevito, en un viaje lento que nos tomó dos días. Fue una idea más loca que estúpida recorrer 700 kilómetros en auto, recreando la muerte de Ariel en cada curva.

—Me pasa con todo camión que viene de frente —dice la pobre Martha que acaba de morir por centésima vez.

Paramos en Aracajú, ciudad sin gracia, famosa por sus cangrejos, lo más notable de sus playas fangosas. Estábamos mal en un hotel tres estrellas. Existía un solapado escape de gas existencial que nos hacía dormir siestas interminables, seguidas de tres gin tonics acelerando el corto crepúsculo del triste trópico para cenar y caer exhaustos, a las nueve de la noche, en una red de legañas.

Pasada la cura de sueño, recorrimos en una tarde el trecho que nos faltaba hasta Maceió. Íbamos a la casa de Agatangelo, psiquiatra alagoano que se había formado con nosotros en Salvador. Simone, su mujer, nos hizo sentir cómodos. Entramos en la maravilla obsoleta de una familia nordestina, con chicos divinamente educados por un déspota ilustrado; sólo se los ve, no hablan en la mesa.

Pasamos bien la primera noche, pero Martha se despierta rara, encrespada, con ojo colérico, diciendo que iba a cortarme el pito.

—¿Cómo? ¿Qué?

Ella emite una carcajada de bruja. Hace un gesto de abre y cierre con la diestra como quién blande una tijera afilada.

—Sí, te lo voy a cortar en tiritas.

Había tenido una pesadilla, luego me contó. Esos exabruptos me dejan lleno de desasosiego.

—Me levanté mufada —aclaró.

Después del desayuno nordestino de frutas tropicales, torta de maíz y aipin hervido, habíamos programado un picnic en la playa de Paripueira.

—Paripueira es el Arambepe de Maceió —nos explica Agatangelo, colocando en el coche la canasta de picnic, con mantel de cuadros rojos. Salimos en clima de fiesta campestre.

214

Yo aparentemente había olvidado el fantasma de la castración. El camino, ondulado, pasaba por un denso bosque de palmeras salvajes entrecruzadas. A la derecha un mar verde azulado intenso. Una tarjeta postal tropical. De aquí a Recife, nos dicen, las playas son igual o más bonitas, una cinta edénica de mil kilómetros.

En la playa vamos a inspeccionar el agua y ojo que aquí comienza a tener lugar la acción propiamente dicha. Arena arcillosa, chirle. Mucho calor, agua tibia, mar sopa. La arcilla permite que la corriente de las olas modele la arena que se ondula como paladar de perro. Entramos hasta la rodilla. Miro a Martha, ella me devuelve una mirada severa, mirada de señora que reta a su caniche. Yo entro lo suficiente en el juego como para ladrarle a la manera de Colita. ¡Guau, guau! Hago ademán de mojarla. Ante mi bravata el rostro de Martha se eriza.

—Mira que te dije... —me fulmina con puntos suspensivos.

Inmóviles, nos quedamos largos instantes inmóviles, con los gestos congelados, ojeándonos, yo con la mano en cuchara, ella con el sino de la hoz. El miedo está presente pero, en el alambique del suspenso, el propio miedo se destila en tentación que crece, irresistible. Entonces la mojé. Primero una brazada, luego a cuatro manos, total la afrenta estaba consumada. La empapé de arriba abajo con el agua tibia de Paripueira.

Martha se abalanza y yo retrocedo cual cangrejo, a los tumbos. Riendo, caigo dos veces, muerto de miedo. Martha luego contará que caía como los niños caen. Al llegar a tierra firme, todavía tentado de risa, comencé a correr.

—Estoy de vuelta en una hora —le grité y Martha me despidió con la mano.

Al comienzo de la corrida, con el baño de Martha fresco en mi cabeza, recordé un episodio en los albores de mi adolescencia. Estaba en Mar del Plata, pasando esos largos veraneos aristocráticos de la década del 40 y fui a una fiesta de cumpleaños. Ella cumplía 13. Se llamaba Taretita; a mí me gustaba, secretamente. Sucede que en medio de la fiesta, para llamar la atención, tiré una petardo. No fue para tanto, pero cayó como una bomba. Las chicas, histéricas; las madres, enojadas. Estaba en el centro de un escándalo. Lo que son las cosas: la primera transgresión de un chico tímido y ésta le explota en las manos. Me puse muy mal, abochornado. Salí de la fiesta con el rabo entre las piernas, y hoy en día me pregunto cómo un púber retraído pudo tirar un petardo en una fiesta, pero lo tiré. Al día siguiente me invade el pánico en la playa cuando un amigo me advierte que "ellas" estaban planeando vengarse. Palabras siderantes para el oído de un pendejo atormentado. Juro, además, que el fulano agregó:

—Tienen una gillette oxidada.

¿Lo dijo? ¿Fugaz delirio?

¡Una gillette oxidada! Lo peor era eso de oxidada. Comencé a correr como un loco, en pánico, sin disimulo, perseguido por la imagen de una hoja de afeitar mochada. Certeza de que me iban a rebanar el pito, cortarlo de cuajo en el ámbito de mis incipientes pelos púbicos. Entonces corrí hasta el otro extremo de Playa Grande y ahí quedé escondido por no sé cuanto tiempo. Poco a poco me fui serenando al pensar en lo improbable de la emasculación. "Ellas" harían un simulacro, pero eso también me parecía insoportable. Recuerdo el miedo a ser desnudado por mujeres. Pasada una eternidad inicié el lento regreso, escondiéndome entre las carpas, agazapado, sudando frío, maldiciendo la hora en que había tirado la bomba que inició la contienda. No podía permanecer escondido toda la vida.

Esta historia viene a cuento porque le tengo realmente miedo a la agresión física femenina. Algunos de esos temores son razonables, compartidos por todos los hombres con un mínimo de experiencia en la guerra de los sexos. El golpe propinado por la mujer siempre duele, aun jugando, especialmente cuando juega. Duele, sea puño, codo o rodilla. Las mujeres no saben medir sus fuerzas, carecen del aprendizaje infantil donde el varón incorpora los simulacros de la riña, sus fintas y matices. Inexpertas, ellas calibran mal la potencia del golpe y además pegan sin amagar, cosa que un hombre rara vez hace.

Paripueira carece de la elasticidad de Ondina en bajamar. A lo lejos se recorta un cabo y ya he perdido de vista a los turistas, sólo se divisa un pescador tirando su red circular. La arena ahora deja el lugar para un piso poroso, tipo piedra pómez. Piso que no da para correr. Camino largas cuadras por ese paisaje lunar hasta doblar un codo. Sorpresa, una hermosa playa me espera en la esquina. Cinco estrellas en cualquier playario y completamente mía, solitaria, ninguna jauría de mujeres en la costa; acababa de descubrir una vastísima playa virgen. Corrí y corrí, empapado de sudor y me desnudé para tirarme al agua, feliz y sin nubes, nadando en bolas bajo el azul violeta del cielo. La especialidad de esta playa era su arena rosada que le daba un aire gauguinesco. Playa femenina, con olas sensuales, sin soutien, y pezones abombados. La playa ostentaba un fondo de magníficas palmeras; algunas yacían tumbadas en la arena, pareciendo cisnes antediluvianos.

Tiempo de emprender el regreso, me había retrasado, eran las 12 y media pasadas. A poco de correr comienza un dolor en el tobillo derecho. Casi imperceptible, el dolor va creciendo y me fuerza a renguear, aunque no quiera, aunque no lo pueda creer. Un anillo caliente toma el tobillo en un cepo, como si hubiese caído en trampa de zorros. No estaba con rabia en ese mediodía de intenso calor, sólo abatido. Volvía arrastrándome por la zona de la piedra pómez, el trecho lunático de la playa. La pleamar había dejado un piletón de agua caliente. Meto el tobillo y le doy un masaje. Fue un error demorarme en el charco; cuando me levanto el tobillo duele el doble. Estoy bañado en sudor frío.

¿Qué pasó? Me había retrasado en la euforia edénica y algo acontece cuando comienzo a ver pezones en las olas. Lo confieso, padre, tuve la fantasía sexual que siempre me visita al correr playas solitarias. Una roja violación. Correr a la hembra, tumbarla, rasgar sus ropas, sin decir ni mu o quizás lanzando mi grito de guerra. Tengo que estar desnudo en el paraíso para que florezca la cala pornográfica.

El dolor era casi intolerable, amarga sátira para un sátiro, apenas si podía apoyar el pie. Sigo bañado en sudor que el sol rajante avinagra. La arbitrariedad de la cosa, como si mi imaginario hubiese inyectado a Hamlet en una película de Isabel Sarli.

¿Y si me desmayo?

¿Dónde está Martha? Percibo la urgencia alucinada del chico que se pierde en el supermercado de una megalópolis. ¿Dónde está mi mamá Martha?

A lo lejos se divisa la gente. Lentamente llego al oasis de luz y así fue como Martha me encontró:

—Estás pálido.

Le muestro el tobillo tumefacto como morcilla.

—Agua. Tengo sed.

Cruzamos la rambla y Martha pide agua en la primera casa. Se me atiende con diligencia de ahogado. Mi cara debe ser cosa de espanto.

Agatangelo llega y hecha una mirada en mi pie herniado.

—Hay una clínica ortopédica cerca. Precisamos de una placa —Agatangelo le dice a Martha y yo sigo despersonalizado, no puedo salir del absurdo. Con todo me pregunto: ¿una placa para qué? ¿Es posible una fractura sin golpe? Creo que no, pero el doctor Agatangelo ha pedido una radiografía.

En el viaje a la clínica vuelvo a la infancia, con un recuerdo anterior a la bomba en casa de Taretita. Ubico la historia en el tercer grado, antes de cumplir los nueve. Gran pelea en el recreo, bronca entre dos bandos, estoy casi seguro de que eran hombres contra mujeres, mejor dicho, niños contra niñas. La cuestión es que una colegiala me rompió la pierna de un zapatazo, patada tremenda a la altura del tobillo. Estuve dos meses enyesado. Cincuenta años más tarde me pregunto qué pierna fue la fracturada, necesito saberlo. Trato de imaginarme en la cama con el yeso puesto: apuesto que fue la pierna derecha.

—Creo que es histérico —le susurro a Martha, vagamente molesto porque el discípulo Agatangelo presencia mis estigmas.

Llegamos a la clínica y nos recibe un residente con una silla de ruedas, maravillosa silla rodante que va a rodar para mí. Me entrego a la medicina con alivio y en mi narcisismo de tullido no reparo en Martha. Es Simone quien percibe cómo Martha se estremece al entrar a la clínica, con su fantasmal olor a desinfectante. En ese momento lo simbólico se descarrila; la medicina que me ampara es la misma que fracasó frente a Ariel, traicionándola. Contraste absurdo entre la muerte de un hijo joven y el tobillo hinchado de un cincuentón pajero.

Me sacan una radiografía. Ya sé, fue absurdo dejar que me radiografiaran, pero entré en una especie de inercia semántica donde explicar en portugués iba cuesta arriba. Total, no duele. Un cuarto de hora más tarde la placa fue revelada.

—No veo absolutamente nada —concluye el residente—. Sólo aquí aparecen los restos de una vieja fractura y muestra con el lápiz un engrosamiento en forma de caña de bambú. Tenía razón, me dije, la fractura había sido en la pierna derecha.

Algo es algo.

36. CORCOVADO

Antes de ir a Esalen, para marcar el fin del contrato con los grupos de Bahía, fuimos a trabajar unos quince días a Río de Janeiro. El segundo aniversario de la muerte de Ariel se avecinaba.

El mar de Río es más nervioso que el bahiano, el agua más fría, la ola más traidora. Las playas de Río merecen su fama. Gran ciudad, Río. Siento el asombro de pajuerano en la metrópolis. Uno aquí tiene la sensación del futuro, con los mutantes bajando del morro.

En el primer sábado libre decidí escalar el Corcovado. El dentista de mi discípula Sandra, alpinista de fin de semana, le había dicho que para escalar el Corcovado había que subir por la trilla del trencito, que estaba en reparaciones. El trencito va hasta el pie del Cristo. Se escala en zapatillas.

A doscientos metros de nuestra partida encontramos una cuadrilla reparando las vías. Saludamos con la excesiva cortesía que el turista reserva para el proletario. Nuestra presencia no sorprende demasiado. Cuidado con la cámara fotográfica, nos previenen, hay ladrones arriba.

—¿Será verdad? —le pregunto a Sandra que asiente con demasiada indiferencia. Mina de agallas, la semana pasada me dobló en dos de una patada en un juego dramático en que se suponía que mi intención era violarla. Bien, guardamos la Nikon en el bolso de Sandra que paso a llevar. Comenzamos a ritmo rápido y veinte minutos más tarde, paramos para descansar en la primera estación del trencito. La estación es una placa de cemento, del tamaño de un altar grande. No se ve casa a la vista. Solo el altar y una leyenda que dice *Estación del doctor Héctor*. El doctor Héctor debe haber sido un dedicado médico de favela. Mirando de cerca, un sendero penetra en la selva. Increíble, en menos de media hora se pasa de una gran ciudad a África. Selva cerrada. La jungla tapa el ruido urbano. Toda la línea de los verdes, desde el loro eléctrico hasta el sombrío de los helechos gigantes. Una mariposa enorme, azul iridiscente, curiosa, nos sigue un trecho.

Media hora más arriba la situación sigue igual, por eso la sorpresa de la vela. Una vela encendida con platito, vasijas con alimentos y un quemador de incienso.

—Es para Oxosse —dice Sandra, que cree identificar los símbolos de la deidad.

Estamos en pleno Corcovado Mágico.

—A lo mejor el propiciante no debe ser visto —sugiere Sandra.

Seguimos caminando, nuestra escalada se ha sistematizado, y vamos saltando entre los durmientes. A la hora de ascensión la trilla del trencito desemboca en la parte trasera de un gran edificio feo. Resulta ser un triste orfanato. Ocho chicos sentados en un banco, de guardapolvo gris, cerca de otro andén, esta vez sin nombre, nos miran con curiosidad.

—Nos esperan —comenta Sandra.

Pobrecitos, con el tren en reparación, parecen robinsones agrisados. Tomamos agua en la fuente de un descuidado jardín y descansamos por el espacio de un cigarrillo no fumado.

Seguimos subiendo para no darle tiempo a que las piernas se enfríen. El sendero se vuelve muy empinado encima del orfanato. No sé como se las arregla la locomotora. Hay más lianas, humedad crepuscular y helechos, la luz tórnase mesozoica. A poco andar, una araña gigante, con tranco de jirafa, cruza lentamente las vías. ¡Cruza las vías! Nos pasamos sin decir palabra, sin siquiera sacarle una foto.

Ésa fue la última criatura selvática avistada. Un poco más arriba la civilización nos espera bajo la forma de un hotel. Gran hotel de los años 40 a punto de dilapidarse por el camino del orfanato. Se defiende programando convenciones y seminarios; Sandra había hecho uno.

—Ojalá que Esalen no sea así —le confieso a Sandra, mientras tomamos jugo de maracujá en el mirador del hotel. Todo Río a nuestros pies.

—¿Qué vas a buscar en ese viaje? —me pregunta.

Enciendo un cigarrillo. Estoy buscando varias cosas no muy bien definidas. Esalen es la Capital del Movimiento del Potencial Humano. Se trata de una propiedad grande en Big Sur, que da sobre el Pacífico, tiene aguas termales y un programa continuo de laboratorios. Lugar donde la bioenergía se codea con la Gestalt y con el psicodrama. El Oriente entra en Esalen por la puerta principal con gimnasia yoga, meditación y aikido.

—Para mí se trata de un Disneyland para grandes —le digo a Sandra—. Para Martha es otra cosa, Esalen es un buen lugar para elaborar duelos. Pensamos pasar un mes.

Nos falta el último tramo. Sandra está cansada, pero muere antes de admitirlo. Llevamos más de dos horas saltando durmientes cuesta arriba. Su cansancio me protege del mío.

En una curva nos encontramos con un operario de radio portátil al oído. ¿Qué partido estarán transmitiendo un sábado por la mañana? Recién, sobre el fondo del locutor deportivo, comprendo la paradoja de esta expedición: cuanto más se sube la montaña más civilizado el Corcovado se vuelve, culminando al pie del Cristo. Corcovado es una mezcla de peñasco tropical, Montaña Rusa y sundae de frutilla.

Nuestro sendero desemboca a espaldas del Cristo Redentor, con sus gigantescos brazos extendidos. En la plataforma que sostiene la mole se han juntado los mercaderes del Templo, las tiendas de los fariseos cariocas. Mi montaña de juguete desemboca en un mercado persa. Abro una lata de cerveza estúpidamente helada, como dicen los bahianos, para mezclarme sin mezclarme con los turistas. Luego bajamos la montaña compartiendo el taxi con una pareja de filipinos en luna de miel.

37-38. ESALEN

Nuestro viaje a Esalen fue el premio merecido que Martha y yo nos dimos por haber cumplido nuestro contrato de pasar cuatro largos años formando al grupo de Bahía. En Río, después de escalar el Corcovado, fui con Martha al consulado americano para obtener las visas. El vicecónsul limpia sus lentes, nos escruta como si fuéramos los pobres diablos apátridas que a veces tememos ser y nos lanza la pregunta imperial:

—¿Cómo sé que ustedes no pretenden quedarse en los Estados Unidos?

Algo atávico, judeogenético, cruza los ojos de Martha, mientras abre su gran cartera, removiendo su contenido, buscando cartas que uno sabe que él sabe que no prueban nada.

—Vamos a Esalen —cometo el error de decirle.

—¿Esalen? —pregunta el vicecónsul.

Y yo me siento como en aquella ópera donde el cónsul siempre está ocupado. ¿Qué es Esalen? No lo sé, Señor Cónsul, ¿la Montaña Mágica, un hospital mental, Shangri-la? Esalen suena a eremita. No sé qué decirle, mejor poner la cara de sincero, mejor aún, la cara de sincero próspero y controlar la voz para no mostrar la ropa interior desflecada.

Sobreviene un silencio de oficina, con pequeños ecos y timbres lejanos. A mi lado Martha, llena de dedos, lucha con el cierre de la cartera. Ella se arruga a mi lado. De pronto somos dos abuelitos inmigrantes. Siento ternura por esas manos fútiles, por ella, por nosotros. "Métase el visado en el culo", me hubiera gustado decirle. Pero no: "OK, Sir. Gracias, Señor Cónsul". Momento para sentir el desarraigo.

—Eres el heladero del psicoanálisis —me dijo cierta vez Zoilo en Zaragoza— con tu carrito ambulante.

Volamos y volamos y volamos, rumbo a San Francisco, en el Jumbo de Panam, el enorme elefante volador. Volé con esa extraña hambre que siempre me sobrecoge en el avión. La azafata me sirve un gin tonic. Abro una página del cuaderno que compré para el viaje y escribo: *Jimmy Carter, here I come*. Me gusta

Jimmy Carter, qué le voy a hacer. Eso nunca se lo podría contar a Mimí Langer, mi superyó político. Como ya dije, uno tiene secretos.

Cierta vez, en la playa de Ondina, tuve una charla con Mimí. Cotejamos nuestros rumbos ideológicos después del Diluvio. ¿Dónde somos diferentes? Mimí me confesó que ella nunca podría escribir un capítulo como el de la muerte de Noune.

—¿Por qué?

—Por lo íntimo. A los demás no les importa —añadió, sin mucha convicción. No era eso. A Mimí le interesa mantener un espacio privado, propicio para la acción política. Un líder no puede ser intimista. Ella renuncia a lo subjetivo por una causa social. Lo contrario se da en mi caso, en la búsqueda de mi verdad puedo renunciar a un compromiso político. Yo le doy prioridad a la verdad; Mimí, a la justicia. Para Mimí el inconsciente tiene política; para mí la política tiene inconsciente. Gritante diferencia.

San Francisco, hermosa ciudad, salina, marina, con calles ventosas y cielos brillantes a lo Mar del Plata. Ella se presenta pronta para ser modelada en parque, con sus *cable cars* y *I left my heart in San Francisco*. Esta ciudad, junto con El Cairo y Jerusalén, son reparos étnicos. Lo oriental aquí tiene su familiaridad cotidiana. Si el Vaticano se mudara a San Francisco, la Guardia Suiza sería japonesa con algunos filipinos. Percibo que una euforia turística me sustenta. Tony Bennet me da las llaves de la ciudad y compro mi primer par de Nikes, una preciosura de zapatillas en forma de lancha de carrera azul eléctrica y canario rabioso.

Pasamos dos días turísticos, visitando el Golden Gate y comiendo cangrejos gigantes en *Marina Boulevard*. Temprano, al tercer día, viajamos en ómnibus rumbo a Esalen.

Esalen ocupa cinco hectáreas de terreno sobre el mar, propiedad del tamaño del *Axé Opô Afonjá*. Bungalows panorámicamente salpicados, bien distribuidos, se irradian a partir del edificio madre, comedor y tronco de la comunidad. Nos toca en suerte una cabaña con ventana al océano, rodeada de pinos, donde se escucha abajo al Pacífico. Baño privado de primera, con ducha de club. Alivio. Temía que Esalen pecara por el lado de lo austero macrobiótico o de lo dilapidado, como aquel hotel de Corcovado. Nada de eso, la organización parece eficiente, la hotelería de primera, se ve que Esalen es una empresa bien montada.

Silencio respirado del mar. Llega lejano el ladrido de un perro de campo. Todavía no es la hora de cenar y tengo hambre. Escribo sobre un escritorio rústico de madera, color miel. Tomo lo que quedaba del Chivas del Free Shop con Martha. Había decidido entrar en un régimen de comida sana, embarcarme por primera vez en una experiencia única: sin tabaco, sin alcohol, sin café (excepto el de la mañana), sin azúcar, pero con marihuana. Aquí no es delito la posesión de 30 gramos de hierba, y la variedad local, llamada *Sinsemilla*, tiene fama.

En el comedor cincuenta personas comen. A ojo de buen cubero, yo diría que la edad media era de treinta y cinco años o más. Blusones coloridos en un grupo bronceado y alegre. El mismo halo elegantemente informal que Penny y Yoshide encontraron en el Arca del hotel Catedral.

La cena, Penny, fue sabrosa. Roast beef, papas con cáscara, choclos de dentadura perfecta, grandes ensaladas de varias hojas, tomates, pepinos, brotes de lentejas y alfalfa. Leche de vaca esalénica, mantequilla y pan casero. Había una alternativa vegetariana que descarté; tan, tan sano no podía ser.

Esa misma noche, mi grupo se dio cita en la casa de Fritz Perls. Buen augurio, iniciarse desde donde se partió el primer pan de la Gestalt. La casa, provocativa góndola de vidrio, anida sobre el barranco en la parte más elevada de Esalen.

En una sala helicoidal, una docena de personas charlando en pequeños grupos. Charla social, rubias y rubios sobre almohadones. Aunque estamos en junio hace un frío que justifica la chimenea prendida y frazadas indias. Me coloco junto a la lumbre, con la sensación agradable de no tener ninguna responsabilidad sobre ellos. Bárbara Clemens hará el gasto. Cuando ella llega noto en seguida que está tensa. No me sorprende, siempre duermo mal en la noche previa a un laboratorio. Bárbara Clemens tiene la pinta de esas mujeres que nacieron para ser divorciadas. Agradable, simpática, pero empedernidamente neurótica. La típica judía de Brooklyn.

No pasó nada especial esa noche, excepto una invitación para correr al día siguiente, bien temprano, antes del desayuno. Y ahí estaba yo, tiritando de frío, a las siete y media de la mañana, haciendo flexiones frente al bungalow de Bárbara Clemens. Éramos cinco hombres y tres mujeres. La consigna era correr tres millas. Sopesé la capacidad física de mis compañeros y concluí que estaba bien colocado en el escalafón.

El primer kilómetro lo corrí como Leguisamo, en el montón, con mucho caballo adentro. Más adelante, después de una cuesta, comienzo a escalar posiciones hasta colocarme tercero, mordiendo los talones de Bárbara, lo que me trajo el fugaz recuerdo de Colita. Sigo firme en esa posición y Bárbara comienza a quejarse por haber pasado una mala noche. Seguimos así hasta que, al pasar el codo de la recta final, me apilo sobre mis Nikes y la paso como un poste. El puntero, en cambio, aguanta bien la atropellada. Volvimos a un tranco no competitivo cuando quedamos solos en el sendero. Mi ladero se llamaba Joseph, se parecía a Goldfinger, pero en más flaco y con un buen estado físico. Profesión: ingeniero de rayos láser. Apuramos el tranco en los últimos metros, el hambre aprieta.

Dos horas después teníamos cita en las termas. Una larga rampa desciende a los baños. Jugosas uñas de gato arañan los cachetes de las piedras. Dejamos la ropa en la antesala. La desnudez hospitalaria que da estar desnudo sobre un frío de mosaicos mojados no me erotiza.

Aun así Bárbara Clemens desnuda resulta más linda de lo previsto. La palabra es túrgida: senos túrgidos, bajo vientre de una turgidez anacarada. Los doce del grupo más ella entramos apiñados en una gran cuba de agua sulfurosa. El agua está a 45 grados, exagera Joseph. Impera la incomodidad, demasiada desnudez asardinada, sin entremeses. La falta se registra en mi pene que se arruga como piel de escroto. Calor por fuera, hielo por dentro.

"Cierren los ojos y comiencen a percibir el cuerpo", propone Bárbara. Abajo, las olas del Pacífico realzan la cadencia de sus palabras. El olor sutilmente diabólico de los efluvios sulfurosos de las termas permea el ambiente. El cuerpo se aclimata gradualmente al agua caldeada.

Bárbara Clemens continúa dando consignas corporales. La voz entrenada induce a una concentración. hipnótica donde el cuerpo va perdiendo su cascarudez.

—Floten... floten... floten... —escucho la voz, cada vez más distante en ese limbo sulfúrico.

La experiencia con Bárbara Clemens, no puedo negarlo, me decepcionó. Martha y yo trabajamos mejor en nuestros laboratorios. Fueron cinco días donde aprendí a dar masajes y poca cosa más, excepto una meditación sobre el Bolero de Ravel, donde uno colocaba el ritmo de los bajos en el vientre, la melodía en el corazón, y el tintineo de las escobillas en la frente, escobando el tercer ojo.

El viernes por la tarde conocí a Betty Fuller, coordinadora del segundo laboratorio. Esa misma mañana, gran adiós con los miembros del grupo de Bárbara Clemens. Despedida clásica de final de laboratorio con lágrimas, promesas de amor eterno y *Poor Butterfly*. Todos flechados con todos. Luego almuerzo, siesta, un golpe de termas y ahora me sumerjo, cual viuda alegre, en un nuevo encuentro con otras quince personas. Joseph me acompaña. Mucho sol pasó por el puente en esta semana. El grupo es nuevo, Joseph y yo somos los únicos con la pelvis bronceada. Habíamos adquirido la sutil desenvoltura del lugar y éramos *Esalen men*.

Betty Fuller, mujer coloso, tiene la atemporalidad de los grandes gordos. Le doy entre cuarenta y cinco y sesenta años. Mide un metro setenta y cinco y debe pesar 140 kilos en ayunas. Enorme, con cara amenazante. También hay entre los pacientes tres considerables obesas, el resto tirando a gordito. Joseph, más parecido que nunca a Goldfinger, parece enjuto y yo flaco, preguntándonos si no nos equivocamos de laboratorio.

Betty Fuller ejerce la fascinación de vendedora de feria.

—Betty Fuller les va a enseñar a bailar —dice—. Déjense llevar.

La música me sobresaltó: el "Crimen del siglo", de Supertramp, la música favorita de mi hijo Marcos. Escucho sin bailar, de ojos cerrados, pasando la música por la óptica del Bolero. El Crimen del Siglo también se refracta: la batería baja al vientre, el pecho se convierte en caja de resonancia melódica, falta la percusión aguda frontal.

—Hay que entrar en el baile automático —escucho y me largo a bailar junto a ese trompo cósmico que era Betty Fuller.

Fue insólito, le dije a Martha, a medianoche, cuando nos dimos *rendez vous* en las termas. Martha, por contraste, parecía una foquita después de mi *dancing night* con los grandes cetáceos.

Desde que me despierto a las siete de la mañana, rumbo a la clase de yoga, hasta medianoche en las termas, donde me doy cita con Martha, estoy en constante contacto con mi cuerpo, con el cuerpo lúdico, el cuerpo erógeno y el cuerpo epidérmico de los masajes. Más de doce horas corriendo, bailando, yogueando, amén de escaldarme en las sulfataras, como Joseph llama a las termas. Me doy cuenta de que mi percepción del tiempo cambió; el huso horario es otro en una comunidad sin trabajo, sin radio ni televisión, sin periódicos, sin alcohol y sin café. A este tiempo, Martha lo llama panterapéutico.

Al día siguiente bajamos a las termas con Betty Fuller. Joseph se ha borrado; sospecho que no le gustan tan gordas. Betty desnuda es impresionante: mamas enormes sobre una piel de globo, pronta a estallar. Difícil momento para ella, no se pueden disimular 140 kilos, sobre todo cuando uno es una psicoterapeuta desnuda. Ella se coloca en el centro de la cuba y lentamente, con su histrionismo circense, da una vuelta completa, exhibiéndose:

Pide que observemos su cuerpo; primero quiere hablar de las cosas que le gustan en él. Escena fuerte, vertida en las penumbras del masoquismo. La fascinación de la hermosura monstruosa.

Betty da otra vuelta completa.

—Me gustan mis brazos —dice al cabo de un tiempo—, linda cara y pescuezo... soy una gran tetuda, pero son firmes.

Pausa.

—Hay una cosa que me humilla —prosigue— y es esta bolsa que me cuelga de la barriga.

Betty Fuller toma el delantal de grasa con las dos manos.

—Toquen —insta—, quiero sentir mi vergüenza.

Silencio inmóvil, nadie intenta tocar, como si ese delantal adiposo fuera la vagina primordial que engendró al mundo. Nos quedamos embobados.

—¡Toquen! —exhorta.

Silencio. Se escucha el alarmado grito histérico de las gaviotas. Desde nuestra parálisis el Pacífico bate más fuerte. Finalmente otra gorda entra en el piletón, toma el delantal, le da un beso y se larga a llorar. Fellini hubiese filmado la escena, y yo estaba conmovido. Comprendía todo aunque no hubiese nada que comprender. Estuve tentado de agarrar el delantal y decir:

—Betty, eres hermosa. —Tu creador, Penny, sería capaz de decir ese tipo de cosas. Pero no las dije. Esta vez no, no cabía, aunque ella fuera hermosa a su manera, no cabía esa mentira por compasión. Entonces percibí que estaba cambiando. Presenciaba un cambio caracterológico en estado naciente. No, no podía mentirle.

Pasamos por la lavandería y mientras las máquinas de lavar tomaban cuenta de nuestra ropa, fuimos a la huerta que quedaba cerca. Martha me quería mostrar su trabajo. Laburó sábado y domingo con un capataz de manos verdes, que la inició en el cultivo amoroso de las plantas. Terraterapia. Desde los almácigos se percibe que el duelo está doblando una curva radical. Se cumplía en Esalen el tercer aniversario de la muerte de Ariel y el lugar, esta vez, había sido sabiamente elegido. La continencia de la comunidad fue sostenida. Martha pudo llorar como campesina. Estamos cerca el uno del otro y, al mismo tiempo, lejos. Quizás ésos sean los amores crepusculares.

Los días fueron resolviéndose en el eficiente paraíso. Otros laboratorios se sucedieron con sus Madame Butterfly. Practiqué *belly dancing* con una tailandesa de pelvis tetradimensional, Kundalini con discípulos de Bagwan y una admirable semana de Gestalt con Dick Price.

Después vino al aikido. El maestro del aikido se llama Bob Nadeau. Personaje especial, Bob Nadeau. Un cuarentón pelirrojo con el cuerpo totalmente joven. Podría ser el hermano marcial de Danny Kaye, porque había algo cómico en él. Cuenta la leyenda que Bob Nadeau era policía y que fue mandado al Japón a estudiar métodos de defensa personal. Allí se cayó del caballo y su vida dio una virada radical: de cana a gurú del aikido.

Puede ser sugestión, pero se percibe un pasado de violencia; además, siempre habla de sí en tercera persona, como los héroes de Hemingway:

—Aquí está Bob Nadeau con ustedes —dice de pie, bailoteando en el centro del salón—. Bob Nadeau siente la energía del lugar.

Él pide un minuto de silencio en memoria de Morihei Ueshiba, el inventor del aikido, que acababa de morir. Morihei Ueshiba desarrolló el arte marcial en nuestro siglo. Método más refinado que el jiujitsu. Ahí donde el jiujitsu se vale de la fuerza del opositor para derribarlo, el aikido usa esa fuerza para el bien de ambos. Aikido significa "arte de la paz". Nadeau nos contó que Murihei Ueshiba fue poeta y calígrafo, además de luchador y filósofo.

Estamos en círculo en torno a Nadeau que sigue hamacándose, anunciando que vamos a aprender la meditación que es la base espiritual del aikido. Es una meditación para guerreros. Posición activa de la mente, lo contrario de la mente en blanco. El aikido pide que todo devenga, el blanco inclusive. Se parece a la atención flotante del psicoanalista, pienso yo.

Comienza con flexiones, amplias flexiones, largando el aire al bajar e inspirando al subir. Subir y bajar, inspirar y espirar. En cada flexión se descarta el estado de conciencia del momento. ¿Está claro?

—No —dice Joseph.

El ex cana mira a Goldfinger con desconfianza, antes de concluir que la incomprensión no era deshonesta.

—No comprendo —repite Joseph.

—¿Qué es lo que no comprende?

—Lo del descarte.

Nadeau lo explica usando el modelo fotográfico. La conciencia de cada momento es como una foto. Con cada espiración uno descarta el slide del momento; con la inspiración sube un nuevo slide que será fijado, contemplado y nuevamente descartado.

Comenzamos.

La metáfora es buena, los primeros slides salieron velados, como ocurre con mi Nikon. Pero ahora resulta que todas las fotos salen quemadas porque pasan quince minutos y nada de nada.

—Tengan paciencia, sepan esperar, al principio no esperen resultados.

Nadeau baja el nivel de la luz. Flexiones y más flexiones en silencio. La película de la conciencia continúa quemada por los timpanismos del tímpano, los borborigmos del colon y los pájaros del bosque. No pasa nada. Temor al ridículo, el rey desnudo está haciendo gimnasia con un ex cana.

—Bob Nadeau ahora siente algo en el pecho —dice B.N.—. Bob Nadeau tiene más fuerza en los brazos.

Yo no siento nada; más calor, quizá. Y sigo y sigo y, al inspirar por enésima vez, sube conmigo la sensación de un cierto tono psicodélico, como cuando la radio está ligada. Me da no sé qué descartar esa presentación, pero la voz de Nadeau me llega telepática:

—Aunque el slide sea bueno, hay que descartarlo. Si es significativo ya volverá.

—Tengo sueño —dice una mujer grandota, con cara angulosa de española.

Ella bosteza, el grupo entero bosteza, unidos colectivamente por una colosal resistencia. Veo cuerpos desganados, algunos rebeldes, casi desafiantes. Joseph está a punto de amotinarse.

—Bob Nadeau tiene miedo que una mujer grite.

El tipo es un brujo. Él sabe que una chispa puede ser peligrosa.

—Estamos en el umbral hacia un nivel energético superior —aclara B.N.

Nadeau, buen mimo, adopta la posición de un surfista que

costea una ola que lo empequeñece. Como si se tratara de "una tauromaquia existencial", anoté en el diario. Hay algo de torero en este aikidista.

Suena el gong del recreo. Me despatarro sobre un montón de almohadones en un rincón de la sala. La mente en blanco, blanco tipo propaganda de jabón en polvo. Suave música de fondo.

Una vez más Bob Nadeau bailotea en el centro, tiene la frente sudada. Descarto el slide borroso de una callejuela bajo la lluvia, otros slides se suceden y no pasa nada, descarto un slide después del otro; hasta que, al inspirar, la lombriz del anzuelo recibe su primer mordisco: aparecen beduinos cruzando un médano; imagen clara con nitidez de foco propia de un buen sueño. Los beduinos desaparecen antes de que pueda descartarlos. Respiro profundamente y el próximo slide se proyecta en la boca. Sensación imperiosa de sed. Sed instantánea. Descarto la sed. Me quedo un tiempo doblado, con la cabeza colgando. Al levantarme veo un oasis. No me cabe duda que el oasis viene con los beduinos y con la sed. Me despido del espejismo en una larga espiración y por primera vez me levanto con curiosidad: ¿Qué me deparará ahora la caja de sorpresas?

Un blanco total, diferente del blanco Omo del recreo. Un blanco delicioso, correlato del oasis. Descarto ese slide como quien adelanta todas sus fichas en la mesa de juego. Me levanto en el reino vegetal. Soy un alga con raíces sujetas a la arena. Yo alga me balanceo, sigo las corrientes marinas. Dos fuerzas me atraviesan: las raíces me sustentan, el agua me levita. Descarto esa imagen y me levanto estrella de mar.

—Soy una estrella —digo. Tenía que decirlo. Dos brazos más dos piernas, la cabeza es el quinto rayo. Una cabeza importante como rayo, pero descentrada. El centro está en el ombligo, en el *mondongo system*, como lo llamaba una ex paciente.

Abro los ojos y vuelvo al salón. Más de la mitad del grupo descansa. Una bonhomía astral nos envuelve. Bob Nadeau bailotea en el centro. Le cuento mi experiencia.

—Eso es lo que el Tai Chi busca —me dijo, mirándome con aprobación, como si yo fuera un voluntarioso agente de tráfico.

Por fin llega el último laboratorio, el octavo en un mes. En esas semanas había intimado con un gran número de personas: gordas, flacas, neuróticas, perversas, vestidas, desnudas, túrgidas como Bárbara Clemens, hirsutas como Joseph, en una promiscuidad arcaica, globalizada.

Nos costaba dejar Esalen, me quedaría tranquilamente un mes más. Martha también. Pero también extrañaba la televisión, los hamburgers con ketchup y papas fritas, leer los diarios, beber cerveza, fumar un Winston.

Sólo faltaba un laboratorio que sería el broche de oro. Un laboratorio para la soledad compartida de los corredores de larga distancia. Mike Spino describía su laboratorio en el catálogo de Esalen de la siguiente forma:

En este laboratorio se tienen en cuenta los recientes desarrollos en fisiología deportiva, entrenamiento integral de los atletas soviéticos, filosofía oriental y artes marciales, junto con las investigaciones realizadas en el Centro Deportivo de Esalen. Estudiaremos tiempos y estilos de corrida, ejercicios de esfuerzo y de flexibilidad y programas de entrenamiento.

110 dólares.

Como anillo al dedo. Pasar un fin de semana entre hermanos de zapatilla, corriendo y charlando sobre el cuidado de los pies, dietas, trocando recetas atléticas y otras figuritas deportivas. Volver a la época de los acampamientos en Bariloche, recuerdos míticos si se piensa que yo nunca acampé y por eso idealizo el folklore mochilero. Mi sueño de boy-scout por sólo 110 dólares, más barato que la bruja María Sabina.

Comenzó bien, como en las malas telenovelas. Yo salía de un masaje y estaba en el piletón leyendo *Beyond Running*, de Mike Spino, cuando llega un tipo y se sumerge a mi lado. Buen estado físico. Esos cuerpos peludos, de brazos y piernas largos. El recién llegado mira el libro y sonríe. Miro la contratapa: era Mike Spino. Ambos en la misma tina y, fue más fuerte que yo, no pude dejar de ser chanta:

—He viajado nueve mil millas para conocerlo.

Lógico, Mike Spino se ruboriza de placer.

—Su libro fue importante para mí —añado, echando leña al fuego. Sencillo, es cuestión de decir las cosas que me hubiera gustado escuchar.

—Good —dijo, y constato que estaba sintiendo una variedad infantil de admiración. Y no era para menos, ¿acaso Mike Spino no corrió en el equipo olímpico de postas, en Montreal, llegando segundo después de Jamaica? Medalla de plata olímpica, Jack.

Escribiendo estas memorias me doy cuenta de que mi experiencia con el psicoanálisis fue exitosa en la medida en que tengo una prodigiosa facilidad para establecer transferencias fulminantes. Me enamoro de mis mentores.

Después del almuerzo nos reunimos en el gimnasio. Somos un grupo numeroso, más de treinta y cinco personas, sólo ocho mujeres. La menor del grupo es una rubia de veintitrés años y yo, con cincuenta y cuatro, el más viejo. Impresionante la colección de zapatillas: Adidas, Books Vilanova, New Balance y las Pumas Easyrider. Mis Nikes no desmerecen: Mike usa Nike.[1]

Lindo grupo. Los grandes rubios bárbaros de California, gente poco complicada, vienen sin las expectativas fáusticas de los laboratorios clínicos. Gente sana y simple. Esa noche Mike Spino dio una charla sobre carrera aeróbica. Su fuerte no es el episteme y le costó trazar la línea conceptual que lo separa de Cooper. El aporte de Cooper se da más en la medicina del deporte que en el deporte competitivo. Cooper es el padre del trotar, no del correr. Mike Spino separa nítidamente el trotador del corredor.

—¿Cuál es la diferencia? —alguien pregunta.

—El corredor corre la milla en menos de seis minutos y medio.

Hago la cuenta, mi récord personal para los 3.000 metros es de quince minutos y medio. O sea, corro la milla en casi ocho minutos. Por esos parámetros soy un trotador, mejor dicho, soy un *borderline* atlético.

El fuerte de la charla era la exaltación de la proeza deportiva. Mike Spino contó con entusiasmo la historia de Bannister, el primer millero en bajar la barrera de los cuatro minutos, mostrando un vídeo del corredor volando como el viento por las planicies de Escocia.

La propuesta espartana fascina al grupo, haciendo de la velocidad y el esfuerzo una militancia. Viendo el brillo de sus caras comprendí que estaba en parte equivocado en mi apreciación inicial. Los bárbaros de California, en efecto, no eran neuróticos pero sí eran fanáticos.

—No sé si concuerdo con esa filosofía —le dije esa noche a Martha—, aunque quizá el deporte radical sea una forma de perderle el miedo a la muerte. Por otra parte, la *Lección del*

---

[1]Conviene aclarar que hace veinte años las zapatillas Nike acababan de ser lanzadas y no tenían la mala fama actual, sobre todo después de lo acontecido con Ronaldinho en la final de la Copa del Mundo.

Aikido indica que para llegar hay que pasar la barrera del agotamiento.

Más de veinticinco atletas en fila, corriendo en la madrugada. Cielo negro, azul plomizo, verdoso. El sol aún no había salido. Partimos a las cinco y media, tiritando en la alborada. Costeamos la playa con los buzos puestos. Mike Spino había dicho que esta carrera de antes del desayuno era optativa, pero más de la mitad del grupo se anotó. Corremos por un estrecho desfiladero. Abajo, el mar a unos 200 metros de precipicio. Quietud absoluta, el bosque de abetos asimila el ocasional ruido de la carretera. Es una corrida de calentamiento y el pelotón sigue el ritmo de los más lentos. Corrimos casi una hora y volvimos para tomar el desayuno.

—Coman corn flakes, con crema y mucha azúcar —recomienda Mike Spino.

Después del desayuno, salimos a correr en serio. Los primeros 3.000 metros vamos en un pelotón compacto, luego los más rápidos se distancian y nos llevan unos 200 metros de ventaja, y esa ventaja se va ampliando. Yo corro retrasado, con las mujeres.

Finalmente el sendero se aleja de la costa y penetra en la garganta de los colosales *redwoods*. Lugar mágico con césped de musgo, un arroyo que sisea, bajo la bóveda de árboles gigantes. Acampamos en un claro donde el arroyo se ensancha y las nutrias se adivinan. Fue ahí donde escuché a alguien decir:

—El año que viene voy a correr la maratón en Maratón.

Así nomás de simple o de rebuscado. La maratón en Maratón, como leche de madre, como columpiarse en los Jardines Colgantes de Babilonia, como tirar el tarot en Delfos. ¡La maratón en Maratón! En el acto me imaginé corriéndola, transpirado de historia, cubriendo los 42 kilómetros con la flexibilidad parsimoniosa de los sueños, respirando vientos homéricos. En el momento tomé la decisión de ir, tenía que ir, ése es el deber deseante. Luego no fui, pero ésa es otra historia. El deber deseante que una vez me llevó a la cabaña de madera de Suzanne Langer y que luego me llevaría a los brazos de Graça.

Volvimos corriendo a casa, dando una vuelta por el parque de Esalen, en torno a un torturado pino de Monterrey, la mascota del lugar.

Nos despedimos, chau Mike.

Almorzé con Joseph, triste, partir es morir un mucho.

—Si pasas por Los Ángeles... —dice, escribiendo su dirección en un libro, *Vaginas para colorear*, que me había regalado.

Chau Joseph.

Tengo que hablar del *Viaje de Ulises*, deber deseante y frustración. Tiene que ver, nuevamente, con mi cuñado, el de la escultura anónima. Con el dinero de una herencia, Francis decidió realizar su sueño, hacer el viaje de Ulises, por el Mediterráneo, tal como aparece descripto en la Ilíada, o sea pasando por Scylla y Caribdis, gambeteando a las Sirenas, suspirando por Penélope. Entonces fue a Turquía y compró un velero, armándolo para la aventura. Francis, que en la época tenía treinta y ocho años, se parecía mucho a Cousteau; era entre otras cosas un hombre de mar. La tripulación: los amigos del grupo Falena, poetas, filósofos. Heidegger quería ir, pero no lo aceptaron por la edad. Yo quería ir y le dije a Francis:

—Quiero ir, ustedes necesitan un médico.

Fui aceptado, se calculaba que el viaje iba a durar dos meses. Imagínense ocho hombres lúcidos, bajo el cielo estrellado del Viejo Mundo, escuchando a las sirenas; estaba seguro de que las escucharíamos. Con el viaje casi listo, Francis fue al Chile de Allende, invitado por la Universidad de Santiago, para dar un curso sobre inventiva.

—Voy a dar un curso sobre las implicaciones de clavar un clavo —nos dijo a Noune y a mí de pasada por Buenos Aires. Yo le regalé *Heroína*, que acababa de salir, lo que me permite datar el momento: 1967.

Francis murió al salir de Caracas, en el peor accidente aéreo de la Air France.

39. *COMING HOME*

Al aterrizar en el Aeropuerto de Salvador una ola de calor pasó su lengua caliente, como si fuera un Colita ciclópeo. Bouffée tórrida, el calor de Bahía siempre sorprende. La ropa empieza a pegarse y son las ocho y media de la mañana.

Ya en la costanera comienzo a sentirme en casa. Martha también. Está en el aire, decimos, en la belleza de sus playas. Itapuã, Piatá, Placafor desgranan su magia colorida en una bajamar que las embellece. En casa saco los zapatos, los pantalones largos, mi uniforme de señor que cruza las aduanas, me pongo el traje de baño y bajo a la playa. Experimento la caricia del agua salada, casi tibia, y del aire que se mueve con la dulzura de la brisa. Tirarse al mar es llegar a casa. Comienzo a correr Ondina, sintiendo su legendaria elasticidad sensual de vientre de mulata.

Encuentro a El Loco, en su lugar de siempre. El Líder Negro Bueno me da la mano y me pregunta por los Estados Unidos. Me cuenta sobre Colita, Ratinho y los muchachos en general.

—*Tudo bom* —me dice.

El Loco está diferente. Lo veo mejor, más activo, pero más feo, tipo adolescente escrofuloso. A veces juega partidos de fútbol verdaderos, siempre en el arco. Pero no habla con nadie. Engordó, tiene un comienzo de panza. Suele masturbarse mirando a las mujeres; o sea, practica el más popular de los juegos secretos de la playa. Creo que en el fondo El Loco no ha cambiado, sigue en la suya, tan loco como siempre.

Comienzo a correr, galopando de la manera que Mike Spino me enseñó, estirando bien la pierna: mi tranco ha mejorado. Luego juego frescobol con uno de los mellizos. Probamos una pelotita negra, dura, que compré en San Francisco. No nos convence.

Más tarde llega Colita, alegría de verlo. Él también cambió. Luego el dueño oficial me dirá que ya prácticamente no vive en casa. A veces cae de visita o viene a comer, pero no se queda. Dicen que se volvió atorrante por celos del bebé que lo desplazó.

Puede ser, fue lo que le pasó al perro que teníamos en Londres cuando nació Belén. Colita está flaco, duro, avejentado para su edad biológica. Cuando me reconoció, por un momento pude ver al Colita de antes, todo patas y ladridos, pero enseguida asumió el perfil formal de perro maduro. Añoro su entrega lúdica de otros tiempos, del mismo modo que añoro el esplendor catatónico de El Loco. Fin de la infancia de Ondina. Sucede que todos hemos cambiado.

Entonces me pregunto: ¿cuál es mi locura? No sé. Aquí entro en mi punto ciego aunque quizá no exista el punto ciego o el punto ciego consiste en ver un punto ciego. Es así de complicado. Para dar un ejemplo, en La Casona, Tato y Hernán me llamaban El Mudo de entrecasa y yo no sabía si era porque hablaba poco o porque hablaba mucho o porque hablaba mucho y poco, irregularmente o según la estación. Hasta el día de hoy no lo sé. Si les pregunto, ellos se ríen y piensan que estoy bromeando. Hay cosas que nunca se pueden llegar a saber. ¿O será que sólo los autistas pensamos así? ¿Comprenden el dilema donde el punto ciego tal vez sea el punto vidente?

Por otra parte. Hay ciertas locuras que son como el mal aliento, uno no sabe que las tiene.

Hablando de locos, alguien dijo que Victor Hugo era un loco que se creía Victor Hugo. El poeta enloquece al asumir la imagen que le devuelve el otro. Lo contrario aconteció con Narciso, él se ahoga por creer que esa imagen en el lago no era la suya. En el fondo da lo mismo, eso es lo curioso del caso. Y no olvidemos que el Rey está desnudo. La locura de Victor Hugo fue de cumplir con el delirio de ser el mejor poeta de Francia de todos los pesos. El delirio como proyecto; hay que bancar el delirio hasta realizarlo. El delirio viste al personaje. Freud era un loco que creía en el psicoanálisis, cuando aún no era freudiano. Maquiavelo fue un loco maquiavélico. El delirio es montar un potro; un riesgo con el potro es caerse; uno queda fuera, con una cruz en el camino; el otro riesgo es domarlo, el delirio domado se llama mitomanía, tiene dentadura postiza.

¿Cuál es el delirio de este jubilado? Muy simple: mi delirio es ser sabio. El delirio crea sus imposibles condiciones de existencia. Por otra parte tengo la impresión de que pienso diferente de los demás.

Nuevamente en Ondina salgo a nadar, testando mi cuerpo esalénico. El mar es el juguete más maravilloso del mundo, te masajea con su espuma crepitante, te provoca con olas de todo tipo, uno lo monta para barrenar, para zambullirse. Se juega en el mar, se navega, se pesca y, bien en el fondo, está el continente perdido de Atlántida.

El mar inspira respeto, me impresionaba aun antes de ver *Tiburón* de Spielberg. Jack era un nadador de fondo. Él, recuerden, me llevaba mar adentro contorneando la escollera norte en Mar del Plata. Consideraba nadar como una forma de alpinismo. La soledad y el peligro son importantes cuando la costa es una línea, el riesgo es el condimento. Perderse en alta mar. No hace alpinismo, decía, aquel que se limita a recorrer la base del Everest. Yo hoy en día nunca me interno más de cien metros de la playa.

El mar está manso y cristalino. La cuenca submarina tiene un descenso suave. Voy hasta le segunda rompiente y vuelvo, para ver si "el mar tira"; Jack siempre insistía sobre ese punto. Vuelvo a salir. Sobrevuelo un banco de arena con piedras cavernosas. Los peces violetas y los pardos con rayas amarillas tienen sus grutas aquí, junto con ocasionales morenas. Están las algas punzó y las verdes, con garbo de maestros de aikido. En el mar tengo la satisfacción de los miopes, veo mejor. Más allá, un cardumen de peces nómades, manga sincronizada de langostas plateadas, aerodinámicas cual estiletes, abren camino para que pase.

Salgo del mar en la cresta de una diligente ola. Sí, estoy en casa. De vuelta de otras isobaras puedo declarar, con autoridad, que Bahía es única. La lengua cálida de perro sólo lame en el aeropuerto; pasado ese umbral se entra en el Jardín de Alá.

Hay que desnudarse para entrar en el paraíso. Un hombre de saco y corbata sufre en la Ciudad Baja. Por eso trabajo descalzo con remera y bermudas. Los ejecutivos bien trajeados, en la sala de espera, me contemplan con asombro.

—Vos podés ir desnudo —me dijo mi amigo Varón—, yo no.

—¿Por qué? —pregunté, sabiendo la respuesta. Un jubilado con alguna justa fama puede tomarse ciertas prebendas.

Ocurrió en el próximo laboratorio social, el primero desde Esalen. Cada uno quería mostrarle al otro lo que había aprendido. Martha y yo diseñamos el laboratorio con mucho celo y expectativa. Todos querían ver la madeja en el nuevo telar. Y trabajamos bien, como clavicordios bien templados. Renovados, tal cual amebas viejas que copulando rejuvenecen. El Líder

Blanco y la Papisa del Tarot, poniendo el broche de oro a una época. La fluidez de lectura era tal que la técnica se volvió invisible en el telar.

Para mí el psicoanálisis, como digo en *La lección de Ondina*, es un espacio abierto por Freud, un vasto potrero, que va desde Lacan a Jung, desde Bion a Stekel, desde Melanie Klein a Anna Freud, desde Tausk a Groddeck, desde Lou Andreas Salomé a Arminda Aberastury. Más aún, creo que ha llegado el momento de trazar una genealogía herética del psicoanálisis. No sé si Esalen se da cuenta de la deuda que tiene con Freud. Reich, Perls y Moreno fueron los hijos malandrines, todos ellos talentosos. La joven ciencia centenaria conoció, como tenía que ser, marchas y contramarchas, modas, revisiones y traiciones.

El psicoanálisis tiene su técnica de meditación propia, donde todo fluye dentro del universo de la asociación libre. La imponderable escucha de la atención flotante. Se podría decir que el psicoanálisis es esencialmente un arte marcial. Cada cosa tiene su importancia, nada lo tiene en un mundo que todo se dispensa y nada se dispersa. La técnica de la atención flotante, como el aikido, privilegia cada emergente. El psicoanálisis es una meditación sensual compartida. Son las peripecias de un encuentro íntimo. El psicoanálisis es un virtual beso de lengua.

40. MUERTE DE BEATRIZ

Flight	Destination	Via	Time	Counter
VARIG	LISBOA	SALVADOR	08:38	8
KLM	ATENAS	PARIS	09:30	5
PANAM	TOKIO	L.ANGELES	10:15	7

Atenas. Los molinetes electrónicos revoloteaban en el gran tablero del Aeropuerto de Río. Destinos y horarios escalan posiciones. Atenas subió al segundo lugar. Nuestro viaje ni siquiera está anunciado. Tres horas de espera. Fue difícil conseguir vuelo en pleno Carnaval. Paula, mi hija menor, obtuvo los pasajes desde Buenos Aires. No sé cómo los consiguió, se asombra Martha.

El aeropuerto es un lugar estático donde todo se mueve en el mismo sitio, dando vuelta en carritos. Tres horas plastificadas nos esperan. Yo compro la revista *Time* y Marcos elige un regalo para su madre. Después paso por la peluquería para matar el tiempo. Me toca un peluquero suave y distinguido, con dedos blancos italianos. Le digo "sí" a todo y me dejo afeitar una cara casi lampiña: cinco horas de barba desaparecen bajo su hábil navaja. Necesito ese franeleo sublimado porque estoy mal, asustado, al borde del pánico. Del italiano paso a una carioca que me hace los pies. Marcos llega y comienza a manicurarse.

Salgo de la peluquería peinado y perfumado. Son las cuatro y media de la tarde. Tomo un fuerte coñac brasileño, necesito alcohol. Bajo al stand de la compañía y constato que estamos sobre la hora. Subo corriendo para avisarle a Marcos. Le faltan tres dedos, me dice la manicura.

—Apurate que perdemos el avión.

Los dos queremos perder el avión.

Esperamos unos minutos en el portón de embarque. Ahí nos hacemos amigos de Ana María. Amistad instantánea, sospechosamente rápida. Marcos y yo, una vez más, jugamos el papel de padre e hijo piolas, modernos. Dramatizamos la superrelación. Tiene que ser: Marcos también tiene miedo.

La increíble Voz del aeropuerto anuncia la partida de nuestro vuelo a Buenos Aires. Subimos los tres a bordo y la sentamos en el medio. Ta-te-ti. Pido un gin tonic; Marcos, una cerveza; Ana María prefiere guaraná. Juguemos en el avión mientras Ezeiza no está.

La historia comenzó hace un año y medio en Madrid. Una llamada en la noche. Belén, de París, llorando me dice que su madre tiene cáncer. La operaron de un presunto fibroma. Al abrirla constataron que el tumor ya había invadido el peritoneo.

Algo se apagó esa noche. Un desconsuelo casi clandestino. Ella ya no era mi mujer. Beatriz, compañera inseparable en la Torre de Babel. Beatriz, madre de mis hijos. En este último año, en el postrer espejo de la introspección, encontraba el cáncer. Podía pasar una semana sin pensar en Beatriz, pero no más; y era un personaje doble o triple. Por un lado la Beatriz con su vida consumida. Junto a ese pasado de frustración y futilidad, está la Beatriz transformada de los últimos años. A ello se fue añadiendo una creciente admiración por la dignidad con que iba encarando su enfermedad. También comprendía que la admiraba como parte de la idealización ineludible que cubre a las personas que van a morir.

Beatriz no pudo reconstruir una vida razonable cuando yo la dejé. Me separé de ella por amor a Noune. Mi matrimonio era lo suficientemente adaptado y viable para durar el eterno periplo burgués de no mediar esa pasión. Teníamos en nuestro haber, la vida en familia en la aldea de Stockbridge y los años heroicos en Londres. Los hijos, la familia periférica, los pequeños hábitos, los recuerdos cariñosos nos unían.

Rompí, como vimos, de un tajo. Añadiría que no estoy en desacuerdo con esa crueldad, sino con la culpa que me llevó a compensar el crimen conyugal creando una dependencia económica y emocional que no dejó lugar para otro hombre. Lo cierto es que ella entró en tirabuzón durante un período importante de su vida. Sugestivamente mejoró cuando yo me fui de la Argentina.

Una azafata pasa los bocaditos del copetín. Vienen pinchados en un ananá que oficia de alfiletero. Ana María nos sigue preguntando sobre Bahía y paulatinamente Marcos y yo vamos perdiendo nuestro barniz. Traen las bandejas con la cena. Comemos en silencio. Con el café Marcos enciende un cigarrillo. Me mira, pestañea como si le hubiera entrado humo en los ojos. Hemos caído en la trampa absurda de nuestra propia negación. Entonces le comunicamos nuestro destino a Ana María. Ella se dirige a Marcos:

—¿Y entonces por qué viajaste?

Marcos explica que cuando él viajó a Bahía (a visitarme), su madre no estaba tan mal. Ella empeoró de un día para el otro.

—No le creímos a Paula —tercio y le explico que Paula es mi hija.

—No le creímos cuando llamó por teléfono. Pensamos que exageraba.

¿Cuál fue mi escena temida, responsable por la demora?

Son dos: ver el cáncer reflejado en su cara; ver el miedo de la muerte reflejado en su cara. Agujeros negros.

Nadie nos espera en Ezeiza. Pasando la aduana, Marcos consigue un remise. Cortamos por un camino nuevo, enhebramos una buena seguidilla de semáforos. Percibo las estridencias sordas de una gran ciudad, curiosamente desierta por ser sábado de Carnaval. Nos aproximamos al agujero negro por la Avenida 9 de Julio.

Ayacucho y Las Heras. Paula abre la puerta. Miro en su cara y no leo nada. Por un momento pensé que Beatriz estaría detrás de ella, en la sala. Cara de ahora-no-puedo-hablar. Marcos entra con las valijas. Pasaron segundos antes de que Paula dijera que había muerto.

¿Cuándo?

Hace más de una hora, contesta Paula, sin consultar el reloj. El padre de Beatriz está en la cocina preparando café. Reconozco la presencia de una muerte fresca; todavía no se ha armado el clima de velorio. Observo a Marcos, tiene los ojos colorados. A Paula se la ve más allá de cualquier cansancio, casi plácida. Está a cargo.

Paula lleva a Marcos al agujero negro. Abre la puerta y entra. Pasaron cinco minutos. Cuando entro, Marcos tenía la cabeza de su madre en el regazo. Me impactó la intimidad de la escena.

Fue verla y sentir alivio. La imagen temida no me enfrentaba. Cara cérea, con una mueca póstuma de dolor, pero era la cara de Beatriz. Aquí yace una mujer vencida, decía ese rostro. Marcos se sorprende de lo fría que está. Fue hace una hora, repite Paula. Yo no la toco.

Había hablado con Beatriz una semana antes, poco después

de la llegada de Marcos. Me dice que está más o menos. Tiene fiebre. Pausa. Me dice que se le cae el pelo y un remolino de asociaciones envuelve esa palabra, comenzando por el pajarito muerto.

—Por la quimioterapia —añade y se me hace un nudo en la garganta. Pero Beatriz sólo se detiene un momento y pasa a preocuparse por Marcos. ¿Cómo está?, pregunta. Los diarios dicen que hay inundaciones y tifus. Algo me mueve a darle cierto peso a su preocupación. Le digo que el peligro de tifus existe, aunque es relativo... sólo se registraron algunos casos en el interior... que recomiendan hervir el agua, cosa que estamos haciendo, y sigo enumerando prescripciones higiénicas, alargando la despedida. Sólo después comprendí que ella también estaba alargando la despedida.

Son las dos de la madrugada. Paula vuelve a la sala. Huele a colonia. Ella y el abuelo se quejan del calor. Yo no lo siento. La invito a dar una vuelta por la manzana. Ella se arregla en el baño. Una mujer hermosa, hecha y derecha. Tiene veinte años.

—¿Por qué no viniste antes? —me pregunta al doblar la esquina—. ¿Por qué no pusiste a Marcos de una oreja en el primer avión?

—Lo siento, creí que estabas exagerando.

—No me conocés entonces.

De puro malcriado respondo:

—En efecto, estoy comenzando...

—No sé si te voy a poder perdonar.

Paula tiene razón, yo tampoco sé si voy a poder perdonarme. Me imagino que ella captó la angustia de la madre que quiere despedirse de su hijo y, ¿por qué no?, del padre de sus hijos.

Tomamos coca-cola en el hotel de la esquina. Paula me habló de los últimos meses de la enfermedad, la posición de su madre frente a la muerte; cómo pasó de saber sin saber a saber sabiendo.

—¿La vio un sacerdote? —me escucho decir.

—La semana pasada le dieron la extremaunción —contesta Paula, y en los detalles constato que continúa usando el presente al hablar de su madre.

A las seis de la mañana se llevan el cuerpo. Dormitaba en el sillón de la sala. Están abriendo la panadería de al lado cuando salimos a la ciudad que despierta en su triste domingo de Carnaval porteño.

—¿Compramos medialunas? —pregunta Marcos.

Lo miro con reproche: "¿cómo podés pensar en comer medialunas cuando tu madre aún no está enterrada?", ese tipo de mirada. Compruebo que, con la luz del día, estoy cayendo en la locura cuerda de un duelo formal. Compramos una docena. Marcos pagó.

Antes de las doce estaba enterrada. Todo fue rápido. Sándwich y siesta con Valium. Poco después la casa comienza a llenarse con los amigos de mis hijos y me desprendo de las ropas formales de viudo de un día. Y camino, camino la ciudad, desde Ayacucho a Palermo a Dársena Sur, visitando antiguos lugares. Maratón sepulcral, que no era sólo eso; se trataba más bien de un pálido intento de construir una ciudad en una ciudad, cuando la ciudad es un cementerio. A medianoche estoy frente al cine Broadway. Escuálidos ruidos lejanos, celebrando al Rey Momo. El Rey está vestido de negro. Pienso en mi doble viudez.

Martha había ofrecido acompañarme. Preferí quedarme con mis hijos un par de semanas. Dormía en el living. Marcos ocupó la habitación de Beatriz. Ni Paula ni yo nos atrevíamos a dormir allí.

Con Paula la cosa estaba confusa, un juego de silencios. Con Marcos somos interlocutores de nuestros respectivos duelos; hay lugar, incluso, para admitir el alivio que esa muerte nos causó. Sospecho que con Belén pasaría lo mismo.

Curioso como nos parecemos Marcos y yo. ¿Es posible tomar el atajo que Marcos está tomando?

—Creo que estás quemando etapas —le dije una tarde sobre una Quilmes Imperial. Él cree que no.

La cosa siempre es igual pero nunca se repite. Quizá ése sea el mensaje. Igual a la muerte de Noune, nada que ver con la muerte de Noune. Tengo tristeza, como ravioles y camino la ciudad. Percibo claramente la presencia de la burbuja que me protege. Después de los cincuenta se corre el peligro de reventar como un sapo si no se está provisto de una. Están los muertos que enterrar, los adulterios por cometer y las plagas de Egipto.

41. MUERTO

"Murió de contramano, perturbando el tráfico"
CHICO BUARQUE

No hay vueltas que darle, le tengo pavor a la muerte. Siempre cito a Cortázar cuando dice que la muerte es un escándalo. El más escandaloso de los escándalos, si quieren saber mi opinión. No me asusta tanto la metafísica de un más allá, me espanta la fisiología del asunto, la hora del hálito final, cuando los ojos se envidrian, y no continúo para no ser macabro. Le tengo tanto miedo a la muerte que admiro el coraje de todos los que se animaron a morir. Por eso ensayo la muerte siempre que se da la ocasión. Ya morí en innumerables laboratorios.

Hernán Kesselman y Tato Pavlovsky trabajan con Escenas Temidas teatralizando los momentos más temidos de cada uno. Para Hernán, su escena temida son palomas golpeándose, revoloteando en pánico contra los cristales de la ventana. Para Tato sería estar sentado en un restaurante y cuando el mozo llega con el menú, quedarse en blanco, sin poder hablar, y largarse a llorar. Mi Escena Temida, representada en varios laboratorios, es la siguiente: muero en la contramano, perturbando el tráfico. Estoy manejando por Charcas y entro de contramano por Ayacucho. Un auto a toda velocidad me atropella. En la dramatización, en el medio de la sala, estoy yo, el chofer que me aplasta y los curiosos de siempre, formando solícito círculo, como moscas. Entonces suele acontecer este tipo de diálogo.

—¡Está muerto, miren la nuca! —dice un testigo.

—Sí, tiene el pescuezo quebrado —contesta otro—, miren el ángulo del pobre...

—¡Qué barbaridad, che!

—Sí, creo que no vale la pena llamar a una ambulancia.

—Hay que llamar, de todas maneras.

—También, entró de contramano como un loco —dice el chofer, que ni siquiera tuvo un arañón, disculpándose.

—Pobre tipo, tenía buenas pilchas.

—Para mí estaba borracho —dice el chofer.

—Señor, por favor, tenga algún respeto por el muerto —tercia una señora.

—¿Y la policía, dónde está la policía? —preguntan en coro.

Yo interrumpo el juego porque me duele el pescuezo.

Otra escena en los laboratorios es la siguiente: un esquimal setentón vuelve al iglú y espera que se reúna la familia para comunicarles su decisión. Su mujer, una hija y un hijo lo rodean. Son las tres de la tarde pero afuera es noche cerrada. El viejo esquimal finalmente les dice:

—Queridos, ha llegado el momento. En la primavera cumplí setenta y dos años. Cada invierno que pasa estoy más lento y la vista anda flaqueando. La semana pasada dejé escapar una foca que era presa fácil y otro tanto ocurrió el otro día con ese oso que estaba a diez pasos. De no ser por Xeriel, estaría muerto.

—Pero papá...

—No me interrumpas, hijo —dice el viejo esquimal, levantando la voz—. Tú conoces la ley de nuestros antepasados: cuando el hombre es inútil para cazar, él debe dejar el iglú y perderse en la noche.

—Papá, papá, por favor.

—Estamos con hambre, hoy no cacé nada. Soy una boca más.

Su mujer se larga a llorar y me abraza. Yo soy el viejo esquimal. Los dos hijos se acercan y también me abrazan.

—Déjenme, por favor, que tengo que armarme de coraje para hacer lo que tengo que hacer.

—Yo voy contigo —dice mi mujer que sigue abrazada.

—Querida, quiero que sepas que te amé toda la vida. Ahora, déjame morir como un valiente.

Me levanto, Xeriel y su hermana contienen a mi mujer que se desploma y yo, con lágrimas en los ojos, salgo a la intemperie cruel de la fría noche polar. Siempre lloro en este final.

42. MARTHA FINAL

Momento para filosofar sobre la pareja, esa bella institución imposible que está en la base de todos los lazos sociales con sus nudos borromeos y algunos moñitos tentadores. El casamiento, desafío titánico que tres veces encaré como paladín de la monogamia; mejor dicho, como campeón de la entrega total amorosa. Tengo que confesar que los momentos más felices de mi vida se dieron en plena danza nupcial, cual media naranja totalmente fusionada, bebiendo la miel cítrica de azares, con el corazón leve y comprometido.

La pareja es una guerra en tiempo de paz, y como va de contramano, puede ser paz en tiempo de guerra. Es El Loco en las cartas del Tarot, perversamente sublime para muchos, entre los que me incluyo.

Tuve una paciente cuyo marido era un soberano hinchapelotas. Todas las mañanas él se levantaba feliz con el canto del gallo, como si fuera la propaganda del último ansiolítico, y se desperezaba felinamente, haciendo respiraciones rítmicas y profundas, uno dos tres, abriendo de un brinco la ventana panorámica de su cuarto, para exclamar: "¡Qué hermosa mañana!". Y la mujer que, en las frías matinas, era un topo aletargado, lo quería matar. Ella hace la siguiente lectura de la escena: este hijo de puta intenta certificar que estoy deprimida, que no me comparo con él y es insoportable tener que levantarse todos los días con un joven yuppie que ni siquiera tiene mal aliento. La perversión reside en que, a cierta altura del proceso de descomposición conyugal, hasta tener aliento fresco es un punto en contra. La lógica conyugal es una lógica cuántica, donde el sí y el no nunca ocupan posiciones fijas. Cuando el aliento mentolado se compara con la halitosis, el casamiento entra en su fase terminal.

Mi pareja con Martha ilustra bien el proceso. El comienzo fue auspicioso. Yo venía de una racha de esterilidad post *Heroína* y llevaba más de tres años sin escribir una página y eso me tenía mal, muy mal. A eso se sumaba el duelo por la muerte de

Noune y el estado de miedo crónico por la situación del país, ya que la FAP era sin duda un pequeño callo en la bota militar.

El antiyoyó nos llevó al exilio. Cuando Lanusse baja del poder, en la tapa de la revista *Primera Plana* aparece la agenda del general con una entrada que decía: "Consulta con el Dr. Rodrigué". De más está decir que el general Lanusse no siguió dicho consejo. Yo era un incordio. El resto de la historia es conocida, conseguimos trabajo en Bahía, conseguimos trabajo en Madrid y en Sevilla.

Cuando llegué de París al Aeropuerto *2 de Julho* de Salvador, en marzo de 1981, mis valijas eran las de Gaspar, Melchor y Baltazar combinados. Traía el último grito de Apfel en perfume, mirra, paté de ganso, el primer lanzamiento de Benetton, los portasenos más portasenos de la *Rive Gauche*, bombachas compradas en un pornoshop y un estupendo impermeable negro, a lo Michèle Morgan, hecho con piel de tiburón.

Martha me esperaba en la terraza del aeropuerto.

¿Cómo estaba Martha?

Con mis cien mil horas de vuelo analítico, como viejo capitán de diván, puedo ubicar dónde está la otra persona con cierta precisión. Soy un buen psicólogo, como diría mi tía. Bien, enseguida percibí que Martha estaba rara, diferente, un poco distante. Amiga sí, pero con reservas. La posibilidad de un amante pasó, como ráfaga celosa, por mi cabeza. Pensado y descartado, yo cuido celosamente de mis celos. Martha me felicitó por la cantidad y la calidad de mis cartas. Pero ya en el viaje de vuelta ella me había dicho que quería conversar conmigo. Había un punto para aclarar o una nube para disipar. Pero sería una pena empañar el encuentro, la apertura de regalos y etcétera.

Por aquel entonces vivíamos cerca de Chame-Chame en una calle con el insólito nombre de *Sátiro de Oliveira*. Martha abrió los regalos y quedó pasmada. Entonces escenas íntimas ocurrieron sobre el papel de seda del impermeable Michèle Morgan.

Sin novedad en el frente en los dos siguientes días. Si la nube merodeaba por los meandros de Sátiro de Oliveira, sólo diría que se manifestaba en aquella reserva final que noté de entrada. Al tercer día, terminado nuestro trabajo, Martha me invitó a tomar un drink en el *Salvador Praia Hotel*. Nos instalamos en sillones con vista al mar para ver la puesta de sol. Todo parecía calmo como una taza de té. Llegado nuestro pedido me veo diciendo algo así como "Bueno, vamos a ver de qué se trata", la mente genuinamente en blanco de toda culpa, cosa rara en mí.

Martha fue al grano. Un día se puso a revisar la carpeta

donde están mis manuscritos en diferente estado de cocción. Ahí la curiosidad la llevó a leer algunos de mis textos y se topó con dos escritos donde narro encuentros con prostitutas; contactos inmediatos. Eso le cayó muy mal.

—¿Cómo es posible, Emilio?

Tomado de sorpresa armé mi defensa en torno de tres puntos. Primero, que no se trataba de una carta o de una esquela de marido burgués que exhibe sus deslices por sentimientos de culpa. Esos dos textos eran excelentes capítulos de un libro que iba a publicar y ella sabía que estaba pensando escribir un libro erótico. Segundo, y éste es un argumento más flojo, le dije que lo que había leído podría ser considerado como un compuesto de realidad y fantasía; tercero, que yo por curriculum no era una persona fiel y que compartíamos una ideología marital abierta.

Martha respondió que en efecto los capítulos eran excelentes, pero que no podía permitir que ese tipo de cosas se perpetuase. El padre del psicoanálisis en Bahía resultaría ser una viejo putañero. Ella no toleraba verse envuelta en sórdidas historias. A lo que respondí que mis escapadas no se repetirían, añadiendo, un tanto cínicamente, que ya había recogido suficiente material y que, dicho sea de paso, ella hizo mal en revisar mis escritos. Apuramos la copa, comimos la aceituna del martini y cerramos la cuestión.

Al día siguiente me desperté con un extraño malestar. ¿Qué me pasa?, le indagué a la almohada sudada. Fue ahí donde tomé conciencia cabal de que no había pensado en honrar mi promesa. Sabía que iba a mentir, como siempre mentí, pero de pronto me cansó la idea de la mentira tipo "Padre, estoy arrepentido, no voy a hacer más cosas feas...".

Entonces le dije a Martha que lo había pensado mejor y que no estaba dispuesto a cumplir con lo prometido. Mejor dicho, que no quería comprometerme con vanas promesas, aunque para mí, en principio, el capítulo prostitutas estaba encerrado. Bien, si es así, nos separamos, dijo ella. Entonces nos separamos, dije yo. Extrañísima separación, casi cómica. Lady Martha y Lord Emilio entablan un duelo de monóculos. Sin embargo, lo que comenzó como parodia inglesa terminó con un duelo a varias sangres.

Sin ánimo de disculpar a nadie, ni siquiera a mí, la incursión al país de las prostitutas merece una elaboración. Las mujeres de la noche son un símbolo de lo sexual prohibido y de los misterios de Safo. Sucede que soy polígamo por mi propia naturaleza; más aún, creo que todos los hombres lo son. Concuerdo con Lacan cuando dice que el deseo masculino es acostarse con todas las mujeres del mundo. Más aún, miro con desconfianza a los hombres fieles por vocación o por principios. Éste es un razonamiento machista, más precisamente, desconfío de los hombres que no son machistas.

Nunca fui monogámico desde los tiempos en que aprendí a jugar bridge; es cierto que no conocí mujer ajena o inglesa en los primeros dos años de mi estadía en Londres, pero ésos fueron tiempos de hambruna; fui monogámico por la fuerza de las circunstancias. Ahora bien, en Bahía, en el ambiente psicoanalítico naciente, sería problemático tener una amante, materia explosiva, jugar con fuego. Entonces comencé a frecuentar el fabuloso mundo de las prostitutas en esa época pre-sida. Salir en auto por Ondina, yirando, cuando la noche apunta, constituye toda una aventura. Pero andá a decirle a Martha que lo hacía, en el fondo, para salvaguardar el matrimonio...

Esta historia de prostitutas merece una digresión. Yo tenía un paciente que era un gran masoquista. Su perversión consistía en armar un circo donde rogaba, de rodillas, a la prostituta de turno para que se acostase con él. ¿Cuánto me vas a dar?, preguntaba ella, severa, con un repiqueteo de tacos altos. ¿Cien?, respondía él. No basta. Doscientos, ese tipo de escalada. Mi paciente balbuceaba, ella exigía y el orgasmo ocurría en medio de una sangría de dinero. Ahora bien, resulta que un día él descubrió que ella, furtivamente, robaba la pasta dentífrica. La visión de ese tubo semiexprimido deslizándose en la cartera le dio un shock tan grande que rompió el sortilegio. Ahí se dio el crack.

Pues bien, mi teoría sobre las separaciones es que tiene que haber un crack, un colmo, y que ese colmo faltaba en esta separación. En este caso tenemos que considerar los antecedentes y esos antecedentes pasan por la letra. Por un lado están los dos textos pornográficos y el libro que Martha escribía en esos días. Yo soy Mateo en un libro titulado *Historia sin monumentos*, donde Martha elabora la muerte de su hijo. Libro, hermoso, cruel, por momentos delirante, escrito en los tiempos en que yo cursaba *La lección de Ondina*.

Un día, a pedido de Martha, leí los borradores de *Historia sin monumentos* y un frío corrió por mi espinazo, porque ese Mateo me retrataba como un desastre de hombre y yo no aguanto el desamor. Vean:

"Esta página es para ajustar cuentas. El segundo mordido vas a ser tú, Mateo. Ponte contento, vienes después de Dios.

"Muchas veces quise hablar de tu locura, que cobra la forma del más refinado sadismo. Lo evitaste con el enojo, con la interpretación sumaria, con tus obscenos silencios de desconectado, pero sé que frente al libro, único Dios que adoras, no vas a mover los pies. Es curioso cómo uno es víctima de sus propios mitos. Voy a escribir estas páginas desde el odio y las cicatrices, y quiero que me escuches como en las largas noches de terapias cruzadas.

"Antes de decapitarte voy a decir las palabras de reconocimiento que tus méritos justifican. El instrumento con que te decapito, amigo lobo, lo pusiste tu en mis manos, cuando tu delirio vio a la discípula literaria y en grandes orgías de humo construiste letra a letra a la escritora que hay en mí. Hoy vas a morir con la descarnada verdad con que un día inauguramos la ética del comer y ser comido; me llamaste "implacable viuda de los vivos", gran frase, maestro. Es importante conocer el odio que segregó la piel del cónyuge. Voy a escribir la verdad; digerirla será la medida de los vientos que calzas".

... crack ... craack ... craaack ...

Lectura lapidaria. Leí apretando los muslos, apretón que revela mi antigua fobia a la castración y a gillettes mochas, horrorizado ante un odio tan visceral. Sí, lo siniestro de un odio químicamente puro, de un amor sublimado en el infierno. Por otra parte ¡qué bien me conoce! Sabe que frente al libro, único Dios que adoro, mi lengua quedará atrapada en un macabro *noblesse oblige.* Por último, si se le da al Cesar lo que es de él, Martha sale mejor parada que yo: ella me mostró su manuscrito y yo lo escondí; pero no se trata de saber quién es el asesino, ésta no es una novela policial, aunque exista la intención de matar.

"¿La querías a Martha?", me preguntó cierta vez Graça. Podría haber contestado que sí, ésa era la respuesta más elegante. Podría haber contestado que no, respuesta un tanto insípida.

¿La amaba yo realmente? Para contestar fui a *El antiyoyó,* escrito en el apogeo de nuestro vínculo, buscando pistas.

En Rosario, al comienzo de la relación, escribí:

"Sos el crimen perfecto, tan perfecto que no sé con quién voy, si con una amante, con una co-terapeuta ideológica, o con una compañera para un futuro asilo geriátrico".

O sea, en un primer momento todo era posible, aunque lo del asilo geriátrico baja la nota.

Más adelante digo:

"Martha tiene alcoba, calle, mundo; tiene Liniers y tiene Florida, Carnaby Street y Kaatmandú; tiene algo de hombre y mucho de mujer, inclusive de madre". Lo que habla de admiración.

Y en página 146:

"Nuestra relación no es neurótica. Vos y yo podemos ser neuróticos pero la pareja no. La pareja no desafina. No es neurótica porque no tengo nada que reprocharte y, casi más importante, no tengo nada que reprocharme. Si fuera Antonioni, no le haría corte alguno".

En la página 219, Martha me pregunta "¿qué soy para ti? y yo contesto:

"Sos mi Engels".

Beatriz, Noune, Nara y Graça fueron mis Marx. ¿Comprenden?, Martha era el número dos en una relación donde yo era el número uno. Me enamoré de mí mismo en la pareja.

Bueno, Martha, ésta es mi versión. Pinto mi verdad con un mínimo de máscara y apenas un poco de sombra en los ojos. Ahora, a la distancia, pasaron mil años, todavía me impacta tu odio que eclipsó el mío. Pero creo que la mejor manera de odiar es no odiar, del mismo modo que la mejor forma de competir, la más irritante, es no competir. Finalmente, de hacer una intervención correcta aunque antipática, yo diría que tamaño odio refleja un gran amor extinto.

43. LOURDES

¿Conoces, Manuela, el Síndrome del Cocinero Francés? ¿Por qué el Gran Chef no es una cocinera? La codicia masculina de ser el máximo, de escalar la montaña más alta, de dar la vuelta al mundo en un globo del tamaño de la Torre de Pisa, para entrar en el Libro de los Records. El caso de un capitán retirado de la marina mercante norteamericana viene al caso. Mi Personaje Inolvidable del *Reader's Digest*. Él se jubiló al enviudar; sesentón, ahora tenía una casa para comandar. El luto no lo inmutó. Tras tomar un par de cervezas en su bar del puerto, pipa en mano, el capitán retirado trazó un plan. Hombre metódico, comenzó por una visita a las vecinas, haciendo preguntas. Ellas fueron amables con el simpático viudo y permitieron que el capitán, cronómetro en mano, tomara tiempos y notas sobre las tareas rutinarias en el uso de los electrodomésticos y en la aplicación de ceras y esmaltes. De noche se inscribió en un curso de Economía Doméstica en la Universidad de la Tercera Edad. Entonces, para ir al grano, al finalizar el segundo semestre el Lobo de Mar ejercitaba a la perfección los quehaceres domésticos en la mitad del tiempo que las amas de casa más despabiladas. ¿Comprendes, Manuela? Sólo un hombre puede hacer eso; o, si quieres, sólo un ex capitán de la marina mercante yanqui puede hacerlo, pero nunca una mujer.

Después de la separación fui a trabajar un mes a España. Estaba triste y envejecido. Sentía la ausencia de Martha. Luego subí a París, donde compré una linda bicicleta, que tenía un ciempiés de marchas, y salí pedaleando por los castillos del Loire, costeando el río. Dios sabe cuánto me aburrí en la soledad de las grandes distancias. Pero el punto importante es que no perdí ni un alfiler de gancho de mi impecable mochila. Gracias a mi Personaje Inolvidable me vestí con la fastidiosa minuciosidad de astronauta.

De vuelta a Salvador, Luis y Virginia Córdoba me invitaron a su casa mientras buscaba alojamiento. Amigos que son familia. Los quería y me sentía querido.

Cuando me puse a buscar casa, Claudia, la sobrina de Varón, apareció. Ella era una terapeuta corporal que venía de una larga estadía en Londres. Me propuso alquilar una casa juntos. Varón se sumó al proyecto, él quería instalar su consultorio. Así nació *Amilcar Falcão N° 1*; mansión anidada encima del *Morro do Gato*. Una casa con tres áreas. Precisábamos por lo menos de una mucama.

¿Cómo redactar el anuncio?:

"Psicoanalista con masajista y tío buscan empleada con cama".

Poca credibilidad. Optamos por:

"Padre e hija extranjeros buscan...".

Lourdes acudió a la cita. Ella tenía un hijo, Beto, de nueve años. Le dijo a Claudia que por causa de su hijo perdió el empleo. Claudia fue comprensiva y dijo que por ella sí... pero que tenía que consultarlo con su padre porque su papá —es cierto— no gustaba de los niños.

Cuando Lourdes vio al papá de Claudia bajar por las escaleras señoriales de Amilcar Falcão se le hizo un nudo en el corazón. Pensó: "Ese hombre blanco nunca me va a aceptar".

—Usted tenía cara de dueño de ingenio —me dirá, semanas más tarde.

Pero Lourdes ignoraba cuán seductora podía ser: en pocos minutos mi fobia por los hombres pequeños se fue disipando.

¿Cómo era Lourdes?

Lourdes es Bahía con su sonrisa y sus tormentas afectivas. Linda de cara y busto, con una piel oscura que lleva el sol embutido, joven a los treinta y siete años. Poseía unas ancas enormes de vendedora de acarajé, cuyo número la Galería Lafayette desconoce, y suelta carcajadas que interfieren con el sonar de los murciélagos; pero algunos de sus gestos son de una delicadeza de otros tiempos, como la flor que adorna mi escritorio y que ella, religiosamente, roba del jardín del vecino. Mujer inteligente, Lourdes pronto se dio cuenta de que Claudia no era hija mía.

—¿Cómo supo? —pregunté.

—Porque se llevan demasiado bien.

Lourdes alimentaba una creciente curiosidad por la vida polifacética que se desplegaba en Amilcar Falcão con la procesión de pacientes que no parecían pacientes y de médicos que no parecían médicos, además de las clases de Tai Chi Chuan de Claudia en la terraza superior. Tampoco podía comprender que Claudia y su novio, Daniel, se pasearan por la casa desnudos a toda hora del día.

—Cuando los veo desnudos es como si yo estuviera desnuda —me confió un día.

Claudia no era mi hija ni Lourdes mi mamá, aunque de alguna forma lo eran. Mi soledad rápidamente fue poblada y Amilcar Falcão se convirtió en un oasis. Por ser oasis, existían problemas de alimentación; las gacelas no comen churrasco y Claudia no probaba carne. Cierto día yo le regalé una linda olla a presión y ella advirtió que no era para cocinar carne. Al día siguiente Lourdes preparó una suculenta feijoada en la susodicha olla, con tripa gorda, tocino y lo que los bahianos llaman carne verde. Escándalo en el oasis; la solución fue comprar una segunda olla. Lourdes colocó un moñito color perejil en la olla vegetariana.

Mi creciente amor por Lourdes era bien particular; ella alegraba mi existencia, no sólo por la buena cocina, la ropa limpia, el baño reluciente y la flor en el escritorio, sino por mostrarme un mundo nuevo, una de cuyas ventanas se abría a la Bahía proletaria. Los martes, antes de la playa, íbamos temprano a la feria y Lourdes charlaba con el carnicero, cuñado de su primer marido, regateaba con el verdulero, interesándose por la mujer del electricista que había sido *kerere* en el terreiro Casa Blanca.

—*Não gosto das mulheres da pista* —me dice un día, criticando a su sobrina por ser prostituta free-lance. Lourdes, sin embargo, tiene algo de puta, en el buen sentido del término, ya que sabe manejar a sus hombres, obteniendo beneficios materiales. La prueba es que su segundo marido, un ex amante y su patrón la ayudan a construir su casa. Ayrton, actual marido (capataz en una constructora y jockey de carreras cuadreras los fines de semana), está levantando las paredes con la ayuda de su cuadrilla; Vermelho (mecánico y bichero) apartó ladrillos y cemento, su patrón (psicoanalista y escritor) donó puertas y ventanas, luego Lourdes se irrita cuando la llamo Doña Flor.

Un día le había pagado su mensualidad con aumento espontáneo.

—*Oba!* —exclamó Lourdes de buen humor, colocando el dinero en un armario de la cocina. Una mujer que llegó buscando a la dueña anterior la acompaña, tomando un cafecito, gentileza de la casa. Media hora más tarde Lourdes me anuncia que está faltando su dinero y que esa mujer debe de haberlo robado. No había queja en su voz. Lourdes tenía la determinación de un guerrero que hará lo que es menester:

—Necesito ese dinero.

Hablé con la dueña de Amilcar Falcão. No, ella no tenía

noticias de su ex empleada, pero una hermana trabajaba cerca del Dique de Tororó. Dio unas señas mínimas.

Llevé a Lourdes hasta el Dique en la primera pausa entre pacientes. Me quedé preocupado. Cayó el día, cerré el consultorio sin noticias. Caminé por la terraza que domina la calle con desasosiego. Me serví un whisky en la cocina y su llegada silenciosa me sobresaltó. Brillo en los ojos, dinero en la mano. Regresaba con la postura del más diestro de los Siete Samurais, ningún cabello fuera de lugar. Aceptó el whisky que le serví y se sentó en la mesa de la cocina para contar su historia.

Después de varias vueltas, siguiendo falsas pistas, localizó a la hermana que, tras tira y afloja, admitió que la persona en cuestión vivía en el Calabá. El Calabá es una favela peligrosa —*tem muito ladrão*— pero Lourdes tenía conocidos en el lugar. Comenzó a subir la favela al promediar la tarde, haciendo sus preguntas. Finalmente dio con la guarida. Se quedó mirando a la ladrona (para darle un nombre), en el umbral de la puerta de lona y dijo:

—Quiero mi dinero.

La mujer la miró en silencio; luego, encogiendo los hombros, se lo dio. Ella tomó el dinero y se fue. No sentía pena ni rabia.

Brindamos por el desenlace impecable.

Un día llevaba a Lourdes a la feria, cuando de pronto me largó al pasar:

—Yo no soy ninguna puta.

—¿Y quién dice eso?

—Usted lo dice.

—¿Yo? —exclamé sintiéndome inocente.

—Mi sobrina ya lo fue; yo, nunca.

¡Zas! Había leído el manuscrito. La página sobre Doña Flor y su familia, del libro *Ondina, Supertramp,* estuvo en la máquina de escribir durante el fin de semana. Lourdes lee bastante bien, el español se parece al portugués y la curiosidad destraba lenguas. Ella dijo que no entendía ciertas palabras pero, eso sí, ella no es puta por el hecho de que Ayrton, Vermelho y yo la ayudemos con la casa.

Entonces Lourdes, por estar leyendo por encima de mi hombro, se convierte en una interlocutora singular que recibe mis páginas todavía calientes, al nivel más íntimo donde las ideas son tecleadas. Un especie de e-mail casero.

44. EL HAMBURGER DE COLITA

Sigue la racha de días lindos y hoy Ondina es una postal. La cigüeña recién donada por el Instituto Goethe vuela alto en el cielo de nubes intranquilas y hoy hablé con El Loco. No lo podía creer. Sucedió del siguiente modo: yo iba corriendo, mirando la arena, cuando veo rodar delante de mí una pelotita de frescobol (o sea, una pelota de tenis desollada). Me inclino para recogerla y miro buscando al destinatario. No veo a nadie con paleta en la mano. El Loco está a unos 30 metros, debe ser de él. Entonces, bola en mano, le hago una señal interrogativa que se traduce como: "¿La pelota es tuya?". Él me contesta diciendo "sí" con la cabeza. Dos veces porque yo dudaba. Fue así de simple.

Este diálogo de mudos me lleva al tema de la soledad. Soledad propia de la orfandad del jubilado, lo que, con la inevitabilidad del declive de la playa, nos lleva otra vez a la muerte.

¿No será que la muerte es el postrer delirio de los vivos? Piensen un poco: ¿no será que el muerto no existe? Sin duda no existe tal como lo pensamos, eso es lo que Freud dice cuando afirma que no tenemos registro psíquico de la muerte. No sabemos nada "íntimo" sobre difuntos. La muerte es una producción fantástica del imaginario de la humanidad. La sociedad baraja los iconos de la muerte, mata a los enfermos y a los débiles, nos hace comprar nichos y monta una superestructura mortuoria mercenaria. ¿Qué hacer entonces? Por lo menos hay que colocar la muerte fuera del cementerio. Sacarla del campo santo y colocarla en el Cielo, ésa es la conclusión lógica del proyecto de Freud; la felicidad máxima con el nivel de energía cero. Ojo, es posible que el morir sea el momento de gozo máximo y por eso la sabia biología de los genomas hace de ella el gran Cuco. Pero, hasta nuevo aviso, aconsejo a los prospectivos muertos desconfiar de todos y de todo.

Después de un corto viaje a São Paulo, vuelvo a la playa. Me doy cuenta en seguida de que el verano llegó y que el sol arroja sus rayos estivales en Ondina. También me doy cuenta de que estoy vagamente deprimido. Y de pronto aparece Colita que me saluda con un ladrido. No lo veía desde el comienzo de la primavera. Nos miramos un buen rato, sin dramatizar, sobre todo sin ser el hombre que juega con el perro o el perro que juega con el hombre. Lo vi neurótico, envejecido, más lumpen, más amigo. Sentado en un palco de rocas comencé a acariciarlo. Colita metió el hocico en el hueco de la rodilla, zona protegida de la cova. Con mi índice contorneo una vieja cicatriz en el moflete derecho.

—*Não está facil, não* —le digo a mi compañero de playa. Por un momento pensé en adoptarlo. No tengo discípulos, Colita. Adoptar no, pero tuve un enorme deseo de alimentarlo. Darle algo bien suculento: un royal hamburger, por ejemplo. Al mismo tiempo me doy cuenta de que estoy angustiado ante la idea. Una angustia inexplicable. Los habitués de la playa me van a criticar si le doy un hamburger a un perro, me digo, absurdamente; el quiosquero se va a sentir ofendido. Me neurotizo en el trecho que va de las rocas al quiosco. ¿Por qué será que darle de comer a Colita me resulta tan difícil como hablarle a El Loco? Creo que por ahí viene la cosa: ambos se han vuelto mitos y los mitos no deben ser adulterados. La adopción de Colita y la amistad con El Loco son cosas impensables. El quiosquero coloca las dos medallas de carne sobre la plancha. Espero con el pulso acelerado como si acabara de correr.

Un recuerdo brumoso burla la barrera del tiempo y se filtra en la actualidad de mi neurosis. Acababa de dar Clínica Médica, o sea, tenía diecinueve años. Fiesta en casa de tía rica. Buen bufete, lindas jóvenes de la sociedad porteña. Observo la reunión, *Cuba Libre* en mano, con el estado de gracia que da un examen aprobado. Flotaba cuando mi tía me llevó a la cocina para pedirme un favor: una chica, muy amiga de mi prima, estaba planchando, pobrecita.

—Es una linda chica... un poco tímida... —y ¡zas! me vi reclutado como salvavidas de mariposas mustias no solicitadas.

Miro a la planchadora clínicamente. Y, en efecto, no era fea, pero el vestido no le caía bien, tenía muchos codos, muchas manos, las hombreras fuera de lugar, nadie la sacaba a bailar. Viéndola tuve una idea brillante: llamé a tres amigos y les expliqué mi plan: se trataba simplemente de que Magdalena, la Mariposa Mustia, pasase la noche de su vida.

Dama asediada. Nos turnábamos; cada cinco minutos uno la sacaba a bailar, arrebatándola de los brazos del otro. Parecíamos cuatro zánganos en torno de la abeja reina, como esas propagandas de antes donde la mujer que usa jabón Lux aparece rodeada de admiradores. Coreografía ejemplar.

Pasaron meses. Fue en una fiesta de fin de año en San Isidro. De pronto la vi; era otra mujer, bonita, radiante. Me acerqué para saludarla y ella no me reconoció. Increíble, me miró con una cara vacía de expresión. Entonces fui a tomar un whisky en el bar, con una sensación agridulce de ser personaje de un cuento corto a lo Oscar Wilde.

—El superhamburgués está listo —dice el quiosquero—, cuidado que está caliente.

La historia de la Mariposa Mustia me hizo vivir un momento pigmaliónico. ¿Pero acaso Colita es la Mariposa Mustia? Sólo veo una conexión: el deseo de alimentar a Colita se parece al deseo de alimentar el ego de la Cenicienta. Anhelo de criar una ilusión.

Bajo a la playa. Colita está jugando con otro perro, cosa poco habitual. Me acerco antes de que repare en mí. Saco el sándwich de la bolsa de papel y quiebro un trozo con la mano, como si fuera a darle la primera comunión. Colita, juraría, me miró extrañado, "¿pero qué estás haciendo?", parecía decir. Deposito el sándwich en la arena; Colita lo husmea y descarta el pan para comer la carne con buenos modales; no tenía hambre. Entonces volví a casa despacio. Nunca tendré un discípulo.

45. VISADO

Noune contaba la siguiente historia de su emigración a la Argentina. Había llegado de Francia a los doce años y vivía en Luján mientras su padre construía la catedral. Ella era una luz y aprendió rápido el español, de modo que, cuando una amiga argentina de la familia enviudó, su madre le delegó la redacción de la carta de pésame. Puso manos a la obra y no desafinó hasta el desenlace de la epístola que era, al mismo tiempo, su culminación. La carta terminaba así:

"Y si algún consuelo le resta, mi pobre amiga, recuerde que a todo chancho le llega su San Martín".

A este chancho le llegó su San Martín una semana después del fatal atentado a John Lennon, en diciembre de 1981. Un *belo* día recibo una notificación de la Policía Federal Brasileña. Comparezco y mi verdugo resultó ser una mujer bonita con una boca en forma de corazón carmesí. Ella sentenció:

—El señor tiene quince días para dejar el país.

—¿Yo? ¿Por qué? —y se me cayeron las medias cuando la vi consultar un grueso prontuario: mi prontuario.

Ella me dirigió una mirada cansada, como diciendo, ¿acaso no sabe? Resulta que desde 1974 había entrado y salido del país con visa de turista; desde la muerte de Perón hasta la de Lennon, siete años.

¿No le parece que es un turismo un poco exagerado? —lo dijo sin necesidad de apelar al sarcasmo.

Intenté la seducción:

—Amo su tierra.

Otra sonrisa cansada. Sólo conseguí, a título de migaja, la prórroga de un mes.

El Mercado Modelo quedaba al lado del departamento de policía. Pedí una cerveza en la barraca de Oxosse. El puerto, la agitación del mercado de frutas y mariscos, la lancha que llegaba de la isla de Itaparica, quedaron grabados en una tarjeta postal de incipiente nostalgia galopante. Chau Bahía. Sensación de precariedad, sensación de pobre gato. Acabé la cerveza, di una propina de condenado de muerte y volví a casa, miau.

Suely y Regina leyeron en mi cara que las cosas no habían salido bien. Las dos paulistas estaban pasando un par de semanas conmigo, Suely editando el libro *Revolución molecular* de Guattari, Regina escribiendo sus propios brebajes femenino-corporalistas. Les dedico un capítulo de *Ondina, Supertramp.* Suely Rolnik y Regina Fabre, por separado, pero sobre todo juntas, juegan a ser la Nueva Mujer y lo consiguen. Suely es una espectacular pelirroja que tiene, me corro una fija, a Lou Andreas Salomé por ideal secreto del Yo. Regina, paulista cuarentona, hija de bahianos, tiene el cuerpo duro de domadora de tigres. Rambo representa su alter ego execrado. Regina sería la invitada de honor en cualquier convención de Dueños de Circo. Única mujer que Lourdes respeta.

Entonces le pedí a Lourdes que trajera naranjada, hielo y Bacardi y relaté golpe por diente el encuentro con la delegada. Mis temores, la desazón planetaria, miau. Con el correr de la mañana la reunión pasó a ser la Fábula de Lafontaine en vivo y en directo: yo era la cigarra que había paseado de Esalen a Madrid, de Amsterdam a Huautla, con la guitarra bajo el brazo, con el pubis bronceado, cantando "La vida es bella".

Las dos improvisadas hormigas se ensañaron conmigo. Imagínense la suma de una hormiga Lou Andreas Salomé con una hormiga domadora de tigres.

—¿Sacaste el CPF? —preguntaban y ponían los ojos en blanco cuando no sabía de qué estaban hablando. Yo estaba neuróticamente dependiente de ellas, de su parecer. Porque tengo que hacer una confesión. Parto del axioma de que lo fuerte en cada uno también es lo débil. En casa de herrero cuchillo de palo, sería la ley y no la excepción. Mi fuerte es la inteligencia, no me cabe duda. Muchos caballos de fuerza galopan bajo mi calota craneana; pero hay momentos en que mis caballos se burrifican. Toda la estantería lógica implota, como si me licuaran los sesos.

Suely y Regina detectaron que mis neuronas derrapaban:

—Estás negando el problema —decían las muy guachas—. Tenés que sentar cabeza. Ya no sos más...

Lourdes estaba preocupada. La noticia la había silenciado y le agradecí que no intentara hacer la mínima psicoterapia de apoyo. Ella esperaba, lo sé, que su patrón fuera un impecable guerrero.

Para salir del marasmo decidí ir al corazón del problema: saqué un pasaje para Brasilia, dejando la casa en manos de Lourdes, Suely y Regina.

Fantástica ciudad, Brasilia. Arquitectada por Flash Gordon, en el mejor estilo de la ciencia-ficción de los años 60. Ciudad de un futuro obsoleto. Días congelados haciendo antesala en estupendos ministerios de mármol. Un mundo kafkiano, supereficiente. Estaba viviendo en casa de Bache, una bellísima analista lacaniana seseosa. De noche cenábamos en los silenciosos restoranes brasilienses. Lo recuerdo como si fuera una película en blanco y negro. *El tercer hombre*, por ejemplo, con música de fondo de cítara. Bache me mimaba cual mamá, pero yo no estaba bien. Al cuarto día comprobé que la mano venía mal en Brasilia. Esa noche escribí una carta para el Centro de Estudios Psicológicos de Bahía que reproduzco en *Ondina, Supertramp:*

Querida Bahía:
Ésta es la carta de un forastero que encontró
una tierra a la medida de sus sueños y de una
historia que se fue haciendo en común; a la medida
de un acaso, también de una familiaridad. Te
escribo desde el miedo que tengo de perderte, de
perder tu cielo, tu gente, los coqueros, tus buenas
vibraciones. Nada puede amenazar más mi sabiduría.
Puedo perderte Bahía y de pronto comprendo que en el límite
de un gran amor está la muerte.
Hoy no te voy a hablar como psicoanalista, ni como escritor,
ni siquiera como el hombre notable
que soy. Te hablaré como enamorado, única llave
que abre tus magníficas puertas.

—¿Y cómo hiciste para quedarte en Brasil? —me preguntó Bache tres meses después. Le conté que el panorama psicoastral cambió a la vuelta de Brasilia. Preparé un voluminoso curriculum de ochenta y cinco páginas, dejando constancia de que, en el papel al menos, yo era un hombre notable. Consulté a un hábil abogado, estampillas fiscales, reconocimiento de firma, sellos consulares, una pequeña coima, la mar en coche. Y llegó el día en que recibí el visto permanente, con una linda cinta amarilla y verde.

Se perfila una pregunta inquietante: "¿Hice bien en quedarme?" Porque podría haber tomado la intimación policial como una señal, con intención de augurio, de que había llegado la hora de cambiar de lugar. Tal vez desoí la voz de mi ángel de la guardia encarnado en la hermosa, pero pérfida, delegada policial. Posibilidad perturbadora. Pero Salvador, ciudad de las mil y una palmeras geishas, es mi tierra adoptiva. Escribo liviano y parejo. Mi trabajo, que no es mucho, transcurre sobre un fondo de playa, diálogos invisibles con El Loco, naranja con ron y martes a la feria con Lourdes. ¿Qué más puede pedir un hombre de buena voluntad?

Creo que la "Lección del Visado" es que el exiliado siente, quiéralo o no, una inseguridad básica por no estar viviendo en su país. El mayor problema que tiene un analista pionero es estructural, uno está formando un grupo y posee el poder que confiere el diván; pero en el fondo uno depende de sus pacientes, en mi caso, ellos me contratan. Ése es el talón de Aquiles del pionero.

46. GUATTARI

En 1982, un par de meses antes de las primeras elecciones brasileñas, Félix Guattari, el padre del esquizoanálisis, hizo un viaje por las principales capitales del Brasil. Había sido traído, promovido, seducido, por Suely. Guattari visitaría Río, San Pablo, Minas y Salvador. El CEP, Centro de Estudios de Psicoanálisis, se responsabilizó por el codo bahiano. María Amalia, jefa del Departamento de Psicoanálisis del CEP, hizo los contactos con los dirigentes del PT (Partido de los Trabajadores) y con las cabezas del Movimiento Gay Bahiano. Tanto el PT como los líderes gays no comprendían bien cómo venía la mano, probablemente desconfiaban, pero la curiosidad mata al bicho.

Cristina, presidente del CEP, montó una gran fiesta de bienvenida en su casa. Una fiesta *comme-il-faut*, mozos con guantes blancos, pitús, ostras, langostas y moqueca de camarones. Los manjares marinos listos para las 21. Dos horas antes Suely había llamado desde Río diciendo que perdieron el avión. Finalmente caen a medianoche. Guattari llega al frente con cara de culo. En el silencio del malestar social, comenzó a comer solo, con los codos en la mesa, mirando el plato. El colmo de la mala educación.

Guattari era un talentoso enfant terrible europeo, típicamente francés, que se mantenía juvenil al frisar los sesenta. Pero al mismo tiempo no cuidaba su cuerpo, se alimentaba mal, fumando y bebiendo a voluntad. Dormía con medias, no sé como Lourdes lo descubrió. La primera noche lo comieron los mosquitos. Pinta de Dorian Gray un poco agrietado.

Yo había planeado ceder mi dormitorio a Guattari y Suely, descontando que eran amantes. Pero ellos, a modo de sorpresa, traían otra pareja en la comitiva. Mas los dictados del corazón son como los caminos del Señor: Guattari y la otra mujer durmieron en mi cuarto, Suely y el otro hombre en el consultorio y yo, solito yo, en la antesala del consultorio.

—No comprendo —decía Lourdes, colocando sábanas en mi estrecha colchoneta.

Al día siguiente Suely, en gesto demagógico, invita a Lourdes a una reunión de Guattari con el PT en un local que, hasta último momento, tenía que mantenerse en secreto. Lourdes acepta y estrena para la ocasión una ropa blanca tradicional bahiana.

Félix —como ya lo llamaba—, Suely, Lourdes y yo fuimos en mi vieja Brasilia, navegando por la ciudad. Dimos vueltas hasta dar con el local, finalmente revelado. Guattari y Suely pasaron al frente y Lourdes y yo nos quedamos en la platea, o sea, sentados en el piso. Comenzaron las arengas políticas y Guattari se reveló buen orador de barricada.

—*Eles não falam a serio* —me decía Lourdes al oído, haciendo pequeños gestos, tapando la boca como quien no puede contener la risa.

Guattari junto con Castel en Francia, Bertoldo en Suiza, el finado Basaglia y Armando Bauleo en Italia, formaban una red contracultural, fuertemente politizada. Para mí era una tribu vecina, sobre todo dada mi amistad con Armando y mi vínculo con Bertoldo. Por ello Félix compartía mi techo. Pero en nuestras conversaciones pronto caí en cuenta que para Guattari su enemigo principal era el psicoanálisis y no, por ejemplo, la psiquiatría. Comprobé una vez más el hecho curioso de que la izquierda se pelea más con la izquierda que con la derecha; que el peor enemigo de Freud fue Jung y no el vetusto Kraepelin; que un lacaniano odia más a un lacaniano que a un kleiniano del otro lado de la Mancha. La cosa queda aun más fea en asuntos religiosos ya que católicos, protestantes y judíos derramaron sangre en Occidente abrazando la misma Biblia y que el arcángel Gabriel odia más al arcángel Rafael que al mismísimo Lucifer. Ni Freud ni Marx explican el fenómeno, tal vez Sadat Hussein pueda ilustrarnos.

Fueron bravas polémicas diarias a la hora del desayuno. Lourdes hacía muecas detrás del francés y Suely oficiaba de referí y segundo de ambas partes. Félix abrió el tercer round con una andanada virulenta contra todo lo analítico y yo me oigo decir algo absurdo como que "no te olvides que estás en la casa de un psicoanalista". Bueno, casi pero no tanto.

—Tu no eres un psicoanalista —retruca Guattari, lo que es un craso error. Yo soy psicoanalista en todo lo que hago; escribo como psicoanalista, vivo psicoanalíticamente, psicoanalizo psicoanalíticamente y hasta en los moteles entra la Causa Freudiana. Soy una máquina psicoanalítica.

—Sos otra cosa —tercia Suely.

Entonces contraataco:

—Vos, Félix, sos un psicoanalista contrariado.

Tengo razón, Guattari no sólo es un psicoanalista nato, sino que recuerdo el impacto que me causó *El Antiedipo*, libro que escribió con Deleuze y que comienza así, a la manera de Groddeck: "Ello funciona en todas partes, bien sin parar, bien discontinuo. Ello respira. Ello caga. Ello besa. Máquinas de máquinas, con sus acoplamientos, sus conexiones. El seno es una máquina que produce leche y la boca, una máquina acoplada...".

Al día siguiente la sangre estuvo a punto de ser derramada. Guattari se despertó malhumorado, decretando que no daría las conferencias prometidas ya que son payasadas de analistas. Ahora bien, resulta que el CEP había contratado local, empapelado la ciudad con carteles alusivos, vendido ingresos; a eso súmese los pasajes de avión y la mentada fiesta de guantes blancos.

—Detalles pequeñoburgueses, *voyons* —mascullaba Guattari, resoplando de esa forma que sólo los franceses saben hacer.

¿Qué hacer?

Varón y yo contemplamos esa pregunta desde la terraza superior de Amilcar Falcāo. ¿Qué hacer? Nos miramos y uno de nosotros, no recuerdo quién, hizo el gesto expresivo de un cross en la mandíbula. Un cross seco. ¡Voila! Más claro imposible. Si no daba las conferencias lo fajábamos.

—¿Así que *pas* de conferencias? ¡Faah!, un directo al hígado.

El box como única salida posible.

Menos mal que María Amalia, en un memorable paseo por la costanera lo convenció y las conferencias fueron dadas con otro formato. A María Amalia le cabe el mérito, pero aquí, entre nos, no me cabe duda que el brillo peligroso de nuestras miradas influyó.

Confieso, con todo, que la dedicación cívica de Guattari me conmovió. Un hombre político, jugado, asumiendo su compromiso social de militante. Me trajo la memoria de Mimí, de Gervasio Paz, de Kushnir. En la reunión del PT, junto a Lourdes, fui visitado por viejos fantasmas de mis días de la FAP. Una participación política que con el exilio perdí, aunque siempre fui individualista, egoísta, bah...

—Sos un príncipe en el exilio —me dice Suely.

—Uno nunca sabe dónde está —le confié a Félix al despedirnos, mientras nos dábamos sendos besos franceses, en la terraza baja de Amilcar Falcāo.

47. LUMPEN

Llovía esa mañana en Ondina. Salvo El Loco, nadie en la playa. Dejo la remera y sandalias cerca de la piedra que le sirve de pedestal. Comienzo a trotar sobre la banda sepia, ajeno a la lluvia. Llevaba un buen rato corriendo cuando aparece un bulto en la lejanía. El hombre viene caminando en mi dirección. Algo en él me hace desconfiar. Siento desasosiego cuando el sujeto se para a unos cincuenta metros, ostensiblemente esperando mi pasada. Cuando cruzo su línea me aplaude y exclama:

—¡Muy bien, viejo!

Una ola de odio tiñe mi marcha, pero prosigo, simulando indiferencia.

En la próxima vuelta el incómodo personaje me está esperando y hace señas para que me detenga. Era un hombre alto y joven que tenía ese color amarillo oscuro, macilento, propio del lumpen nordestino. Color *cachaça*.

Paro de correr a unos quince metros y camino el resto. ¿Por qué? No lo sé. Cuando me detengo el tipo me hace una pregunta insólita:

—*Cadé tua esposa?* —que se puede traducir como: "¿Dónde está tu esposa?".

Yo respondí con una pregunta casi más insólita:

—¿Dígame, usted me conoce?

No recuerdo si contestó "sí" o "no", digamos que contestó "no".

—¡Ah! —exclamé, como si todo eso tuviera algún sentido. ¡Ah!, repito y retomo la marcha. Cincuenta metros más adelante miro para atrás y constato que el Lumpen va en dirección a El Loco, ergo, en dirección a mi ropa. Me va a robar, mi paranoia intuye. Doy media vuelta y comienzo a correr despacio, calculando llegar a mi remera más o menos junto con él.

En efecto, el Lumpen llega, se agacha, y toma mi remera. Y aquí se produce el milagro: El Loco, que nunca habló con nadie, perdido en su locura absoluta, de pronto hace un gesto de "no" con la cabeza y apunta con el índice en dirección al legítimo dueño de las prendas.

Fue una sorpresa total, parecía de película, lo que me dio fuerzas para decir con autoridad:

—Esa ropa es mía.

Dicho con tranquilidad, a la manera, me imagino, de Lourdes en el Calabá.

El Lumpen trata a mi remera como algo que se le ha pegado a sus dedos. Coloca la ropa en su lugar. No me mira, mira a El Loco y se sienta en una roca vecina. Yo, lógico, desconfío. Olvido mi programa de carrera y me zambullo en una piscina de agua cercana, entre las rocas. Miel y adrenalina corren por mis venas. ¡El Loco se jugó por mí!

Salgo del mar y hago flexiones, permaneciendo en los alrededores, porque veo que la cosa se complica. El Lumpen se acerca a El Loco y comienza a molestarlo. Le habla, le palmea la espalda. El Loco permanece con la cabeza gacha. Es la primera vez que presencio una invasión de su privacidad y yo era testigo de esa vejación, parado en el umbral de la escena. ¿Lo defiendo o no lo defiendo? ¿Me meto o no me meto? ¿Querrá El Loco que lo defienda? Porque no es tan sencillo: "Ondina no pretende ser escenario de una película de cowboys", susurra mi diablo de la guardia, que es medio cobarde, a pesar de sus cuernitos y tridente.

Preso en la furca hamletiana me tiro nuevamente al mar. Cuando salgo la situación empeoró, con el Lumpen tirando de los cabellos de El Loco. Insoportable.

—Déjelo en paz —y constaté que la voz fluía baja, amenazadora.

—¿Pero no ve que está loco? —me responde, doblándole la cabeza para que le vea la cara.

—Déjelo.

—No habla —insiste.

—Déjelo —repito, y el Lumpen felizmente lo suelta y se aleja, encogiéndose de hombros.

Curioso, en una semana casi me peleo dos veces. Marte debe de estar en mi cuadrante.

Quedamos solos, en el lugar más bonito de Ondina, que ahora se convirtió en teatro de arena. Por un motivo inefable pero que tiene su lógica absoluta, me hubiese resultado imposible decir algo. No nos miramos. No nos hablamos. Quedamos en silencio, inmóviles. Gran final. Las palmeras nos aplauden:

—Bis, bis —bisbisean al viento.

48. MALVINAS

En 1690, en el apogeo de la era colonizadora, el capitán inglés John Strong desembarcó en las islas Malvinas y les dio el nombre de Falkland en honor al vizconde de Falkland, almirante del Reino Unido. Las Islas Falkland integraban un archipiélago gélido y lejano, a 13.000 kilómetros de Inglaterra. Cuando la guerra comenzó, en 1982, la mayoría de los ingleses no tenían ni idea de dónde quedaban; muchos pensaban que las islas estaban al norte de Escocia. Las Malvinas eran el paraíso postal de los filatelistas; las estampillas de las Falkland Islands constituían, después de la lana, la segunda fuente de ingresos de las islas.

Un país no es una mujer, ni siquiera una madre. Mi amor por la Argentina era más irracional en su perversa geografía. Antes de viajar a España, en los albores de la guerra, me comuniqué desde Bahía con mi hijo Marcos. Extraño diálogo propio de un hijo esquizofrenisante que por un lado me tranquiliza (la situación del país no es grave) pero que, al final, de sopetón, se descuelga con la siguiente frase:

—Si me llaman, voy.

La pucha, pensé, siempre tuve la impresión de que Marcos era un crápula político: capitalista rata, admirador de Reagan, antiperonista por los malos motivos, apolítico empedernido. Y de pronto quiere luchar por su Patria. La incongruencia es aun mayor si se piensa que yo lo comprendía. No me extrañó que dijera lo que dijo. No se me ocurrió tomarle el pelo. Quizá, si me ausculto bien a fondo, deseaba que dijera eso. "Me doy cuenta", respondí, a medio camino entre freno y estímulo. Nadie puede propiciar la ida de un hijo al frente, aunque ese deseo borbotee en los infiernos edípicos.

Pasé unos días en Madrid y luego viajé para Valencia, la ciudad de mi novia española. Mavy era una valenciana típica, la variedad rubia, mujer de clase, mezcla de niña y de duquesa canalla. Yo trabajaba los fines de semana con mis laboratorios sociales, para descansar los días laborables en su casa en Rocafort, en las afueras de Valencia.

Nuestro casamiento de bolsillo siempre había sido un poco irreal y esta vez lo fue aun más. Mavy no comprendía cómo esa escaramuza bélica en el fin del mundo, viniera a empañar nuestro idilio.

—No va a suceder nada, ya verás. ¿No te das cuenta de que todo es una maniobra de los americanos?

La invasión a las Malvinas, la muy anunciada Operación Virgen del Rosario, fue lanzada el 2 de abril de 1982, mientras estaba en Madrid. Margaret Thatcher cuenta en sus memorias que la noticia llegó gracias a un operador de radio aficionado. La marina argentina desplegó tres mil hombres y el pequeño contingente de Royal Marines, unos cuarenta hombres, opuso una breve mas simbólica defensa, matando a un militar argentino antes que el gobernador de las islas, Rex Hunt, se rindiera, volando luego a Montevideo.

La invasión cayó como una bomba en 10, Downing Street. El gobierno inglés quedó pagando, no estaba preparado (a pesar del episodio previo en las islas de Georgias). Para la oposición laborista, la invasión caía como anillo al dedo, y su líder, Enoch Powell, cuestionó si la "Dama de Hierro" realmente era de hierro. Ella acababa de merecer ese epíteto el año anterior cuando se rehusó a firmar un acuerdo con el Sinn Fein, en Irlanda del Norte, sellando la muerte de Bobby Shands, quien murió después de sesenta y cinco días de huelga de hambre.

El Consejo de Seguridad de las Naciones Unidas pasa la resolución 502, exigiendo la retirada inmediata de las tropas argentinas. La RAF, por su parte, manda un contingente de apoyo a la Isla de Ascensión. Las armas son apiladas y erizadas.

En esos días la armada británica bajaba por el Atlántico; Mavy se extrañaba de que me pasara las horas pegado al televisor. Yo estaba como Napoleón en Rocafort. Todas las mañanas ella iba al centro de Valencia, vestida de secretaria ejecutiva, y yo montaba en una bicicleta rumbo a Arrozales, el poblado más cercano. Ahí compraba el *ABC*, único diario que llegaba a estas tierras de mi exilio. Lo leía con vino tinto en el mesón de la plaza. Ya tenía mesa fija y conversaba con los parroquianos sobre la próxima Copa del Mundo en Barcelona y sobre la guerra de las Malvinas. Los valencianos se solidarizaban con las tribulaciones de la ex colonia. Yo los incitaba a recuperar el Peñón de Gibraltar. No era exactamente el Peñón con Perón, pero se le parecía. Luego pedaleaba de vuelta a Rocafort, fantaseando estrategias bélicas.

El pueblo inglés vivió la ocupación argentina de las

Falklands como una humillación. Coloso derrotado por un David latinoamericano que come bananas. Parece ser que el gobierno conservador estuvo a punto de caer y que la renuncia de lord Carrington, ministro del Exterior, fue sintomática: se lo acusaba de desinformación; el Reino Unido, repito, no estaba preparado. Yo no sabía que la Pérfida Albión estaba mal herida, pero sólo ganamos el primer round.

Para levantar mi humor de perros, Mavy, dulce Mavy, preparó una paella hecha con sus propias manos. Era experta en paellas. Sólo en Valencia se guisa *the true and only* paella. Como los arroyos escoceses al whisky, el agua de Valencia permite la justa cocción de ese manjar. También está el arroz largo de Don Salustio que sólo crece en los pantanos de la región.

—La verdadera paella lleva conejo —diserta Mavy mientras desarticula el animal. Yo había traído, en el portaequipajes de la bicicleta, un par de botellas de un buen vino riojano.

—¿Conoces las invasiones inglesas? —le pregunté con la certeza de su desconocimiento—. Ella puso cara en blanco, mirando hacia el televisor.

—No, ésta no, las otras, las primeras —y pasé a contarle las aventuras de los ingleses, tal como me la contaron en la escuela. Todo eso aconteció, Mavy, antes de 1810. Mi colega Napoleón estaba haciendo de las suyas por tierra y los ingleses por mar. Siempre fueron medio piratas los ingleses. Llegaron y tomaron la ciudad, pero no contaban con la heroica defensa de Buenos Aires. Los niños derretían soldaditos de plomo y lo vertían sobre los soldados de verdad, que mascullaban obscenidades. La torre de la iglesia de Santo Domingo ostenta un buraco como prueba de la mala puntería del invasor. Más plomo y más aceite hirviendo. La cuestión, Mavy, es que nos invadieron dos veces y fueron rechazados. Por eso teníamos a los ingleses de hijos en cualquier causa bélica, como los uruguayos a los brasileños en fútbol. Sí, había mucho de fútbol en los comienzos.

Mientras le contaba las vicisitudes de nuestros abuelitos, ella preparaba el fuego de la paella en el jardín.

—El secreto de la paella, más que en el agua está en el "juego de leñas" —me explica apilando con arte las leñas de diferente grosor junto al fuego, para calibrar la temperatura.

En esos días me acosaba la imagen de un Atlántico gris cadáver. Un horizonte sombrío de aguas plomizas donde la escuadra inglesa reptaba rumbo al sur. Imaginaba satélites parloteando electrónicamente, submarinos rusos merodeando, mientras aviones americanos, esos con un panqueque en el lomo, pasaban todos los datos al enemigo. ¡Qué hijos de puta! Lo que es el poder del significante en esta guerra del nombre propio. Porque nombrar ya indicaba de qué lado uno estaba: se peleaba por las Malvinas o se peleaba por las Falklands. Ambos apelativos dividían las aguas, salvo los franceses que, por coquetería gala, los llamaban Malouines. La televisión española cubría bien la lid de los dos lados; además del buró central, tenía corresponsales en Buenos Aires, Londres y Washington. Así se cuadrangulaba una información que tomaba más de la mitad del noticiero. Éramos la gran noticia del momento. El corresponsal de Londres tenía la voz aflautada; en Washington aparecía una mujer bonita, pobre, que no tenía la culpa; Buenos Aires era cubierto por un viejo periodista español escéptico. Eso sí, la mano, desde la pequeña pantalla ibérica, venía mal. Se veía que los nativos estaban mal informados. Marcos, por teléfono, no estaba al tanto de las noticias que corrían fuera del país. Lo cierto es que esa noche supe que habían torpedeado el Belgrano.

—¿Viste? —le dije a Mavy con tono de reproche—. ¿Viste? —repetí, como si ella fuera responsable.

Mavy, con paciencia infinita, me dio un beso y me trajo una sangría preparada con amor.

Al día siguiente partí para Sevilla. No tenía novia en Sevilla ni la quería tener. Paraba en la casa de un matrimonio amigo, Pablo y Cristina Gotor, con los que mantengo una relación parecida a la de Luis Córdoba y Virginia. Familia. Tienen un hijo pequeño, Pepe. Le llevo de regalo una ametralladora de plástico que hace un barullo infernal. Pepe me cedió su cuarto sin protestar. La habitación de huéspedes la ocupaba Tía Lola, muy enferma, próxima a morir.

Sevilla en verano despierta para el trabajo a las cuatro de la tarde. Tenía las mañanas libres y pronto adquirí el hábito de ir temprano, caminando rápido, hasta el centro, donde compraba el periódico e iba a afeitarme a una peluquería que se llamaba Los Pajaritos, en la ciudad vieja, a tiro de arcabuz de la catedral. A tiro de Exocet. El dulce sabor de la venganza. Esas fotos fantásticas, casi pornográficas, del misil penetrando en el flanco del Sheffield.

—Al fin le dimos una a estos tíos, coño —me dijo el barbero de Sevilla, mirando la foto en el periódico, por encima de mi oreja. Yo progresaba de la Luna de Valencia al Barbero de Sevilla. Mi euforia tenía por coro el trino de dos docenas de canarios, colocados en múltiples jaulas, entre macetas de geranios, responsables por el nombre del lugar.

Entonces comencé a delirar. Mi delirio se incubó en esos trotes matutinos y su frondosidad iba en aumento. Se trataba del fútbol. En ese año de la Copa, la Selección Argentina estaba concentrada en Alicante y corrían rumores de que la moral dejaba que desear. El plantel estaba deprimido y Ardiles había perdido un primo en el Belgrano. Entonces comencé a imaginar que mi maestría psicoterapéutica podría dar su aporte. Más aún, imaginé que Menotti me necesitaba. Alicante estaba cerca. Juro que pensé en comunicarme con Menotti y hasta levanté el auricular, pero no, no me animé y no sé si hice bien o mal, lo que prueba que el delirio perdura. Claro, sólo delirando se podía acompañar esa guerra. Por otra parte todos los argentinos deliraron. Fue el Año de la Guerra Loca. Tal vez, por loca, la guerra más descarnadamente guerra.

De la noche a la mañana Tía Lola empeoró. Mis amigos esperaban lo peor. Colocaron un tubo de oxígeno que una vez más recordaba al Exocet. Cristina había sido enfermera. Ella sabía que a la Tía Lola le había llegado su hora y, por profesión y cariño, se esmeraba al máximo. Con decir que hasta la ametralladora que le di a Pepe servía como asistencia. El timbre en la cabecera era débil y un par de veces repiqueteó en vano. Ahora ella dormía con las puertas abiertas y la ametralladora a su lado. No pasaba noche sin ráfagas cerradas. Idea genial la de Cristina. Tía Lola se sentía más fuerte fusil en mano, guerrera de su propia agonía.

La noche en que fui al cuarto para despedirme, la encontré con su mano huesuda acariciando la culata. Ella me miró a los ojos y dijo:

—No creo que nos volvamos a ver.

Nos quedamos un buen rato en silencio y me despedí con un beso en la frente.

De ahí pasé a Barcelona. Quería ver a la Argentina jugar. Perdimos contra Bélgica, país que en aquellos tiempos no tenía tradición futbolística. A principios de junio me enteré de que paracaidistas británicos habían ocupado la bahía del Ganso Verde en las Malvinas occidentales. Primer encuentro en tierra de los contrincantes y la lucha fue la más sangrienta de todas. La guerra estaba perdida.

Cuatro factores fueron decisivos para el éxito inglés. Primero la línea dura de Margaret Thatcher que declaró una zona de guerra de 200 millas en torno de las islas y mandó ataques aéreos desde la isla Ascensión sobre el aeropuerto de Port Stanley. Segundo, la rápida solidaridad de la comunidad europea, que en menos de una semana aprueba sanciones contra la Argentina. Tercero, la posición norteamericana, transmitida por Haig a la Junta el 12 de abril y *last but not least* la torpeza criminal de nuestros generales.

Y llegó el día de la rendición. La Dama de Hierro realmente resultó metálica. Apagué la televisión y salí a la terraza para llorar y llorar con una intensidad que sólo despertaron mis grandes muertos. No sabía que una derrota podía doler tanto. Me dolía perder en mala compañía. Perder del mismo lado que Galtieri, perder junto a los que despreciaba. Perder sin gloria pero con mucha pena. Llorar sin saber por qué lloraba. Sentía una congoja y una ira terribles.

49. SUPERVISIÓN CON LOURDES

La última paciente me había perturbado. No era fácil, no. Un sueño de cajas chinas y ensaladas rusas. Un sueño charada. Lourdes viene con mi gin tonic vespertino y se sienta en un borde del escritorio, junto a la flor, fruto de su delicadeza.

—El señor está serio —dice.

—Estoy pensando.

—El señor piensa demasiado, todo ese tiempo leyendo y estudiando, como en el colegio.

Yo me encojo de hombros y la invito a pensar conmigo. Ella alisa su pollera, toma un aire profesional y deja la mesa para sentarse en el sillón frente a mí.

Le dije que se trataba de un sueño, un sueño fuera de lo común, como en el cine, y comencé a darle los datos:

—La paciente, que llamaremos Rita, es una mujer de treinta y pico de años...

—¿Es aquella que acaba de atender?

—No, Lourdes, un supervisor no debe hacer ese tipo de preguntas. No te puedo decir quién es. Tienes que mantenerte a distancia, como el fiscal del mercado.

—Estoy segura de que es ella.

A modo de corte le di una orden, extendiendo mi vaso:

—Poco gin y mucho hielo.

Con el hielo cantando en el vaso, le cuento el sueño:

"Me veo en una cama con mi madre. Comenzamos a acariciarnos. Es una cama camera y estoy teniendo mucho placer. Me siento bien, pero golpean en la puerta. Me levanto, una sábana me cubre, abro la puerta y veo a mi madre severa".

Lourdes me pregunta:

—¿Ella está ahí afuera?

—Sí, ésa es la sorpresa, una madre afuera y la otra adentro.

—Pero deberían estar juntas.

—La paciente piensa que la madre de afuera la critica —le aclaro.

—Yo pienso que no.

274

—¿Cómo?

—La madre de afuera quería encontrarse con la de adentro. Al fin y al cabo son la misma persona, ¿no es cierto?

—Nunca se me hubiera ocurrido pensar de esa forma —digo, mientras ella cambia el ángulo de la flor.

—Ya que estamos en esas, Lourdes, hay una frase del profesor Lacan que me preocupa. La frase es la siguiente: "El amor es dar lo que no se tiene".

—¿Él no tiene amor? —pregunta.

—No, ojo, el profesor dice que el propio amor da lo que no tiene.

—Entonces el amor no existe, si no tiene nada que dar.

—Sí, se puede decir...

—Yo siempre dije que el señor no me quiere, ¿está viendo?

Y en cierto sentido mi amor por Lourdes ilustra el punto; le doy lo que no tengo, aun amando.

Antes de llevar el vaso vacío de gin tonic y el balde de hielo, Lourdes me mira casi maternalmente y dice:

—Cuando el señor sea viejito, viejito, bien viejito, cuando ninguna de esas mujeres descaradas anden detrás del señor, yo lo cuidaré.

50. EL CASAMIENTO DE MARCOS

Buenos Aires en diciembre tiene una promesa de verano que no se encuentra en otros lugares. Ciudad para ser disfrutada como turista o como futuro suegro que va al casamiento de su hijo con un clavel en el jaquet.

Marcos y su novia, Luz, me esperan en el aeropuerto; gran curiosidad por ese encuentro. ¿Cómo será ella? ¿Cómo seré yo para ella? Momento de cara o cruz, de pato o gallareta. Luz podría ser un cisne o un loro. Marcos y yo tenemos gustos diferentes en cuestión mujeres.

En la recta final, más allá de la aduana, vislumbro a los novios a una cierta distancia. Por encima de las sonrisas, nuestras miradas son scanners de gran resolución. Luz pasó la primera prueba: ella no es una bomba, detectable en los radios equis de los aeropuertos. Parece, más bien, la variedad Princesa. Lindas piernas. Tiene, además, un Renault último modelo esperándonos. Tuve el infaltable pensamiento de padre casamentero: "Hay dinero en esa familia", juro que lo pensé.

Luz en el volante. Por decisión de Marcos ocupo el asiento delantero. Salimos de Ezeiza y rodamos en silencio. Todo Buenos Aires viene a mi encuentro, hasta las viejas pintadas de Perón en los puentes de la autopista. Luz está nerviosa, yo también. Ella enciende un Jockey tembloroso y yo, Dios mío, comento:

—¡Todavía existen los Jockey Club! —así de ansioso estaba.

—¿No le molesta el humo?

—No, al contrario. Pero no puedo fumar, me hace mal.

—Ya quisiera dejar.

—Me podés tutear —avanzo.

—Voy a tratar... —dice, sin dar mayores garantías.

Frente a la cancha de River le pregunto a Marcos:

—¿Cómo fue la cosa?

—Mirá, viejo, no hay mucho que contar. Ahí la tenés —lo dijo como un pescador que acaba de pescar una corvina divina de 10 kilos. Luego añade:

—Ella te conoce por *La lección de Ondina*.

—Ah, sí, ¿la leyó, quiero decir, la leíste?

—La estoy leyendo —breve pausa en la que se advierte el parpadeo de una crítica incipiente.

Dudo en preguntar: "¿Cómo te está pareciendo?".

Marcos echa leña al fuego:

—No le gustó esa parte en que decís que nunca te casarías con una mujer que no fumase marihuana.

—¿Dije eso?

El tirabombas resultó ser Marcos.

Luz desvía la vista del volante para preguntarme en la cara:

—¿Es cierto eso?

—Bueno... sí —dije, porque lo que está escrito, escrito está—. En realidad creo que quise decir que no me casaría con una mujer que estuviese muy en contra de la marihuana.

Perdí puntos.

Faltan cinco días para el casamiento. Paro en la casa de Fernando Ulloa y Chichú. Pedro Ulloa, el hijo, como Pepe en Sevilla, me cede su dormitorio y me presta su bicicleta de diez marchas. Pedro es un interlocutor. Fernando me brinda su compinchería. Yo no llevo una ametralladora de plástico pero no importa porque todos los Ulloa están sanos como manzanas. Llevo, en cambio, el último disco de Gismondi para Pedro; sé que le gusta Gismondi.

Siglos que no tengo cinco días para no hacer nada de nada: sin un luto pendiente, sin trabajar, sin escribir, sin novia, sin tener que asesorar a Menotti u otra locura laboral por el estilo. Por la mañana me levanto razonablemente temprano; a eso de las ocho, voy a la panadería a comprar medialunas; ésa es mi contribución para el soberbio desayuno porteño que me espera: tostadas, el pan de Buenos Aires, jugo de pomelo, manteca, leche de primera y café de segunda. Chichú agregó mermelada de naranjas y bizcochos de grasa cuando supo mis preferencias.

Espero que Fernando termine con su paciente madrugador. Compruebo una vez más cuán larga es una sesión analítica vista desde afuera. Fue por eso que ahora sólo atiendo treinta minutos. ¿Será que Baudrillard tiene razón y el tiempo se aceleró? Cincuenta minutos hoy en día me parecen una eternidad.

Fernando sale del consultorio:

—Un caso difícil —murmura.

Fernando tiene un mellizo y compite con su propia sombra

y la de su hermano. Conmigo no. Parece raro, pero no competimos y tal vez no competir sea el colmo de la competición; pero no competimos. Somos los Venerables del Psicoanálisis, cada uno en su nicho. Cierta vez escribí que Fernando era un amigo ideal para salir de putas y esa aseveración fue mal interpretada; tuve que explicarle a Chichú el valor de esa metáfora, lo que no fue fácil. Ir de putas, como alegoría, significa más que ir de putas; no sé por qué las cónyuges no lo comprenden.

Y eso me lleva una vez más a la Rusia de 1970, a San Petersburgo, cuando todavía se llamaba Leningrado. Era una noche estival y casi se podía leer un periódico en la media luz boreal.

La delegación de psiquiatras estaba en pleno cuando, en un puente, nos abordan tres prostitutas. ¿Y sabés, Chichú, lo que hizo el jefe de la delegación?: llamó a la policía, tal como en el tango "Chorra", donde el sujeto se arrima al botón. Ése es el primer acto. Fernando y yo moríamos de vergüenza. El segundo acto comienza en el hotel. En la hotelería soviética cada piso tiene una encargada general que guarda las llaves de las habitaciones. La encargada de turno en nuestro piso dormitaba en una hamaca, junto a su puesto de trabajo. Mujer opulenta, de camisón liviano, que imaginábamos transparente. Al pie de la hamaca, Fernando cometió un acto fallido en ruso, cosa singular. Tanto él como yo sólo conocíamos dos palabras rusas: "Payalsta", que viene a ser un saludo y "Sacrito", que significa prohibido.

Fernando extiende la mano para recibir la llave y dice:

—Sacrito —más claro, imposible.

Después del desayuno fui a Palermo en la bicicleta de Pedro y alquilé un bote en el lago. Sensación agridulce de sentimental *journey*. Por otra parte, no era un viaje sentimental ya que una vez más me parecía que nunca había dejado mi tierra. Llego a Buenos Aires y al día siguiente siento que nunca lo dejé, que siempre estuve aquí, que todo está igualito. Fenómeno extraño: ¿será que eso siempre acontece con el lugar donde uno nació?

Los novios querían menú completo: casamiento civil personalizado con la jueza de moda, bodas en la iglesia del Pilar con velo y marcha nupcial, los hombres del cortejo de jaquet y fiesta con parrillada nocturna en un local alquilado en San Telmo. Un casamiento como Dios manda. Fernando recuerda que tiene su jaquet de casamiento. Pedro me presta los zapatos negros y sólo tengo que alquilar la camisa en la Casa Martínez. La cara que va a poner Lourdes cuando me vea en las fotos del casamiento.

Recorro la ciudad en bicicleta. Voy de Palermo a Parque Lezama, pasando por el ex Luna Park y saco una foto con palomas en la Casa Rosada. Estaciono la bici en un garaje de la calle Tucumán y recorro una Florida y una Lavalle sucias a la luz del sol. Entro en el Palacio de las Papas Fritas, al lado del cine Ambassador. El mozo me mira y casi me habla en inglés; yes, por mi pinta de turista, con bermudas y zapatillas Nike. Pido un jerez mientras mordisqueo el maravilloso pan de Buenos Aires.

Llega mi pedido: bife a caballo completo. Las papas son perfectos zepelines. Pido una botella de Carcassone, vino con cuerpo para un plato fuerte. Entra un canillita y compro La Nación. El casamiento de Marcos aparece en las notas sociales. Este Marcos está en todas. ¡Quién te ha visto y quién te ve!

Cinco años atrás, poco tiempo después de la muerte de Beatriz, Marcos corría la liebre en París. Sobrevivía con changas ocasionales. Llegaron a tocar con Jaqui, el hijo de Noune, en los corredores del subte parisino. Jaqui, guitarra; Marcos, percusión.

—No somos nada —le confió Marcos a su hermanastro, y ahora de jaquet en el Pilar.

Hijo e hijastro con una gorra para las monedas en las catacumbas de París. El tema recurre: ¿no fui omiso? ¿tendría que haber hecho algo? Lo que nos lleva de vuelta a la teoría de la jubilación. Un jubilado de ley tiene que ser un padre olvidadizo, un pésimo abuelo. Mimí Langer, una precursora en este campo, no lleva a sus nietos al zoológico porque asesora la revolución de Nicaragua, porque tiene cosas más importantes que hacer. Ella quiere resignificar su vida. Oportunidad y privilegio de la Tercera Edad. El viejo, con su memoria plena de futuro imperfecto, deviene artífice de su posteridad; o sea, cincela su pasado desde su presente. Por eso, Lourdes, la sabiduría llega cuando uno es viejo.

La gente, las mujeres en particular, no comprenden bien esta parte de mi Teoría de la jubilación y cierta razón las asiste. A veces me asalta la duda de que inventé la teoría para justificar mi paternidad desastrada. Belén y Paula piensan así. Para complicar la cosa, soy un padre y un abuelo querido.

Esa misma tarde, duchado y perfumado, asistí al civil y lloré del mismo modo que lo hice en el casamiento de Belén.

Luego nos reunimos en la casa de la novia y conocí a mi consuegra, cincuentona temprana, viuda como yo, y percibo que la familia inmediata tenía una vaga fantasía sentimental, tipo telenovela en horario noble.

—Es una mina muy gaucha —me confía Marcos. Pero si hay algo que no necesito es una cincuentona gaucha. Además, ella aún no había entrado en las brumas de la Tercera Edad porque estaba superdedicada a sus hijos.

Al promediar la noche tuve una gran idea, propia de un buen jubilado: invitar al novio a pasar la tarde del casamiento religioso en un baño turco. Marcos agarró viaje volando. Tenemos gustos parecidos, adoramos que nos corten las uñas de los pies, leemos *El Gráfico*, nos gusta ver fútbol por televisión tomando cerveza, somos de Independiente, competimos en el frescobol.

Fuimos al Colmegna. El patio central de Colmegna es un híbrido de mezquita y baño romano. Columnas, fuentes y macetas con helechos enanos. Ya habíamos pasado el primer round del baño turco, sudando profusamente. Envueltos en grandes toallones, nos sentíamos en *Quo Vadis*. Pedimos balones de cerveza y queso con salsa inglesa.

Dos manicuras vinieron a hacernos las uñas de los pies. La de Marcos, como lo consigno en *Ondina, Supertramp*, lucía un lunar en forma de cometa en la sien derecha, la mía tenía los senos apretados, tipo mujeres Luis XV. Ellas colocaron compuertas, canales, tapones entre los dedos libidinosos. Entonces, con la segunda cerveza, comenzamos a jugar al juego de "¿Te acordás?". Las manicuras eran nuestra tribuna cautiva.

¿Te acordás de las espinas en los pies?:

Volvíamos tarde de la playa, como era costumbre en Punta del Este; entonces corríamos a través de un bosque, sólo un pequeño desvío, que estaba alfombrado de espinas. Un verdadero colchón de espinas y así llegábamos al chalet gimiendo como pobres condenados. Nuestros pies parecían lechos de faquir. Y ahí comenzaba la parte positiva del gozo. Nos tirábamos, boca abajo, atravesados, en la cama camera. Entonces entraba Noune, con su pinza de depilar, que nosotros imaginábamos de plata, sacando espina por espina, una por una, todos los estigmas de nuestro placer.

—¿Te acordás de Mura? —me pregunta Marcos.

Mura era bajito, de esos que rebotan en la cancha, como un

joven Maradona; un número ocho hábil, pero sucio. Sus fouls cortitos eran letales, mas a un jugador de Independiente se le perdonan ofensas menores.

—¿Cómo era esa delantera? —Marcos me examina. Sólo recuerdo a Mura, Savoy y Mario Rodríguez.

—¿Cuál era el quinto de esa delantera?

—No hay caso, no recuerdo.

—Te tenés que acordar.

Me estoy poniendo viejo. Pienso, pienso, pienso:

—¡Bernao! —exclamo—. Es claro, Bernao.

Las idas a Avellaneda. El choripán en el baldío frente a la cancha. Los trencitos de maní. La mezcla de rutina y anticipación.

—¿Ustedes son de Independiente? —inquiere la manicura de Marcos.

Me tocaba a mí:

—¿Qué quiere decir River Plate?

—¿Tu equipo de los primeros amores?

—Ese mismo.

—Y bueno... Río de la Plata.

—Equivocado. Plata es silver.

Parece ser, lo leí en El Libro de Oro del Fútbol, que los jóvenes fundadores querían darle un nombre al club. Alguien propuso Rosales, otro Juventud Boquense; otro, Forward. Ganó River Plate, a pesar de la traducción errada al inglés, pero los futbolistas no son buenos etimólogos.

—¿Te imaginás, Boca versus Juventud Boquense o versus River Silver?

—¿Te acordás del pornoshop? —me pregunta Marcos.

Era en la rue Savoie. Después del pasaje por los subterráneos de París, Marcos consiguió empleo en un pornoshop, a unos 200 metros del Centro Pompidou. Su trabajo comenzaba a las seis de la tarde y duraba hasta medianoche. Todas las noches, a las diez, con puntualidad de psicoanalista, llegaba al local. Era una casa vieja. En ambos lados, en el zaguán, las prostitutas me saludaban. "Ahí va el papá de Marcos", decían. Me sentaba detrás del mostrador, leyendo revistas verdes de la casa y todos los feligreses me tomaban por dueño del shop.

—¿Te acordás de la linterna?

Me había olvidado. Cuando cerrábamos el boliche, a la hora de Cenicienta, Marcos tenía que hacer una ronda, iluminando los fondos, porque la leyenda contaba que a veces algunos homosexuales se quedaban ocultos en los cubículos.

Bien, el pornoshop ilustra lo que quiero decir, respecto a ser padre omiso. No soy omiso, entro. De estar en el subte junto al dúo Marcos y Jaqui, yo pasaría la gorra.

—¿Te acordás del baño turco en París?

En París existe un baño turco que es genuinamente árabe, el mayor del mundo fuera de Estambul, que viene completo con té de menta y mezquita anexa. Jorge, mi yerno y sus amigos lo habían descubierto y era el programa masculino de los sábados por la mañana.

Enorme, antiguo, como un sauna en el corazón de Babel, mil lenguas parloteaban detrás de la cortina de vapor. Estaba con Marcos en la sala central. En el medio de la cámara había una especie de mesa altar de piedra. Coloqué las toallas encima y le ofrecí un masaje esalénico. Marcos se tumbó. Comencé a masajearle el pescuezo, con mis manos de plata, recortando cada vértebra cervical y de repente un turco enorme y bigotudo me palmea la espalda y dice, con voz de trueno, que está prohibido ese tipo de intimidades.

—Cree que somos putos —le dice Marcos a Jorge, que se acercaba a la escena del escándalo.

Después de un tercer round de vapor volvemos a la sala de reposo con la piscina bien helada. Pedimos una nueva ronda de cerveza. Marcos me convida con un Parliament, acepto. Estamos sentados en cómodos sillones de mimbre. El tiempo se ha detenido al pie de nuestros bien manicurados pies. Fumamos en silencio hasta la llegada del pedido.

—¿Cómo fue eso de casarse, viejo?

—¿Con quién?

—Con la vieja.

—Si me leyeras. Lo escribí en *El antiyoyó*.

Marcos se encogió de hombros, como diciendo que eso es pedirle peras al olmo.

—Mirá, Marcos, fui un mal marido, pero también es cierto que todo marido es un pésimo marido. Lo que no quita —me apuré en aclarar— que tú vengas a ser la excepción, pero ser cónyuge es una profesión casi imposible.

—¿Por qué te separaste de la vieja?

—Por amor a Noune —así de simple. Un amor que reinventa el futuro sin pasado conocido. Así fue con Noune.

Con sentido teatral del tiempo, le hago una señal al mozo que llega con una botella de champaña.

—Si tomamos toda la botella entramos al Templo en pedo —dijo el novio.

Esa salida nos causó tanta gracia que comenzamos a reír a carcajadas, una de esas tentaciones que duelen porque retuercen el diafragma. Un coro de barrigones nos miraron de mala cara; estábamos perturbando sus sueños hipopotámicos. Pero no todos los días se casa un hijo, qué joder. Cuando el ataque histérico amainó, con lágrimas aún en los ojos, levanté el cáliz para decir:

—¡Suerte!

51. INTERPOL

Gervasio Paz, en su admirable libro *A pesar de todo*, con sesgo autobiográfico, dice: "En estos últimos años han ocurrido cosas importantes en el mundo y también en mi ámbito personal. Murió la compañera de toda mi vida y también mi anciana madre. Mis hijos me dieron tres nietos, por supuesto adorables, que se sumaron al primero que ya había nacido por entonces. Sufrí algunos contratiempos de salud y 'last but not least', abandoné silenciosamente el partido comunista".

Admirable síntesis con *punch line* final. Lo que quiero decir es que Gervasio no precisaba escudriñar en los vericuetos de su vida. Él no está escribiendo con una máquina Doble Cero; para sus fines no precisa. Yo sí, pero cuando se raspa el pasado uno no puede escribir toda la verdad, eso es imposible. Si yo escribiera la imposible verdad, la Iglesia Católica colocaría mi libro en el Index, la Iglesia Universal también. Otro tanto ocurriría con el Partido Comunista, la Sociedad Protectora de Animales, las Damas Católicas y la Interpol. Sería un repudio total, la APA tiraría mi fotografía de la sala de la Comisión Directiva. Por eso omito lo crucificable.

Lo que sigue es una historia contable, sacada de *Ondina, Supertramp*, que está al borde de lo no contable. Ahí va como muestra.

No soy hombre nocturno, soy tímido en los cabarets, las coperas me intimidan. No poseo estatuto de malandra, pero el mundo de la noche, con sus locas tentaciones, me atrae, siempre me atrajo. Ya di vueltas, en el volante, confundiendo siluetas femeninas con buzones en oscuras esquinas febriles. Una vez, con todo, estuve a la altura de mi diablo de la guardia. Fue en el despertar de diciembre, cuando comienza el ciclo de las *Fiestas de Largo* que anticipan el Carnaval. Esa letanía festiva se abre el 8 de diciembre, con la fiesta de Nuestra Señora de la Playa, ahí al pie del Elevador Lacerda, en el viejo corazón de la ciudad.

Llego con la noche. Doy dos lentas vueltas en torno del Mercado Modelo, con su olor a incienso y como un acarajé en el tabuleiro de una bahiana con las cuentas de Iansá sobre sus enormes pechos. Trato de entrar en el calor de la fiesta, merodeando por las barracas donde se suceden las batucadas. Tomo una larga botella de cerveza en la soledad del hombre que está solo. Casi compro un cigarrillo de un vendedor ambulante, buen momento para fumar me susurra el susodicho diablo de la guardia.

Termino la cerveza, doy otra vuelta y decido volver a casa: son las once y no pasa nada en la Ciudad Baja de Salvador. Fue ahí cuando, al abrir la puerta de mi Brasilia, veo un bulto en la esquina, una sombra insinuante vestida de blanco. No era buzón. A ojo de cubero miope se trataba de una mujer exuberante, con mucho de todo, tanto es así que pensé que podría ser un travesti.

—*Você é mulher?* —pregunté.

La pregunta, en realidad, fue un pretexto para acortar distancias. Ella dice que sí y yo hago señas para que entre en el auto. Casi no hablamos en el camino, cada uno enfrascado en su silencio sin nombres propios. Ella dice:

—Me llamo Vanda.

Linda voz de barítono.

—Mi nombre es Mateo —dice Emilio.

Mateo la mira de reojo: bocona, tiene la piel azulada, brillante, propia de algunas negras bien negras de la costa oriental africana. Muslos fuertes, ancas grandes de mujer madura. Un hembrón de 40 años, sopesa el viejo verde en mí.

—¿Así que pensó que era travesti?

Nos detuvo la luz roja del semáforo de Chame-Chame. La estudié con escrupulosa detención.

—*Meta sua mão, Mateo, meta* —dijo levantando la pollera blanca justo cuando baja la luz verde. Le dije que bastaba su palabra. Nos pasamos el resto del viaje hablando mal de los travestis.

—*Coitados* —concluye Vanda.

Cuando Vanda divisa Amilcar Falcão N° 1, proyectada en el Morro do Gato, ella exclama *oba!* Circuló con pasmo por la casa, pero lo que más le impresionó fue la cocina con horno empotrado y churrasquera. Mientras ella inspecciona la heladera yo preparo dos margaritas con unas gotas de triple sec, cubriendo los bordes con sal, tal como me enseñó Horacio Scolnick en otra encarnación.

—¿Más hielo? —pregunta, desarticulando la cubetera en la pileta.

Vanda, a la luz de la cocina, resultó ser el paradigma de prostituta para la Tercera Edad.

—Saude!, Vanda.

—Saude, Mateo.

Ella me observa con la cabeza ladeada al levantar la copa. Ella también me está estudiando. Algo en mí no calza con la burocracia de la noche. ¿Quién será este tipo que prepara las bebidas con tanta ceremonia?

Arriba, en la terraza de mi suite, sorbemos los margaritas en un silencio completamente diferente del inicial, preñado de noche, mirando al cielo. No es para jactarme, pero la luna, en el Morro do Gato, lucía fulgurosa.

Elijo Rita Lee como fondo musical; para completar, quemo sándalo; nada me apura, ni siquiera el sexo, en ese viernes color rosa shock.

Vanda fuma en la terraza, de espaldas a la luna. Ella sigue el rock lento con el cuello y los hombros. Le pido un cigarrillo. No nos tocamos, pero flujos pélvicos comienzan a circular por los cinco estómagos de la vaca erótica.

—¿Sabés dar masajes? —le pregunto, vagamente dolorido en una cervical.

—¿Masaje sexual?

—No, el otro.

—No, el otro no.

Termina Rita Lee. ¿Cuál es la música para este momento? En el sesenta sin duda hubiera sido un tema de Los Beatles, *Lady Madonna*, por ejemplo; en el setenta, Pink Floyd, con *El lado oscuro de la luna*, en el ochenta la década se inicia bajo la batuta del saxofón de Supertramp, el conjunto favorito de Marcos.

Entonces, bajo el fondo musical de *Desayuno en América*, Vanda pasa al baño y se admira ante la bañadera de mármol. Mientras ella se ducha, armo un joint.

—Ya lo sabía —exclama Vanda al salir de baño, envuelta con una toalla.

Ella, sujetando la toalla, explica:

—Por el olor.

Vanda va a extender la mano, pidiendo una pitada, pero se para en seco, sobresaltada por una idea, sobrecogida por ella. Se crea un momento de suspenso. Me escruta y ahora la mirada refleja temor.

—¡Usted es de la policía! —exclama.

—*Você é da policia mesmo* —reitera, en voz baja sostenida, con la convicción de una revelación.

Mi primera reacción fue de asombro. ¿Yo, un tira?, hubiera protestado el cliente manso. Mas la sorpresa no se reflejó en mi rostro, porque mi diablo de la guardia tuvo una idea. Entonces le dije, también en voz baja pero conspiracional:

—Soy de la Interpol.

Fue delicioso aquello que cubrió su rostro. Nunca una mujer me había mirado así. Una mezcla de reverencia y miedo. Como si yo fuera una cruza de tigre con araña pollito.

Yo ya fui amado, respetado, odiado, rabiado, ternurado, pero nunca fui tratado con esa sumisión de cebra frente al carnívoro de turno. Cuerpo sumiso de hembra y el saxofón de Supertramp nuevamente entra en escena, enroscándose en su cintura. Esa sumisión, lógico, fue excitante en grado sumo, germinando en los cuerpos cavernosos y toda una fisiología prepotente fermentaba en mi bajo vientre castrense.

Le dije que no tenía por qué tener miedo de mí, yo en el fondo era un buen hombre, un ciudadano como cualquier otro. La fiera estaba en paz con el mundo, cosa que transmití claramente en el gesto decidido pero delicado de desnudarla. Toalla en mano, contemplé el cuerpo azabache de una esclava.

—Sos una gran puta —le dije, a modo de epílogo. Vanda valorizó la sinceridad del cumplido.

52. SYRA

Desde Ondina algunas cosas interesantes ocurrieron en el dominio de la clínica. Tuve nuevas ideas.

Palma de Mallorca
29 de marzo de 1986

Querido Emilio:
Antes que nada quiero agradecerte por lo bien que me sentí en Salvador en los momentos compartidos.
Te escribo para decirte que ya tengo 14 inscriptos para el laboratorio "Corriendo un riesgo". La gente aquí está entusiasmada con la idea. Te esperamos en Palma Mallorca del 28 al 31 de mayo. Palma está esplendorosa en la primavera.
Para mí sería una honra que te hospedases en mi casa durante tu estadía en Palma. Me despido con un fuerte abrazo, esperando en breve tu respuesta.

Mario

Mario era un joven psicólogo uruguayo que me visitó en Salvador, gran admirador de *La lección de Ondina. My one and only fan.* Salvo en fútbol, tengo un vínculo fraterno con los Orientales, inclusive, pensándolo bien, en el fútbol. Tampoco puedo olvidar esa noche en Moscú, donde Plá me habló del imperialismo porteño. Como dicen los antisemitas, algunos de mis mejores amigos son uruguayos, caso de ambivalencia en el Río de la Plata.

Acepté encantado la invitación de Mario e incorporé Palma de Mallorca al programa de mi temporada anual en España. Trabajaba en Madrid con Norma Ferro y le propuse hacer el laboratorio juntos. Habíamos realizado varios trabajos en Madrid y Zaragoza. Norma, además de analista, era una buena psicodramatista, discípula de la escuela de Tato y de Rojas Bermúdez. El título del laboratorio, *Correr un riesgo*, habla por sí solo. El problema de la transgresión quedaba en abierto.

El laboratorio como un gran encuentro psicoanalítico breve. Los eventos de este tipo nacieron en el Río de la Plata. Bauleo, Kesselman, Pavlovsky, Martha y yo somos los progenitores de la idea. Lo mismo ocurre con Nicolás Caparrós en España.

Con Norma estrenamos en Zaragoza el laboratorio sobre riesgos y no quedamos muy satisfechos, nos pareció que todo el mundo, nosotros incluidos, no estuvimos dispuestos a correr mayores riesgos; ahora teníamos que mejorarlo.

El laboratorio de Palma resultó ser el más duro, el más peligroso e interesante que tuve en mi vida. El grupo enloqueció. Creo que hasta el general Franco tiene que ver con el desenlace. En 1983 se cumplía el séptimo aniversario de su muerte, pero su larga sombra, en forma de sotana, aún estaba oscureciendo el alma de los españoles. La censura frente a todo lo sexual era tan´intensa durante la dictadura que los chavales, ávidos de mujeres desnudas, concurrían al cine de la universidad para presenciar partos. Esa hambruna sexual dejó su marca. Como yo estaba dispuesto a correr riesgos, le propuse al grupo, al promediar del segundo día, el viaje de Ulises. Lo que estaba en juego era la temática·de la seducción.

Los hombres tripulaban el barco de Ulises que pasaría frente a la isla de las Sirenas. La isla fue montada con almohadones en medio de la estancia, donde se instalaron las mujeres con la consigna de ser seductoras. Mientras se va montando la escena, Concha, la más atrevida del grupo, propone que las sirenas aparezcan topless. La propuesta fue aprobada.

Fenómeno curioso, o no tan curioso, los españoles producen los más grandes santurrones y los más grandes blasfemos, producen un Almodóvar y el Opus Dei. La juventud española posfranquista ya no iba más a la sala de partos para fichar desnudos, ahora haría ruborizar al Marqués de Sade. Entonces, topless. Fue ahí donde comencé a jugar con fuego.

En una esquina, los hombres se preparaban para la odisea y aquí cometí un error fatal. El grupo no se ponía de acuerdo sobre quién sería Ulises y yo lo propuse a Tony. Bien, Tony era, de lejos, el más frágil del grupo. Mario y Quique serían los candidatos naturales para ser Ulises, pero yo, maquiavélica o tontamente, elegí a Tony, elección que me costó cara.

Tony fue el único que se tomó el papel en serio y pidió ser atado al mástil. El barco, entre risas y piropos, se iba acercando a la isla, remando al ritmo de Volga Volga. Tengo que admitir que un par de sirenas mallorquinas estaban muy buenas, pero los hombres, cual púberes, no miraban a las sirenas y se reían y "cachondeaban" entre sí. Concha se queja:

—¡Así no se seduce a una mujer, coño!

Lo que, en realidad, era históricamente errado: las sirenas eran las que tenían que seducir a los hombres. Sea como sea, la escena se fue cargando de una libidinosidad envenenada y las bromas lenta pero inexorablemente se van convirtiendo en motín a bordo. Los marineros se sublevan, no le hacen caso a Ulises, estaban dispuestos a tomar la isla por asalto. La crisis va en aumento; Ulises, con un grito, se desploma. Ese grito congela el juego. Norma acude a la cabecera de Tony que yace inerte, en estado catatónico. El grupo lo rodea.

Estábamos atendiendo a Tony, cuando se escucha el grito de Quique que, con el puño protegido por una arpillera, le aplica un golpe sordo a un tabique divisor de madera, partiéndolo. Agitado, desparrama almohadones y salta por encima de ellos. Parece poseído por una aceleración creciente. Norma trata de contenerlo y le rasga la camisa en el intento. La escena, mejor dicho, el ojo del huracán, se desplazó de Tony a Quique.

Quique era un verdadero energúmeno. Quién diría, con su cara de buen alumno. Norma y yo tentamos acorralarlo, pero en realidad no sabíamos bien qué hacer y procedíamos con la lentitud de los indecisos. El psicoanálisis le tiene horror a la violencia física. Acosado, Quique se escabulle como una anguila estridente.

Y luego vienen las escenas de miedo. Quique blande un bastón y lo agita frente al grupo.

—Ustedes me tienen miedo —dice Quique, con toda razón.

Luego pide que le den la mano. Mario le da la mano y lo abraza. Estableciendo una alianza. Dos mujeres del grupo le dan la mano; el resto se recusa. Yo le digo:

—El asunto es el poder, Quique, estás compitiendo conmigo.

—¿Por qué trajiste a este tipo? —le pregunta irónicamente a Mario.

Quique vuelve a las suyas y comienza a saltar al compás de El submarino amarillo. El grupo no hace coro, sólo Mario acompaña. Quique y Mario cantan a dúo.

Era mediodía. Charo empieza a gritar, encarando a Quique como perro guardián. Quique levanta el bastón dispuesto a golpearla. Yo me interpongo:

—Dame el bastón —soy perentorio. Lo consigo.

La gota de agua la da Mario que comienza a chillar en una escalada delirante: Tony + Quique + Charo + Mario...

Quique aprovecha la confusión robándome el bastón. La situación era insostenible. Fue ahí cuando dije:

—Si dentro de un minuto no tengo ese bastón en mis manos, el laboratorio termina.

—¿Cómo?

—Está claro, si dentro de un minuto no tengo el bastón en mis manos, Norma y yo damos por terminado el laboratorio y salimos por esa puerta. —Todo mi cuerpo temblaba encharcado en adrenalina.

Suspenso.

Quique, como líder loco, se arrodilla y me entrega el bastón.

—No, así no.

Quique entonces se aproxima, levanta mi mano y después yergue su derecha con el bastón y lo entrega, exclamando:

—Excalibur.

Fue un laboratorio que me llevó a escribir un libro, *O Último Laboratorio*, junto con Norma. Al día siguiente nos reunimos, cotejamos notas con el grupo y decidimos publicar el material. Por voluntad de Norma, este libro sólo fue publicado en portugués.

El último laboratorio no fue el último, hice tres o cuatro más y después paré, del mismo modo que paré de trabajar con niños y con grupos; no sé bien por qué paré, esas experiencias terapéuticas exigen mucho, pero son muy estimulantes. Analizar un chico de tres años es una gran aventura, mi duelo con Quique y Excalibur fue rico en enseñanzas. Con Elena de la Aldea estamos pensando retomar los laboratorios y correr los riesgos.

El 15 de setiembre de 1987 fui a comer *gefilt-fish* a casa de Syra para celebrar el final de su análisis. Llevaba la siguiente carta para ser entregada en mano:

15/09/1987

Querida Syra:
Anexo va el material de las últimas cinco sesiones. Creo que el final de análisis puede ser trabajado con provecho para ambas partes. El registro de las sesiones fue tomado después de cada sesión y sirve como aide-memoire. Me llama la atención, con todo, lo incompleto del registro, o sea, cuánto olvidé de entrada.

Por la riqueza del material, por ser encrucijada, por ser fin de análisis, la empresa se vuelve complicada... pero fascinante.

Tengo la siguiente propuesta de trabajo que hacerte. En un primer tiempo, mientras viajo, tú te quedas elaborando el material. A la vuelta, establecida la debida distancia, pensamos qué hacer con este material que tiene cualidad de "pase".

La idea es escribir algo juntos. Ver esas cinco sesiones desde los dos lados. Este plan se sustenta en la hipótesis de que el material de fin de análisis puede volverse público y que esa transformación es propia a dicho fin.

OK, a senhora topa?[1].

Emilio

En efecto, le entregué las sesiones, un total de quince páginas. La primera de las cinco sesiones fue muy rica, construida en torno de un auténtico sueño de fin de análisis. No es común que haga anotaciones, pero esta vez el material se imponía. Confieso que fue ahí donde nació la idea de escribir un libro en conjunto, lo que, tengo que reconocer, le quitó cierta espontaneidad al final, mejor dicho, a las cuatro sesiones siguientes.

Syra, por su parte, "topó". Ella me escribe de vuelta diciendo: "Me siento feliz. Tuve una inmensa satisfacción narcisista al poder leer tu texto de mi análisis". ¿Qué mejor regalo puede dar un analista?

En efecto, para muchos colegas fue demasiado regalo de aquel que, en la moda actual, tiene que pasar a ser un resto, un mero limón exangüe y exprimido.

Bien, se trataba, entonces, de un final de análisis. Dos voces, dos versiones bien diferentes aunque sutilmente parecidas.

Syra de entrada nomás comenzó por el principio, sugiriendo el título tripartito del libro:

Un sueño de fin de análisis;
Final de análisis: un sueño;
Análisis: final de un sueño.

Tres en uno: primero, el sueño que encierra un análisis; segundo, la quimera del deseo, y tercero, el final de las ilusio-

---

[1]"Topar", en portugués, es semejante al castellano en el sentido de "parar la topada", o "frenar la entrada".

nes. Como ella dijo: "Final del sueño de que al fin todo se va a saber. Después de un análisis se pierde el derecho a la ingenuidad del olvido y del engaño".

Mi experiencia de escribir con Syra fue rica y gratificante. Todos los miércoles, a la hora del almuerzo, nos reuníamos e intercambiábamos textos, reviviendo un poco los tiempos de Martha y *El antiyoyó*. Fue un lindo concierto a cuatro manos.

Quisiera elaborar un poco más este asunto de escribir a cuatro manos porque esas colaboraciones están presentes en mi escritura y con mujeres importantes en mi vida. Con mi madre vivimos la *folie-a-deux*; Beatriz contribuyó con un capítulo sobre el papel del observador en mi libro sobre grupos; Noune escribió a medias conmigo *El contexto del proceso analítico*; Martha, *El antiyoyó*, Norma Ferro, *El último laboratorio* y ahora Syra, una paciente favorita, *El sueño de fin de análisis. Gigante por su propia naturaleza* versa sobre mi amor por Graça y prácticamente fue escrito en colaboración con ella. Se puede decir que la coautoría es un síntoma mío. Todas estas experiencias fueron ricas, y *El antiyoyó* en especial sentó las bases de mi plataforma ideológica. ¿Soy un alma solidaria o un vampiro contrariado? Usted decide.

53. DIANA

El Shopping Center de Iguatemí está en el borde de lujo de la ciudad. Acudí a la cita bajo un fuerte chubasco de verano. Rápidamente se formaron charcos de barro rojizo en los declives del camino. Una coupée blanca pasa impaciente por mi izquierda y la ola chapoteada entra por la ventanilla de mi Brasilia, como si los pecados se pagaran en esta vida. Menos mal que el bolso en que llevaba la cocaína era impermeable.

—La coca le tiene horror a la humedad —había sentenciado Mácula, mi maestra en drogas mágicas, el día en que decidí comprar dos gramos. Carísima. Mácula vino expresamente a mi consultorio para enseñarme a aspirar. Apareció pertrechada de un espejito de bolso, un canuto grueso de milkshake y la sempiterma hojita de afeitar.

—Se seca bien el espejo —disertó mi maestra, igualito a los cocineros en los programas de televisión, usando un par de kleenex en la operación. Luego, con gesto de calígrafa, sustrae una pizca de polvo blanco del sobrecito y lo pica con la gillette.

—Tiene que tener una consistencia espumosa —dice, mientras trabaja medio bizca—. Bien —dictamina al fin, contemplando dos finísimas hileras. Ella entonces inserta el canuto en su narina izquierda y la cocaína desaparece como por aspiradora. La miro con admiración. Ella sabe que la única vez que lo intenté resoplé el polvo fuera de lugar; como en ese film de Woody Allen. Más por torpeza que por miedo.

Esa tarde, en mi consultorio, logré aspirar correctamente mi primera hilera de prueba, lo que me dejó con una extraña sensación de labor cumplida. Un cierto ufanismo, como la vez de mi primer cigarrillo.

El Chevrolet de Diana me esperaba en el parking lot del Shopping, lugar para el truco clandestino de prestidigitación. El rápido cambio de autos. Cualquiera que encontrara su Chevrolet en Iguatemí pensaría que su propietaria estaba de compras. Diana, sin mirar para atrás, pasa a mi vieja Brasilia, fresca como una lechuga, con su aire de bahiana rubia. Crimen perfecto, no hay moros en la costa.

Después de apretar su rodilla izquierda decidimos ir al motel Le Royale que acababa de ser remodelado. Era media mañana. Rumbo al motel sale un sol un poco perdulario y las ranas cantan. Manejo despacio, con todo el tiempo del mundo. En la garita de entrada pido la suite romana. El portero me mira con cara de reconocimiento y me sugiere la suite hindú que el motel está lanzando. La suite en cuestión era la última palabra venida del misterioso Oriente. Al abrir la puerta se escucha el gorgoteo de un elefantito que hace pipí en la pileta de agua templada. Encima de la enorme cama hexagonal se exhibe un fresco erótico ostentando un hindú con un pene de considerables proporciones. Una vedanta de grueso cabello negro recogido y ojazos en perfil egipcio resopla en el falo como si fuera la trompeta para una meditación seminal.

Nos paseamos por el cuarto. En la mesa de luz de la cama olímpica se despliega un panel de botones que parecen los comandos de un Boeing de Air India. Prendemos y apagamos luces, una de ellas estraboscópica. Televisor, radio, cama vibrátil, aire acondicionado, dirigidos por control remoto.

Enciendo un Marlboro, decidido a darme todos los gustos. El elefantito me contagia el deseo de hacer pis y paso al baño, donde constato la presencia de un secador. A la vuelta localizo el canal pornográfico. Un pene gigante y negro, mayor que el del hindú, domina el cuadro. Diana se hipnotiza con ese gusano gordo africano, pero nada en esta vida es perfecto y el televisor comienza a fallar; el pene parpadea, preso de un tic maquinal.

Reparen que los moteles no tienen ventanas. En el tiempo de los moteles se forma una burbuja imaginaria, un súper útero. Es el Espacio Supertramp.

Diana pide dos naranjadas:

—Sin azúcar —le encomienda a la telefonista—. Estoy un poco nerviosa —musita para sí misma.

Cuando Diana se instala en la silla, con los pies en la piscina, le digo cuál es mi fantasía; o, si se quiere, cual es el orden del día. Es un asunto sexual, le aclaro. Entrar en el río supertrámpico sin saltos ni sobresaltos. Una cosa que lleve a la otra con el frufrú de la seda. Mirada distraída-interesada-sensual-amorosa-lasciva-pasional y orgasmo mirándose en los ojos, sin solución de continuidad.

Understand?

Siempre sobresalta el timbre del motel. Timbre invertido: llama para avisar que uno no vaya porque el mozo llegó, en este caso, con las naranjadas. Nuevo timbrazo que, en moteles, significa que el mozo hace abandono del local.

—¡Qué calor! —exclama Diana, mientras voy por las naranjadas. Cuando vuelvo se ha quitado la blusa y el soutien. A nuestras espaldas el televisor seguía guiñando penes.

Mirada atenta.

Fue entonces cuando Diana recordó el orden del día:

—Quemé etapas —dijo, y supe lo que eso significaba.

Diana sintonizó la radio y, mirándome de arriba abajo, toma el soutien de la silla playera. Excelente idea, comenzar por el final, ese final siempre desabrido, cuando todo ha sido hecho, en la melancolía del poscoito, donde las parejas fuerzan las medias en pies húmedos. Entonces el motel se convierte en vestuario de club municipal, sensual como el árnica.

Diana encopó sus senos con las manos cruzadas y dando un rápido giro, con gesto de mago, como quien coloca al conejo en la galera, ajustó el soutien, cubriendo el busto con lento desenfado, tal cual zambullida proyectada en cámara lenta y al revés.

El salto ornamental fue detenido en seco por el timbre paradojal: llegaron los gin tonics. Bebida en mano, decidimos pasar para la cocaína, el plato fuerte del día.

Yo, dentro del útero, estaba aparentemente tranquilo, pero mis manos temblaron al sacar el sobre con la coca del tubo de Redoxón[1]. Diana, con pulso de cirujano, se hizo cargo del trémulo sobrecito. Mientras ella, semidesnuda, picaba con esmero el polvo blanco como la nieve, yo, con el secador, mandaba un chorro de aire caliente sostenido sobre el espejo y el canuto. Trabajamos en silencio, sólo se escuchaba, como fondo musical, la voz de Julio Iglesias.

El espejito, con sus cuatro hileras, fue colocado en el centro de la cama y bajo la mirada nonchalante del hindú aspiramos dos hileras cada uno. Operación impecablemente realizada.

"Amor, amor, amor... nació de mí, nació de ti, de la esperanza", ronroneaba Julio Iglesias, el trovador de los moteles, y nos quedamos tendidos, despatarrados, esperando que nos bajara el

---

[1]"El Redoxón trae en la tapa una substancia deshidratante que mantiene el polvo de cocaína seco", Mácula.

santo. Hombre y mujer con cocaína en el cuerpo. Mácula nos había dicho que el efecto llega rápido y rápido llegó. La voz de la droga no venía por el lado del trance; era algo más visceral, más de este mundo. Uno no pierde la razón, como acontece con el ácido lisérgico; sino todo lo contrario, la razón se vuelve inexpugnable. La cocaína te da una lucidez fálica, diría Freud. La potencia que se elevaba en el dominio del sexo no era un efecto espiritual o alegórico. La boca era más boca, el pene más pija. Diana, en el panel de comandos, accionó el botón de la cama vibrátil; un sordo movimiento parte de las entrañas del colchón.

Comencé a masajear las plantas de los pies de Diana; masaje lento, profundo, tal como Esalen me había enseñado, siguiendo los valles serpenteados de las grietas de los metacarpos. Ahí la cocaína me dijo: "Chupale los dedos de los pies", y éste puso un huevito, pensé, mientras atacaba el dedo pequeño, con su pezoncito de uña, pasando a éste-puso-sal y al llegar al comilón había conquistado una nueva zona erógena, sabiendo, con la certeza que da la cocaína, que ésos eran pies vírgenes, nunca lamidos como ahora.

La vibración de la cama era casi penosa. Cuando me levanto para buscar los gin tonics, a la vera de la piscina, la magnitud del efecto de la coca me hace trastabillar. Me zambullo para refrescarme. La televisión había dejado de pestañear. Dos mujeres en un diván comienzan a hacer de las suyas, una de ellas platinada, con facha de cine mudo. Una tercera, adolescente, observa la escena a través de una puerta entornada y se masturba. Aquí no hay amor, al menos explícito, sino sexo al desnudo, sexo cocainizado. Entonces le convido a Diana a ver, con los ojos limpios de cualquier imaginación, la mirada dura de la pornografía. Orgías de múltiples parejas, todos con todos, más una perra ovejero alemán que ladraba en vez de gemir.

El televisor comienza a fallar nuevamente, lo que irrita porque estábamos en un pico de excitación. La suite hindú se había convertido en una placenta perversopolimorfa.

¿Qué hacer?

Había que hacer algo. Mientras yo la acaricio de la cintura para abajo, Diana toma el auricular y presenta su queja a la telefonista:

—No queremos incomodarla, pero tenemos un problema... —dice y tapa el teléfono para comentar: ¡Hhmm, qué linda voz tiene!—. Se trata del televisor —continúa y se detiene detallando la naturaleza de la falla técnica.

La voz de Diana se vuelve más ronca; escucha las instrucciones de la telefonista y pregunta a su vez:

—¿En la parte de adelante o de atrás?

Voz de aeropuerto, formando el circuito erótico triangulado.

—¿Revisó los botones de al lado? —pregunta la Voz.

—¿Cuál de ellos?

—Uno negro.

—Sí. Lo probé y nada.

—Entonces...

Pausa.

—Convidala a venir.

54. CARNAVAL CON LOURDES

Sólo existen dos grandes Carnavales en el mundo: el de Río y el de Salvador. El Carnaval de Río impacta por su increíble belleza, por la marcialidad de las Escuelas de Samba, por su lujo, verdadera tauromaquia del frenesí. En Salvador todo el mundo participa, fiesta danzante globalizada para un millón de personas que comienza con el desayuno y se cierra con el desayuno trasnochado. Cuatro días seguidos, que pasaron a ser cinco.[1] Ríos de cerveza entran y cascadas de orina salen en el metabolismo de cien mil atabaques. El Carnaval mete miedo a los falsos bahianos y también a los verdaderos bahianos, aunque ellos digan que es sólo respeto. Es una aventura y el riesgo implícito en esa ruleta tropical realza el todo. El Carnaval en Bahía tiene la fuerza del trance y la sangre de los sacrificios.

El tema de las decoraciones carnavalescas de ese año eran los personajes de Jorge Amado: Gabriela, Arcangelo, Doña Flor, se repetían a lo largo de la Avenida Sete y de la Rua Carlos Gomes. Yo había abierto el carnaval el sábado con la mortaja del Meridien que Diana me regaló. El domingo, como Dios manda, descansé en la playa para arriesgarme nuevamente el lunes, en compañía de Lourdes, la mismísima Doña Flor. Ella preparó un desayuno fuerte y dijo, enfatizando el plural: "Lo vamos a precisar". Bajé el desayuno con un cigarrillo y una ración doble de whisky, como es de rigor. Entramos en mi Brasilia a las diez y media de la mañana. Lourdes había conseguido, no me pregunten cómo, un tubo de lanzaperfumes, contrabando de la Argentina. Estacionamos frente al Hospital de Clínicas, a la vuelta de Campo Grande, donde la fiesta nace. Desde lejos se escuchan los tambores y el pulso se agita, sobre todo cuando Lourdes me pasa su pañuelo con lanzaperfumes, droga frenética.

El Carnaval bahiano inventó el trío eléctrico. Invento necesario si se piensa que hay que proveer música a un millón de

---

[1] ¿Te acordás, Martha, en los comienzos, cuando se formó un grupo llamado *Filhos de Martha y Rodrigué*? Yo aún conservo la mortaja.

personas. Solución: colocar la música encima de grandes camiones. Dodo y Osmar salieron la primera vez en la década de Los Beatles, el primer trío eléctrico se parecía bastante a los camiones electorales. El trío actual es un monstruo erizado de cajas acústicas, antenas, guitarras eléctricas y parlantes, con un voltaje de salida superior a la boite New York City. Al caer la noche parecen acorazados rutilantes navegando en fila india por la avenida.

Lourdes y yo íbamos, tomados de la mano, siguiendo el trío eléctrico de los Apaches; a una cierta distancia, entre caminando y bailando, todavía un poco fríos. Fue ahí donde otro toque de lanzaperfume nos catapultó en el torbellino de la música.

Bailando abrazados nos perdimos en la muchedumbre millonaria pero la ilusión duró poco. Una hermosa mujer negra, con realeza en el porte, nos fulmina con la mirada. Los negros, algunos Apaches inclusive, nos dirigen miradas de desaprobación. La cosa era más con ella que conmigo. Al pasar por el Reloj de San Pedro, ombligo del Rey Momo, nos topamos con una pareja de analistas que habían cenado en casa un par de días antes.

—¿Vio cómo me miraron? —comentó Lourdes, intentando disimular su amargura.

Y pusieron, en efecto, una cara muy singular. A ellos les asiste la razón de la sinrazón que pasa por la vieja historia del patrón y la doméstica. Los patrones, pum, fornican con las domésticas. Son putas caseras. Me impresionó cuando Lourdes dijo que no hay nada peor que ser servicio doméstico.

> Si la herradura trajera suerte
> El caballo no tiraría de la carreta.
>
> LOURDES

55. ORIXÁS Y GRAÇA

La Princesa Africana, como criatura de ficción, apareció en *La lección de Ondina*, sin duda a modo de presentimiento, mas ella estaba lejos de mí, rodeada por los cocodrilos de la vida. Su materialización ocurre durante el lanzamiento de ese libro en portugués, en una ceremonia literaria con bebidas, *salgadinhos* y autógrafos. Todas las hadas de la comarca concurrieron para adquirir un ejemplar dedicado, las psicólogas también. La fila desfilaba delante de la mesa del autor. A la derecha, una enorme fotografía, tamaño natural, de mi propia figura saliendo de las olas del mar, como un Neptuno un tanto venido a menos. Yo firmaba y firmaba libros. Recuerdo que tenía un whisky en la mano libre, regalo de la librería.

Cada persona traía un papelito con su nombre dentro del libro a ser autografiado. Tengo mala memoria pero soy un excelente "dedicador"; la técnica consiste en asociar libremente y prohibirse de decir clisés. Hay que planear la dedicatoria como una interpretación con alma de oráculo. Para eso es preciso soltar la gitana del inconsciente y montarse en su escoba.

La fila menguaba cuando llegó un ejemplar con el nombre de "Graça" en el papelito. Levanto la mirada y me tropiezo con dos ojazos verdes, llenos de luces, y una abundante melena afro. Esa visión rutilante sacudió todas mis chacras. Sin vacilar escribí:

> A Graça, que los Orixás nos protejan

El fogonazo de ese mirar me encandiló al punto de borrar la escena. Seguí viviendo mi vida sin saber que estaba flechado. El Carnaval de 1984 fue frenético y eso contribuyó para el olvido. Cuando llegó el otoño estaba quieto, más reflexivo, de vuelta a mi autismo primordial. Los Orixás me protegían sin yo saberlo. Caminé largas mañanas por las playas encopetadas por las altas mareas de marzo. Un día, al promediar la cuaresma, recibo por correo el programa de un Laboratorio Corporal, a cargo de dos discípulas de Ángel Gaiarsa, terapeuta reichiano que respeto.

¿Y si voy como paciente?, pensé. Ésa era una vieja fantasía, nunca realizada. Ser un neurótico anónimo por el espacio de un week-end. Que te cuiden y te mimen, pegar gritos, desnucar almohadones, acariciar almohadas, llorar en los brazos de las psicoterapeutas, hacer uso y abuso de todas mis prebendas de paciente. A eso se suma el clima de transgresión erótica que siempre revolotea en esos encuentros.

La cara oculta de mi deseo tenía su lado razonable. Fin de semana de gimnasia, masajes y macrobiótica, momento propicio para un check-up existencial. ¿Cómo estoy? ¿Cómo me ven? ¿Espejo, espejito mío, quién soy yo a esta altura del partido? Por otra parte, lo del anonimato era relativo: soy figura conspicua en el universo psi bahiano. Quizás el encanto del anonimato resida en disfrazarse a fin de ser reconocido.

Con esa cortina de fondo, en la tardecita del viernes, mi Brasilia cruzaba Amaralina rumbo a la churrasquería Roda Viva, cerca de la playa Jardín de los Enamorados, sugestivo lugar para una blind-date terapéutica. En el paredón del Club Portugués divisé la silueta de Celina, una prostituta que tiempo atrás, en plena Era Supertrámpica, trabajaba en la costanera de la Barra. Mujer guitarra, tipo Vanda. Ella me pesca al vuelo al pasar; las mujeres de la vida pueden pilotear Boeings, tienen visión de lince más buena memoria. Celina me saluda con la mano. Me saludó y no me chistó: la diferencia que va del amigo al cliente. No descartar, sin embargo, el factor velocidad. Las prostitutas enseguida detectan cuáles son los coches que van con destino fijo y cuáles son lo que están yirando, como ladrones en la noche. Yo iba rumbo a un destino fijo, irreversible. Nunca hubiese pensado que el saludo a Celina constituiría mi despedida de soltero.

Quinientos metros más allá de Celina me esperaba la churrasquería Roda Viva. Rueda la rueda de la fortuna y yo, sin mapa pero con brújula, entro en un nuevo capítulo de mi vida.

Llego con esa puntualidad absurda que da trabajar con el diván. Freno la Brasilia. Una mujer sumamente grávida se acerca y dice, con dudosa sintaxis:

—Nunca me imaginé que Rodrigué viniese a este laboratorio mío. —Se la veía nerviosa, sin lugar a dudas intimidada. Fin de mi breve incursión por el anonimato. *Ha arrivato il Papa.*

—Soy Irene Gentile.

Irene Gentile, discípula dilecta de Ángel Gaiarsa, estaba, en efecto sumamente grávida, con pinta de intelectual paulista atormentada que de pronto descubre el cuerpo. Lo dicho vale como flash; el embarazo siempre vela a la mujer. Varios autos en la playa de estacionamiento, con las puertas abiertas. La tropa es bisoña. Ellos charlan entre sí. Escruto la escena, tentando estimar la edad media grupal; si son demasiado jóvenes corro el riesgo de convertirme en reliquia. En contraparte, la importancia de ser un viejo notable; cualquier laboratorio de este tipo sería funesto para un viejo común. Los ancianos, reparen, son una minoría hostilizada por la indiferencia. Las parejas de gente grande salen a bailar con una sonrisa amarilla casi de disculpa en sus labios, como disculpándose por el atrevimiento de bailar, sólo bailan haciendo la parodia de que bailan.

Nadie mira a los viejos.

Irene vuelve, pasados quince minutos, trayendo a Lucía, su coterapeuta. Lucía resultó ser una mujer atractiva, tipo Martha, de ojos ojerosos, voz sedosa, casi afectada, variedad *femme fatale* reichiana.

—Falta Graça —dice Irene que adquirió el tic de consultar el cuadrante de su reloj. Ambas terapeutas están visiblemente nerviosas. Minutos después, para matar el tiempo, nos piden que coloquemos los coches en fila india doble, como en la Fórmula Uno. El Papa, lógico, ocupa la *pole-position*. Lucía va de acompañante y yo comienzo a gozar los intríngulis de ese viernes sabático. Mientras esperamos, me entero de que el núcleo del laboratorio lo forma un grupo terapéutico de Irene. Ya se conocen, pienso, lo que dificulta la cosa para el recién venido.

Finalmente llega la tal Graça. Rugido de motores impacientes. La caravana dobla por Itapuã, rumbo a Ceasa. En el camino Lucía me informa que el encuentro se realizará en una chacra, con vacas y todo. Vamos a pasar dos noches en el campo.

—¿Trajo sábanas? —me pregunta Lucía.

Sí, mi mochila estaba preparada con esmero, siguiendo las instrucciones consignadas en el programa: sábanas, una manta, tazas, cubiertos. Yo había añadido: cepillo de dientes y los *Écrits* de Lacan.

Llegamos. Gente transportando colchonetas, víveres, almohadas, tocadiscos para ese week-end alejado del mundanal ruido. Trabajé un poco para ser servicial. Graça llegó en el último coche que se había perdido varias veces. ¿Así que ésta era la tal Graça? Emilio todavía no había reconocido a la Princesa Africana. Sólo vio una presencia, vagamente conocida, con perfil de eco, reverberando, solicitando un interés instantáneo, sólo eso.

El grupo forma un círculo cuadrangular, en torno de las paredes de un cuarto pequeño. Graça en una esquina. Yo voy y me siento al lado de ella. Estudio a mis compañeros con la mirada calificada de joyero belga, sopesando los quilates. La edad media bordeaba los 35, lustro más, lustro menos. Por un lado detecto un rubio, escandalosamente joven; por el otro, premio consuelo, estaba mi amiga, Lía Mara, frisando los cincuenta. Salvo el rostro vislumbrado de Graça, Lía era la única conocida, figura del tout Bahía, actriz, directora teatral, fonoaudióloga de políticos, periodista, que tiene, en su pasado, un matrimonio anulado con conde húngaro. Ella es de mi generación si se tiene en cuenta el 10% de descuento que la sociedad me otorga por posesión de pene. Tengo a Graça a mi derecha, con su perfil de pato. Viste ropa tradicional bahiana, piyama blanco y turbante color canela; lleva un collar de buzios y las cuentas de los Orixás. Más allá, del otro lado de Graça, la presencia de un joven negro, *dangerous*. Ese tipo, con su pinta de bailarín africano, constituía un peligro, el único Goliath en la sala, por edad, por físico, por raza. Mutar era su nombre. Pobre de mí, que hace más de medio siglo que dejé mi gomera de lado.

Esa noche, en el círculo, cada uno dio la razón de su presencia. Graça quería que fuésemos espejos que le devolvieran su imagen. No recuerdo bien mi problemática, tenía que ver con la muerte. Tarde en la noche hicimos una calistenia trasnochada en torno de una mangueira gigante. Luego, en la cocina, la sopa clara y caliente. Graça, la retardataria, no había preparado su mochila. Yo poseía una taza colorada y una taza verde, más grande. Le di la verde. Cuando terminamos de cenar, Graça la devuelve con un beso. Esa noche, en mi cuarto, hice la primera entrada en mi cuaderno. "Conocí a la mujer de mi vida. Taza verde". Poco después dormía, los *Écrits* como almohada.

Vacas, perros y gallos me despertaron al alba. Salí a correr por la chacra. Corrí libre de resquemores y premoniciones. Mi única meta era el amor. Una horrible papilla me esperaba de desayuno, de esas que comen los presos y los niños ingleses. Pero el hambre es buen cocinero. Graça comió la papilla en la taza verde.

—Guárdela —dije, cuando la recibí limpia y con otro beso.

—No, prefiero recibirla de usted cada vez —lo que significaba ganar una serie de besos en el fin de semana.

Pasamos la mañana haciendo ejercicios corporales al aire

libre. Irene, con su gravidez de pingüino, tomó la batuta y salió airosa. Luego, después de un baño en el estanque, continuamos bajo la dirección de Mutar que, en efecto, resultó ser bailarín, además de paciente. Él nos llevó a una colina, del otro lado del estanque, por donde yo había pasado esa mañana. Ahí Mutar realiza ejercicios de estiramiento muscular y pasa la consigna de que cada uno asuma la postura y porte de un animal salvaje. Yo, sopesando mis posibilidades, decidí ser oso y comprobé con alegría que Graça no participaba del ejercicio. Ella no juega el juego de mi enemigo, me dije. Mutar se encarnó en pantera negra, sus movimientos tenían la elasticidad peligrosa de los grandes felinos. El oso, en cambio, subía y bajaba la colina, con pinta de boludo, recogiendo una flor amarilla para la Princesa Africana. Ella contemplaba el zoológico sentada al pie de un ciruelo, junto a Lía que amaneció con conjuntivitis.

—*Tenho saudades de você* —le dije al oído con el hocico húmedo.

Por la tarde Irene pidió que nos dividiéramos en parejas. Al oír la consigna, el viejo juego de las sillas musicales vino a mi memoria. Ahí estaba yo, junto a Graça, jugándome la carta del amor, el as de corazón del oso, cuanto más feo más hermoso. Cuando las parejas se formaron, Irene dijo que cada uno tenía que presentarse al compañero. Estábamos reunidos en la terraza cubierta del primer piso del chalet. Con Graça apilamos almohadones y construimos nuestro confesionario en una esquina. Primero fue una rueda de preguntas. Mi primera pregunta era de lejos la más peligrosa:

—¿Casada?

—No, divorciada.

—*Que bom!* —exclamé con genuino alivio.

Se había separado hacía más de un año. Graça me dio algunos detalles mientras yo preparaba mi segunda pregunta:

—¿Hijos?

—Sí, cuatro.

Se me cayó la cara.

—¿Hijas? —pregunté con voz forzada.

—No tengo hijas.

Respiré hondo.

—¿Profesión?

En realidad no era un careo, aunque así suene. Ella con todo sintió ganas de retrucar porque dijo:

—Adivine.

—¿Bailarina?

Me equivoqué pero no por mucho: Graça resultó ser dueña de una escuela de alfabetización. Pedagoga de oficio, se especializaba en esquema corporal, donde el baile entra como modelo de armonía.

Nos quedamos en silencio y ella dijo:

—¿No se acuerda de mí?

Miré con intensidad la cara de la portadora de la taza verde. Esa cara me era familiar. Ella se dejaba mirar, sonriente:

—Deme una pista.

—¡Que los Orixás nos protejan!

Lo reprimido retornó con una cascada de estrellas. De esa manera, Manuela, reconocí a la Princesa Africana.

—Sos una mujer fantásticamente hermosa —le dije tuteándola por primera vez.

La pregunta sobre su profesión había sido relativamente blanda. Me daba lo mismo, creo yo, que ella fuese nutricionista, asistente social, cualquier cosa. La pregunta brava era la siguiente:

—¿Edad?

Ella nuevamente dijo "adivine" y a mí me pone nervioso adivinar edades:

—¿Cuarenta y dos?

Me di cuenta, por el rápido parpadeo, que me había equivocado feo. Ella sumó con los dedos: treinta y cinco. ¡Treinta y cinco! Otra vez se me cayó la cara. ¡Qué pena que tantos años nos separen! El error de cálculo traicionaba la omnipotencia del deseo.

—¿Y la tuya? —preguntó.

—¿La mía?: cincuenta y nueve —dijo el viejo de sesenta y uno. Nunca había mentido sobre mi edad. Comprendí en carne viva, en carne arrugada, a la mujer que disimula sus años.

Tarde en la noche visité las vacas a la luz de la luna. Acongojado. Mi edad como mosca en la taza de leche. Me quedaba poco tiempo en esta tierra para compartirlo con ella. El relacionarse con las mujeres, en la Era Supertrámpica, no tenía futuro o destino, a no ser el destino clandestino. Ahora sentía de otro modo, completamente de otro modo, en esa noche bajo estrellas que no querían detenerse ni siquiera por un siglo.

Los laboratorios siempre culminan los domingos. A la mañana volví sudado de correr. Lía, curada de su conjuntivitis, me dio un baño de manguera. Estaba más o menos convaleciente de mi inmortalidad una vez más perdida. El amor seguía a todo trapo, como norte imantado. Graça vestía una túnica africana de mandalas, junto con muchos collares. Tenía ese algo esencialmente femenino llamado *glamour*, ese *tchán*. La mujer de mis sueños.

Más gimnasia, más taza verde, más confidencias grupales. A esta altura los miembros del grupo eran mis hermanos y le di un abrazo a Mutar, sin más miedo de sus garras. Luego, al caer la tarde, cuando las macetas de la terraza comenzaban a enfriarse, Irene y Lucía repartieron una docena de vendas negras que parecían antifaces sin ojos. Toda la orquesta se preparaba para el Gran Finale.

—Busquen su pareja —instruye Irene—, aquella que su piel les dicte.

Lucía coloca el paño negro en torno de mis plateadas sienes y anuda el moño con cuidado, como madre que despide a su hijo en el primer día de escuela. "Suerte", me murmura al oído; ella sabe que parto rumbo a mi destino. Irene coloca el *Himno a la alegría*, cantado por Roger Daltrey. Los almohadones habían sido apilados en un rincón de la terraza cubierta. Queda un lugar amplio y despejado, escenario de posibles encuentros e incendios sentimentales. El sol estaba bajo y proyectaba una filigrana de efectos luminosos, visibles a través de la venda. Detalle importante, en los escarceos del amor me sentía con derecho a todas las artimañas.

Daltrey para de cantar.

Las parejas se buscan en las penumbras del silencio. Los Orixás retienen el aliento. ¿Será que todavía me protegen? Al principio merodeo por los bordes, los sentidos alertas, inclusive el dejo de visión que me resta. Salgo y vuelvo varias veces, parezco un pseudopodio pulsátil, lleno de marchas y contramarchas. No encuentro a nadie. Por los cuchicheos infiero que varias parejas ya se encontraron abriendo sus fogatas. La búsqueda no tiene fin. Siglos se pasan en un cielo de estrellas fijas. Mis incursiones en búsqueda de la Princesa Africana se hacen cada vez más osadas porque la causa es justa y la apuesta, alta. ¿Dónde está ella? Dos enamorados, casi ciegos, buscándose a tientas en una terraza cubierta. De pronto intuyo una silueta, sé que es ella antes de llevar mi mano a su frondosa melena. El abrazo fue largo, un abrazo de amor que está en la base de todo lo que puede venir, amor propio de una mariposa que nace perfecta.

56. CASA DE LÍA

Esa noche regresé solo en mi Brasilia. Graça llevó a Irene en su Fiat. Las chicharras me saludaban al pasar y la brújula embrujada de mi felicidad equivocó el camino. Cuando por fin encontré el asfalto estaba en Lauro de Freitas, cuna de Diana, la heroína impecable de *Ondina, Supertramp*. Le mandé un beso. El pasado me sonreía y la noche avanzaba en un fluido futuro perfecto.

Llego al restaurante Yemanjá y pido una *caipirinha*, rompiendo mi larga estación de abstemio. Yemanjá queda frente al mar, en la playa de Armação donde, en el pasado los barcos de esclavos terminaban su viaje sin escalas. Ahora el esclavo del amor era yo. Esclavo flechado, la mano en el mentón, manoseando mi sonrisa cual abanico de páginas en blanco. Una, delicia la *caipirinha*.

Los surfistas son grandes filósofos. Están ahí, en la playa de Armação, en cualquier playa, montados en sus planchas, esperando. Los caprichos del mar enseñan paciencia a los surfistas. El arte de esperar el tiempo oportuno, aguardando la ola hecha para volar. En el surf de la vida, las grandes olas son raras, llegan de tanto en tanto, lustro más o lustro menos, y yo ahora estaba frente a una ola monumental, una ola ondina.

Graça llega, mira mi *caipirinha* y pide otra. No es abstemia, pensé, qué suerte. Divorciada, madre de cuatro, pedagoga, bailarina y bebe. ¿Qué más? ¿Odiará a Margaret Thatcher tanto como yo?

El *Último tango en París* cuenta una historia ejemplar. Marlon Brando se apasiona por una joven que también pierde la cabeza por él. Ni siquiera saben sus nombres, pero ese amor anónimo es fuego hasta que Brando desembucha su biografía con velorios, últimos tangos, llantos y mantecas. Entonces la cosa comienza a empalagar a tal punto que ella no quiere ni verlo pintado. Moraleja: cuidado con los racontos del pasado y con los *sentimental journeys*. Dicho eso, el intercambio de figuritas había llegado, porque las mías eran las más serias de las intenciones. Ella por lo pronto sabía que yo era psicoanalista, escritor y hombre notable de 59 años, lo que prueba que todas las historias son algo mentirosas. Nada más. Sólo eso. Todo el resto había quedado atrás. Le dije que mi familia era religiosa, católica, mitad francesa, mitad argentina, que siempre quise mucho a mi madre y que tenía buen corazón.

—*Quem é você?* —pregunté.

Graça nació en Jequié, cerca de donde Cabral descubrió Brasil. Ella era la segunda de numerosos hermanos. Su padre fue el herrero mayor de la ciudad. Ella de joven aprendió a lidiar con hierro forjado. Después del secundario vino a Salvador a estudiar pedagogía. Luego me habló del trabajo, ella vivía en la misma casa en que montó su Escola Colorida.

La bahiana trajo la comida. Habíamos pedido una moqueca de camarón y una botella de liebefraumilch. La Princesa Africana se sirvió la moqueca con mucha farofa. Yo la imité.

—¿Y tu marido, tu ex? ¿Qué hace tu ex marido? —le pregunté.

—*Eu vivo o presente, esqueci o passado* —me contestó.

La moqueca estaba deliciosa. Repetí el camarón y estuve tentado de mostrar mi cultura general traduciendo liebefraumilch del alemán, pero me detuve cuando el tercer oído me dijo: "estás celoso".

—¿Cómo es tu ex marido? —pregunté, trastabillando sobre la tabla de surf. Ella me miró e hizo un gesto mínimo que interpreté como "¿vale la pena?".

El problema de los celos es que quiebran la rueda libre del diálogo. Detrás de todo celo hay una pregunta atravesada. Se produjo entonces un silencio, nuestro primer silencio. Me di cuenta que Graça estaba sopesando las palabras. Pero me salió con algo completamente inesperado:

—No es fácil ser negra —dijo.

Ojo, presten atención, porque mi respuesta puede ser mal interpretada.

Dije:

—Para mí tú eres blanca —lo que suena a que mis-mejores-amigos-son-judíos. Pero no iba por ese lado, no iba en absoluto. Quise decir que ella no tenía color. Ella podía ser azul, violeta, verde taza. Ella era simplemente ella.

—Para mí tú no eres negra —repetí y ella me miró con sonrisa perpleja. En ese momento se consumó el primer beso, un beso piedra en el lago, un beso para borrar cualquier otro beso.

La casa de Lía Mara queda a la vuelta de la escuela de Graça, en el barrio medio silvestre de la Boca do Río, ahí donde el asfalto avanza sobre la tierra color ladrillo. Ese domingo, al despedirnos en el restorán, fijamos la cita para el próximo viernes. Por algún motivo, oscuramente percibido, dejamos pasar cinco días hábiles. Algo en el orden de la sabiduría de la espera, las olas de los viernes vienen con toda la pompa sabática.

Encuentro bien contado en *Gigante por su propia naturaleza* el libro que cronica esos tiempos. Llegué al atardecer. Traía quesos y vinos en la mochila. Graça, desde el balcón de su escuela, me ve pasar, saluda con la mano, baja y dobla la esquina, con una cesta bajo el brazo. Parecía un cuento de hadas sin lobos.

El chalet de Lía, prestado para la ocasión, fue una casa construida con sangre, pesadillas, cerrojos y múltiples trabas anti-robo. Levantarla le costó a la dueña un re-análisis conmigo. Nunca es fácil construir una casa, más de una persona quedó sepultada bajo cimientos traicioneros. Yo, al pie del diván, sólo conocía los sinsabores de puertas desgoznadas y albañiles rufianescos; por ello me sorprendió ver una casa tan bonita, llenas de declives, escaleras en caracol, techos y techitos a dos aguas. Guarida para una espléndida Morgana, casa digna para dos futuros amantes en pleno viernes de miel.

Arriba, pasado un puente levadizo, yacía nuestro nido de amor. Suite pequeña con techo inclinado de altillo. En la esquina, en ochava, tres ventanas con persianitas verdes, dando al mar. Las sábanas eran blancas, las mantas y las toallas rojas. Lienzo dorado transparente cubría una lámpara en otro rincón. Junto a la lámpara, un frigobar le daba un toque motelesco. Coloqué mis vinos en la heladera. Graça, con túnica africana, dio un giro panorámico en la habitación para preguntar:

—¿Te gusta?

Yo estaba encantado.

—¿Notaste los colores?

—Rojos y blanco, mis colores.

—Sí, los colores de Shangô.

—¿Cómo sabías que yo era de Shangô?

Graça demoró en contestar. Luego supe que esa pausa ocurría cuando se abordaba cualquier tema religioso:

—Bueno, está tu oxé —dijo, indicando la pequeña hacha de dos filos que colgaba de mi pescuezo. No sólo eso, tú tenías que ser de Shangô.

Lo dijo como si estuviera escrito en las estrellas.

—¿Cuál es tu Orixá? —pregunté.

Ella fue junto a la lámpara y levantó el velo dorado y dijo:

—Soy de Oxún.

Oxún es la divinidad de las aguas dulces, me explicó.

El tiempo pasaba con la persistencia de sándalo y mirra. Un silencio perfumado para los que llegaron a puerto seguro. Coloqué el *Concierto de Colonia* en la caja de música. Keith Jarrett, virtuosismo absoluto. Música de aguas saltarinas para una mujer de Oxún. Momento para el segundo beso, con sabor a deseo, abriendo las puertas para la antigua danza del sacramento marital.

Una vara de incienso más tarde, Graça fue hasta su bolsa africana y trajo un collar de cuentas color ámbar:

—Mi collar de Oxún —dijo, sellando la alianza—. Es tuyo.

Bajamos la escalera caracol, haciendo equilibrio con otra botella de leche de madre virgen, vasos y emociones varias. Abajo, en el comedor, la mesa consistía en una gruesa rebanada de roble. La casa de Lía venía con un casero genuinamente mongoloide. Graça le dio instrucciones pormenorizadas sobre la forma de preparar el pollo. Un gran menú nos esperaba:

Gallina a la pimienta de Jamaica
Ensalada de remolacha con menta
Peras asadas flambées con miel
Café - Bombones - Licores

Encendí un cigarrillo. El halo azulado me hacía dulce compañía. Yo brillaba estúpidamente, en el sentido que le dan los bahianos a la palabra, cuando dicen "esta cerveza está estúpidamente helada", aunque también transita una estupenda estupidez en la felicidad del amor de la taza verde. De la cocina llegaba el tintineo de cubiertos por encima del fondo gruñón del exprimidor de naranjas para el pollo del Caribe. Lacan, ese analista estúpido que proclama que la relación sexual no existe y la mujer tampoco, sostiene que la felicidad apenas es nostalgia. Tiene razón, rara vez experimentamos el instante polaroid de la dicha, excepto en la encrucijada del amor pleno, cuando el tiempo se diluye en la fuga de un juego de espejos que nada reflejan. Con la emergencia del amor total, la felicidad se adueña de cuerpo que toma la consistencia de espantapájaros. Un cuerpo relleno de paja, de la buena paja y trapo viejo, sin una gota de tensión, ni siquiera para asustar a ruiseñores; entonces el tintineo de las cucharas repica como trineo en campos nevados y sos feliz.

La única nube posible, si cabe, sería una envidia de mí, de ese mi yo mismo, pensando en aquel momento destinado a pasar a la historia tal cual broche antológico. Saudades por la memoria de un futuro. Como aquella vez con Noune y los hongos en la Escobita.

—¿Crees en Papá Noel? —pregunté en la boca de la cocina y la sonrisa del casero decía que sí.

—¿Cómo? —preguntó Graça.

Cambié de pregunta:

—¿La relación sexual existe? —pregunté en inglés.

—*Descaradinho!*

Nuevamente arriba, en la capilla ardiente, me di una ducha con jabón negro de la Costa, el mismo que una vez Mestre Didí me diera en las antípodas. Con el agua mojando la paja constaté que este espantapájaros estaba rendido de cansancio. El Hombre de la Bolsa había amontonado arena sobre mis párpados pesados. Al volver al cuarto, enfundado en mi toalla roja, encontré a Graça en la cama leyendo un cuento infantil. Me dijo:

—¿Quieres que te cuente la historia del oso que tenía música en la barriga?

—No, quiero que me cuentes un lindo cuento de Oxún.

—Una vez, hace mucho tiempo —comenzó Graça, mientras yo colocaba la cabeza en su regazo—, Oxalá, el padre de todos los Orixás, preparó una gran fiesta. Él le encomendó a Oxún el cuidado de la corona real. Oxún refregó y refregó, el oro refulgía después de llevar la corona junto al río para pulirla con arena blanca. De tanto trajinar ella se adormeció en la ribera. En ésas cruzaron el río Iansan y sus amigas, que envidiaban el favoritismo del Rey por la dulce Oxún. Al verla durmiendo maquinaron una broma pesada: Iansan se acercó en punta de pie y lanzó la corona al medio de la corriente.

—¿Lucía es de Iansan? —interrumpí.

—¿Cómo lo sabes?

Mutar lo había mencionado en el laboratorio, dicen que son mujeres niñas, seductoras, un poco pérfidas. Para mí Marilyn es Iansan.

—Bueno, retomando la historia, cuando Oxún despierta se desespera buscando la corona. No pegó el ojo en toda la noche. "¿Qué va a decir Oxalá?", se preguntaba. Al amanecer, el chico que hacía la feria le dijo que había llegado pescado. Oxún, por hábito, le dio una moneda y continuó revolviendo la casa. La ciudad comenzó a engalanarse para la fiesta; calles barridas y plumas de avestruz en las esquinas. Iansan y sus compinches cuchicheaban excitadas, eléctricas por anticipación.

—¿Y? —pregunté como en los viejos tiempos de Jack—. ¿Qué pasó?

—Espera: Oxún se mesaba los cabellos, temblando cual manantial de arroyo. En ésas vuelve el chico de la feria, trayendo un lindo pescado gordo. Ella comienza a prepararlo...

—Pero ella, pobre, estaba desesperada... —interrumpo.

—Era para calmar los nervios.

—Entonces Oxún, para serenarse, abre la barriga del pescado y... ¿qué es lo que encuentra?

—¿No me digas que encuentra la corona del rey?

—En efecto, la mismísima corona. Mis ojos se cerraron, no tuve tiempo de ver la cara que pusieron Iansan y sus malvadas amigas.

57. BODAS

Un par de meses se pasaron desde el viernes de miel en casa de Lía. Cierta tarde, escuchando música, descalzo, en la Escuela Colorida, suspiré hondo y dije:

—Es como si estuviéramos casados.

Me arrepentí en el acto y no sólo por la cara de Graça. Solito me di cuenta de que la frase sonaba mal. El "como" desentonaba, sugiriendo semblanza, simulacro. No calzaba porque nuestro amor era un fenómeno; algo insólito, sin precedentes: a partir del vamos vino a instalarse, constante y parejo. Brotó el domingo a la noche en el laboratorio, cuando la mariposa nació perfecta, navegando por un imponente altiplano, que se mantiene invariante, como dicen los geofísicos, trazando una línea continua de la pluma sobre el tambor de hollín. Nuestro sismógrafo es sensible a cualquier temblor, aunque el registro basal siga siendo siempre el mismo, como si su curso estuviera trazado con la certeza innata del pato salvaje.

Lo que no quiere decir que Graça se me presente como un libro abierto: jamás encontré un libro más ignoto. Ella siempre me sorprende, como en aquella noche de luna llena en que convidó a todos los alumnos de su escuela a una serenata a la luz del astro nocturno. Cuarenta pendejos de 4 a 7 años. ¿Comprenden? Es una locura. En mi imaginario no hay sismógrafo que resista un bando de críos aullando a la luz de la luna. No te preocupes, me dijo, todo va a salir bien. Cuando llegué a la tardecita, los chicos acababan de tomar la sopa. En una mesa larga estaban servidas jarras de maracujá y platitos con bizcochos. Pero el corazón de la fiesta latía en el jardín, bajo la guitarra del padre de un niño lunático. Otro padre tocaba los atabaques. Una madre bailó en torno de la fogata y la noche progresó con mucha luna y jugo de maracujá. La luna era una lunaza. Créase o no: ningún chico lloró durante o después de la fiesta. Los cuarenta durmieron apilados en las salas de aula, sin hacer pipí en toda la noche fuera de las escupideras. Un éxito total.

Ahí me di cuenta de que Graça tiene una forma muy especial de tratar a los chicos. Primero escucha atentamente cada palabra, luego da una pausa para pensar. Cuando contesta, lo hace diciendo algo tan fuera de lo trillado, que el niño queda boquiabierto, engatusado. Lo mismo ella hace conmigo.

Graça quería casarse. Aclaro que mi deseo fuerte, mi plato de lentejas, no pasaba por ahí. Ningún hombre, mínimamente machista, aspira a casarse, sobre todo cuando ese hombre ya estuvo casado tres veces. El casamiento con registro civil, anillo, velo, arroz y quiero vale todo es un anhelo ultra femenino. Entonces, ése era el deseo de Graça; el mío, vivir siempre junto a ella, en un nido de amor. Nuestros planes de vuelo coincidían en lo esencial. Un problema en los que reinciden, en los que dicen "quiero y retruco", son los hijos de matrimonios anteriores. Obstáculo casi insoluble. Ellos son "automáticamente" saboteadores. Los hijos como madrastras de los padres. De ahí mi pavor antes de conocer a los cuatro de Graça.

—Tenés que conocerlos —me decía Graça—. Quiero que te conozcan. Yo les hablé de ti.

—¿Qué les dijiste de mí?

—Les dije que te estoy amando.

—¿Les dijiste mi edad?

—Claro.

Gracias a Dios, Graça no es una madre burguesa y sus hijos no son las criaturas insoportables que las mamás psicoanalizantes engendran. Ellos tenían calle, esquina, barrio, en este caso, el barrio popular de la Boca do Río. Son autosuficientes, si tienen hambre van a la cocina, fritan su huevo y limpian la sartén. No molestan, en rigor a la verdad, fui yo quien les enquilombó la vida. Ellos, antes de mi llegada, tenían la dedicación exclusiva de una joven y linda mamá, dueña de una escuela, motivada vocacionalmente por el universo infantil. Una mamá que les ofrecía el rock de la luna. Y, zácate, de pronto esa madre vive un gran amor con un señor descolgado en un paracaídas fabricado durante la Segunda Guerra Mundial.

Un amor, con esa dedicación constante, podía ser insoportable. Los hijos de Graça no toleraron el tañido feliz y constante de guitarras hawaianas y pasaron a vivir con el padre. Preferían trabajar en la carnicería paterna. Los amigos, uno a uno, dejaron de visitarnos.

—Es un amor antropofágico —murmuró por lo bajo Wilma, nuestra amiga y vecina.

—¿Cómo? —pregunté, creyendo haber oído mal.

—Antropofágico —repitió, mostrando una hilera perfecta de dientes finos.

El mundo, con Wilma a la cabeza, nos veía como una muda mutante de orquídeas carnívoras. La gente no sabía qué hacer con esas dos superficies pulidas, reflejando una cópula especular perfecta. Quizá valga la reflexión: la sociedad no tolera la autosuficiencia de un gran amor; variable importante para desarrollar en una *Teoría de las separaciones.*

Entonces las orquídeas carnívoras de la Boca do Río decidieron casarse. La idea nació en varios lugares, uno de ellos fue la alta montaña, en un almuerzo en San Martín de los Andes. Nuestro noviazgo iba por el cuarto mes, avanzando por ese otoño dorado, cuando Graça fue convidada a dar un seminario pedagógico en Puerto Alegre. Mis pagos quedaban un tramo más allá, buena oportunidad para que ella los conociera. Al mismo tiempo quería llevarla a esquiar por las suaves pendientes del cerro Chapelco. Allí fuimos. Mis hijos, al enterarse de que su padre enamoraba a una negra, reaccionaron como pudieron. Marcos comentó filosóficamente:

—Bueno, por lo menos no la va a perder en la nieve.

Pero, dicho sea de paso, Graça, en Buenos Aires, tuvo tanto éxito como con los chicos del rock en la luna e inauguró una matinée bailable en la casa de Fernando y Chichu. Jack también fue un fan de ella. Él se admiraba de la cualidad de mis mujeres; lo que me lleva a hacer un paralelo: Noune y Graça, por artilugios bien diferentes, fueron grandes seductoras, paradigmas de femineidad.

Bajo gordos copos de nieve la pareja subió el cerro para esquiar en San Martín de los Andes. Ella, al segundo día, ya se deslizaba, en estilo arado, doblando en las curvas y dirigiendo la bajada, con bastante control. Pronto navegamos por El Caminito, pista lenta y perezosa, atravesando bosques blancos con elfos sonrientes. Almorzamos en una posada colgada en el monte. Guiso de lentejas, pan italiano y vino caliente con clavo y canela. Nuevamente la ya mentada felicidad de espantapájaros. Una dicha de ángeles, por encima de las nubes; abajo se extendía el valle de lágrimas, con charcos y puentes de safena. Entonces, fantaseamos sobre posibles futuros. ¿Qué tal construir una comunidad terapéutica en San Martín de los Andes? ¿Qué tal vivir en una remota playa de Itaparica, pescando con red de lanzar, bailando bajo el temblor de las estrellas? ¿Qué tal casarnos?

—Tiene que ser un casamiento con todo —concordamos—, civil, marcial, religioso.

—¿Y si nos casamos por el culto Yorubá? —propone Graça.

Por supuesto, tenía que ser eso. El casamiento de una Princesa Africana *comme il faut*. Esa idea disipó mi última duda.

Pregunté:

—¿Cómo es eso?

—No sé. Tenemos que preguntarle a Mãe Stella, ella debe saber.

Mãe Stella, es la Iyalorixá actual del Axé Opô Afonjá, sucesora de Mãe Ondina, la que fue la Iyalorixá de mi primera visita al terreiro. Mãe Stella es la Mãe de Santo de Graça.

¡Qué los Orixás nos protejan!

Dicho y hecho, de vuelta marcamos una cena con Mãe Stella. Graça me espera en el Axé Opô Afonjá, terreiro que yo no visitaba desde aquellos viejos tiempos de mi llegada a Salvador. Todo permanecía igual, excepto la casa de Shangô que estaba ampliada.

—Primero tenés que saludar a Shangô —me instruye Graça.

Me descalzo antes de entrar al cuarto. Frente al altar contemplo los símbolos del Señor del Trueno. En el centro, un hacha bifronte sobre un fondo listado de rojo y blanco. Encima y a los lados: dos morrales de cuero. Flores, jarros tapados. Me postré al pie del altar, tocando con mi cabeza la piedra fría, los ojos cerrados, tratando de concentrarme. ¿Qué me dice este lugar? Poco si lo comparo con la fuerte impresión que tuve en Buenos Aires, en ocasión del *vernisage* de Mestre Didí. Ahí estaba, constatando que todo mi aparato religioso estaba herrumbrado, cuando me doy cuenta de que no estaba solo en el cuarto. Una tortuga bastante grande me hacía compañía. Recordé que Juanita clasificaba a las tortugas como bichos de Shangô.

—Me voy a casar, Shangô —le dije a mi santo por encima de la tortuga.

En el cuarto contiguo me arrodillé frente a la Iyalorixá. Conocía a Mãe Stella de vista, de lejos, con el ropaje religioso. Ahora, vestida de civil, sin adornos ni collares, seguía siendo una figura magnífica, reina en cualquier palacio, joven para su cargo. Me siento respetuosamente cerca de ella. El televisor, a su lado, transmite la promovida pelea de Maguila[1]. Ella tiene un vaso de whisky en la mano. Pienso en vano si me va a convidar: una Iyalorixá jamás convida. Presenciamos la pelea en silencio. Maguila, campeón brasileño de los pesos pesados, defiende su

---

[1] Maguila es poco conocido fuera del Brasil, su pelea más importante fue contra Holyfield que casi lo mata.

título, está en el apogeo de su carrera. Pregunto cómo va la pelea.

—Maguila lleva ventaja —opina, y observo que tiene unos curiosos ojos grises. Mucho gris y poco blanco.

Me cae muy bien que una Iyalorixá se interese por el box. Graça me había dicho que era una mujer actualizada, con conocimiento de bioenergética y lectora de Arminda Aberastury. Además, ella tiene al mejor masajista de Bahía a su disposición. Un poco como el Papa con el tenis; pero ahí la aproximación acaba: Mãe Stella es una gran sacerdotisa.

Fuimos a cenar al Bacalhão de Firmino, un famoso bodegón, cerca del terreiro, en el corazón del barrio de Cabula. Al pie del auto, Graça cede graciosamente el asiento delantero a su Mãe de Santo, lo que no haría por ninguna otra mujer en el universo. En la comarca del Cabula, Mãe Stella es reina absoluta, y el propio Firmino llega, se arrodilla, besa su mano, y nos trae de presente un añejo vino verde portugués. Se ve, por el polvo en la botella, que estuvo durmiendo años en la bodega.

—¿Por qué brindamos? —pregunta Mãe Stella, asumiendo con naturalidad su lado mundano.

Gracinha de Oxún, como es llamada en el terreiro, mira a su enamorado, hijo de Shangô, y dice:

—Mãe Stella, Emilio y yo nos vamos a casar.

Le contamos nuestros planes que pasan por un doble casamiento: el convencional en el registro civil y el religioso en el Axé Opô Afonjá.

Pausa.

—Los padrinos de Emilio —continuó Graça— serán Lía, que usted ya conoce, y Varón, un psicoanalista, su gran amigo. Yo desearía que usted y Mestre Didí fuesen mis padrinos.

La Iyalorixá no respondió enseguida, dejando correr el silencio por los toneles del bodegón de Firmino; luego, quizá con un suspiro, dijo que sí con la cabeza. Pedimos una segunda botella de vino verde, esta vez por cuenta de los novios.

Mãe Stella y Mestre Didí, explosiva combinación, larga historia que se remonta a una infancia junto al borde del mato sagrado. "Fueron como hermanos en la juventud", me confió una vez Juanita. Mestre Didí, a veces, la llama de Teteko, como en los viejos tiempos. Sospecho que otrora una ráfaga sentimental conmovió esa relación preñada de símbolos y de augurios donde soplan, seamos poéticos, las tormentas genealógicas del poder. Existían, entre ellos, antiguas diferencias. Ambos tenían títulos como para sentirse dueños del lugar. Entonces, llevar a Mãe Stella y Mestre Didí juntos al altar, aunque más no sea como padrinos de bodas, era por lo menos un *tour de force* y Gracinha de Oxún bien lo sabía, pero quizá pensara que nuestro amor podía mover montañas.

La sorpresa vino con los postres cuando Mãe Stella anuncia que desconoce los pormenores de la ceremonia africana.

—¿Se está refiriendo a la ceremonia religiosa? —pregunté incrédulo.

—Sí, los detalles concretos, los procedimientos del ritual —me contesta.

Yo no comprendía nada:

—¿Me quiere decir, Mãe Stella, que nunca nadie se casó en el terreiro?

—En mi tiempo, al menos, no.

—Su tiempo... —no encontraba la palabra—. ¿Su tiempo de siempre, o su tiempo de Iyalorixá?

—Mi tiempo de siempre, mister.

Increíble, piensen un poco, Graça y yo seríamos los primeros casados por la religión Yoruba. Confieso que la idea me gustó: ser pionero, un especie de campeón olímpico sentimental africano.

—¿Vos sabías de eso? —le pregunté a Juanita en nuestro almuerzo regular de los primeros jueves de mes. Ella no fue precisa en su respuesta, pero no le sorprendió la falta de precedentes.

—En el terreiro no hay hombres —me dijo, exagerando la nota.

—¿Pero el casamiento, en sí, existe? —pregunté, y Juanita me dijo que ella se había casado con Mestre Didí en el palacio de Alafin.

—¿Acá?

—No, en Oyô, la ciudad de Shangô, en Nigeria. Fue en esa ocasión que Mestre Didí confirmó su título de Balé Shangô.

Cuando Graça llamó, Mestre Didí aceptó encantado ser padrino de la boda:

—Diga a Stella que me llame, yo puedo darle la información que ella precisa.

Sheila Walker, antropóloga afroamericana, escritora freelance, mujer de talento, la mejor amiga de Graça, cuenta la siguiente historia:

Mestre Didí viajaba en dirección a Benin, en una peregrinación a las fuentes. Al llegar al pequeño estado, lindando con Nigeria, tuvo una entrevista con el Rey de Keto. Para sorpresa del Rey, ese extranjero, venido de tierras lejanas de ultramar, conversaba en fluido Yoruba. La curiosidad del monarca aumentó cuando el forastero declaró ser descendiente de una antigua familia de Keto.

—¿Tienes pruebas? —preguntó el Rey.

Mestre Didí, a modo de confirmación, entonó antiguas canciones yorubanas que su madre, Mãe Senhora, le había enseñado y que pasaron por su familia de generación en generación. Las canciones de alabanza a la tierra eran tan emotivas que el Rey y sus ministros se emocionaron. A esa altura Didí enunció su *oriki,* que viene a ser la síntesis en clave de su linaje familiar y que tiene valor de contraseña. Cuando Mestre Didí entonó la canción litúrgica *Asipà borongun kan gangôô,* el Rey se puso de pie y le dijo: "Eres un Asipà". Mestre Didí era vástago directo de la familia real yorubana. Ésos son las credenciales del padrino de la Princesa Africana.

Mãe Stella, la madrina, desciende de un linaje de grandes Iyalorixás que tomaron la historia por asalto, revolucionando el culto. Ellas inventaron el candomblé. En África, en tierras yorubanas, cada comarca le rinde culto a un Orixá, que puede ser Shangô, Oxalá, Oxosse, etc. La novedad del candomblé reside en que el terreiro abriga a todos los Orixás. En el Axé Opô Afonjá, por ejemplo, el Rey de la casa es Shangô, pero, como vimos, todos los otros Orixás tienen su templo. Graça me explicó que esa diversidad unida de deidades hace que los terreiros tengan tanto "axé" (axé significa fuerza, un equivalente dinámico del "amén"). Las Iyalorixás son las luminarias de la Diáspora Africana que convirtieron a Salvador en la Roma Negra.

La primera Iyalorixá fue Mãe Aninha, quien asentó la piedra fundamental del Axé Opô Afonjá en 1930. Ella nació en 1869, o sea, nació esclava, liberta por la Ley Áurea cuando tenía 19 años. El Pelourinho fue su universidad sacra. Mestre Didí narra que ella compró las tierras del terreiro en el Cabula porque ganó en la lotería y el mito cuenta que Shangô le cantó el número. Su nieto de Axé, Mestre Didí, revela detalles de su muerte: "A la hora de la salida del cortejo fúnebre, cuando marchaba el carro mortuorio seguido de ocho ómnibus, no se podía pasar por el Pelourinho, dado el gentío apiñado. Fue ahí que una multitud arrebató el cajón transportándolo en vilo hasta el cementerio de Quintas, en las afueras de la ciudad".

Si Mãe Aninha fue la fundadora del Axé Opô Afonjá, Mãe

Senhora, su sucesora, será la gran proselitista. Durante su reinado se multiplicaron las iniciaciones y las fiestas adquirieron brillo y gran virtuosismo litúrgico. Personas ilustres la conocieron: Pierre Verger, Sartre, Simone de Beauvoir. Su reinado culminó con una fiesta para los 50 años de iniciación. En la fiesta Jorge Amado dijo: "El templo de Mãe Senhora siempre fue y será una casa de la cultura y de la inteligencia bahiana".

A continuación viene Mãe Ondina, la estrella que me trajo a estos pagos. Su sueño era construir la Casa de Shangô. Cuando fui al terreiro por primera vez, la casa estaba construida a medias. Mãe Ondina no pudo ver su sueño plenamente realizado: murió relativamente joven, en la colina de los sesenta.

Ésa era la genealogía de Mãe Stella, la madrina.

Graça considera a Mestre Didí como el Maestro que la familiarizó con el Yorubá, abriendo el camino de la tradición de los antepasados. Junto a él, Mãe Stella es su Madre de iniciación, figura clave en la realización de su Orixá. Para Graça tener a Mãe Stella y Mestre Didí juntos era el máximo regalo nupcial posible.

El tiempo pasaba y Mãe Stella demoraba en dar su respuesta; comencé a preguntarme si nuestra boda en el Axé no era un incordio caído en el regazo del terreiro. ¿Un dispositivo analítico que revela la carencia erótica de la comunidad? Quizá, tal vez. El calendario perdía sus hojas, el año llegaba a su fin. Graça propuso pasar la fiesta de Reveillon en el terreiro. Era una fiesta íntima, con fogata, sin liturgia ni invitados, con viejos y chicos, perros y petardos; más sidra que champaña. La cofradía bailando al compás de una vieja vitrola. Y hete aquí que, entre dos ladridos, se abre la puerta y entra Vera Felicidade.

Yo la conocía, mujer brillante, dueña de una mente ferina que corta el glande de un tajo sin que el prepucio sangre. Vivía y trabajaba en Buraquinho, una playa distante. Ningún psicoterapeuta, ni siquiera yo, me cuesta decirlo, podía darse el lujo de atender a una hora de la ciudad, pero sucede que la mayoría de sus pacientes llegaban vía aérea de Río y San Pablo. Mujer joven, un poco dilapidada, que fuma como un murciélago y chupa como una esponja. Estudió psicología en la universidad Patricio Lumumba, habla ruso fluidamente, y arrastra un pasaje meteórico por el Partido Comunista. Algo de ese pasado soviético ejercía su influencia sobre el Axé Opô Afonjá.

Vera Felicidade representaba el ala derecha, stalinista de

la Iyalorixá; Gracinha de Oxún, por su propia naturaleza, por su garbo, el ala izquierda, progresista, ecológica. Las dos eran las asesoras intelectuales de Mãe Stella y ambas colaboraron activamente en el trabajo sobre *Sincretismo* presentado en el *Segundo Congreso sobre la Tradición de los Orixás*. Las rivales son bien diferentes. Graça circula como pez de todos los ríos y hace reír a las viejitas del terreiro contándoles cuentos lunáticos. Ella viste la pollera típica del axé y entra en la rueda del candomblé para la delicia de mis ojos. Vera Felicidade no usa pollerón, no baila y siempre será la psicóloga blanca que habla en difícil.

Esa noche, cuando las cenizas de la fogata aún no se habían enfriado, coloqué mi estera en el cuarto de Shangô. No había convidados de extramuros, los hombres presentes en la fiesta vivían en el terreiro, de modo que estaba solo en la guarida del Señor del Trueno. Pocos son los mortales en este mundo que pueden darse el lujo de recibir el año nuevo en tal altísima compañía.

—Buenas noches —le dije a la tortuga. Ella me miró con su espesa sabiduría.

Ese 1º de enero de 1985 desperté temprano, al filo de la madrugada, fresco luego de una ducha fría en los baños comunales. Vestí una ropa blanca y quedé esperando a Gracinha de Oxún por ahí. Ella tenía obligaciones que cumplir antes del desayuno. Vagabundeé en el fondo del terreiro, en el Templo de los Muertos, paraje de árboles gigantes y enormes matorrales lanceolados sombríos, color verde miedo. A la izquierda estaba el mato sagrado, inexpugnable. Me paro en la frontera con el más allá. La atracción por los manzanares prohibidos se insinúa. Miro a la izquierda y a la derecha, ninguna madre o hija de santo en la costa. En eso una voluptuosa serpiente, enroscada en una gameleira, me chista:

—¡Shentrá! —sibiló el ofidio.

¿Voy o no voy?

En la duda pesaba una advertencia de Gracinha de Oxún:

—Cuidado, si vas solo, si nadie te acompaña, un Orixá puede agarrarte.

—¿Y entonces?

—Entonces entrás en trance —y sería vejatorio un psicoanalista corcoveando suelto.

Soy un transgresor nato, capaz de fumar en el Kremlin. Nato pero cauto. Fiel a los instintos de Shangô comienzo a caminar nuevamente por el borde del mato sagrado, voy y vengo. Todo esto es como una rayuela, pienso, donde las casas de los Orixás son las casillas y el mato sagrado el cielo. Formidable lugar porque hay barreras espirituales, casi tangibles, abriendo reductos cerrados para la tentación. Los herejes conocen muy bien el espantoso gozo del sacrilegio. *Yes, sir!* Entonces, finalmente, como los perros, fui detrás de un árbol gordito, que parecía un aduanero chileno emponchado, e hice pis.

Graça me esperaba con el desayuno en la cocina de la Casa de Shangô. Casa animada, pude constatar. Media docena de mujeres afanadas. En una esquina está el loro en su percha, pájaro cuyo único talento residía en blasfemar en Yoruba. Afuera, los chicos del terreiro soltaban petardos y la perra de Mãe Stella me miró y empezó a ladrar. ¿Me estaría delatando?

Poco después del desayuno comenzó la ceremonia. Cada 1° de enero, me explicó Graça, la Iyalorixá en juego público consulta el oráculo para conocer cuál va a ser la regencia del nuevo año, cuál va a ser el Orixá que comanda los asuntos en la tierra. El juego del oráculo se realiza en el cuarto de Shangô y la sala estaba repleta con la cúpula del Axé Opô Afonjá, razón por la cual yo no podía entrar. La puerta estaba abierta y desde la habitación contigua daba para ver a Mãe Stella calentando los buzios, los conchas oraculares. Tras varios rituales, los buzios corren sobre el terciopelo azul, una, dos, tres veces. Mãe Stella musita comentarios inaudibles. Finalmente, en voz alta y clara dice:

—El año 1985 es de Oxosse.

Mãe Stella fue aclarando que Oxosse mandaba en un año en que la oportunidad y el peligro serán constantes compañeros. Año de locas sorpresas y de cuerdas diferencias. Y el primer hecho insólito de ese año ocurrió un par de horas más tarde y tomó la forma de una pelea cargada de consecuencias. La escena de la discordia tuvo lugar en el cuarto de la Iyalorixá, recinto relativamente pequeño. Mãe Stella en su mecedora, el resto sentados en la cama de plaza y media. Nosotros éramos Vera Felicidade, su hermana Mariana, Graça y yo. Estábamos comentando el oráculo con whisky escocés, en esta oportunidad compartido, cuando Vera saca el tema de nuestro casamiento. El clima festivo se disuelve como por encanto cuando el ala derecha del candomblé ataca en picada.

—¿Casamiento en el terreiro para qué?

Sus razones eran reaccionarias: la falta de precedentes, no se conocía la liturgia yorubana, no hay que improvisar. Los cubitos de hielo hacían un fondo de percusión sobre cada punto. La mirada de Mãe Stella planeaba por encima nuestro como si fuera el Espíritu Santo. Gracinha de Oxún contestó con sencillez:

—Es nuestro deseo casarnos en el Axé.

Vera Felicidade volvió al ataque:

—Habría que ver cuál es la naturaleza de ese deseo.

Mi novia retrucó, con fuego en los ojos, que en eso Vera no debía meterse.

Vera vuelve a la carga:

—Estás pensando como una mulata.

El peor insulto posible. Se produjo un silencio absoluto. Pasada una corta eternidad, Graça se dirige a Mãe Stella, pide licencia, y deja la habitación.

Yo no dije nada, me fui al mazo. Una vez, Jack, en Mar del Plata, un chico de mi edad me dio un latigazo y yo, por cobardía, reculé. Ahora, medio siglo más tarde, me ocurre lo mismo. Es cierto que Vera Felicidade me intimidaba, pero eso es una explicación y no sirve como disculpa. Un caballero sin miedo y sin reproche no puede batirse en retirada cuando el buen nombre de su dama está en juego. La escena, paralizada en el tiempo, se vio cortada por una arcada de Vera Felicidade. Ella casi no llega a la ventana a tiempo. Allí vomitó hasta el alma.

Las cosas se sucedieron con rapidez en ese incipiente año de Oxosse. Una semana después del episodio de Año Nuevo, la rama mayor del iroko sagrado se desgaja y quiebra el tejado de la casa de Shangô. ¡Qué cosa más extraña! ¿Será que el Señor del Trueno entró en el enredo marital? Y de ser así: ¿qué quiso decir? ¿Estará enojado con nosotros o con Vera Felicidade que le vomitó la casa? En consulta privada, inmediatamente después, Mãe Stella juega los buzios y la respuesta es tranquilizadora: no está enojado con nosotros. No está en contra...

Pero un pero impera en el aire.

Una semana más tarde Mãe Stella me avisa que quiere hablar conmigo. Graça tenía obligaciones en el terreiro y fui con ella, aprovechando para empaparme con el día a día del terreiro. Los primeros capítulos del *Gigante por su propia naturaleza* estaban escritos y andaba juntando material. El título de novio de Gracinha de Oxún me abría las puertas y tenía la impresión de ser bienvenido, cosa que antes no era así. Así fue como pasé un par de horas con Oba-Gessi, mi hermana en Shangô, observando cómo ella confeccionaba sus fantásticas muñecas. Permanecimos

324

sentados en el frente de su tienda. Pedí dos botellas de cerveza que el nieto de Oba-Gessi fue a buscar. De lejos se escuchaban los albañiles reparando el techo de la casa de nuestro padre. Me pregunté: ¿Qué idea tendrá esta hija de Shangô, que parece estar de vuelta en la vida, de este hermano blanco y casamentero?

Yo raras veces tengo tiempo para dar y vender, para conversar con hermanas octogenarias, para observar las hormigas en el tronco de un iroko, para no tener nada que hacer; porque correr en la playa, tomar ron con jugo de naranja antes de almorzar, ver las noticias deportivas en el noticiario del mediodía, atender pacientes, asistir a la novela de las ocho, son eventos programados y no tiempo libre, el tiempo incierto de cuando uno se hace la rabona. Ese sábado tenía tiempo para rifar.

Después de almorzar bajé para visitar el museo del Axé Opô Afonjá, concebido por Mãe Stella, que queda en el sótano de la Casa de Shangô, con entrada independiente. Graça me acompaña con las llaves. Junto a la puerta del museo observo una gorda paloma blanca caminando en una jaula grande sin percha o palo alguno. Me acerco y como dicen se me hiela la sangre: en una esquina, enroscada, veo una serpiente tamaño boa pequeña. La paloma era su almuerzo. Graça sonrió al ver mi cara e hizo un gesto como diciendo *c'est la vie* en Yorubá.

—No puede ser —dije, porque no sabía qué decir.

Gracinha de Oxún puso una cara divertida:

—Fue un regalo para la Iyalorixá —me contestó tangencialmente—. Las palomas no son del terreiro. Las compran en el mercado de las Sete Portas todas las semanas.

Al promediar la tarde Mãe Stella me recibió. Por primera vez vi a una Iyalorixá eligiendo cuidadosamente las palabras. Reiteró que nuestro casamiento tenía la venia de los dioses pero ella declinaba el papel de madrina. Esa misma noche Graça y yo fuimos al Bacalhão de Firmino para reorganizar las tropas. Yo también acababa de perder a mi madrina ya que Lía estaba en San Pablo. Decidimos con todo casarnos lo más rápido posible.

—¿Qué tal el 2 de febrero, día de Yemanjá?

—Que los Orixás nos protejan —dijimos al levantar la copa.

Por parte del novio la madrina llegó providencialmente de Buenos Aires. Una vez más mi hermano Jack entra en la historia. Patrick, su hijo, venía a Salvador a pasar Carnaval con Verónica, su flamante esposa. Ella entonces se imponía como madrina, representando a mi familia y a mis raíces en el Río de la Plata. Sólo restaba, entonces, el pesado problema de la madrina de la novia. La única mujer que podía colmar el vacío dejado por Mãe Stella sería Sheila Walker, pero ella estaba en California o en alguna expedición etnológica en África. Varios nombres fueron propuestos y descartados. Un hombre llano y sencillo como yo, que sólo deseaba un simple nido de amor, se veía envuelto en una densa trama nupcial, cada vez más enredada. Graça finalmente eligió a su amiga Telma, una bella psicodramatista con ojos persas.

Entonces Telma y Mestre Didí por parte de la novia. Verónica y Varón, la doble "V" de la victoria, por parte del novio. Para la ocasión fui al Shopping Center Iguatemí y me compré un pantalón de lino crudo, de ésos serios, con botamangas y botones en la bragueta. También compré un par de zapatos negros con cordones y medias finas color crema. Completaba mi ajuar una bonita camisa, que hacía juego con mis medias, comprada en Madrid. Las alianzas eran de H. Stern. Despedida de soltero con Varón en el mejor restorán de Salvador. Champán y filosofía, enterrando con pompas y burbujas lo que denominé, en *Ondina, Supertramp*, el Espacio Supertrámpico. Fin de una de las épocas más vividas de mi vida. La caligrafía de mi ser se había simplificado, el pincel era más seguro, el trazo menos contingente, mi psicoanálisis más fluido. Fueron años de hedonismo austero, casi monástico, aunque no hay que olvidar que el diablo ronda por los monasterios.

¡Salud!

Mi vida ahora daba una voltereta, navegando en el nuevo mundo de la taza verde. Los amigos dicen que era un solitario; algunos agregan que Graça trajo alegría y gracia a mi vida. Y tienen razón. Pero aquéllos no fueron años tristes. No me arrepiento de mis años supertrámpicos con sus inocentes amores satánicos.

La mañana del casamiento civil estaba nervioso. Después de fumar un cigarrillo pasé a buscar a Patrick y Verónica en el hotel. Patrick cargaba su Canon para oficiar de fotógrafo de las nupcias. El traje de Verónica era de un rosa salmón. Creo que les contagié mis nervios porque reían mucho y reincidían en las bromas clásicas. Fumé otro cigarrillo que Verónica encendió para mí.

El Registro Civil quedaba en el Foro, un edificio medio monumental, con columnas neodóricas, emplazado sugestivamente en un lugar llamado Campo de la Pólvora. Comparecimos con exagerada anticipación. Quince minutos después, Mestre Didí llegó vestido a la europea. Estábamos conversando cuando la Princesa Africana aparece con su comitiva. Estaba divina, Jack. Tu hijo le sacó una foto. Los oficiales de justicia se paraban para mirarla. El registro poco a poco se fue llenando. Una sala grande, tamaño sala de conferencias de hotel cinco estrellas. Como sucede en estos casos, cada casamiento en ciernes reunía un enjambre aparte de parientes y amigos. Los hermanos de Graça llenaban un ala: Maisa, Carminha, Magdalena, Roquelina, Miralva, Alvino, Glorinha y Zé. Por último Graça me presentó a su madre: Amanda. Mujer de mi edad, con los ojos de su hija en triste. Simpaticé con el aire melancólico de suegra que, con seguridad, no iba a dar trabajo.

El juez estaba atrasado. Intranquilo, repetidas veces hurgaba en mi bolsillo para ver si los anillos permanecían en su lugar. Ahí por las tantas me di cuenta de que Graça no tenía bouquet como las demás novias. Salí a la calle en busca de flores. El Foro da de frente a una de esas plazas antiguas con fuentes, palomas y fotógrafos ambulantes. Un kiosco de flores en la esquina. Pido un ramo de rosas amarillas.

—¿El señor es el padrino? —me pregunta la violetera, curiosa.

—Sí —contesto sin vacilar—. Los novios de hoy en día son olvidadizos.

Al volver al Foro la sala está repleta e inquieta por la demora del juez. Graça recibe las flores con una sonrisa:

—*De meu distinto marido* —dice, y "distinto" quiere decir distinguido.

De pronto la noticia corre como un reguero por el Campo de la Pólvora: esa misma mañana, el juez, al salir de casa, tuvo un infarto. Y yo con escalofríos. Primero una rama desloma la casa de Shangô y ahora un síncope fulmina al juez.

¡Cruz Diablo!

El Registro Civil se movilizó en busca de una suplencia. Había una consternación general.

—¿Vos creés en ese tipo de cosas? —le pregunto a Varón que está a mi lado.

—¿Qué tipo de cosas? —me retruca.

—Cosas como que no hay que abrir un paraguas en la sala.

Varón emitió un sonsonete poco comprometedor. Pensándolo bien todo era un poco irreal en ese desaforado foro, repleto de novios y novias haciéndose la misma pregunta: "¿Qué significa ese ataque cardíaco?".

Pero nadie dio un paso atrás cuando la campanilla anunció la llegada del suplente. Éramos veinte novios en total: diez y diez, formando fila por el corredor central, un poco como la largada en el restorán Roda Viva. Los padrinos hacían cola por las laterales y todos convergían delante de la mesa del juez. Se avanzaba lentamente aunque la ceremonia fuese rápida, superrápida. Cuando llegó nuestro turno la cámara de Patrick registró el momento.

Un par de años después, presenciando un casamiento en la telenovela *Rodas de Fogo*, vi que el novio besaba la alianza antes de introducirlo en el anular de la novia.

—Buena idea —comenté.

—Pero si vos hiciste lo mismo —replicó Graça. Yo dudaba: ¿Cómo pude haberme olvidado del momento más íntimo de la ceremonia? Luego el recuerdo volvió vaguísimo y también llegó la razón del olvido. Yo, sí, había besado la alianza, pero fue más señal de protesta que de amor. Era mi forma de manifestarme ante el infarto agorero y la masificación de la ceremonia.

Un opíparo desayuno, a la moda de Jequié, nos esperaba en la Escola Colorida. Grandes mesas con bananas, ananás, mangas, mamones, piñas, uvas y una extraña fruta en forma de estrella, llamada carambola. Jugos de naranja, maracujá, lima y pitanga, que tiene cierta fama como afrodisíaco.

—Afrodisíaco africano —le digo a Varón que, en su conversión lacaniana, adora barajar significantes.

Cuscus de mandioca, maíz y carimá. Cequillos, bejú enrolado en la hoja y bejú de coco. Panes surtidos, café, té, chocolate y champaña. El regalo principal, sin desmerecer los otros, fue una bellísima escultura de Mestre Didí hecha con nervadura de palmera, cuentas, buzios y cuero. Esa noche dormimos en sábanas de raso, color caramelo, que Lía, la madrina ausente, nos había regalado. Así termina la primera parte, civil, de nuestra boda.

58. REBODAS

Teníamos un *Borí* dos días antes de las bodas religiosas. El *Borí* o "Comida para la Cabeza" fue, recuerden, la ceremonia a la que asistí en el Axé Opô Afonjá, en ocasión de mi llegada a Salvador. La de la astilla de pollo enclavada en mi paladar, la del flemón. Y aquí estoy, una vez más, en el cuarto de Oxalá, vestido de blanco, postrado sobre una estera, con pantalones de esclavo, junto a mi novia, rodeado de un coro de fieles de blanco.

El *Borí* es un ritual de fortalecimiento. Patrick y Verónica eran los únicos invitados. Los presentes baten palmas y los atabaques hacen el fondo musical. Gracinha de Oxún, también vestida de blanco, está sentada a mi vera, lindísima, sobre su estera. Mãe Stella, en el lugar de Mãe Ondina, dirige la ceremonia que dejó de ser extraña porque ahora estoy en el ombligo del universo sacro.

La Iyalorixá inicia la ceremonia con Graça. Padre Julio, aquel del brazo de goma, se acerca con dos palomas tan blancas como sus ropas, pobrecitas. Para no ver la matanza, emplazo la mirada en Graça. Ella presencia el degüello impávida; siento orgullo por las agallas de mi novia. Terminado el ritual, Mãe Stella se sienta en su trono y, la segunda en la jerarquía del Axé Opô Afonjá, Mãe Pinguinho, toma la batuta.

—¿Por qué Mãe Pinguinho? —había preguntado y parece ser que la misma Mãe de Santo no puede dar comida a la cabeza de ambos cónyuges.

Mãe Pinguinho es la *Mãe Pequena* del Terreiro, con fama de severa. Me tocó una Mãe de Santo medio fanática. Mi ceremonia duplica la de Graça. Una vez más cierro los ojos cuando le toca el turno a mis palomas y por algún motivo concluyo que es mejor que sean palomas y no gallinas. El Padre Julio, con su habitual diligencia, las degüella en un santiamén. Pronto. ¿Cuál será mejor destino: ser el desayuno de una boa o teñir de sangre la cabeza de un psicoanalista enamoradizo?

Sumergido en esa metafísica colombófila recuerdo un analista mejicano que fue comido por un tiburón en el Caribe y encontraron su reloj en el estómago del escualo. La comunidad psicoanalítica se estremeció por el hecho de ser comido. Pero la gente se indigna cuando un cazador mata y no come su presa. ¿Quién tiene razón? La metafísica siempre es vana, al menos en mi cabeza debilitada.

Los animales sacrificados son llevados a la cocina. Ante una señal de Mãe Pinguinho me acuesto en la estera y ahí me invade un sueño invencible y sólo despierto más de una hora después, para la segunda parte de la ceremonia, cuando mi cabeza recibe la oferta de sangre. Llegado el momento comí sin problemas un poco de paloma y la lavé con un vaso de vino blanco dulce, que estaba en una jarra a mis pies. A todo esto el extraño sueño me dio la clave de que esta vez yo estaba dentro de la ceremonia. No es que hubiese rezado o algo por el estilo. Mi sueño absoluto era el exacto opuesto al sopor del flemón, diez años antes.

A esta altura la pareja se divide, Gracinha de Oxún queda en la sala y yo paso al cuarto de Oxalá. Ahí colocan mi estera; me estoy acostumbrando a dormir con los dioses. El cuarto del padre de todos los Orixás está completamente cubierto de azulejos blancos. El altar, los candelabros son blancos, las flores también. Esa noche, antes de dormir, Mãe Pinguinho viene, juega con los buzios en mi cabecera, y exclama:

—Alafiá! —todo está bien.

Dormí como uno de los primeros cristianos en una catacumba a prueba de leones.

¿Qué significa la religión para mí?

El puro niño de las catedrales, aquel que perdió su inmortalidad con el pajarito muerto, fue recorriendo una travesía teológica accidentada en este valle de lágrimas. Llegué hasta ser monaguillo, pero luego, un poco antes de los quince años me fui pasando al otro lado. Me rebelé primero contra la Iglesia Católica y ese librito mentiroso que es el catecismo y luego contra el propio Dios. Desconfié de todo saber ilusorio, de todo relicario o estampita, de todo *ora pro nobis*. El ateísmo del adolescente carga su furia y su trueno. El puño que desafía al cielo no deja de tener su conmovedora grandeza.

Mi ateísmo fue fervientemente radical por muchos años, hasta que comencé a sospechar que todo ateo lleva un Dios de bolsillo y que tiene una incredulidad boba estampada en su *facie*. ¿Cómo puede no dudar en este mar de dudas? Además, rondaban cierto tipo de preguntas tales como:

¿Por qué la espiral del caracol se enrosca siempre del mismo lado?

¿Cómo dar cuenta de las 37 enzimas en las glándulas salivales de una familia de mosquitos y 43 en la otra? ¿Cómo la naturaleza, de por sí bastante idiota, se las ingenió para fabricar hormonas, leucocitos y lentes ópticas? Y no sólo de los mosquitos...

¿Por qué existe orden en el cosmos?

El enigma del Orden como origen. El genio de los autores del primer capítulo del Génesis consistió en haberse planteado la cuestión: ¿de dónde aparece el orden? En nuestros tiempos, según Gregory Bateson, ése es el problema implícito en la Segunda Ley de la Termodinámica. Si los sucesos casuales, librados al puro azar, llevan a la indiscriminación y al ruido, ¿cuál fue el elemento *no casual* que nos legó el orden? Joseph Breuer, mi abuelo psicoanalítico, gran figura, era un agnóstico que decía: "Todo es posible, hasta Dios". Concuerdo con ese boletín metafísico: dar crédito pero no creer.

Doy crédito al candomblé mas no creo. De haber un Dios, coloco mis fichas en Shangô. Convengamos en que hay sacrificios y sacrificios. La comunión es un sacrificio de vino transmutado en sangre, es cierto, aunque una cosa es el cáliz de vino que, por algún motivo, uno no bebe, y otra cosa es la sangre aún caliente, vertida sobre mi cabeza. La fuerza del candomblé está en el degüello y en el trance ritual. ¡Ésos sí que son sacrificios!

Dos días después del *Borí* llegó el día C, la hora de nuestro casamiento religioso. Era el 2 de febrero; la ceremonia fue planeada para coincidir con la Fiesta de Yemanjá, fiesta donde los hombres de Salvador sueñan sueños de sirenas y viven la fascinación mortal del amor. Pensé pasar frente al restorán Yemanjá y tirar una rosa al mar en memoria de nuestra primera cena y nuestro primer beso. Llegué temprano al Axé Opô Afonjá. De la cabeza a los pies vestido de blanco entero; un novio color de novia. Me sentía en paz después del *Borí*, tranquilo por dentro, entrando fluidamente en el ritmo pausado del terreiro, donde el reloj se ablanda. El Axé, a la hora de la siesta, estaba desierto. Algunos chicos frente a la casa de Shangô remontaban barriletes, porque el viento era propicio. Di una vuelta, no encontré a Oba-Gessy en su tienda y fui entonces a la Casa de Oxalá, donde la fiesta se realizaría. El lugar estaba vacío. Poco después llegó una señora mayor, con cara de beatitud absorta y una boca que debió ser sensual en su remota juventud. Ella se sentó en una esquina y yo fui a sentarme junto a ella, buscando entablar conversación.

—¿Cuál es tu nombre? —pregunté como si fuéramos niños que se conocen en la plaza.

La venerable niña se sobresaltó y tuve que repetir la pregunta:

—Me llamo Leninha.

Nos quedamos callados en la penumbra de la estancia. La sala de Oxalá sólo posee dos ventanitas.

—Bien, Leninha —dije yo al cabo de un rato—: ¿qué me cuenta del casamiento de hoy?

—Casamiento, ¿qué casamiento?

—¿Cómo, no sabe que aquí se va realizar un casamiento hoy?

Leninha se puso impaciente:

—No sé de ningún casamiento —dijo y comencé a pensar que había algo endiablado en estas mis nupcias. Estaba a punto de decirle: "Señora, para que usted sepa, yo me caso aquí hoy", cuando Gracinha de Oxún se materializó de la nada. Hola, dije, iba decirle que Leninha no sabía del casamiento, pero me detuve sorprendido por la cara de la novia sobre el fondo del salón vacío. Algo andaba mal.

—Mãe Stella quiere hablar contigo.

El techo de la casa de Shangô todavía estaba en reparaciones, razón por lo cual la entrevista tuvo lugar en el fondo de la casa de Oxalá. Recuerdo bastante bien el cuarto, repleto de descartes, con un maniquí de paño, con busto de señora antigua y muchos pollerones encima de un par de arcas. Mãe Stella, sentada en un trono liviano de mimbre, tenía al alcance un racimo de uvas. Me pareció que estaba nerviosa. Una vez más ella eligió las palabras para decirme que no habría, propiamente dicha, una ceremonia nupcial.

—¿Cómo?

—No es un casamiento —repitió—. El casamiento que ya hicieron por el civil va a ser presentado a los Orixás.

O sea, los Orixás no nos casaban. Ellos tomarían conocimiento de nuestra boda laica; serían participados. Ella se disculpó diciendo que todavía no sabía el ritual de la tal boda. Yo me sentí frustrado como el chico que espera una bici y recibe un triciclo. Estuve tentado de decirle que podría haberle preguntado a Mestre Didi, pero me mordí la lengua. Entonces, malcriado al fin, hice algo insólito: fui junto al trono, recogí el racimo, y comí una uva. En vez de morder la lengua, mordía una uva. A la hija de santo, que estaba atendiendo a Mãe Stella, se le erizó la mota mientras yo mordisqueaba el fruto prohibido.

La gente iba llegando al baile y nos aguardaba en el salón de fiestas de la casa de Oxalá. Urania, Syra, Varón, el propio Mestre Didí y Juanita, los amigos íntimos. Unos veinte invitados en total. La presencia más extraña en el casorio fue la de Jaime Rojas Bermúdez, el papá malandra del psicodrama rioplatense, de visita por Salvador.

—¿Qué estás haciendo acá? —pregunto, y él, con cierta razón, me devuelve la pregunta.

El sol aún no se había puesto cuando comienza la ceremonia. Mãe Stella primero presenta la flamante pareja a Oxalá. Nos postramos frente al zaguán de su cuarto. Luego, acompañados por la Iyalorixá, Mestre Didí y la cúpula del terreiro, salimos en comitiva a la casa de Shangô, entrando por la única puerta que estaba habilitada. Una reverencia para el Señor del Trueno. De ahí partimos para el templo de Oxún, el Orixá de la novia, que estaba hermosa como una Diosa del Nilo; luego fuimos desfilando por todas las 16 casas, de las que retengo una porción de imágenes, casi oníricas, que en algo me recuerda a las visiones del hongo. Así conocí santuarios a los que sólo los iniciados tienen acceso.

Al llegar a la casa de Omulú, Mestre Didí pasó a dirigir la ceremonia, en razón de ser el Sumo Sacerdote del Culto a la Muerte. En el umbral, Juanita me mira con mal disimulado orgullo y le hago una cara que se puede traducir por remember? Mucha agua dulce y salada pasó bajo el puente de nuestras vidas. En la casa de Oxumaré, el dios serpiente/arco iris, el último de la ronda, pedí tolerancia y sutileza. Caída la noche, encerramos la Vía Amorosa. Estaba feliz.

Los invitados, bordeando las paredes, nos esperaban en el salón. Los veía perplejos, aunque podía ser pura proyección. Los imaginaba pensando "¡Qué casamiento más extraño en el que los novios y el sacerdote dejan a los convidados en el atrio!".

La próxima sorpresa la dio mi hermano Mestre Didí. La ceremonia, desde el punto de vista de Mãe Stella, había terminado cuando Mestre Didí comenzó a entonar una canción en Yorubá. Dulce, contagiosa. Los invitados pronto comenzaron a batir palmas al son del ritmo. Las hijas del terreiro se miraban entre sí; mejor dicho, miraban inquietas a Mãe Stella y a Mestre Didí, como si fuera un partido de tenis, captando las implicancias; pero comenzaron a corear la canción cuando la Iyalorixá abandonó la estancia.

Y colorín, colorado, este casamiento, por fin, se ha acabado.

59. EL GALLO

Cierto día, durmiendo encima de la Escuela Colorida, me despertó el canto fuerte de un gallo. Por la estridencia, el animal cacareaba muy cerca. Al asomarme lo vi en el jardín, en el patio de la escuela. Un gallo magnífico, alazán, salpicado de reflejos metálicos, azulverdosos, con resabios del arco iris de Oxumaré. Entonces le mando amistosas migas de pan negro casero. Él me mira y carraspea. "Bien", me quiso decir. De esa forma, en el curso de las próximas semanas, miga va, carraspeo viene, trabando amistad, de balcón a patio. El gallo nunca faltaba a la cita, cantaba y comía, para partir con la llegada de los colegiales.

Como cabe a un buen analista, concebí un plan erótico para seducirlo. Graça me llevó al mercado de las Siete Puertas, ahí donde el terreiro compra las palomas para la boa. Elegimos con cuidado dos gallinas suculentas, pollas bien torneadas. El gallo batió alas y fijó definitivamente residencia en nuestro jardín. Pronto llegaron los primeros huevos y lo celebramos con una gran tortilla. Un par de semanas más tarde, en un domingo de sol, estaba leyendo el diario en el jardín cuando el gallo se acerca y me mira fijo. Las gallinas, en segundo plano, palpitaban la escena. Le hice una seña con las cejas y él carraspeó; entonces fui a la cocina por maíz. Le ofrecí un puñado en la mano. El gallo me miró de arriba abajo, tomó su tiempo y finalmente picoteó de mi palma. El pacto de amistad estaba sellado. El gallo pasó a llamarse El Gallo. No necesito repetirlo, mi compañero es un animal de Shangô.

Luego perdimos una gallina. Graça tenía que someterse a una cirugía, cosa poco tranquilizadora, aunque los buzios de Mãe Stella aseguraran que no había peligro. Pero andá a saber...

Un par de horas antes de ir al hospital, Graça escucha ladridos y gritos agónicos. Se asoma y comprueba que, por encima del cerco, el perro de la vecina vapulea a una de las concubinas. La pobre quedó mal herida. Primeros auxilios en una cesta, se hizo todo lo que se pudo; el animal parecía muy lastimado, pero aún con vida. Estaba entre que me voy y me quedo cuando Graça toma el taxi para ir al hospital. En el camino, ella decidió lo que tenía que hacer; entonces, al llegar a la recepción del hospital, llama a André, su hijo:

—André, ¿cómo está la gallina?

André fue a la cesta a revisar.

—Aún está viva, a lo mejor se salva.

—Mátala.

—Pero mamá...

—André, presta atención: como hijo mayor te ordeno que la mates. Hazlo fuera de casa y tírala lejos.

Así fue.

—Me di cuenta en el taxi: era ella o yo —me confió una vez instalada en el cuarto de la clínica.

Sentí admiración por una guerrera. La decisión oportuna en lugar de la fútil queja neurótica. No dijo "pobre gallina" o "justo me va a tocar en este día". La marcialidad de una respuesta que transforma un accidente en sacrificio. Ese gesto marca la diferencia entre nosotros, yo nunca hubiera mandado matar la gallina. En ciertas encrucijadas, nuestros mundos son bien diferentes, lo que probablemente sea o no sea una buena cosa.

El Gallo quedó tan monogámico como su amigo. No por mucho tiempo. Tres nuevas gallinas, oriundas del Mercado de las Siete Puertas, le fueron presentadas y el harén creció. A los pocos meses nos mudamos a la calle Pedro Silva Ribeiro, en un lugar no muy distante, en Armação. El Gallo y las gallinas pasaron a dormir en una ex perrera en el fondo del jardín. Como el monasterio hace al monje, mi misterioso amigo se convirtió en un formidable perro de guardia, celando la casa en rondas continuas. Todas las mañanas cantaba y picoteaba en la puerta de mi cuarto. La cosa era conmigo; Graça y El Gallo mantenían una relación de desconfiado silencio.

Casa extraña la de Pedro Silva Ribeiro; lugar encantado con su bosque de palmeras que iba de calle a calle, con su clima rural de chacra, al borde del mar. Para Graça el lugar era un misterio. A veces de noche, después de cenar, ella se detenía en medio de una frase, preguntando si no percibía alguna cosa. Yo aguzaba el oído, más allá del latido del mar y sí, quizá escuchase alguna cosa en esa gran concha que es el mundo.

Cierto día Graça mandó llamar a Darío, el especialista del terreiro en limpiar casas, que llegó vestido de blanco, con su hato de hierbas. Darío ahumó el lugar profusamente con mirra e incienso, batiendo el piso y las paredes con ramas de corana, espantando todo y cualquier espíritu. Cuando la casa estuvo limpia y fragante me puse a jugar de aprendiz de brujo, lo que prueba que rivalizo hasta con las moscas. Yo también quería probar mi mano y ahumar a El Gallo. Lo agarré, parecía tranquilo aunque sus ojos brillaron mesozoicos. Yo rara vez lo cargaba. Hice un nido en mi codo. Al hamacarlo se fue calmando. Con el bicho a cuestas me acerqué a Graça que leía en el jardín. La Princesa Africana clavó la mirada en el animal. La escena estaba montada, con suspenso y redoble de tambores. Nadie dijo nada. Me aproximé otro paso. Al iniciar el siguiente, El Gallo tuvo un espasmo salvaje de animal de riña y sentí una puñalada en la yema del pulgar. Solté al energúmeno. Un corte de cuatro centímetros sangraba a lo largo de la línea de mi vida. Espolón asesino.

—Él sabía que si no reaccionaba iba a morir —sentenció Graça al aplicar agua oxigenada en la herida, sin ningún ánimo de disculpar al animal. No comprendí bien lo que quiso decir, pero tuve la sensación de que era un asunto de vida o muerte. Quedé con la sangre en el ojo. Decidí proceder, no sé si la palabra vengarme viene al caso. Entonces me serví una caipirinha, haciendo un simulacro de señor con un drink que disfruta de la paz dominical. Junto a mí coloqué un platito de corn flakes. Él adora los corn flakes. Yo me hacía el distraído, él también. Demoró en acercarse. Cuando el platito estaba semivacío me precipité sobre la presa con tanta torpeza que mi frente dio contra el ángulo de un parante de madera. Otra vez El Gallo escapó y un nuevo corte, más profundo, surcaba mi entrecejo.

A partir de este momento nuestra relación cambió. El Gallo dejó de ser animal doméstico, mascota, *bicho de estimação* como dicen los bahianos. Ahora lo respetaba más pero lo quería menos. Comprendí que era portador de un poder y que hablaba lenguas que yo desconocía.

Entonces cabía la pregunta: ¿De dónde vino?

Primera posibilidad: podía simplemente haberse escapado de un gallinero vecino. Puede ser, aunque no encaja con la vivencia dramática de nuestro encuentro. Segunda hipótesis, parecida a la primera: alguien lo había soltado en una encrucijada como parte de una obligación religiosa, habiendo adquirido cierta inmanencia mágica. Puede ser. La tercera hipótesis, fantásticamente plausible, incluía la entrada de una entidad suprarreal. Graça siempre desconfió del bicho. El Gallo podía ser el propio Exú, el diablo encarnado.

Exú, el diablo yorubano, precisa ser presentado. Él es totalmente amoral, no es necesariamente malo, pero puede serlo, como puede ser bueno. Mejor dicho, está más allá del bien y del mal. Él es mensajero de los destinos del hombre, un cartero celestial que nunca llama dos veces y gasta bromas pesadas. Se puede decir que es un diablo que gusta de hacer diabluras.

Cierta vez Exú estaba atravesando el desierto cuando avistó un bando de diablillos, poco idóneos, tratando inútilmente de tentar a un venerable eremita con imágenes de lascivia, opulencia y poder. Exú, después de observar los infructíferos intentos de los malos pequeños espíritus, se aproximó dispuesto a enseñarles lo que es una buena tentación. Entonces le dijo al oído del anciano:

—¡Felicitaciones! Tu hermano acaba de ser nombrado obispo de Etiopía.

El rostro sereno del eremita se vio crispado por una ola malévola de envidia.

Con El Gallo entramos en el período de los portentos. Cosas extraordinarias comenzaron a acontecer, como cuando fuimos en safari a la isla de Itaparica, tierra de los Egúns y de otras presencias sobrenaturales.

Primero, como siempre, los preparativos. Nos levantamos con el sol y recogimos los huevos que las gallinas habían puesto. Soy hijo de un experto en *oeufs a la cocque* y conservo la tradición. A dicho fin corté varias tajadas de pan de miga en lonjas, friéndolas en aceite de oliva bien caliente, espolvoreándolas con orégano: son las llamadas *lichettes*. Los huevos son hervidos por tres minutos y cuarenta y cinco segundos. Bien, naranjada, huevos con lichettes, café con crema y corn flakes de desayuno. Coloco un platito al lado para El Gallo que come sin remordimientos, sin siquiera mirar la curita que tengo en la frente. Antes de partir lleno los termos de las bicicletas con limonada helada. En el mapa trazamos el trayecto más adecuado. Tenemos que cruzar la ciudad para llegar al ferry, unos 23 kilómetros.

Ya en ruta pasamos por el Centro de Convenciones, cruzando la estación de ómnibus rumbo al valle de Tororó. Vamos a tranco largo. Al llegar a la Bajada de Quintas, donde está enterrada Mãe Senhora, el tráfico se hace más pesado. Los embotellamientos ofrecen un raro gozo a los ciclistas, que se sienten liebres entre pesadas tortugas bocinantes. Lo cierto es que en ese día, los autos que hacían fila para entrar en el ferry que nos llevaba a Itaparica nos vieron pasar con envidia. Ubicamos las bicicletas en el vientre del navío y estaba trabando las ruedas cuando un heladero toca mi hombro y me pide ayuda con su pesada carga. Graça sonríe al reparar en que el hombre no percibía que mi sangre era azul.

En la isla pedaleamos rumbo a Mar Grande, nuestro destino. Son otros 18 kilómetros de buena carretera, suavemente ondulada. Llegamos sedientos y sudados, los termos vacíos. Ato las bicis bajo un coquero y palmeo cariñosamente los manubrios. Ahora un merecido baño de mar en la playa mansa de Mar Grande. Refrescados, nos ubicamos en una barraca y pedimos cerveza. Deliciosa la cerveza, ese primer trago que sublima la sal marina. Comensales alegres, batucada de fondo, "porque hoy es sábado", diría Vinicius. Mi atención se fijó en un isleño, al borde de los 20, con la piel brillante del más genuino ébano. Vestía un taparrabos minúsculo, cuerpo de bailarín y sombrero hongo inclinado en la cabeza. Pido permiso para sacarle una foto y el joven del hongo posa con una amplia sonrisa; luego nos convida a tomar una copa. Estaba en una mesa con tres acompañantes, todos ellos resultaron ser bancarios. Cuento esto en detalle, Manuela, porque a partir de aquí la historia se enhebra como alfombra mágica. Con la segunda cerveza hablamos de dinero. El mayor del grupo, que quizá fuese gerente, abrió su cartera para mostrar una colección de billetes extranjeros de toda medida, color y tamaño: francos, marcos, liras tornasoladas, nairas nigerianas, soles y pesos argentinos. Hasta wons coreanos tenía. El bancario nos regala un lindo billete, color malva, con la esfinge del general San Martín.

—Nos dieron dinero, eso trae suerte —comenta Graça, de vuelta a las bicicletas.

—Buena gente —dije, pensando que el día comenzaba bien.

Conocía la posada Arco Iris de años anteriores. Una casa antigua de estilo colonial. El dueño se llama God, apodo que él mismo se dio. La vez pasada, cuando visité la posada, el bueno de Dios había desaparecido en el tejado porque no quería ser visto por los parroquianos. Sujeto extraño, God.

Poca gente en el bar que da al jardín de la posada. Pedimos dos batidas de pitangas, una especialidad de la casa. Desde el fondo del jardín se acerca una mujer en contraluz y Graça me pregunta al oído:

—¿Decime, esa mujer es más gorda o más flaca que yo?

Iba a contestar cuando la persona en cuestión cambia de rumbo y viene hacia nosotros:

—Creo que soy más flaca.

¿Cómo es posible que haya escuchado el susurro?

—Escuché clarito —dijo la mujer que resultó ser bailarina y que tenía un cuerpo parecido al de la Princesa Africana. Intercambiamos teléfonos en ese jardín telepáticamente imantado.

El mozo preparó nuestra mesa bajo un árbol. Nos decidimos por el plato del día, puchero de borsch. God es ruso de origen. En la mesa de al lado, una rubia atractiva come una ensalada de verduras crudas. Ella nos dice:

—¡Ustedes son la pareja más feliz que yo conocí! —palabra de honor, ella dijo eso.

Todo vale en el paraíso. ¿Cómo se dio cuenta?, le preguntamos:

—Se los ve lindos juntos, hay como una irradiación.

Cristina, se llamaba. La invitamos a la mesa. Se ama a quien nos ama. Amor por partida triple. Hablamos de God, de la vida; ella era gerente de un hotel vecino y nos contó los entretelones de Mar Grande.

—¿Cuál es el secreto de vuestra felicidad? —preguntó.

Se lo dimos, ella merecía.

La próxima sorpresa la trae el mozo con los postres cuando se acerca y me dice confidencialmente:

—La cocinera está enamorada del señor.

—¿Cómo?

No detecto malicia en la mirada de Cupido. Miro a Graça y Cristina, sospechando una cargada: tienen las caras limpias.

—¿Por qué no vas a verla? —me exhorta Cristina.

Yo soy un tipo feo, hay que conocerme bien para apreciar mis cualidades. Oso hermoso en segunda instancia. Nunca nadie se enamoró de mí así, de sopetón, de primera impresión. Por lo visto parece ser que me estaba volviendo un sexagenario sexy. No cabe duda de que el amor embellece. Con ese embale miro a Graça, antes de levantarme, como un chico que le pide permiso a su mamá para salir a jugar.

—Debe de ser una mujer de Obá —comenta Graça.

El mozo va adelante guiándome por los laberintos de la cocina de Dios. Lugar oscuro de techo de paja y paredes de adobe. Cuando, después del último corredor, entro en la amplia cocina, perfumada de borsch, se escucha un revuelo de cacerolas y una sombra se precipita detrás de la fiambrera, dejando un rastro de risas.

Mi enamorada huyó.

—¿Obá era mujer de Shangô, no es cierto? —le pregunto a Graça cuando vuelvo con las manos vacías pero con la sensación de que la vida es sueño.

Una vez, Manuela, hace mucho tiempo, Shangô vivía con sus dos esposas, Oxún y Obá, que eran muy celosas, sobre todo Obá. Ella amaba locamente a Shangô y quería cumplir todos sus gustos. Shangô adoraba los platos que preparaba Oxún. Obá siempre le pedía las recetas a su joven rival. Ésta un día decidió jugarle una mala pasada y de paño amarrado en la cabeza llamó a Obá a la cocina para mostrarle el último manjar que estaba preparando.

—Shangô adora esta sopa —le contó, mostrándole una sopa humeante donde flotaban dos grandes hongos arrepollados. Obá le preguntó qué estaba cocinando y Oxún dijo que se había cortado las orejas, llevando las manos al turbante. A la semana siguiente le tocaba cocinar a Obá. Dicho y hecho, ella, que no era de las más listas, se rebanó las orejas, preparando con amor la sopa para su adorado esposo. Cuando Shangô destapó la sopera su estómago se estrujó en una náusea. En ese momento entra Oxún en escena que, con una carcajada, muestra sus orejas intactas. Obá, loca de rabia, se precipita sobre su rival, trenzándose en frenética lucha, y Shangô, presa literalmente de la ira de los dioses, da un tremendo puntapié en la tierra, haciendo que las dos mujeres se transformen en los ríos que hoy en día llevan sus nombres.

Bien, todas las hadas asistieron a lo largo del día, la brújula embrujada del deseo apuntando el camino. El broche de oro ocurrió en el ferry de vuelta. Estaba sentado en la cubierta, admirando la puesta del sol detrás de la isla, cuando el heladero, hombre agradecido, me regala un helado por los servicios prestados. Era un lindo helado, color arco iris.

Esa noche, en Pedro Silva Ribeiro, pensé en las mil caras del amor que amando se ama. Por lo visto, se puede comenzar de nuevo, plantando una serpiente a prueba de manzanas. Pensé en ti, espléndida cobra negra de ojos color de miel; pensé en mí. Como si nuestra vida fuera un tarot íntimo, una contraseña trámpica, escrita con letras de humo. Entonces el amante en su otoño se reconoce bello y la memoria se pierde en el eterno presente de un paraíso nunca perdido porque te amo y soy amado.

60. LA TORTUGA

Pasó un mes y nada de particular aconteció después de Itaparica. Ninguna cocinera se desmayó ni nadie me regaló un helado, hasta el sábado, donde nuevamente me visita algo fuera de lo común. Esa mañana, al salir de casa, me doy con una tortuga plantada en la puerta, cubriendo casi todo el felpudo. Animal digno de zoológico, medía 30 centímetros de eslora, igualito al respetable quelonio que habita el cuarto de Shangô. "¿Será que vino a visitarme?", pensé, ya que Aladino andaba suelto.

La tortuga se instaló en Pedro Silva Ribeiro; como El Gallo, ningún vecino reclamó su ausencia. Ella, por libre voluntad, después de recorrer el jardín, estableció su residencia en la perrera, junto a las gallinas. Graça le ofrecía zanahorias y xuxus. Punto a reparar, dos animales de Shangô, el gallo y la tortuga, por mutuo deseo propio, habían adoptado nuestro lar.

—De hoy en adelante nadie en esta casa va a tener forúnculos —comenta Gracinha de Oxún. Parece ser que ésa es la especialidad terapéutica de las tortugas. Al poco tiempo decidimos llamarla La Tortuga. Un semestre pasó, El Gallo y La Tortuga se hicieron amigos y todos gozábamos de buena salud, la piel libre de pústulas.

Cierta mañana, con bastante anticipación, Graça fue arreglando sus pertrechos para pasar el fin de semana en el terreiro. Una importante fiesta, no recuerdo cuál, se realizaría en el Axé Opô Afonjá. Dos pollerones albos, un canesú y el infaltable paño de la Costa fueron planchados y almidonados. Cuando todo estuvo pronto, Gracinha de Oxún, de punta en blanco, vino al jardín para conversar conmigo. Yo, palabra, no sospechaba nada de nada.

—Emilio, quiero que tomes una decisión —y ahí sí me sorprendió una cierta intensidad en el timbre de su voz y en el tono de sus ojos—. Hoy tengo que hacer un sacrificio en el Axé: ¿qué animal llevo?

La miré fijamente, tratando de evaluar si la cosa iba en

serio, quizá en busca de la sonrisa que empañase la determinación. En vano. Sólo le escuché decir:

—Va a ser una gran matanza.

—Bueno, podemos pasar por el Mercado de las Siete Puertas. —Quería ganar tiempo.

Su pie izquierdo comenzó a dar muestras de impaciencia. Las hijas de Oxún tienen un genio muy fuerte, además de ser caprichosas. No estaba yendo al grano. Entonces, con un suspiro, pregunté:

—¿El Gallo o La Tortuga? —recordando a Meryl Streep en *La decisión de Sophie*.

Ella hizo un gesto que interpreté como un "sí" categórico.

—¿Los van a matar? —casi digo "¿Lo vas a matar?". Pregunta idiota.

Ella asintió nuevamente. La imagen del canario tieso se cruzó como un *slide* en blanco y negro. Ella interrumpió mis cavileos.

—El Gallo es un espléndido gallo. Sería un gran sacrificio.

Para Gracinha de Oxún, el sacrificio ritual venía a ser un privilegio, la mejor muerte posible para un animal. Yo no podía verlo así, ya que me pongo en la piel profana del bicho. Además, ¡coño!, está el asunto del *fair play*, no hay que olvidar que El Gallo y La Tortuga se habían refugiado bajo nuestro techo, convirtiendo nuestra casa en embajada. Otro punto importante: ambos eran animales de mi Orixá.

—En esta casa no se sacrifica ningún animal —podría haber dicho, pero no lo dije, aunque ahora, que lo pienso bien, tendría que haberlo dicho. Mas no lo dije. "Llévate El Gallo", estuve tentado de decir, un poco como Jacob, puñal en mano, confiando que un ángel detuviera la mano filicida; en cambio dije, con voz casi inaudible:

—Llévate a La Tortuga.

Fue con el corazón pesado, como si algo grave hubiera acontecido, que presencié, sin participar, de la búsqueda de la víctima por el jardín. Ahora, escribiendo *El libro de las separaciones*, puedo ratificar que algo grave aconteció. En ese momento, dos *Weltanschauungen*, dos ideologías entraron en coalición. Creo que no le perdoné y no me perdoné por el desenlace. Aunque separarse por una tortuga suena raro.

Tal vez éste sea un buen momento para hacer un levantamiento de mis achicadas. Por achicada entiendo medrosía a la hora de la definición. Está, cronológicamente, la retirada de chico frente al látigo de mi contrincante; pasarle a mi hermano el revólver de caño largo; no darle la mano a la moribunda; firmar la papeleta en Bulgaria; cerrar el pico frente a Vera Felicidade y, ahora, permitir que la tortuga fuese inmolada. No son muchas achicadas, pero son bastantes y pesan en la memoria, dan la medida de una cierta precariedad en mi condición de hombre.

Un año después del sacrificio de La Tortuga, El Gallo desapareció de Pedro Silva Ribeiro. Sospeché, por supuesto, de Graça, pero la diáfana expresión hablaba claro de su inocencia.

¿Qué pasó?

Confieso que esta historia de El Gallo es una de las más extrañas en mi vida. Fue el símbolo máximo en un período de portentos. Te juro, Manuela, que no estoy exagerando, ni mintiendo, ni nada. El Gallo y La Tortuga fueron dos ET que cayeron en nuestra casa. Ahora bien, la desaparición puede explicarse por la dinámica interna del gallinero. Las gallinas habían hecho todo lo posible por tener familia. Luego de muchos intentos frustrados, sobrevivió un varón. Cuando el pollo creció, comenzaron los inevitables problemas edípicos. El Gallo no lo dejaba en paz y las gallinas, créase o no, estaban del lado de Layo. El pollo en cuestión, llamado El Gallito, aguantó bien la ordalía de picotazos, llegando a tener la misma envergadura de su padre: un señor animal, más cobrizo que su progenitor. Fue allí cuando El Gallo desapareció. Tal vez había cumplido su misión. El Gallito resultó ser una réplica de su padre, comía en la palma de mi mano y me despertaba por las mañanas. Curioso, la partida del viejo gallo no dejó ningún vacío. Vino y se fue. Para nosotros también había llegado la hora de mudarnos. Pedro Silva Ribeiro había cumplido su ciclo.

Poco antes de partir, un día me llega del fondo del jardín un nítido mensaje. Entonces la llamé a Graça y le comuniqué:

—Gracinha de Oxún, vas a ser la Madre de Santo del Siglo XXI.

Lo dije con seriedad, no se trataba de una liviana ocurrencia, era un mensaje. Al decirlo temí que ella se riera como cualquier otra mujer reiría. Quizá ella iba a decirme algo, pero fue interrumpida por el canto de El Gallito. Permanecimos en silencio y el gallo cantó una segunda y una tercera vez.

—Los Orixás nos están respondiendo —me dijo.

Cuando llegó el quinto cacareo, Graça dijo:

—Ése es por Oxún.

El sexto fue por Shangô.

—Tienen que ser dieciséis cantos.

—¿Por qué?

—Uno por cada Orixá.

Y así fue.

61. CEBOLLAS

Crucé descalzo las dunas verdes del Jardín de Alá. Un césped marítimo, rareza botánica, alfombra las dunas de la playa, frente a nuestra nueva morada. Nos mudamos de Pedro Silva Ribeiro a un pequeño apart hotel costero. Estábamos esperando para mudarnos a una casa definitiva. Demoramos más de un año. La playa de Jardín de Alá es un lugar de pescadores, poetas y gitanas. Perdón, Ondina.

Esa mañana salgo a correr temprano, aprovechando la marea baja de luna llena que deja una ancha franja de arena firme. La espuma de las olas, con su sutil crepitar, aporta el fermento para la meditación del día. Comienzo con un tranco lento. Correr es bueno para agitar las ideas, siendo ésta la más consistente faena que me acompaña en estos últimos quince años, desde los ya lejanos tiempos de Colita. Correr es la parte básica de mi prolongado curso en la Universidad de las Palmeras, donde soy un alumno crónico. Colita debe de estar muerto.

El modelo para armar cambió y ahora el tema de meditación pasa por Graça y los avatares del amor monogámico. Estoy de buen humor, feliz; no extraño la agridulce soledad del lustro anterior: el amor como sendero luminoso. Me siento en forma, estoy corriendo suelto, liviano, con el cuerpo bien templado. Liviano, pero más lento. Inexorablemente más lento. Tengo pruebas, *facts*. Conservo un cuaderno que registra todos mis tiempos desde que comencé a correr. Veinte años atrás recorría los 6.000 metros por debajo de los 30 minutos; en la actualidad me cuesta bajar los 40. Soy diez minutos más añoso, 800 metros menos joven. Parece poco, pero es mucho.

—Me estoy volviendo viejo —le digo a una piedra en el camino, un canto color ágata con un brillo pulido mate. Linda piedra, a Graça le va a gustar. La recojo.

Percibo por enésima vez que la vejez suele empañar mi alegría, me vuelve dos dioptrías menos feliz. Ésa es la veta trágica de mi senilidad: un futuro corto. El problema es una cuestión de siglos. Yo soy de éste, Graça será la Madre de Santo del Siglo XXI.

En eso envidio a la arena: cada granito de granito, cada granito de feldespato y cuarzo, tiene el anonimato de la eternidad; como la piedra en mi mano.

La pista de arena llega a su fin. Tendría que vadear el río para llegar a la Playa de los Artistas. Ya he trotado bastante, hora de dar la vuelta. Graça me espera con una cerveza en la playa. Estaba haciendo algunas flexiones y rotación del cuello, a la manera de Mike Tyson, cuando veo a un negro atravesando el río con un conejo blanco en brazos. El animal parece no tenerle miedo al agua. ¿Saben nadar los conejos? El negro es retinto, forman una extraña pareja. Pienso en una escultura hecha de helado de crema y chocolate caliente. Típica lucubración seniloide.

Tengo una historia con los conejos; mejor dicho, con la liebre. De niño, después de perder mi inmortalidad, tuve una fuerte identificación con ese animal. Yo era liebre. Todas las noches me metía en mi cueva, debajo de las frazadas en la venturosa seguridad de mi madriguera, mientras lobos feroces aullaban afuera. Si llovía, con peligrosos truenos, mejor aún. Se trataba de una identificación secreta, nadie podía descubrir que yo era una liebre. Ella era mi tótem, mi primer ritual. Pienso ahora que la liebre debe ser un animal de Shangô, con mucho Axé.

De vuelta para los pagos, *going home*, me siento ágil como una liebre añosa, feliz como un caballo que vuelve a su querencia. Linda palabra "querencia". El hombre necesita volver al puerto seguro donde una mujer espera por él. La Princesa Africana me está esperando con una cerveza en la barraca de Jardín de Alá. Corriendo de vuelta recuerdo la Historia de la Cebolla Podrida.

Cierta noche, al llegar del consultorio, suspiré hondo y dije:

—¿Sabes una cosa? Hoy me descuidé y puse una cebolla medio podrida en la sopa; estropeé mi almuerzo.

Ella dejó de pelar la papa, movió enérgicamente la cabeza y dijo:

—Una cebolla podrida puede estropear cualquier comida. No hay nada peor, ni siquiera un rabanito pasado.

—Tenía un gusto extraño —comenté.

—Sí, a insecticida.

—¡Exacto!

Diálogo ejemplar, porque existen otras variantes. Veamos algunas.

Está la esposa histérica que exclama:

—¡Qué horror! —y hace un mohín delicado de la boca en O.

Luego tenemos la esposa obsesiva, preocupada, un poco maternalizante:

—¿Te sentís bien, querido?

La competitiva:

—¡Por qué no mirás lo que colocás en la cacerola!

La quejosa se parece a la anterior, pero en la escala del re sostenido:

—¡Cuántas veces te dije que tienes que revisar lo que pones en esa bendita sopa tuya!

La indiferente:

—Hhhmmm.

La iracunda:

—¡Ya venís a estropearme el día!

Posibilidades posibles, listadas en orden creciente de deterioro. Todas ellas, piense bien, cierran el diálogo, inclusive el mohín de la histérica. Graça, en cambio, abre la dialéctica de la cebolla, emite información sobre bulbos averiados e identifica sabores. Las otras esposas toman la cebolla podrida como punto de partida de algún enredo conyugal y entran en la escalera rodante de la redundancia neurótica. Así las fuentes del diálogo se secan. Para que la palabra circule no puede haber ya-te-dije o maridos que leen el diario en la mesa. La piedra que llevo en la mano es la piedra que llevo en la mano y no tiene otra moraleja más allá de ser un bonito canto rodado.

Lo cierto es que tengo sed y que una cerveza estúpidamente helada me espera en mi querencia. La barraca queda justo enfrente de nuestro apart hotel.

—Linda piedra —comenta Graça, puliéndola con la mano; luego abre los dedos y me extiende la palma.

—¿Qué ves?

—Dame la otra mano.

Estudio los surcos y canales, las muescas de las falangetas y la fuerza del pulgar en gancho. La línea de la vida parece un sinuoso río que desemboca en la Tabaquera Anatómica, justo debajo del pulso.

—Vas a vivir una larga vida, Madre de Santo del futuro —le digo sin soltar la mano.

Una vieja gitana se acerca, viendo que la escena estaba montada. Flaca, arrugada, con una larga pollera verde y un vientre abultado, casi obsceno. Sólo le falta el bonete...

Detesto a las gitanas, les tengo miedo, un miedo que viene desde el tiempo en que podían raptarme de niño. Los Manifiestos Pro Flamenco no consiguieron desanudar el prejuicio. Paco de Lucía tampoco. Graça, en cambio, le tiende la mano con naturalidad.

Ella miró a Gracinha de Oxún con detención y enseguida con respeto. La futura Madre de Santo no era una bañista común, mucho menos una turista. Fue interesante la transformación: la gitana pasó a ser menos gitana, perdiendo el dominio de la media cancha.

—Son diez cruzeiros cada mano —sugiere la gitana.

—No, son diez cruzeiros las dos manos —corrige Graça.

El negocio fue cerrado por quince. El precio de una cerveza.

La gitana comenzó su sibilante letanía monocorde, deliberadamente fuera de foco, impersonal. Al escuchar su fraseo hueco tuve la impresión de que no sólo las gitanas hablan así: Madres de Santo, Babalaos, nigromantes, cartomantes, buziomantes, todos ellos hablan así.

El bisbiseo de ventrílocuo vaticinaba viajes, fortuna y la pérfida presencia de una mujer envidiosa. A veces susurraba al oído, más allá de mi radar paranoico. Por ello me alegré cuando la gitana intentó agarrar la piedra y Graça se lo impidió con firmeza.

La gitana manoteó mi mano.

—¡No! —le ladré y por un momento se me cruzó el recuerdo de la bruja Amalia en Huautla.

Graça coloca la piedra en el bolsillo y yo le hago la pregunta que acabo de formularme:

—¿Por qué todos los adivinadores hablan así, con voz carente de emoción?

—Hablan por la boca del destino —me respondió y comprendí que ellos eran hablados. El analista sin memoria, el vidente ciego, la gitana ventrílocua, el profeta mudo de sí.

Mientras pagábamos la cuenta un viejo pescador trajo un gordo pescado rojizo, llamado *vermelho*, todavía con vida en un rincón del ojo. Cruzamos la costanera con el vermelho enganchado en un alambre.

Nuestro apartamento es pequeño: cuarto y sala con cocina. Un bar, a modo de biombo, separa la *kitchenette* de la sala. Enciendo el televisor. Me siento bien, con ánimo de fin de semana. Están pasando las semifinales de Roland Garros. Abro otra cerveza mientras Graça comienza los preparativos de la cocina. El partido está en el tercer set: McEnroe juega contra Jimmy Connors. Asisto de pie el partido, imitando las jugadas. Connors va ganando. Yo soy hincha de McEnroe y Connors no me cae bien. De pronto capto que me siento culpable. Fenómeno extraño. Cuando Gabriela Sabatini pierde tengo la misma sensación de que es por mi culpa, no me pregunten por qué. Un analista dirá que es mi narcisismo; sentirme culpable implica que, si no fuera por mí, Gabriela ganaría. Puede ser. La voz de la cocina me sacó de mi hamletismo:

—Vení, ayudame.

Mi culpa se esfumó, pero con todo no daba para saltar por encima del bar tal cual red de tenis. Estoy más pesado, como fue consignado. Entré convencionalmente por la puerta. El vermelho yacía eventrado sobre una tabla, esperándome.

—Agarralo por acá —me dijo, mostrando las brillantes agallas color carmín.

—Un príncipe nunca agarra pescado —retruqué, mientras miraba mis aristocráticas manos, bronceadas por el sol.

Ella respondió sin titubear:

—Un príncipe puede tratar pescado. Él no se da bien con la carne vacuna.

Quiero destacar que la Princesa Africana se pronunció con seriedad, como si apelase a un antiguo código de la tradición yorubana.

Entonces analicemos esta respuesta que en algo recuerda el Paradigma de la Cebolla Podrida. Ella bien podría haber entrado en la variante trillada de "¡qué príncipe ni qué príncipe!", respuesta típica de esposa cansada. La recusa a jugar. En el ajedrez de la vida ese gambito tiene piernas cortas. "Está bien, su Alteza", tendría sus méritos, pero es una respuesta que cojea al no interpelar al juego. Retomando el tema de la culpa, me dejaría en última instancia sintiéndome perezoso. "Los príncipes pueden tratar pescado", no contradice las prebendas de mi sangre azul y me compromete en los quehaceres culinarios.

Entonces respiré hondo, el cuchillo en la mano izquierda y el martillo en la derecha, y decapité mi almuerzo con tres secos golpes.

62. CONGRESO

—¿Y por qué no hacer el congreso en el terreiro? —sugirió Mãe Stella a modo de desafío.

—¿En el terreiro?

—¿Sí, por qué no, si en el Barracón caben cuatrocientas personas?

Bueno, estaba exagerando, ¿pero sabía ella que ahí se abría un período, uno de los más importantes en la historia del candomblé?

En 1980 figuras de la cúpula internacional del culto Yorubá —Mestre Didí, Marta Vega, Abimbola— se reunieron en Nueva York, capital de las encrucijadas, quizá por acaso, tal vez por destino. En ese encuentro nació la idea de montar una estructura transcontinental, creando un foro para la transmisión de la tradición y cultura de los Orixás. La propuesta era oportuna: las relaciones entre África y América, a nivel pluricultural, prácticamente no existían. Sólo se daban encuentros esporádicos, iniciativas personales, como cuando Mestre Didí compareció ante el Rey de Keto. Los fieles en la diáspora veneraban sus lugares de origen; América visitaba sus fuentes en África, pero Mamá África desconocía a la América Negra, con sus inventos litúrgicos. El tiempo de conocerse había llegado. Por otra parte, no hay que olvidar que la madre era más joven que la hija; Nigeria puede considerarse mucho más joven que Brasil, ya que se constituyó como nación independiente en 1963.

El grupo de Nueva York trabajaba con la conciencia de estar haciendo historia. De esa colaboración nace la *Primera Conferencia de la Tradición de los Orixás*, con sede en Nigeria en la ciudad sagrada de Ife, santuario mayor de los pueblos yorubanos. El éxito del congreso aseguró su perpetuación. La delegación bahiana, con Mestre Didí a la cabeza, regresó entusiasmada principalmente porque, por decisión unánime, Salvador había sido elegida como sede del próximo congreso. La Roma Negra se vistió de fiesta para la ocasión y la *Segunda Conferencia de la Tradición de los Orixás*, realizada dos años más tarde, fue ejemplar en organización y armonía. Hermanos que se encuentran, ritos que se cumplen, nuevos vínculos que se forjan, achicando el Atlántico. Mãe Stella tuvo su debut en el foro internacional con su aplaudido trabajo sobre Sincretismo, secundada por Gracinha de Oxún y Vera Felicidade. En la tesis principal, ellas consideraban al sincretismo como la enfermedad juvenil del candomblé.

No asistí a ese congreso, Graça aún no había aparecido en mi vida. Vi algunas escenas por la televisión, cubriendo la llegada de majestuosas figuras africanas con sus túnicas coloridas. No hay nada más elegante que una mujer africana elegante.

Con ese marco internacional de fondo, la cúpula brasileña decide realizar el *Primer Encuentro Nacional del Candomblé*. Graça era la secretaria general. Yo, en mi tiempo libre, oficiaba de secretario secreto de la secretaria, escribiendo textos y pegando estampillas. La Secretaría de Educación del Estado y la municipalidad de Salvador decidieron colaborar. La primera facilitó las carpetas y el material gráfico, además de abrir un colegio como albergue para los congresales de otros estados. El alcalde se comprometió en pavimentar la calle de acceso, instalar un teléfono público y reforzar la red eléctrica para los poderosos focos de la televisión. A última hora también cedió su pipí-móvil, como aquí llaman a los mingitorios ambulantes. Ya que estamos en la Roma Negra, ¿pueden ustedes imaginarse a Juan Pablo II trasladándose del Papa-móvil al pipí-móvil? El Batallón XIX de Infantería, vecino al terreiro, no se quedó atrás, distribuyendo frazadas y prometiendo cien desayunos. La Universidad se arrimó con 300 refecciones diarias y yo presté mi máquina de escribir suplente y conceptos básicos de dinámica grupal (porque era un momento delicado, el candomblé se estaba institucionalizando).

Se me acaba de ocurrir una asociación: el Candomblé es para la Iglesia Católica, lo que Plataforma para la IPA.

El Axé Opô Afonjá estuvo a la altura de las circunstancias. Las venerables de la comunidad sugirieron alinear stands de hojas de palmeras, a la manera de chozas africanas, con puestos de venta para despachar comidas, bebidas típicas y productos artesanales. Las mujeres de Iansan del terreiro, eximias cocineras por linaje, prepararon el mejor *acarajé* del mundo, molido en la piedra. Los equipos de televisión tendieron sus marañas de redes, en un pandemónium electrónico, mientras las hijas de santo pasaban la noche en claro para recibir a más de 300 hermanos de todo el Brasil y una delegación del Uruguay. Sólo faltaba levantar el telón. Esa noche, en casa, atendí el teléfono: me llegó la voz exuberante de Railda, la magnífica Mãe de Santo de Brasilia, gran amiga de Gracinha de Oxún, que llamaba para una consulta de última hora sobre la indumentaria a llevar. Charla de mujeres. Le paso el teléfono a Graça que informa:

—Tienes que traer, como mínimo, tres enaguas almidonadas de Ifá, dos canesúes, cuatro paños de la Costa y un vestido de fiesta para la ceremonia de clausura.

Al llegar temprano al terreiro, pude comprobar que el alcalde había sido fiel a su palabra: el camino de acceso lucía con su flamante pavimento, con perfume de alquitrán. João, el pulpero, estaba en la puerta de su bar con camisa blanca limpia y la calle ostentaba un aseo inusual. Adentro de Axé Opô Afonjá, en la secretaría, la confusión habitual a la hora de entregar las carpetas. Finalmente encuentro la mía; figuro como *Acompañante*. Al salir de la improvisada secretaría me topo con una escena que habla de los nuevos tiempos: una Iyalorixá gordísima, vestida cual reina, con su enorme pollerón sobre enaguas triples, hablaba por el nuevo teléfono público, frente a la Casa de Shangô. "Gran foto", me dije, Nikon en mano. En realidad, el terreiro, esa mañana, era jauja para fotógrafos: el colorido de las vestimentas de los congresales, los stands parecían el Congo, y las hijas de santo revoloteaban al sol.

Voy al Barracón para asegurar mi lugar. Ya estaba medio lleno y temí que el sitio resultara pequeño para tanto convidado. Me senté en el ala derecha, lugar usualmente reservado para las mujeres. Pero la discriminación sexual hoy no corría. Un Barracón vestido de fiesta: el techo cubierto con los banderines rojiblancos del Rey de la Casa, Señor del Progreso, Dueño del Trueno, portador de símbolos de gallos, tortugas y morrales de caza. Adelante, la clásica mesa de congresos, erizada de micrófonos y jarras de agua, frente al trono central de la Iyalorixá. Pero la gran novedad, aquella que transformaba El Barracón, estaba dado por las filas de sillas que ocupaban el lugar tradicional tomado por la rueda de la danza.

La poderosa delegación de San Pablo se presentó en pleno, ocupando el frente derecho de la platea. Minas Gerais y Río se concentraron en la izquierda. Pernambuco y Brasilia más atrás, junto con las delegaciones menores. Bahía, como dueña de casa, y los jóvenes del Movimiento Negro Unido, colmaban el resto. No sobraba ningún lugar en la platea, hasta el patio central se veía ocupado por los camarógrafos de tres canales de televisión, iluminando con sus focos a las figuras más destacadas. San Pablo había tirado la casa por la ventana y ahí se dirigía Juanita, saludando a diestra y siniestra. El circo estaba montado.

—Aquí estamos de manos dadas —abre el congreso Mãe Stella, y su voz, apenas trémula, denuncia la importancia del momento. A continuación da la bienvenida a las delegaciones y cada una, es acompañada por el toque de atabaques que le es propio. El público aplaude cada batida.

—No existe candomblé —continúa diciendo Mãe Stella— donde se rinda culto a un solo Orixá. Tenemos el fuego de Shangô, las hierbas de Ossayn, el espejo de Oxún y el hierro de Ogún.

Su voz no cargaba el tono impersonal del oráculo, poseía la vibración de quien sabe que tiene la audiencia cautiva. El discurso proseguía mechado de aplausos. Una salva de atabaques puntuaba cada ovación.

—Nadie, en todo Brasil, puede decir que sea blanco —anunció el próximo orador—. Blanco es mi hermano negro más claro.

Tam Tam Tam Tam Tam Tam

—Mucha gente cierra la camisa para esconder su collar de cuentas.

Tam Tam Tam Tam Tam Tam

—¡Basta de cobardía!

Tam Tam Tam Tam Tam Tam Rataplán

En el recreo encuentro a Juanita con una madre de santo paulista, rubia con pinta de holandesa, llamada Cleofe, y sus gestos hacen juego con los ojos de oso ruso de Juanita.

—Está marchando bien el congreso, ¿no? —acoto, para decir algo.

—Por el momento sí —responde Juanita y añade, bajando la voz—. Esperá que llegue la tarde.

Cleofe sonríe, conspiracionalmente.

Compro dos camisas con el logotipo del congreso, en uno de los stands, y voy a la secretaría para encontrarme con Graça. Ella agradece la camisa y me pregunta:

—¿Cómo van las cosas en el Barracón?

—Todo azul —contesto, sin pensar en las nubes que Juanita vaticinaba.

En uno de los fondos del Axé Opô Afonjá, pasando la Casa de los Muertos, a la vera del mato sagrado, existe una puertita de hierro, medio escondida, que da a la barraca de Doña María. María se especializa en *carne de sol*, una especie de charque nordestino, servido con una farofa de zanahorias y una salsa picante, tan picante que el puta-parió parece leche de madre. Yo no quería comer la comida cedida por la universidad, de esas que vienen en bandejas de aluminio, donde las uvas se mezclan con el puré por los bordes.

Pido carne de sol y una cerveza. Animación en la barraca. Graça llega pulsátil detrás de las ojeras; excitada e irritada. Todavía no tuvo tiempo de participar.

—¡Hay cada Mãe de Santo! —exclama.

Va a hablar, necesita desahogarse, pero sabe que estoy escribiendo sobre el terreiro y duda, con razón, de mi continencia.

—¿No lo vas a escribir en tu libro? —me advierte, con tono amenazador.

—Soy una tumba —digo, una vez más.

Parece ser que una cierta Mãe de Santo paulista, cuyo nombre no puedo divulgar, se arrimó a Gracinha de Oxún para ordenarle que llevara su hija a orinar.

—¡Imaginate! Yo que estaba llena de trabajo.

—La pucha...

—Yo no soy esclava de nadie en esta tierra. Sólo de Oxalá.

Por la tarde, en efecto, el Barracón cambió de ánimo y de cara. El nuevo perfil era agresivo, más polémico. La discordia se había instalado. Ponencias incisivas. Críticas a diestra y a siniestra. Ni siquiera el Axé Opô Afonjá se salvaba, había pecado de folclorización.

—¡No hay que olvidar que el candomblé es religión y no turismo!

Tam Tam Tam Tam

Otra vez los atabaques, su pulso era el corazón del congreso y de pronto me di de cara con lo obvio: el aplauso es un tambor. Los redobles le devolvían al aplauso su vibración original. Los fuelles del congreso rugían cuando los líderes del Movimiento Negro Unido comenzaron a intervenir con la ira sagrada de la militancia joven.

—Estamos contra la violación de nuestros secretos.

—Somos un grupo de resistencia, no existe diferencia entre religión y política.

Tam Tam Tam Tam Rataplán
El discurso político de la posesión.

A la hora del recreo salí del terreiro y fui a tomar una cerveza en la pulpería del taciturno João. No fue una escapada, tipo rabona, nada que ver con aquella primera vez: el congreso me tenía copado y estaba tomando notas. Absorto dejo la botella por la mitad y vuelvo al terreiro. En el Barracón finalmente encuentro a Graça, liberada de sus tareas administrativas, y aprovecho la ocasión para felicitarla:

—Te felicito, éste es el mejor congreso al que asistí en mi vida.

El cumplido era sincero. Ahí estaba, fumando plácidamente mi cigarrillo, cuando percibo un tumulto en medio de la calle de los stands. El revuelo crece y al acercarme veo a João discutiendo a los gritos y empujones con Félix, el nieto mayor de Mestre Didí. Cuando me aproximo, con la intención de aquietar los ánimos, el pulpero me mira con cara desorbitada, apuntándome con el índice:

—¡Ése es el hombre que no pagó su cerveza! —exclama.

¡Qué papelón! A esta altura no puedo hacerme el ingenuo y pensar en la mera casualidad, porque mi vida es una causalidad de casualidades. Esta experiencia me dejó meditabundo, comencé a pensar que realmente era escandaloso. La piedra de molino como mi cruz. Pasemos revista: cuando decidí mi profesión, allá por 1945, ser analista era cosa de charlatán y de judíos, perdí mi relación con mi hermano Carlos por causa de ello; tres años más tarde tuve mi pelea con Arnaldo Rascovsky que me llevó a emigrar a Londres; después viene el romance con Noune que casi me cuesta la expulsión de la APA; mi fugaz aparición en el tribunal de la Comunidad Terapéutica por darle cerveza a una alcohólica; luego entré en Plataforma que fue un grupo escandaloso. O tomemos el caso más reciente: mi casamiento en el Axé Opô Afonjá; boda turbulenta con vómitos, techo deslomado, juez infartado y divisiones en la cúpula. El haberme casado cuatro veces es, de por sí, alborotante; el divorcio de Martha fue escandaloso por el simple hecho de que la sangre llegó al río. En los últimos años, la subversión viene amarrada a la palabra escrita. Desde *El antiyoyó* mis libros se volvieron escabrosos, iniciando la era supertrámpica. Escribo peligrosamente, mis mejores páginas son escritas con erótica carne de gallina; Gracinha de Oxún tiene razón de mezquinarme información, *Gigante por su propia naturaleza* tornará pública la privacidad del terreiro.

Soy astuto e inocente al mismo tiempo. En eso soy Exú.

Tam Tam Tam Tam Rataplán.

63. DESGRACIA

Las cosas nunca más serán las mismas después de que el congreso se cerró en una noche sacra donde cada nación vibraba con su toque. El raro sortilegio de la solidaridad llegó a su fin cuando se cubrieron los atabaques. Luego vinieron tiempos difíciles, ensombrecidos por el silencio amenazador de los dioses y la discordia entre los hombres. La armonía en el candomblé nunca fue completa, ni aun en el momento culminante del encuentro; luego me enteré de que, en la noche del cierre, dos Padres de Santo, de facciones paulistanas opuestas, sacaron sus facones y fueron expulsados del terreiro por la Iyalorixá.

Un nubarrón descendió sobre el Axé Opô Afonjá, cargado de desgracias y funestos augurios. Primero, una nieta de Mestre Didí, que tenía dos años, se ahogó en la fuente de Oxún. Una hija de María, la que cocinaba carne de sol en los fondos del terreiro, murió de una enfermedad misteriosa antes de cumplir diez años. Luego, Mãe Pinguinho, la que condujo mi Borí, comenzó a tener problemas. Ella arrastraba una vieja diabetes. La pierna izquierda dio señales de claudicar y tuvo que ser internada.

Graça y yo fuimos a visitarla al hospital un domingo por la tarde. La encontramos en un rincón de un gran pabellón vacío. Creo que ella se sorprendió al verme y yo me sorprendí de estar ahí en ese atardecer mortecino. Las vísperas dominicales incuban mis peores marasmos.

Mãe Pinguinho saluda en Yorubá y comienza a quejarse del mundo en general y de la ingratitud de las hijas de santo en particular. Siente puntadas en la pantorrilla izquierda y un cosquilleo generalizado en la misma pierna. Constato a la palpación que el pie comprometido está frío.

—Vamos a pedirle a Emilio que le dé un masaje —sugiere Graça, usando el "nos" de las enfermeras. Mi pasaje por Esalen me ha dado cierta fama como masajista de buenos dedos. Con las manos en la masa constato que, en efecto, el pie está helado y su color no es de los mejores. Mãe Pinguinho, más animada por la visita, continúa charlando animadamente con Gracinha de Oxún sobre los correveidiles del terreiro. De pronto ella mira fijo al pie masajeado y exclama:

—¡Ojalá que se cure para la fiesta de Shangô!

Terminado el masaje voy en procura de la enfermera y me identifico como médico. La enfermera me cuenta que le van a apuntar la pierna. El riesgo de gangrena es grande. Me siento abrumado por la sentencia médica.

—¿Ella sabe? —le pregunto, y ella se encoge de hombros.

Pena por esa bailarina octogenaria llamada Pinguinho. "Pingo", en portugués, no es cualquier gota, sino aquella gota que gotea saltarina y cae por las alcantarillas, pingando alegremente.

Cuando se abrió el ciclo litúrgico con la ceremonia de *Aguas de Oxalá*, Mãe Pinguinho andaba en silla de ruedas. La fiesta fue opaca. Oxalá recibió mal la ofrenda, no estaba satisfecho con el Axé Opô Afonjá. La sombra de su ira preocupaba al terreiro. Más aún, en el juego de buzios, el padre de los Orixás amenazó, advirtiendo que las cosas podían empeorar si no se tomaban las debidas providencias, mas no se sabía cuáles serían. En la semana siguiente muere la nieta de Mãe Pinguinho, muerte inexplicable de una espléndida muchacha de quince años. En la seguidilla, le toca el turno a una anciana, lo que, por el orden natural de las cosas, no sería de extrañar, ya que ella estaba en edad de perecer; pero, dentro de la secuencia, no dejaba de ser significativo. Cuando, ante el asombro de todos, muere el Padre Julio, la cosa se puso realmente fea. El Padre Julio, Mestre de Matanzas, aquel que sacrificó mis palomas nupciales. ¿Quién será el próximo?

Dadas las circunstancias, por demás aciagas, el Axé Opô Afonjá se acuarteló. Días difíciles se arrastraron en semanas. Las veces que fui al terreiro constaté desasosiego por doquier; rostros perplejos en estos tiempos de cólera. Oxalá, con sus tenebrosas intenciones, con su ira indiscriminada, me irritaba. Le tomé ojeriza. En el fondo, estaba con celos. Casi todos los días volvía del consultorio para encontrarme con la casa vacía y la tardía llamada de Gracinha de Oxún, informando que los buzios de Mãe Stella, una vez más, mandaban otra noche de plantón en el Axé Opô Afonjá. Entonces, este seguro y celoso servidor tenía que exprimir sus propias naranjas para el trago con ron en las largas veladas de invierno. Sí, soy muy celoso y no aguanto ceder mi lugar de exclusividad, como cuadra a todo marido convencional que refunfuña, con legítima razón, por los buracos en las medias.

Tengo una teoría que tiene la virtud de ser molesta: *los celos son siempre justificados.* Siempre. Celar es un dispositivo sumamente celoso, como el corchito del pescador que se bambolea al menor pique. Los celos nunca son infundados y, ojo, porque es *El analista de las cien mil horas* el que está hablando. Y por si esto fuera poco: creo que las celosías, con sus sutiles enrejados, son casi telepáticas. Ahora bien, la acción de celar, por su parte, lleva embutido un mecanismo negador que eclipsa la verdad revelada. Los grandes celosos de este mundo no quieren saber que saben.

Se cela para no saber.

Se cela de lo que se recela, mas no se recela de lo que se cela; porque recelar, curioso, es menos virulento que celar. De ser así yo diría que el dispositivo infalible es el recelar.

No es fácil tener celos de un Dios. No sólo del Orixá, de la Iyalorixá también. Porque toda hija de santo vela por cualquier antojo de su Mãe de Santo, siempre con una veneración en su amplia sonrisa, que el marido más adorado nunca recibirá.

64. ÁFRICA

África era un *must*, como correr la maratón en Maratón, como bailar el Danubio Azul en Ringstrasse. Era el deber deseante de Graça, beber en las fuentes, en sus fuentes, en las tierras de Oxún, Reina de Oshobo.

Fue como naufragar en el *Titanic*: viaje majestuoso que termina en desastre. Pero comenzó bien, con escala en París para ver la fiesta de los 200 años de la Revolución Francesa. Estuvimos con Belén y Jorge, con Nasio y la divina Nelba. El desfile, bajo el Arco de Triunfo, fue bueno, aunque la Escuela de Samba de Mangueira en el Sambódromo tiene más feeling, más tchan, más gurunbundum.

El avión que nos llevaba a Lagos, capital de Nigeria, ya demostró la precariedad del continente africano, continente que, según Duby, lleva 1.000 años de atraso. La máquina era una reliquia. Ante mi sorpresa una azafata pasó distribuyendo relojes despertadores; el nuestro, tengo que confesar, funciona hasta el día de hoy.

La aduana era de película. Todo el mundo con cara de culo, ladrando órdenes, tipo *La lista de Schindler*. No querían creer que éramos turistas. ¿Quién podía creer que uno quería hacer turismo en Nigeria?

A la salida del aeropuerto no había taxis; o sea autos con un taxímetro para bajar bandera. Un hombre fornido baja de un auto dilapidado y toma nuestras valijas sin preguntar, casi con prepotencia. Fue tan rápido y nosotros estábamos tan papanatas que no atinamos a posicionarnos. Pajueranos en África. Le dimos la dirección del hotel.

Fue el paseo más paranoico que recuerdo en vida: en un país ignoto, sin taxis y con caníbales, viajábamos a la merced de un conductor mal entrapado, cuyo inglés cocoliche no comprendía. Cuando paró para hacer una diligencia, nuestras sospechas parecieron confirmarse.

Nos acercábamos a Lagos, ciudad que la enciclopedia da con dos millones y medio de habitantes. Difícil encontrar una ciudad más fea, más inquietante y más sucia. A lo largo de la avenida que nos llevaba al hotel, todas las casas eran casamatas de uno o de dos pisos, la mayoría de ellas sin revoque y con estrechas veredas. Grandes embotellamientos; cuando el tráfico paraba pululaban vendedores ambulantes vendiendo cosas estrafalarias: gallinas, walkman, abanicos españoles. Graça y yo, en el fondo del coche, agarrados de la mano, con un susto loco. Una nota contrastante, en medio de esa miseria ruidosa gris de polvo seco y cemento desnudo, la estupenda belleza de las mujeres con sus increíbles túnicas multicolores, usadas con garbo. Ésa fue mi primera impresión, luego generalicé: las mujeres nigerianas son las más hermosas del mundo.

Finalmente llegamos al hotel, un Hilton del primer mundo, tipo Miami. Una isla, yes. Moderno el hotel, con esas tarjetas magnéticas para abrir las habitaciones, pero, detalle, no funcionaban. Yo en la recepción pedí por American Express y me dijeron que el dinero plástico no circula, ni siquiera en el Hilton. Y los teléfonos eran un infierno, perdimos toda la mañana intentando comunicarnos con el único contacto que teníamos en la ciudad.

Después de tres horas pegados al teléfono, decidimos salir a pie a recorrer la ciudad. Pronto fuimos identificados como turistas y una manga de pibes subnutridos nos mangueaban con esa urgencia que da el hambre.

Fue ahí donde yo, ciudadano del Tercer Mundo, comprendí que Nigeria estaba en el Cuarto Mundo y comencé a irritarme como buen turista que se equivocó de país.

Para escapar la persecución de niños famélicos, entramos en un colegio, Graça quería conocer a sus colegas africanas. Aquí reinaba cierto orden y la directora del colegio se animó cuando Graça comenzó a hablar en un Yorubá que daba para mantener una conversación.

Graça se había preparado para el viaje, ella conocía bastante Yorubá arcaico, de aquel usado en las canciones y rituales. A eso se suma un semestre de clases particulares de Yorubá moderno. Ella se defendía con su oído musical.

Pasamos dos días torpes en Lagos, intentando cambiar nuestros dólares. En el tercero partimos para Ibadan, la ciudad universitaria. Fuimos en ómnibus, nuestro contacto nos alertó de no tomar un taxi porque suele acontecer que detrás del taxi venga un coche con malas intenciones. La ruta a Ibadan se parece mucho a las del nordeste brasileño, con palmeras, buracos y pocos autos.

Ibadan tiene el mayor campus universitario de Nigeria, lindo lugar, bien cuidado, con pasto verde y todo tipo de árboles. Paramos en la casa de huéspedes de Wande Abimbola, decano de la universidad, amigo de Mãe Stella y Mestre Didí, el mandamás de la tradición yorubana. Amigo pero rival político, ya que América y África se celan y recelan en el juego del poder.

Abimbola poseía una casa lujosa, con la sala alfombrada de pieles de cebra, salpicada de esculturas sacras típicas. Vivía en su pequeño gran palacio con su esposa número tres en el escalafón (las otras dos creo que vivían en Lagos). Él resultó ser un hombre simpático, pero muy atareado. Su tercera mujer simpatizó con Graça y nos llevó, junto a su hermana, a conocer el mercado de la ciudad. Ambas hermanas tenían entre cincuenta y sesenta años y era impresionante lo bien conservadas que estaban: uno les daba menos de cuarenta. Ésa es una característica del pueblo nigeriano. "Bien conservado" no es el término, porque sugiere una falsa apariencia; ellas directamente no tenían la edad que tenían.

Todos los días, siguiendo la vieja fórmula, yo convertía el campus en mi jardín e iba corriendo hasta una moderna iglesia antes del opulento desayuno con inhames en la *guest house*. El campus era un gueto y la gente tomaba guiness, consumía carnero, sopa de pimienta y nada más. Confinados dentro de los muros.

La próxima escala era Oyo, el país de Shangô. Cuando le comunicamos nuestra intención a una antropóloga americana residente, ella nos advirtió:

—No vayan, son las fiestas de Shangô.

—¿Y?

—Durante todos estos días, si una mujer anda suelta después de las seis de la tarde puede ser sacrificada.

—¿En serio?

Hablaba en serio. Abimbola no desmintió el dato aunque dijo que hoy en día era poco probable.

—Por las dudas, mejor no ir —recomendó.

O sea, estábamos en otro mundo, lo que me lleva al tema de las drogas. En un almuerzo en el comedor del campus, me senté al lado de un profesor especialista en hongos. El hombre se mostró reticente cuando le pregunté sobre hongos alucinógenos. Cuando comenté el asunto con la antropóloga, ella dijo que los usuarios de drogas eran castigados con severidad. Para el consumidor de marihuana la pena era ejecución pública televisada. Comencé a tomarle ojeriza al lugar.

En Ibadan tuve un fuerte ataque de celos. Graça quería aprender más sobre el juego oracular y contrató un joven y simpático maestro. Durante tres días tomó clases intensivas con el susodicho, encerrada en nuestro cuarto, mientras yo bajaba cervezas, royendo las uñas en el comedor del campus. Fue el tercer episodio de celos: primero con la pantera Mutar, en el laboratorio inicial, luego con Mãe Stella y finalmente con este profesor del Oráculo de Ifa. Un detalle que tendrá importancia: en la *guest house* mosquitos penetraron en nuestro mosquitero.

Permanecimos cinco días en Ibadan y luego alquilamos un coche confiable rumbo a las tierras de Oxún, en el corazón de Nigeria, lugar que pocos turistas frecuentan. En el camino cruzamos por varias aldeas bien primitivas con muchas mujeres, sobre todo las viejas, topless. Un amigo nuestro americano, antropólogo, pasó varios meses en una de esas aldeas donde ni siquiera radio tenían.

El viaje de varias horas nos llevó a Oshobo, donde está el Palacio de la Reina de Oxún, el destino final de la Princesa Africana y su príncipe consorte. Primero dimos una vuelta de reconocimiento por la ciudad. Visitamos un mercado con la mayor variedad de pimentones que haya visto, con todas las gamas posibles del rojo. Como rara vez llegan turistas, la mayor atracción del mercado éramos nosotros, yo en particular, con mi pinta de Cazador Blanco.

Tomamos una cerveza no muy fría en las arcadas del mercado. Graça estaba feliz pero parecía un poco demacrada, con bonitas ojeras azules. Atardecía, de modo que fuimos al mejor hotel de la ciudad, hotel de pueblo, con luz eléctrica, ventiladores y un televisor en blanco y negro. Por primera vez pernoctábamos fuera de los guetos que fueron el Hilton y el Campus. El dueño del hotel era un tipo simpático y se abrió en una amplia sonrisa cuando la Princesa terció en yorubano. Nos relajamos. Mientras preparaban la comida, Graça subió a nuestro cuarto y hete aquí que se encuentra con el mismísimo dueño del hotel revolviendo nuestras valijas. Ante la pregunta de Graça, el tipo musitó algo y dejó el cuarto.

¿Qué hacer? Nuevamente nos invadió la misma sensación de impotencia que tuvimos al dejar el aeropuerto. ¿Denunciar al sujeto? ¿Frente a quién? El vocabulario de Graça no incluía "policía". ¿Mudarnos a otro hotel? Si éste era el único pasable. Esa noche mal dormimos con varios muebles encimados contra la puerta.

A la mañana siguiente, antes de ir al Palacio de la Reina de

Oxún, fuimos a visitar una amiga de Abimbola, una austríaca medio antropóloga, que tenía una tienda de souvenirs cerca del palacio. Mujer alta, desnutrida, con cara de bruja. Yo compré un anillo que Graça aún usa y varias estatuitas de madera. Cuando le dijimos que íbamos a visitar a la Reina de Oxún, la bruja austríaca nos advirtió:

—Cuidado, les encanta el dinero, pero son buena gente.

En el mercado, frente al palacio, Graça compró dos obis, fruto sagrado yorubano, para ser partido en nuestra visita. Yo saco varias fotos, más príncipe consorte que nunca. En el portón de entrada al palacio, Graça me dice:

—Estoy con fiebre.

Coloco la mano en la frente y, en efecto, volaba de fiebre.

Eso tiene que ver con los preparativos. Esta vez, Jack, no hicimos ningún preparativo. Graça pensaba que Mamá África no podía ser hostil a nuestro peregrinaje. Yo tomé unas píldoras antipaludismo de quinina, pero ella no quiso tomarlas, sería no tener fe en su cuna.

En la amplia cámara central, encima de un podio cubierto de almohadones, estaba la Reina rodeada de su séquito de cortesanas; una docena de mujeres en total.

Nos acercamos a la Reina y le entregamos los obis. Ella con una sonrisa, antes de partirlos con un cortaplumas, nos dice:

—Son doscientos narias.

El príncipe paga.

La Reina parte el obi y exclama:

—*Alafia!* —todo está bien.

A continuación, Graça le dice que tiene un mensaje grabado de Mãe Stella. La Reina, sin mucha lógica protocolar, extendió la mano:

—Son trescientos narias.

Ella escuchó atentamente el mensaje, intercalando expresiones en Yorubá. Luego preguntó:

—¿Quieren que cantemos?

—Sí.

—Son veinte dólares —esta vez cambió de moneda.

—¿Atabaques?

Veinte dólares.

El trío de atabaques se hizo presente y las mujeres comenzaron a cantar y bailar. Graça, empapada de sudor, entró en la rueda. Bailó, Jack, como nunca la vi danzar. Fuego y gracia se juntaron en una danza magistral. Ella estaba en trance.

Existe una costumbre, muchas veces vista en el candomblé,

de que cuando un bailarín baila bien, alguien del público se acerca, hace una reverencia, y le entrega dinero. Y aquí viene la parte sensacional de la historia: la mismísima Reina de Oxún se levanta, hace una reverencia, y le entrega el dinero a la Princesa Africana.

La monarca, en un momento de admiración, suelta su dinero. Mayor diploma honoris causa, imposible. La Madre de Santo del Siglo XXI había sido ungida en el lugar que el futuro le reservaba. Mi orgullo desbordaba. Nunca me sentí tan orgulloso.

Un llamativo cambio se evidenció en la cámara real. Las cortesanas nos rodearon efusivamente. Una joven estableció una amistad instantánea con Graça, enjugando su frente, cual solícita hija de santo. Mejor imposible.

Graça tenía otra misión en Oshobo. Bañarse en el río Oxún. Allí fuimos con la nueva amiga. Yo, entre muchas emociones, estaba preocupado por la salud de mi mujer, que presentaba chuchos de frío en pleno mediodía tropical. El río quedaba cerca, pero alguien nos llevó en auto.

Recuerden la leyenda: en el episodio de las orejas cortadas, la furia de Shangô convirtió a Oxún en el río que lleva su nombre. Es un río caudaloso, barroso, que corre amarillo. Estábamos solos; al pie del río nos sacamos la ropa y entramos en las aguas tibias. Yo llevaba las alianzas. Graça entonó una cantiga yorubana. Y nos casamos en el ojo líquido de Oxún.

Volvimos a la mañana siguiente a Lagos en un horrible viaje en ómnibus. Graça debía tener 40 grados de fiebre. En el aeropuerto ella pasó por una inspección sanitaria y la médica dijo que era un cuadro febril inespecífico. Le estoy agradecido por eso: de haber diagnosticado paludismo no hubiésemos podido viajar y no quiero pensar lo que había acontecido en la precaria Lagos. La enfermedad fue diagnosticada en París, un paludismo con tres cruces, un cuadro de extrema malignidad. Ella fue medicada. En el aeropuerto Charles de Gaulle nos colocaron en una sala especial y Graça subió al avión en camilla.

Ella fue a parar al pabellón de infecciosas del Hospital Español. Su estado era grave, perdió el conocimiento y deliraba. Magdalena, su hermana, escuchó decir que su estado era desesperante. A todo esto, al segundo día de la internación de Graça, yo amanecí con fiebre alta y se me diagnosticó paludismo de una cruz. Después me contaron que tuve un especie de delirio. Me desperté agitado y pedí a los gritos que quería saber quién era el número 6 de la selección de Menotti. Todo el hospital fue movilizado. Mi amiga Rosa García, que entiende de fútbol, dijo: "Passarella". Eso me tranquilizó. ¡Passarella!

Esos miserables mosquitos de la *guest house*. Aunque fuese de sólo una cruz, en un momento necesité de oxígeno y todavía recuerdo la sensación de muerte sórdida. Ese protozoario de mierda y ese transmisor de mierda, el *anopheles gambiae*, variedad "ojo rosado". Son lo peor en la costra de la Tierra. Malditos sean los mosquitos nigerianos y benditas las aguas del río Oxún.

65. VARÓN

Voy a utilizar mi final con Martha para hablar de la única separación masculina en serio en toda mi vida. Se parecen. Yo ya me peleé con Oscar Masotta y con Raúl de la Torre, director de la película *Heroína;* me peleé con editores, con Juan de Fundamentos en Madrid, con Jayme Salomão de la Imago en Río, pero fueron escaramuzas puntuales, tirando a histéricas, por sentir que cuidaban mal de mis hijos, de mi cría intelectual. Por otra parte, los editores son pérfidas madrastras estériles. León Grinberg y Willi Baranger se pelearon conmigo, mas con razón; hubo un maltrato de mi parte, pero yo no me peleé con ellos, quiero decir: no les tuve bronca. Con Varón Horne la cosa fue distinta. Separación singular que merece una entrada en *El libro de las separaciones.*

Conocí a Varón en los tiempos de *Heroína;* recuerdo que le mandé el libro con la siguiente dedicatoria: "A Barón, porque sí nomás". Dicho y hecho, lo conocía poco, de ahí el nombre errado, pero me caía bien. Varón era un tipo encantador. Se parecía a un actor, cuyo nombre se me escapa, que hacía de cowboy en una serie tipo Bonanza.

Por aquel entonces, 1969, yo presidía la APA y estaba programando el *Primer Congreso Panamericano de Psicoanálisis,* tal vez mi trabajo institucional mejor realizado. Varón a la sazón era candidato y se destacó en el bien aceptado montaje de ese congreso. De ahí nació una amistad, hecha más de simpatía que de contactos. Le llevaba diez años. Además de Varón, me acerqué a un grupo joven de analistas: Horacio Scolnik, Martín Weissman, Luis Córdoba y Andrés Rascovsky, hijo de Arnaldo. Clan alegre y talentoso. El hecho de fumar marihuana nos aproximaba. Fue el grupo de los laboratorios, de la izquierda festiva, si se quiere, o festiva a secas, si no se quiere. Las mujeres que frecuentaban ese grupo eran minas fabulosas, encabezadas por la fabulosa Lidia Madanes[1].

---

[1]Lidia negaría la pertenencia a ese grupo, pero, en mi cabeza, formaba parte.

Y así llegamos al exilio y a los tiempos difíciles. En 1976 Varón viene de visita a Bahía y ahí conversa con el grupo de personas que estaban analizándose con Martha y conmigo, proponiéndoles un curso de formación. El proyecto estaba basado en el estudio de los textos de Freud, con un contacto mensual, llevado a cabo por el propio Varón, Horacio Scolnik, Luis Córdoba y Andrés Rascovsky. El grupo bahiano acepta, Martha y yo también, aunque hubiésemos preferido formar otro equipo con Armando Bauleo, Hernán Kesselman, Tato Pavlovsky y Fernando Ulloa, pero no quería ni podía ejercer un veto y el programa que proponía Varón tenía la ventaja de estar bien estructurado. Era un grupo *prêt-à-porter*. Bien, el curso comenzó con éxito mientras las cosas en la Argentina se ponían cada vez más fuleras. Pasados pocos meses, Varón y Luis Córdoba emigran para Salvador. La amistad, lógico, se consolidó en el exilio. El grupo de analistas argentinos, que también contaba con Raúl Curel y Alejandro Bernal se vio enriquecido. Fueron buenos tiempos en los que nos dábamos regularmente cita en la playa, donde corríamos después de hacer una sesión de gimnasia. Varón pasó a ser interlocutor de *La lección de Ondina*, del mismo modo que Jack y Manuela lo son del presente. A él le dediqué el viaje a Esalen. Vean, por ejemplo, la siguiente entrada en *La lección de Ondina*:

"Querido Varón:
Esta mañana me bañé en el Océano Pacífico. Pensá en una playa adusta, nórdica, color gaviota, sin árboles a la vista, bastante sucia. Mar verde lechoso, mar de puerto con sus vacuolas y detritos. No valía gran cosa, pero el Pacífico, muchacho, es el Pacífico. Como ese sacristán que quería acostarse con el Papa por el curriculum, '*per l'honore*', sería. Corrí fuerte media hora y después me zambullí. Agua helada. Casi muero. Dolor de huevos, dolor de escroto y de todos los huesos, ¿pero cómo no iba a hacerlo por ti?".
¿Captan la intimidad?

De vuelta de Esalen realicé un encuentro corporal con Fernando Ulloa, Luis Córdoba, Carlos Cohen y Varón. Comenzamos en la casa de Varón, donde les enseñé aikido, y terminamos corriendo en la playa de Arambepe. Puse mi precio: una cena en el Meridien. Lindo día de compinches, buena amistad. Poco después, cuando me separé de Martha, alquilé como ya dije la casa en el Morro do Gato con la sobrina de Varón, donde éste puso su consultorio. Todo parecía bien calmo y tranquilo.

368

¿Qué pasó? Había una competencia amenizada por la amistad. Eso se reflejaba hasta en nuestros pacientes que compartían la sala de espera. Varón atendía a un lindo muchacho, rematadamente loco, pobrecito, que parecía una pila parlante, invadiendo todos los rincones de la casa. La cocina de Amílcar Falcão quedaba cerca de la sala de espera. Entonces éste es el diálogo que se entabla entre Lourdes y el paciente que dice: "El doctor Varón es mejor analista que el doctor Emilio. El doctor Emilio está viejo, acabado". Y Lourdes pisa el palito y dice cosas que nunca había escuchado de sus labios: "El doctor Emilio es muy estudioso, escribe, se formó en Inglaterra. El doctor Emilio es mucho más inteligente que el doctor Varón". El paciente retruca: "El doctor Varón es más bonito". Lourdes acusa el impacto, va a decir algo, se para, sonríe y finalmente concluye: "Será, pero a mí me gusta más el doctor Emilio".

Algo importante ocurrió en la vida de Varón por esos tiempos. Lourdes tenía razón, yo era más estudioso. Varón estaba realizando un seminario sobre la sexualidad cuando fue a una mesa redonda donde un lacaniano inteligente lo masacró. Quedó con la mente en blanco, mudo, y se sintió muy mal. Ése fue un momento decisivo. Varón, tocado a fondo, comenzó a leer Lacan a todo trapo. Fue una metamorfosis. Ocurrió lo que he visto en varios casos, la lectura de Lacan vuelve a ciertas personas más inteligentes, las despabila. Fin del segundo acto.

Pensando en el desenlace, frente a esa competencia inevitable, cometí el error de dar por sentado que yo era el número uno, por gracia divina o tal vez por haber sido el presidente de la APA, andá a saber por qué. Eso lo pongo en evidencia en un pasaje de *Ondina, Supertramp* donde lo llamo, ¡vean la ocurrencia!, Yañez. Yañez es el segundo de Sandokán, en la saga de Salgari. Yañez es el Engels de Sandokán y recién al escribir este capítulo capté la repetición. No soy fácil, no. ¿Pero por qué hago eso? No es, creo yo, por vanidad pura, mi soberbia está bien controlada en el día a día. Mi arrogancia emerge cuando escribo. Además, yo soy el número uno, el Líder Bueno Blanco de Ondina. ¿No ven que tengo razón?

El tercer acto comienza con el viaje a Nigeria y el paludismo resultante que terminó en nuestra internación en el Hospital Español. Yo avisé que estábamos en un pabellón de enfermedades infecciosas y que no podía haber visitas. Salimos del hospital y Varón no dio señal de vida. Pasa un mes, dos meses, cinco meses, sin noticias. Él no llamaba pero yo tampoco. ¿Por qué yo no llamaba? Porque yo era el número uno; él tenía que llamar.

Llega Fernando Ulloa de viaje, le cuento lo que está pasando y Fernando dice: "No seas boludo, llamalo". Tenía razón. Lo llamo, hablo con Varón y lo convido a cenar, aprovechando la venida de Fernando. Él dice que sí, pero después llama dando una excusa, para luego invitar a Fernando y dejarme afuera. Ahí se produjo un crack invisible aunque craculento.

Pero, ¿qué pasó? Lo más significativo es constatar que había un mar de fondo, un desgaste en la relación, que yo no había percibido. Tal vez el más peligroso de mis defectos, una falla en mi desconfiómetro, como dicen los bahianos. Por otra parte, a eso se suma una perversión propia de los analistas. Varón entró en el grupo de Jacques-Alain Miller, se insufló de celo lacaniano y pasó a pensar que yo no era psicoanalista y a decirlo, lo que empeoraba las cosas. Desde *El libro de las separaciones* constato, en efecto, que hay un parecido entre el destino de esta relación y lo que pasó con Martha. La diferencia está en que me enojé mucho más con Varón que con Martha. Él pasó a visitar mis sueños. Tal vez sea más difícil separarse de un hombre que de una mujer. No se trata que la homosexualidad sea amarga y traidora. Eso me parece ser un clisé.

La amistad entre los hombres es cosa complicada. La primera amistad masculina registrada data de 2.000 años a.C. entre los babilonios Gilgamesh e Eikidu y terminó en un duelo a muerte. En la historia son raras las grandes amistades masculinas que se sostienen y perduran: Montaigne y La Boetie, Fellini y Simenon serían las excepciones. Tal vez, en nuestros genes hay mecanismos antiodio, *relais* que protegen la pareja heterosexual contra las separaciones; porque la cama no es la jungla y el nido tiene que ser protegido.

Mi amiga Carmen Lent lo explica de la siguiente manera: el amor entre los hombres está menos codificado que el amor entre hombre y mujer. En el contrato de la pareja ya viene embutida la eventualidad de que el amor, como dice Vinicius, es eterno mientras dura y que, no durando, se acaba la relación. En el contrato de amistad masculina nos embarcamos en un "para siempre", porque los hombres no se divorcian.

Así hablaba Sandokán.

66. MÃE DE SANTO

En el Shopping Barra, cerca de Ondina, se inauguró una pista de patinaje sobre hielo. Novedad chocante en los trópicos. Me acerco, curioso. Una serie de niños están dando sus primeros vacilantes pasos helados, perplejos ante ese fenómeno alquímico que es el agua sólida. Salvador tiene mucho de Macondo. La cuestión es saber si me atrevo a patinar. En tiempos pasados me deslizaba ríspido y rápido por los lagos helados de Stockbridge. ¿Será que el cuerpo recuerda?

Doy vueltas y más vueltas en torno de la duda, cual polilla polar. Pero hay que combatir los tremeliques de la vejez y me acerco a la boletería. La boletera me mira y se asoma para ver si no tengo un nieto enroscado en las piernas y luego, perpleja, me encara nuevamente:

—¿El señor quiere patinar? —pregunta, sin duda deseando que diga que no, pero le digo que sí. Entonces ella pregunta por el número de botín que calzo.

—Cuarenta y uno —digo.

—¿Cincuenta y uno? —me responde, atónita, y el error habla claro de que soy un fenómeno.

Mientras ajusto los largos lazos de mis botines constato, con desagrado, que mis manos tiemblan. Esa sensación de estar con el corazón en la boca, a la merced del miedo. Puedo darme un porrazo y el hielo es duro, pero no es tanto por el peligro físico. Trátase, más bien, del papelón. Sospecho que la boletera y el público me estarán observando en el ring, como si fuera el oso blanco recién adquirido por el circo. ¿No será ésta una estrafalaria versión de mi veta escandalosa? Pregunta molesta, pero importante para una teoría de la vejez, más allá de cualquier militancia. Es curioso que Freud nunca abordara el tema de la senilidad psicoanalíticamente, sólo dijo lugares comunes y quejas melancólicas. Un pasaje, con todo, es notable. Dialogando con el periodista Viereck, Freud dijo: "Tal vez morimos porque deseamos morir... En todo ser normal el impulso de vida es suficientemente fuerte para contrabalancear el impulso de muerte. Tal vez podríamos vencer a la Muerte si no fuera por el aliado que tiene dentro de nosotros. En ese sentido, quizá se justifique decir que toda muerte es un suicidio disfrazado". Notable, pero no sé si concuerdo. Lo cierto es que el anciano es otro continente a ser explorado, más virgen aún que la mujer. La Muerte es la compañera sexual del anciano, su musa erótica. Considero que en la vejez, con o sin Viagra, florece una exuberante sexualidad polimorfa y rizomática, rica en enigmas y laberintos, que haría ruborizar a las doncellas.

Caminando sobre el filo de los patines, como si fueran zancos, me acerco a la entrada del ring. El primer paso es el más importante y ahí voy yo, tambaleante, sobre la helada cuerda floja, cual Papá Noel ebrio. Menos mal que en esa pista todos son muy pero muy crudos: miro en derredor, el más viejo tiene cincuenta primaveras menos que yo. Pero, qué diablos, *vieillesse oblige* y rápidamente voy mejorando: antiguos *sets* musculares se reagrupan, la pelvis se encaja, puedo izar el psoas, cazar el sartorio, el músculo de los sastres, y largarme a navegar. Cuando los parlantes tocan el Bolero de Ravel, ya estoy patinando bien, que es como esquiar, o, si se quiere, como volar.

Esa noche le cuento a Graça que había encontrado la solución para las mañanas de lluvia. Shopping en vez de playa, siguiendo la vieja filosofía de que hay que hacer de la ciudad tu parque. Algunos viejos saben de eso, pero son pocos.

Pasado un mes de asistir regularmente al jardín helado, un paciente llega y se queda callado, resistente, cosa rara en él. Luego comienza a hablar con cierta dificultad:

—Mi mujer lo vio patinando. ¿Era usted, no? —evidentemente, le costaba creerlo.

—Era yo, sí.

—Yo le dije que usted estaba dando pruebas de salud mental.

Puedo reconstruir el diálogo:

—¿Adiviná a quién vi hoy en el Shopping patinando, querido?

—No sé, decime.

—Al chiflado de tu analista.

Apuesto las *Obras completas* de Freud que mi reconstrucción es fidedigna. Entonces recordé que a la segunda o tercera vez que fui a patinar, vino el fotógrafo del Shopping y me sacó una foto para el boletín de la casa. Me felicitó calurosamente, palmeando la cabeza del oso blanco.

Sé que me estoy poniendo pesado con esta historia de la discriminación senil, pero quiero señalar que, para el viejo, admiración y ridículo son la misma cosa, aunque es posible que eso rece para toda edad, menos para los niños y los tragadores de espadas.

La primavera llegó galopando y pronto el año acababa. Es increíble cómo tras todo año, con el girar de las estaciones, aparece un año nuevo, siempre aparece uno. Típico pensamiento seniloide.

En la alta primavera fui con Graça al Shopping y le mostré cómo patino para delante y para atrás. Luego fuimos a tomar una cerveza en la rotonda de los bares. Ahí, chop en mano, Graça me comunicó que quería hacer su santo. Y dijo:

—El tiempo ha llegado. Llevo nueve años de asentamiento.

Sabía de la existencia de ese mojón en la trayectoria de una hija de santo. El acto religioso que divide las aguas. En términos religiosos, equivale a la investidura sacerdotal. Supe que después del séptimo año, la hija de santo puede y debe realizar su asentamiento definitivo. Dicho noviciado presupone una serie de preparativos y un retiro prolongado en el terreiro. Durante ese retiro, la novicia queda totalmente recluida del mundo y asume su nuevo estatuto de *Iawô*. Por la cara de Gracinha de Oxún —una intensidad, suspenso, cierta picardía— me di cuenta de que ella pensaba que esa iniciación, entre otras cosas, me pondría a prueba como marido. Tenía razón.

—¿Cuánto tiempo?

—No sé, los buzios dirán —contesta Gracinha de Oxún y al percibir una cierta impaciencia en mi cara de cónyuge, añade:

—Sesenta días, puede ser menos.

—¿No voy a poder verte?

—Nadie podrá verme. Sólo pueden Mãe Stella y la persona designada para el cuidado del barco.

—¿Barco?

Parece ser que cada camada de Iawôs que se inicia integra un barco.

—Somos tres en el barco; Geraldo y Tomasia entran conmigo.

—¿Van a estar recluidos juntos? —pregunta el marido celoso.

—No porque tenemos diferentes Orixás.

Sesenta días en un cuarto desnudo y oscuro. Gracinha de Oxún estaba radiante, recluirse en esa nave espiritual era la máxima aventura. Brindamos y ella me dijo:

—Soy una mujer profundamente religiosa.

Mi alma era teatro de sentimientos encontrados: por un lado me atraía la religiosidad de Graça, compartía esa aventura, aunque verla recluida, Jack, evocaba los tiempos de la Princesa Africana en su jaula de bambú. Una mezcla de resquemor, celos y carencia se entrecruzaban. Ésos eran los buenos sentimientos. Por otra parte, mi mujer estaría presa y confinada durante todo el verano bahiano, Carnaval inclusive. Resultado: un *Viva la Pepa Blues*, al menos en teoría.

El ajuar de una Iawô es cosa seria. Durante tres semanas mi hermana de santo, Oba-Gessi, trabajó *full time* confeccionando enaguas, pollerones, canesús. Del telar artesanal de una amiga surgieron tres fantásticos paños de la Costa. Las forjas de Eduardo, el herrero poeta del Axé Opô Afonjá, fundieron las piezas requeridas de bronce y fueron cocidas las vajillas de cerámica para el asentamiento. También estuvieron prontos numerosos collares junto a grandes cantidades de cristal de incienso y la oscura mirra de Melchor.

Al caer la tarde del 28 de enero, cinco días antes del aniversario de nuestro octavo año de casamiento, llevo a Graça al Axé Opô Afonjá. No había ni una alma frente a la casa de Shangô. Nos despedimos en ese aeropuerto para el más allá. Yo con un nudo en la garganta.

—Vas a perderte *Mandala* —le dije, refiriéndome a la telenovela de las ocho. En la vida real, los momentos importantes no siempre parecen importantes, si se escucha lo que los hombres dicen.

En el camino de vuelta compro una buena botella de vino blanco. Tengo borsch en casa, asisto el noticiero y me preparo para ver Mandala. Estoy viciado en telenovelas, desde los tiempos del memorable *Roque Santero*. Todas las noches cenábamos frente a la pequeña pantalla. Pero ahora, solo, la cosa no tiene tanta gracia. Salí al balcón a la espera de algún mensaje de la Madre del Siglo XXI, pero nada. Escribí un par de páginas de *Gigante por su propia naturaleza* y verifiqué que no podía dormir. Tarde en la madrugada concebí la brillante idea de mantener contacto epistolar directo con ella.

29/01/88

Querida:
Aquí estoy en la vida, en el sol, en la soledad de las playas llenas, suspendido en la Unidad de Terapia Intensiva de las saudades, con todos los aparatos ligados, la cafetera automática, la máquina para hacer hielo, el capítulo de Mandala (Tony Carrero le dio una trompada a Edipo) y Gigante por su propia naturaleza

374

(estoy escribiendo el capítulo sobre los quilombos). Los médicos alientan esperanzas.

Pero, más allá de toda la parafernalia de aparatos, estoy ligado a ti, mi querida mujer, por el ombligo. Te imagino sentada en la estera de la reclusión, repasando las mil cuentas de todos los Orixás en un mundo de misterios.

Extraño esto de escribirte. Me parece que ésta fuese la primera vez que te escribo, como si no valiesen las cartas que te mandé esa vez que fuiste a Nueva York. Ésas eran cartas comunes. Ahora te siento más cerca, más lejos, más especial. Yo permanezco en este mundo; tú sobrevuelas el otro. Un abismo primordial nos separa.

Entonces m'hija. Cuida bien de Oxalá, haz lo que el viejo te manda.

Godspeed Emilio

31/01/88

Querida:
En esta primera semana me siento, seamos sinceros, bastante bien. Ayer fui a cenar al Baby Beef, con la revista Time por compañía; me encanta ese programa. El fin de semana fue bueno, no me desesperé el domingo por la noche y fui a dormir temprano. Pero me engripé, mi más típica forma de somatizar mi pajarota. Ya sé, no sabes lo que son las pajarotas. Pajarota es cafard, spleen, mufa, ungemuchglichkeit, calundú.

Gripe leve y sutil.

¡Ah! Ayer me pegué un susto. Anoche tuve un ataque de tos y escupí un gargajo carmesí. "Zas, ¿será que voy a morir sin ella?", pensé, dudando entre tuberculosis y cáncer. Pero el sabor en la boca no venía salado como cuadra a una hemoptisis de ley. Tenía un gusto dulzón. ¡Era el borsch! Por algún motivo estoy comiendo mucha remolacha en estos días.

(... Mandala sigue a todo vapor. Apareció un seudo-Edipo, venido de Alemania. Un tipo drogado...)

Ayer, Marie, sobrina de Mãe Stella, me llamó diciendo que estabas bien, dando paseos todas las tardes, durmiendo mucho.

—¡Compórtese! —me dijo picarescamente, sacando el tema de la castidad. ¿Nosotros no hablamos de eso, no es cierto?

Un gran beso, amor

Emilio

Noticia de última hora: *¡Voy a analizar a un jugador de fútbol! Mi vieja fantasía, conocer la psicología de un crack. ¿Un gol es un orgasmo? ¡Qué carta más extraña!*

El sábado siguiente decidí ir a Río Vermelho, a la fiesta de Yemanjá, la Diosa del Mar. Compré una docena de claveles blancos en la Feria do peixe. Entré en la fila de las ofrendas. Más mujeres que hombres; más negros que blancos; más pobres que ricos; más lindos que feos: todos alegres. Porque Yemanjá, aunque a veces lleva a los hombres que ama al fondo del mar, es una Orixá muy popular.

La característica descollante de la Diosa Sirena, sobre todo para un señor casto, son sus senos voluminosos, casi fellinescos. A ellos alude la siguiente canción:

Reina de las Aguas que viene de la casa de Olokun
Nuestra Madre de los senos llorosos.

Gran animación en la cabaña donde se depositan las ofrendas: flores, perfumes, peinetas, collares de cuentas celestes transparentes para la Diosa de los Senos Llorosos. En el medio de la estancia encuentro una gran sopera llena de conchas y de billetes. Entrego mis claveles blancos pidiendo que Yemanjá los divida con Oxún, su compañera de aguas dulces.

—*Odo Iya!* —exclamó una bahiana de azul claro, cuando las primeras cestas estuvieron repletas.

Salí de la cabaña y fui a tomar una cerveza, auscultándome. ¿Cómo estaba este mayor abandonado? ¿Lobo o carnero? ¿Santo o sátrapa, en este aniversario de su casamiento? La castidad, creo yo, tiene que pasar por el militante camino del Eros Luminoso.

15/2/88

Querida:
Hoy martes desperté con una tremenda intranquilidad. Siento que apunta un día equivocado. Mil figuras grotescas desfilaron por la pasarela de mis sueños. Faltaron dos pacientes y aquí estoy, gustando poco de mí. Hablé con Mãe Stella sobre estas cartas y ella me dijo que las guardará para entregarlas todas

juntas al final del período de reclusión. Así será. Vas a recibir un grueso paquete.

¿Recuerdas aquel río en la Playa del Francés, en las afueras de Maceió? ¿Aquél de las aguas doradas, del color de tus ojos? ¿Y la flor que colocamos en el medio de su curso, navegando rumbo al mar?

Te extraño tanto que no da para escribir.

Emilio

23/2/88

Querida:

¿Recuerdas el cuento de la Princesa Africana? Ella está prisionera y Jack y yo vamos a salvarla. Tuve ese impulso frente a la Casa de Oxalá, como si los Orixás fueran caimanes y yo un intrépido Cazador Blanco.

Hoy sábado no me siento muy bien. Son las siete. Vago malestar. Decidí entrar en ayuno ligero: sin alcohol, cigarrillos, café y azúcar. Será un día a naranjada y borsch, de ahí que esté escribiendo con un ojo en la cocina, donde hierven las remolachas. Cocino a esta temprana hora porque el borsch se sirve bien frío. ¿Recuerdas la historia de la cebolla podrida?

Aquí estoy yo hablando de sopas frías en la madrugada de un día nublado, ajeno al canto de las palmeras: o sea, hablando de cualquier cosa. Porque tú eres mi interlocutor privilegiado. La carta como libro singular, personalizado, con el fantástico tiraje de un solo ejemplar; libro hecho a medida, como traje de novio en Savile Row. El género epistolar tomado en serio, como lo estoy tomando, ofrece mil recursos insospechados, ya que se puede mixturar lo poético, lo trágico, lo cómico con lo trivial, y asta se pueden acer herrores de hortografía. ¿Capsiche? La misiva para la Dama como la carta brava del Amor Cortés.

Tam Tam   Tam Tam   Rataplán

Las cartas se siguieron, muchas cartas. Cartas personales, muy personales, pero aquí el fantasma de Martha me persigue cuando dijo que vivo para escribir. El problema es el siguiente: la correspondencia como cordón cardíaco tendido entre dos amantes en tiempo de iniciación, pero desde el comienzo yo sabía que las cartas podrían ser publicadas en *Gigante* por su *propia naturaleza*. O sea, detrás de la esquela estaba la epístola. Lo que me sabe a prevaricación, como si mi aparato psíquico fuera un guante dado vuelta, un ello en la superficie de mi ego. Me parece que ésta puede ser mi deformación profesional: todo puede ser dicho, todo puede ser hablado o escrito, siendo una más de las mil y una confesiones que entraron por mis oídos. Tengo un tímpano complaciente.

Lo cierto es que llegó la hora en que Mãe Stella me dijo que el día 11 Graça iba a recibir a Oxún.

—¿Puedo asistir?

—Sí, claro, Oba-Gessi le va a reservar un lugar, pero llegue temprano.

—¿Es el fin de la reclusión?

—Sí, los tiempos cambiaron; las ceremonias ahora son cortas. En mi época las cosas eran más demoradas, pero los Orixás tienen que comprender que hoy en día los compromisos son mayores. O sea, los Orixás están sensibles a la globalización y concuerdan con Baudrillard en la aceleración del tiempo que nos lleva al vértigo actual.

El 11 de marzo, día especial, enorme anticipación. Por fuera, el delirio del Carnaval más fantástico del mundo; por dentro, el recato de la reclusión. Como si la vida fuera una pieza medieval, un entremés cátaro, interpretado por diablos, ángeles y saltimbanquis. ¿Adivinen quién es el saltimbanqui de turno?

Ese retablo me lleva a hablar de la castidad. Tenemos que pensar la castidad como un arte marcial, práctica donde el sexo es templado al fuego vivo. Un ángel casto no tiene mucha gracia, con su culito rosado, en la cúpula de una basílica barroca. Un angelito no es un Templario. La castidad tiene que ser un elixir de sexualidad, sublimado en la taza verde del deber deseante. Casto por amor, como las monjas que son esposas de Cristo. Nunca estuve tan enamorado; nunca estuve tan casto.

El 11 de marzo, al promediar la tarde, temprano, me encaminé al Axé Opô Afonjá. Quería salvar a Shangô pero Mãe Stella estaba trancada en ese cuarto, con alta fiebre. Quedé dando vueltas y fui el primero en concurrir a la Casa de Oxalá. Corría el tiempo lento del terreiro y la sala, poco a poco, comenzó a llenarse. En ésas entra Mãe Pinguinho ladrando órdenes a un chico que empuja la silla de ruedas. Voy a saludarla. La veo bien, ha recuperado su vieja iracundia. Luego Mãe Stella se sienta cerca de mí: tiene un aspecto febril, el sudor en su frente cenicienta debe de ser frío.

Los atabaques comienzan su batucada y todas las miradas se dirigen al corredor por donde el Padre Julio no entrará nunca más.

Fue un comienzo manso. Sin preaviso aparece una hija de santo, cargando una estera. Todos bailan inclinados, con pasos lentos, casi tocando el piso. Parecen insectos vacilantes, torpes. Avanzan y avanzan, casi amenazantes, pero no reconozco a Graça. Procuro y procuro, la escena en algo recuerda nuestro primer encuentro, con los ojos vendados, donde nació la mariposa perfecta —esa ansia. Una figura se recorta, el cuerpo, el porte parecido, pero la cabeza más chica... ¡Dios mío, era ella! ¡Estaba pelada! ¿Y saben una cosa?: sentí una enorme ternura.

Colocaron la estera enfrente de Mãe Stella y Geraldo, por ser de Oxosse, fue el primero en postrarse. Luego le llegó el turno a Gracinha de Oxún que se tumbó a un metro de mi pierna derecha. Pero no tenía la mínima idea de mi presencia. Ella estaba en el trance más profundo. Mãe Stella, por su parte, parecía aletargada, en su crujiente trono. Sudaba copiosamente y una hija de santo, solícita, secaba su rostro. Después le llegó el turno a Tomasia, la última componente del barco. Ante una señal invisible, las Iawôs y su séquito desaparecieron como por encanto. Fin del primer acto.

Hubo una pausa prolongada. Mi vecina me informa que ahora viene el baile final. Los atabaques redoblan y comenzó el baile. Gracinha de Oxún hizo su entrada. Reina de las Reinas, esgrimía su espada como si fuera una joya fatal. Mi mujer bailando en trance profundo tenía una belleza que pasaba por encima de cualquier pudor. Yo, lo confieso, temía verla posesa, como si se revelase lo más íntimo de lo íntimo. Y así era, pero no hacía diferencia. Para dar una idea, el baile en trance de Gracinha de Oxún era al baile común como el baile nupcial de una avispa sería el revolotear de un moscardón.

Gracinha de Oxún y sus compañeros de barco estaban arrodillados, recibiendo las últimas instrucciones de la Iyalorixá. Me acerqué, ante una señal de Mãe Stella, inclinándome junto a ellos.

—Ella ahora responde por el nombre de Oxún-Adé —me informa.

—Oxún-Adé será —repito, paladeando el nombre.

Mãe Stella me mira, con cierta detención, quizá con malicia en la cara:

—Usted puede enamorar, pero nada más que eso —me advierte.

—¿Dónde están los límites? —pregunté, como novio en el ambigú de la casa de la novia.

—En el beso —ella fue categórica.

Yo podía ver a Oxún-Adé, podía conversar con ella y podía besarla. Nada más. Y así estaríamos como novios antiguos en un portal del viejo Buenos Aires.

En nuestro primer encuentro me invadió una extraña timidez. No nos hablábamos, sólo miradas.

—Estás emocionado —afirmó Graça.

—Sí, estoy muy emocionado —concordé y eso era más o menos todo lo que podía decir. Dos amantes, separados por la cuarentena de los Orixás, se re-encuentran y no tienen palabras, sólo se orientan por la banda preverbal del espectro. También dejé de escribir y permanecí quieto y silencioso durante todo el Carnaval. Caminé por largas playas sembradas de pierrots reventados, durmiendo la mona bajo un sol rajante. Sólo los encuentros diarios de cinco minutos con Oxún-Adé rompían la monotonía.

En compensación frente a tanta abstinencia, Mãe Stella me prestó una casa, en una esquina del terreiro, en la zona más noble de la comunidad, conocida como Avenida de los Venerables.

—Está viviendo en la Nación de Keto —me informa Oba-Gessi. Cada espacio del terreiro recibe el nombre de un lugar de África. Mi pobre casa, digna de un valet de copas, estaba medio en ruinas, con el palier demolido; la antesala, en reparaciones, acumulaba un montón de escombros; la sala que oficiaba de comedor y cocina tenía piso de tierra y sólo mi dormitorio venía cimentado. El agua no estaba conectada al baño y sólo una canilla se abría en la antesala. En compensación, mi casa traía dos ítems de lujo: cocina con cuatro hornallas y una pequeña heladera moderna, tipo frigobar de motel. Se puede cerrar el inventario con un banco, dos tazas, una cacerola, un juego de cubiertos, cuatro perchas de alambre y una radio a pilas Sony.

Para la ocasión, Geraldo, compañero de barco, ofreció un puchero. Oxún-Adé, Tomasia y yo éramos los invitados. Él ya fue cocinero y regenteó el restorán de un club. Cocina bien y se hizo cargo de los ingredientes que compré ahí a la vuelta, en el mercado de la Bajada de la Yegua. Simpático, homosexual asumido (lo que me tranquilizó), a pesar de no ser afeminado, sin duda por tener un Orixá masculino.

Me hice traer cerveza de la barraca de Doña María. Los integrantes del barco tomaron coca-cola. El alcohol es un kesila total para ellos. "Kesila", palabra de Umbanda, significa prohibido.

Estábamos en la sala de Shangô. Mãe Stella, de viaje, nos había prestado el televisor y yo presenciaba a Maradona, jugando por el Nápoles. Soy un fan total de Maradona, él dio a los argentinos una alegría que no tiene precio en el Mundial de México. Y ahí estaba yo, tomando una cerveza estúpidamente helada, viendo a mi ídolo, mientras la Princesa Africana barría el piso. Olor a puchero. Feliz.

Un par de horas más tarde, el puchero comparece a la mesa, con las verduras tradicionales más maxixe, giló y xuxú, las típicas legumbres del cocido bahiano. Geraldo hizo un ademán para que nos sentáramos y Oxún-Adé, con gesto breve pero severo, le recordó que un Iawô no puede sentarse en la mesa. Entonces el barco todo se sentó a mis pies y yo, perversamente, brindé con mi vaso de cerveza.

—Diez puntos —le dije a Geraldo, que ahora se llamaba Ode-Ginan—. Es bueno tener un chef en el barco.

Durante el almuerzo me enteré que los Iawôs se las traen. Su status es mucho más complicado de lo que parece. Ellos, que son esclavos, que ni siquiera pueden sentarse en un banquito, que barren y se arrastran por las esteras, tienen permiso, por una tácita ley natural del terreiro, de entrar en cualquier casa y robar comida. Ode-Ginan, con una estaca bien afilada, ensarta gallinas. Ayer mismo espetó un pollo.

—¿Y sabes una cosa? —me dijo con una caída de ojos—. Cuando lo abrimos no salió ni una gota de sangre.

Oxún-Adé confirmó el portento.

En ese almuerzo también constaté que los Iawôs pelean constantemente entre sí. Cada uno es el más severo crítico de la ortodoxia litúrgica del otro. Tomasia era una fiera. El barco conocía su mar de fondo.

Esa noche inauguramos mi casa. El barco tomó coca-colas, aceptaron café negro y pan con manteca y se despidieron. A las 19 y 30 llevé a Oxún-Adé a la Casa de Oxalá. Volví a mi precaria morada y apliqué Baygon con saña. Nada más sádico que un occidental fumigando insectos. Salí al patio de mi casa, pensando que, de estar fumando, éste sería el momento ideal para fumar un Camel. Arriba, una hermosa luna musulmana, fina cual cimitarra, decoraba el violeta cielo bahiano. Me quedé meditando sobre la cualidad de ese día que pasó por la mudanza, Maradona y pollos ensartados, pensando en las vueltas del destino.

Calculando el tiempo en que un insecto muere tetanizado, entré en la casa. La sala estaba sembrada por las cucarachas más grandes que jamás vi, tamaño laucha. Debe ser el axé del Axé, pensé sacrílegamente. Eran cucarachas voladoras; algunas de ellas, entre convulsiones, intentaban decolar. Di una nueva ráfaga cerrada y pasé al patio alunado. La noche olía a insecticida y a tocino rancio.

¿Cómo había sido ese día realmente? Estaba en un mundo extraño de oblaciones y carencias. Era un día donde el amor era un beso. ¡Pero qué besos! Cuando los llenos labios húmedos de la Dama son la casi inalcanzable meta final, el beso pasa a ser ósculo, para usar esa antigua palabra de los trovadores provenzales.

Media hora más tarde las cucarachas ya eran. Sólo una araña grande, de patas largas y finas, sobrevivía. Recordé a mi padre que decía "araignée du soir, espoir" y no dudé en perdonarle la vida porque la esperanza es la hermana menor de la fe.

Dormí y tuve un socio inquietante. Había marcado la fecha de mi muerte para el día siguiente. Mi suicidio no era fruto de melancolía o de una enfermedad terminal; tenía más de rito a ser cumplido. Cruzo un bosque y una voz me dice: "Esos árboles van a crecer bien fuertes", lo que entiendo como la razón de ser del sacrificio; mi cuerpo sería un fuerte abono ecológico. Ahora bien, cuando llega la hora, cambio de idea. No le veo sentido a inmolarme para robustecer plantas. Entonces atravieso nuevamente el bosque, rumbo a un club de golf, y entro en una bella mansión Tudor. En el bar pido un whisky y me despierto con el tintineo del hielo.

La mansión Tudor era el club de golf de Mar del Plata, donde fui un precoz jugador a los quince años. Tuve la impresión que el sueño proyectaba mi vida al revés, comenzando en la Avenida de los Venerables y terminando en un castillo infantil en la Perla del Atlántico.

El cubito de hielo que me despertó fue la voz de Graça. Ella traía un balde plástico colorado y una lata de leche en polvo vacía. Llenó con diligencia el balde en la canilla de la antesala y construyó una plataforma de ladrillos en el patio, que oficiaría como piso de mi ducha. Me pasó un jabón negro.

—Tomá tu baño —me dice y se retira.

Eran las 8 de la mañana y el sol comenzaba a calentar, pero el agua estaba fría y me costó habituarme al baño de lata. Existe un cierto placer exhibicionista en bañarse a cielo descubierto, rodeado de palmeras escandalizadas.

—¡Cuidado que estoy desnudo! —le advertí a mi casta esposa que preparaba el desayuno en la sala. Entre lata, escalofrío y más lata, tuve una idea inquietante: la casta esposa que colaba café no era mi esposa a los ojos de los Orixás. Ella era aún mi novia. Como si Exú, ese diabólico diablo, ese Cupido concupiscente, se hubiera ensañado conmigo.

—¿Cómo está la virginal Princesa Africana esta mañana?

Ella no dijo nada. Entonces le conté el sueño. Creo que Exú quería sacrificarme.

—No se juega con los Orixás —Graça me amonestó severamente.

El desayuno con huevos fritos, pan y café me sacó de la rayuela onírica. Oxún-Adé con su taza de latón que siempre llevaba consigo, se sentó en su estera a mis pies. Limpio y saciado, me quedé leyendo *El nombre de la rosa* en el patio y pensé, vagamente, que el terreiro tiene algo de monasterio. Luego, sobre el mediodía, me dirigí a la Casa de Shangô. Ahí comprendí que es diferente visitar el Axé Opô Afonjá, por más amigo que uno sea, a estar viviendo, conviviendo dentro de la comunidad.

La mesa ovalada del comedor estaba repleta del material usado por Oba-Gessi para confeccionar sus muñecas. Le pregunté a mi hermana de santo si podía serle útil y ella me pasó un plato sopero, lleno de cuentas multicolores.

—Separe las azules —me dijo, y yo sospecho que no hubiera dicho eso si yo fuera visita. A todo esto, fue cayendo gente al baile. Yo compré cervezas y coca-colas. La conversación se animó y el tema era los perros de las Iyalorixás. El trabajo que dan. Oba-Gessi comenzó a hablar de un perro de los tiempos de Mãe Ondina y yo paré la oreja:

—¿Usted conocía bien a Mãe Ondina?

—Mucho, Ondina era mi tía.

—¿Tía de sangre?

—Sí, yo también soy una Pimentel.

—Hábleme de ella.

Ahí me vine a enterar de que el padre de Ondina Pimentel

era un hombre muy rico, propietario de la mitad de la ciudad de Itaparica y que su hija tenía dos pianos. Yo por mi parte le conté de mi encuentro con Mãe Ondina en la famosa fiesta del Séptimo Año de Mãe Senhora y cómo escribí dos libros con el nombre de Ondina en el título. Esa mujer marcó mi vida sin yo darme cuenta de ello.

Anochecía. El domingo había pasado con la lentitud de un rosario africano. Estaba barbudo y sin muda de ropa limpia. Decidí pasar la noche en el apartamento de Jardín de Alá.

—¿Pero vas a dormir aquí durante la semana? —me preguntó mi novia o esposa.

—No sé —contesté.

Rumbo al apartamento, evaluando la jornada, me di cuenta de que había flotado por el terreiro durante todo el día, tomando gran cantidad de cerveza con hombres, mujeres, sobre todo ancianas, pero había estado poco con mi cónyuge. Entonces me preguntaba: ¿quién era ella, Graça o Oxún-Adé? Graça y Oxún-Adé son dos personas diferentes, cada una con su código, a veces intermediadas por Gracinha de Oxún. Los tres nombres de la Princesa Africana corresponden a realidades diferentes. Pero ése es un tema que no puedo hablar con mi mujer. Ella me advirtió al salir de la iniciación:

—Quiero que sepas que no puedo hablar de mi Oxún. Ése es mi mayor kesila.

Cuando llegué al Jardín de Alá el lujo me sorprendió. El apartamento parecía un palacio asiático, limpio, blanco, encarpetado, con la cocina desplegando sus chiches electrodomésticos, con una corte de cucarachas pequeñas, *bonitinhas*, como diligentes eunucos.

Me di un baño caliente, con mucho vapor, y la puerta abierta, escuchando Carmina Burana. Preparé un trago largo de maracujá con vodka y asistí a una película de indios por la televisión. Fue ahí cuando supe que no dormiría en la Avenida de los Venerables durante la semana. Hay que darle al piel roja lo que es del piel roja.

Entonces durante los días laborables iba al terreiro, tomaba una rica taza de café negro con mi novia y a las 19 horas la besaba en el dintel de la casa de Oxalá, para regresar a las delicias de la ducha caliente. En esos tiempos la misma pregunta rondaba en mi cabeza:

¿Quién era la persona sentada en la estera?

384

La sonrisa inicial, en el zaguán, era de Graça, de eso no me cabía duda. La metamorfosis, lenta como minutero de reloj, avanza mientras la feijoada dominical encuentra su punto y ahí, rataplán, se instala Oxún-Adé. Con ella entra el tiempo lacaniano de los Orixás, con sus ecos insondables. Entonces, las voces de este mundo, los precios en el supermercado, las cebollas podridas, las peripecias de Edipo en la novela Mandala no tenían el menor espacio en la Avenida de los Venerables. Algunos tópicos, propios del terreiro, tampoco prosperaban y si yo preguntaba, para dar un ejemplo:

—¿Cuánto tiempo más vas a quedarte aquí?

La respuesta —yo lo sabía—, era:

—Depende del juego de buzios —lo que recuerda las vicisitudes del *Hombre de los Dados*, excepto que yo no los tiraba.

Lunes y martes, el miércoles peleamos, cosa rara, rarísima. Peleamos sobre un tema banal que he olvidado. Salí irritado del terreiro, sabiendo que me haría la rabona por el resto de la semana. Pero, en el fondo, la preocupación por la pareja era mayor que la rabia.

Fue ahí donde recordé que Oba-Gessi había dicho:

—Las Iawôs no deben aborrecerse porque pueden perder el juicio.

Y aquí entra el episodio de las fotos. Al día siguiente de la ceremonia de liberación de los Iawôs saqué dos rollos de fotos en una peregrinación del barco frente a las casas de los Orixás. La revelación fue una sorpresa: cuatro fotos mostraban una luz especial, una especie de halo, que no se explicaba por las leyes de la óptica. Dos de Graça, una de Geraldo y otra del grupo. Esta última era la más impresionante: Graça y Tomasia irradiaban una aureola extraterrena, desparramándose de cabeza para abajo. Miramos las fotos en silencio, admirados; sólo esas cuatro estaban alteradas, las más de cuarenta restantes eran normales según los altos cánones de mi Nikon.

Cuando llegué al terreiro el viernes por la noche, listo para pasar el fin de semana, estaba tenso. Graça me preguntó sobre la rabona, yo me encogí de hombros. Comimos un estofado en silencio y me fui a dormir temprano. Desperté con la luz del sol y fue un sacrificio darme el baño de lata. El Axé Opô Afonjá en esa alta mañanita estaba desierto y cubierto por una leve neblina. Sólo la figura de tía Epifania se distinguía, frente a la casa de Shangô, dándoles de comer a las palomas. Cuando me acerqué para saludar al Señor del Trueno, el enjambre de palomas levantó vuelo aparatosamente. Tía Epifania puso mala cara y no me devolvió el saludo. Eso aumentó mi desasosiego.

Nuestra larga luna de miel menguaba. Ella había durado, cosa increíble, más de ocho años. Grande fue la irritación del miércoles pasado, donde el vinagre gotea y la sonrisa pasa a ser un arma, una mueca. Graça es mi cuarta mujer y el abultado prontuario me agobia, atiborrado, con sus feas páginas amarillas. No sé bien, lo confieso, por qué me casé tantas veces, una vez más que Shangô. Nunca como ahora viví en la ilusión de movimiento perpetuo que echaba por tierra el pesimismo de los relojes, donde la ilusión del amor eterno es más que una metáfora, donde el efecto es mayor que la causa. Fue el tiempo en que los heladeros nos regalaron helados; los bancarios, bonitos pesos argentinos; las cocineras cortaban sus orejas; o como aquella vez que fuimos a ver el cometa Halley en el Observatorio Antares en *Feira de Santana* y un señor se acercó con una sonrisa y nos regaló una rosa, porque nuestro amor resplandecía en la cara.

En la casa de Oxalá, Oxún-Adé aún dormía. Fui a esperarla al pie del iroko mayor del terreiro, junto a la fuente de Oxún. Tía Epifania había terminado de alimentar a las palomas y ahora, cesto en mano, rumbeaba para el mato sagrado. Ella es mujer de Ogún, de la estirpe de los cazadores; caminaba armada de un alto cayado africano. Esta vez ella me devolvió el saludo. Ella, dicho sea de paso, tiene mil años.

Andaba perdido en mi pajarota cuando veo a Tía Epifania volviendo del mato sagrado, meneando la cabeza en señal de perplejidad:

—Hay una hierba que no encuentro —hablaba consigo misma. Lo dicho me sorprendió: yo daba por descontado que ella conocía todos y cada uno de los bulbos y ramitas del mato sagrado, por grande y enmarañado que fuera, como la palma de la mano, después de recorrerlo por más de setenta años.

Sentado en la piedra de la fuente volví al problema que me hacía sufrir. ¿Era posible que la iniciación de Graça hubiera alterado el tejido íntimo de nuestra relación? Me temía que sí. Ella vivía una singular experiencia iniciática de la cual yo estaba excluido. Excluido por principio ya que ella no podía revelarme las propiedades de su Orixá. No sólo un secreto, todo un código, con su lenguaje esotérico y su universo místico. Yo no podía ser su interlocutor, por kesila. La cosa, entonces, se daba al nivel de la infraestructura de la relación. Ese hecho podía traer peligrosas consecuencias. ¿Cómo quedaba el camino ya caminado? ¿Graça podría otra vez ser Graça?

Mi novia llegó media hora más tarde vestida a todo trapo. Fuimos a la Avenida de los Venerables para tomar el desayuno, saltando por encima del charco de mi baño. Mientras ella preparaba el café le conté, a modo de charla menuda, que Tía Epifania no había encontrado su planta en el mato sagrado. Oxún-Adé me contestó irritada:

—¡Lógico, en el mato son las plantas las que tienen los poderes!

El malestar crecía.

A media mañana salimos con la Nikon para completar la secuencia fotográfica. Quería visitar, en particular, el lugar de las fotos extraterrenas, sobre todo aquella del barco irradiado, que fue al pie del iroko gigante. Pero mi cabeza no estaba con la lente; ella volvía, insistentemente, al problema de los nombres propios, los mil nombres de María de las Graças de Santana Rodrigué. Recapitulemos: primero está Graça, el nombre de mi mujer en la libreta de casamiento. Luego viene Gracinha de Oxún, un poco más remota, que baila como un ángel en la rueda del candomblé, ciudadana del Axé Opô Afonjá. Coloco a Oxún-Adé en la tercera posición, figura distante, enigmática, el problema actual. En cuarto lugar ubico a la Madre de Santo del Siglo XXI, más misteriosa aún, con su sesgo profético. Por último está la Princesa Africana, el único nombre que yo le di si aceptamos, ya que estamos en el reino de lo sobrenatural, que fue El Gallito quien creó el apodo de Madre de Santo del Futuro.

Cada nombre sustenta una máscara, dirá el analista junguiano, cada nombre sustenta un significante rector, retrucará su colega lacaniano y es más o menos en esa dirección que estoy pensando, porque en algún trasfondo la palabra máscara implica que en última instancia existe una cara verdadera; craso error. Fue la aparición meteórica de Oxún-Adé, cargando el trueno de su manifestación, la que marcó la diferencia entre las personas en juego.

Dimos un paseo tenso. Yo me sentía mal, de barba crecida, encandilado por la resolana de una mañana de sol vivo, sin sombra para mis ojos tristes. Ojos de viejo que tiene tanto que aprender, que no sabe nada, y que ya ni siquiera sabe si quiere saber.

Es mejor no saber que se sabe, dijo el filósofo chino, pero mi desaliento no era filosófico, era puro desaliento. Sabía que nuestro futuro estaba amenazado. En el amor, a mayor perfección, mayor fragilidad. El kesila de la copa de cristal. Nuestra pareja, además, estaba muy poco fogueada, sin experiencia en peleas. Éramos dos mansas palomas feroces.

Ya casi a la hora de la siesta salimos a dar una vuelta. Ella —no sé qué nombre darle— llevaba las fotos de los Iawôs. Yo, por algún motivo, quería mostrárselas a Oba-Gessi. Cuando llegamos a su tienda, mi hermana de santo se demora con un cliente y yo me impaciento, loco como estaba. Finalmente Oba-Gessi quedó libre, vino, calzó las lentes, barajó las fotos, parecía distraída. Las fotos sobrenaturales iban pasando y ella no daba muestras de reparar en nada.

—¿No nota algo extraño? —pregunté al final de la secuencia, cuando ella se quitó las gafas.

Oba-Gessi se disponía a colocar las lentes cuando Oxún-Adé intervino:

—Siempre tratas de influir en la mente de los otros.

Yo quedé mudo, mirándome los dedos. Ella nunca me había hablado así. El silencio fue interrumpido cuando Oba-Gessi, al levantarse, dijo:

—Dígale, Emilio, que usted renació con energía.

No supe cómo interpretar esas palabras. En realidad era Oxún-Adé la que renacía con una nueva energía que hasta la placa fotográfica registraba. Pero esas palabras fueron importantes. Sentí que alguien, dentro del Axé, estaba de mi lado y que yo no era mera repetición, que algo en mí comenzaba de nuevo.

Más tarde, en la Avenida de los Venerables, con Ella sentada en la estera, le dije que me iba. Junté los libros, una camiseta, el pantalón de esclavo, y me fui.

Martes 13 de abril de 1999

ÍNDICE

1. Niño 9
2. Mi hermano Jack 14
3. Escolaridad 21
4. *Play it Sam* 28
5. Apa Buenos Aires 31
6. Londres 45
7. Melanie Klein 51
8. El héroe vuelve 59
9. Stockbridge 67
10. Rappaport y Suzanne Langer 80
11. Escobar 85
12. Penny 95
13. Francis 111
14. Puros e impuros 113
15. Allende 118
16. Juanita 126
17. La casona 130
18. Muerte de Noune 135
19. Palermo 142
20. Grupo de espera 147
21. Ezeiza 149
22. Rosario 155
23. Masotta 159
24. Plataforma 163
25. Moscú 168
26. Huautla 170
27. Jubilación 176
28. Candomblé 179
29. Miedo 189
30. Fiesta de Mimí 192
31. Psicoargonautas 195
32. Bahía 201
33. Colita 204
34. Líder 209
35. Ariel 212
36. Corcovado 219
37-38. Esalen 222
39. *Coming home* 235
40. Muerte de Beatriz 239
41. Muerto 244
42. Martha final 246

43. Lourdes...252
44. El Hamburguer de Colita.......................................256
45. Visado...259
46. Guattari...263
47. Lumpen 266
48. Malvinas 268
49. Supervisión con Lourdes 274
50. El casamiento de Marcos.......................................276
51. Interpol...284
52. Syra...288
53. Diana...294
54. Carnaval con Lourdes 299
55. Orixás y Graça 301
56. Casa de Lía 308
57. Bodas...314
58. Rebodas 329
59. El gallo 335
60. La tortuga 343
61. Cebollas 346
62. Congreso...351
63. Desgracia..357
64. África 360
65. Varón 367
66. Mãe de Santo 371

Composición de originales
G&A

Esta edición de 4.000 ejemplares
se terminó de imprimir en
Artes Gráficas Piscis, S. R. L.,
Junín 845, Buenos Aires,
en el mes de junio de 2.000.